スゴい！
だけじゃない!!
FP2級
徹底分析! 予想模試

JN086718

みんな苦手
「実技試験」に
各3回で万全対策！

マイナビ出版FP試験対策プロジェクト

ズバリ 的中しました！

2023-2024年度版

昨年度版は、実施2回（2023年9月、2024年1月）で もかなり的中し、ズバリ的中問題も多く出題されました。 特に金財実技試験 個人資産相談業務では90%、学科で も93.3%と高的中率でした！

ビシ！

金財実技試験
個人資産相談業務

難易度の高い実技試験で この的中率！

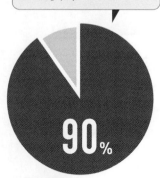

90%

2級 金財実技
個人資産相談業務
（23年9月・24年1月）

実証 1 **実技**

本書23-24年度版　P180［問13］

正解：① 4,200（万円）
　　　② 780万円
　　　③ 1,560（万円）

《問13》本年現時点において、Aさんに相続が開始した場合における相続税の総額を試算した下記の表の空欄①～③に入る最も適切な数値を求めなさい。なお、相続税の課税価格の合計額は1億4,000万円とし、問題の性質上、明らかにできない部分は「□□□」で示してある。

（a）相続税の課税価格の合計額	1億4,000万円
（b）遺産に係る基礎控除額	（①）万円
課税遺産総額（（a）−（b））	□□□□万円
相続税の総額の基となる税額	
長男Bさん	（②）万円
二男Cさん	□□□□万円
（c）相続税の総額	（③）万円

＜資料＞相続税の速算表（一部抜粋）

法定相続分に応ずる取得金額		税率	控除額
万円超	万円以下		
	1,000	10%	−
1,000 ～	3,000	15%	50万円
3,000 ～	5,000	20%	200万円
5,000 ～	10,000	30%	700万円
10,000 ～	20,000	40%	1,700万円

実際に こう出た！

《問14》現時点（2024年1月28日）において、Aさんの相続が開始した場合における相続税の総額を試算した下記の表の空欄①～③に入る最も適切な数値を求めなさい。なお、課税遺産総額（相続税の課税価格の合計額−遺産に係る基礎控除額）は1億4,000万円とし、問題の性質上、明らかにできない部分は「□□□」で示してある。

（a）相続税の課税価格の合計額	□□□□万円
（b）遺産に係る基礎控除額	（①）万円
課税遺産総額（（a）−（b））	1億4,000万円
相続税の総額の基となる税額	
妻Bさん	□□□□万円
長女Cさん	（②）万円
長男Dさん	□□□□万円
（c）相続税の総額	（③）万円

2級実技
個人資産相談業務
24年1月［問14］

正解：① 4,200（万円）
　　　② 500万円
　　　③ 2,400（万円）

（資料）相続税の速算表（一部抜粋）

法定相続分に応ずる取得金額		税率	控除額
万円超	万円以下		
～	1,000	10%	
1,000 ～	3,000	15%	50万円
3,000 ～	5,000	20%	200万円
5,000 ～	10,000	30%	700万円
10,000 ～	20,000	40%	1,700万円

的中率算出方法：2023年9月・2024年1月試験での論点の完全的中と部分的中から算出しています

金財実技試験
生保顧客資産相談業務

 実技 本書23-24年度版 P80[問6]

《問6》 最後に、Mさんは、Aさんに対して、Aさんが提案を受けた生命保険の課税
関係について説明した。Mさんが説明した以下の文章の空欄①～③に入る最
も適切な語句または数値を、下記の〈語句群〉のなかから選び、その記号を解
答用紙に記入しなさい。

Ⅰ 「支払保険料のうち、終身保険特約および定期保険特約に係る保険料は一般
の生命保険料控除の対象となり、就業不能サポート特約、入院特約および
先進医療特約に係る保険料は介護医療保険料控除の対象となります。それ
ぞれの控除の適用限度額は、所得税で40,000円、住民税で（ ① ）円です。
また、一般の生命保険料控除、介護医療保険料控除および個人年金保険料
控除を合わせた合計適用限度額は、所得税で120,000円、住民税で（ ② ）円
となります」

Ⅱ 「提案の生命保険にはリビング・ニーズ特約が付加されているため、Aさん
が余命6カ月以内と判断された場合、所定の範囲内で、死亡保険金の一部
または全部を生前に受け取ることができます。Aさんが受け取る特約保険
金は、（ ③ ）となります」

〈語句群〉
イ．25,000　　ロ．28,000　　ハ．35,000　　ニ．70,000　　ホ．84,000
ヘ．105,000　　ト．所得税の課税対象　　チ．贈与税の課税対象　　リ．非課税

実際に
こう出た！

正解：①ロ　②ニ　③リ

2級実技　生保顧客資産相談業務　24年1月[問6]

《問6》 Mさんは、Aさんに対して、Aさんが提案を受けた生命保険の課税関係について説
明した。Mさんが説明した以下の文章の空欄①～③に入る最も適切な語句または数値
を、下記の〈語句群〉のなかから選び、その記号を解答用紙に記入しなさい。

Ⅰ 「支払保険料のうち、終身保険特約および定期保険特約に係る保険料は一般の生命
保険料控除の対象となります。他方、生活介護収入保障特約、重度疾病保障特約お
よび総合医療特約等に係る保険料は介護医療保険料控除の対象となります。それぞ
れの適用限度額は、所得税で（ ① ）円、住民税で（ ② ）円です」

Ⅱ 「被保険者であるAさんが入院給付金などを請求することができない特別な事情が
ある場合には、指定代理請求人である妻BさんがAさんに代わって請求することが
できます。妻Bさんが指定代理請求人として受け取る入院給付金は、（ ③ ）とな
ります」

〈語句群〉
イ．25,000　　ロ．28,000　　ハ．30,000　　ニ．40,000　　ホ．48,000
ヘ．50,000　　ト．所得税の課税対象　　チ．贈与税の課税対象　　リ．非課税

正解：①ニ
　　　②ロ
　　　③リ

学科試験

問題　25
　下記＜A社のデータ＞に基づき算出されるA社株式の投資指標に関する次の記述のうち、最も適切なものはどれか。

＜A社のデータ＞

株価	3,000円
経常利益	200億円
当期純利益	150億円
自己資本（＝純資産）	600億円
総資産	2,500億円
発行済株式数	1.5億株
配当金総額	90億円

1．PER（株価収益率）は、20.0倍である。
2．PBR（株価純資産倍率）は、5.0倍である。
3．ROE（自己資本利益率）は、25.0％である。
4．配当利回りは、3.0％である。

実際に　　こう出た！

問題　25
　下記＜X社のデータ＞に基づき算出される投資指標に関する次の記述のうち、最も不適切なものはどれか。

＜X社のデータ＞

株価	4,500円
発行済株式数	0.8億株
売上高	2,500億円
営業利益	180億円
当期純利益	120億円
自己資本（＝純資産）	2,000億円
配当金総額	36億円

1．ROEは、6％である。
2．PERは、20倍である。
3．PBRは、1.8倍である。
4．配当利回りは、1％である。

3級学科　24年1月［問題25］

日本FP協会実技試験
資産設計提案業務

 実証 4 実技　本書23-24年度版　P331 [問16]

問16

　個人でデザイン事務所を営む落合さんの本年分の所得等は下記＜資料＞のとおりである。落合さんの本年分の所得税において、事業所得と損益通算できる損失に関する次の記述のうち、最も適切なものはどれか。なお、▲が付された所得の金額は、その所得に損失が発生していることを意味するものとする。

＜資料＞

所得の種類	所得金額	備考
事業所得	660万円	
不動産所得	▲50万円	国内建物の貸付。不動産所得に係る必要経費の中には、土地の取得に要した借入金の利子30万円が含まれている。
譲渡所得	▲80万円	すべて上場株式の売却損である。
一時所得	▲60万円	終身保険を解約したことによる損失である。

1．不動産所得の損失（▲50万円）、譲渡所得の損失（▲80万円）と損益通算できる。
2．不動産所得の損失（▲20万円）、一時所得の損失（▲60万円）と損益通算できる。
3．不動産所得の損失（▲50万円）とのみ損益通算できる。
4．不動産所得の損失（▲20万円）とのみ損益通算できる。

実際に
こう出た！

問16

　会社員の増田さんの2023年分の所得等が下記＜資料＞のとおりである場合、増田さんが2023年分の所得税の確定申告を行う際に、給与所得と損益通算できる損失はいくらになるか。なお、▲が付された所得金額は、その所得に損失が発生していることを意味するものとする。また、記載のない事項については一切考慮しないものとし、解答に当たっては、解答用紙に記載されている単位に従うこと。

＜資料＞

所得の種類	所得金額	備考
給与所得	540万円	勤務先からの給与で年末調整済み
不動産所得	▲70万円	収入金額：180万円　必要経費：250万円（※）
譲渡所得	▲40万円	上場株式の売却に係る損失
譲渡所得	▲15万円	ゴルフ会員権の売却に係る損失

（※）必要経費の中には、土地の取得に要した借入金の利子の額25万円が含まれている。

2級　日本FP協会実技
資産設計提案業務　（23年9月 [問16]）

正解：45（万円）

兄弟本の
『スゴイ！だけじゃない!!
FP2級AFP テキスト＆問題集』も
よろしくね！

は じ め に

この度は『スゴイ！だけじゃない!! FP２級 徹底分析！予想模試 2024-2025年版』を手に取って頂き、ありがとうございます。本書は、最新の出題傾向の徹底分析により、「この問題が出る！」を予想した模擬試験です。

実際の試験を疑似体験できるよう、本試験問題に準じて作っています。事前にしっかり体験しておくことで、本試験でも実力を発揮できるはず！
本書は、模試型の予想問題が３回分。それぞれ学科試験、金財実技試験２種類、日本FP協会実技試験１種類を全部の試験で３回分ずつ収載しています。

そして解答用紙は無制限にダウンロードできますから、「これで合格圏内だ！」と自信が持てるまで少なくとも２度、できれば３度やってみると効果的です。

巻末に収録の「得点UP！超頻出論点集」は、スマホへのダウンロードが可能。
「これは特に重要！」という論点を、試験直前でも確認するのに役立ちます。
本試験ギリギリ直前まで得点アップをねらいましょう。

２級FP技能検定もいよいよ2025年４月１日から「CBT方式試験」への移行が2024年３月29日に各試験実施団体より発表されました。これまでのペーパー試験は、2025年１月試験（金財の一部の試験を除く）で終了となります。
本書は、このCBT方式試験にも対応できるよう「CBT試験体験版」を2025年２月１日より読者様限定で配信いたします。ペーパー試験でも、そして新たに開始されるCBT方式試験でも安心して対策していただけます。

さあ、本番に挑む気持ちで始めてみましょう。

マイナビ出版FP
試験対策プロジェクト一同

FP2級 試験概要

FP資格試験は以下の2つの団体で実施されています。試験はともに、学科（2団体共通）と実技に分かれており、それぞれで合否判定されます。実技試験は、金財が4種類、日本FP協会は1種類あり、これら5種類の中から1つを選んで受検します。本書は、以下の3つの実技試験に対応しています。

金財 (一般社団法人 金融財政事情研究会) の場合 　　　　　（2024年5月現在）

種目		出題形式	合格基準	試験時間
学科試験		マークシート方式 四答択一式 60問	60点満点で 36点以上	10：00〜12：00※ （120分）
実技試験	個人資産 相談業務	記述式 15問 事例形式 5問	50点満点で 30点以上	13：30〜15：00※ （90分）
	生保顧客 資産相談業務			

※試験時間はペーパー試験の場合

日本FP協会 (NPO法人 日本ファイナンシャル・プランナーズ協会) の場合 （2024年5月現在）

種目	出題形式	合格基準	試験時間
学科試験	マークシート方式 四答択一式 60問	60点満点で 36点以上	10：00〜12：00※ （120分）
実技試験 資産設計 提案業務	記述式 40問	100点満点で 60点以上	13：30〜15：00※ （90分）

※試験時間はペーパー試験の場合

実技試験の出題内容は、出題種目によって異なります。種目によっては、実技試験で出題されない分野があります。

実技試験の出題種目と出題分野

出題分野 ＼ 実技試験	[金財] 個人資産相談業務	[金財] 生保顧客資産相談業務	[日本FP協会] 資産設計提案業務
ライフプランニングと 資金計画	●	●	●
リスク管理	×	●	●
金融資産運用	●	×	●
タックスプランニング	●	●	●
不動産	●	×	●
相続・事業承継	●	●	●

2024〜2025年度 2級ペーパー試験日程 (2024年5月1日現在)

	2024年9月 金財　日本FP協会	2025年1月 金財　日本FP協会	2025年5月(予定) 金財のみ
試験日	2024年 9月8日(日)	2025年 1月26日(日)	2025年 5月下旬
法令基準日	2024年 4月1日(月)	2024年 10月1日(火)	
受検申請 受付期間	2024年 7月2日(火)〜 7月23日(火)	2024年 11月13日(水)〜 12月3日(火)	2025年 3月中旬〜4月上旬
合格発表日	2024年 10月21日(月)	2025年 3月7日(金)	2025年 6月下旬〜7月上旬

法令に基づく試験問題は、上記の「法令基準日」時点で既に施行(法令の効力発効)されているものを基準として出題されます。
本書は、2024年4(10)月1日現在の法令に基づいて作成しています。刊行後に法改正があった場合には本書特設サイト(https://sugoibook.jp/fp)にて掲載いたします。

2025年4月よりCBT方式による試験がスタート!

2024年3月29日に金財・日本FP協会より2025年度から2級FP技能検定もCBT方式(Computer Based Testing)試験への全面移行が発表されました。CBT方式試験は、受検者が全国約360のテストセンターの中から希望の会場と日時を予約し、テストセンターのパソコンにて受検するものです。

CBT方式試験概要 ※詳細は次ページ以降参照

試験日	2025年4月1日(火)より通年で実施 → 年末年始、3月1カ月間、5月下旬は試験休止期間となります
法令基準日	2025年4月〜5月実施分は、2024年4月1日
申請方法	Web申請のみで、試験実施団体のホームページから申請 → 2025年2月3日(月)午前10時より申請受付開始されます
合格発表	試験日翌月中旬にWebサイトで発表

2025年4月1日よりCBT方式試験開始!
FP2級CBT方式試験 受検の流れ

1　事前確認

受検の申込をする前に以下の内容を確認しておきましょう。

check!

実技試験の受検種目を決める ☐

受検会場(テストセンター)を確認
▶試験団体のホームページからテストセンターを検索 ☐

受検日と受検時間帯を決める
▶学科試験と実技試験は同日でも別日でもOK ☐

受検手数料の支払い方法を決める
▶学科5,700円・実技6,000円(非課税) ※別途事務手数料有
▶クレジットカード払い又はコンビニ払い、Pay-easyなど ☐

マイページアカウント用メールアドレスを準備
▶受検するためには受検者ページアカウントの作成が必要です ☐

2　受検申請(試験予約)

試験は、申請日の最短3日後から最長で当月を含まない3カ月後の末日までの試験日を予約することができます。

❶ 試験実施団体のホームページから受検申請ページにアクセス
▶ 一般社団法人　金融財政事情研究会(金財)
　URL:https://www.kinzai.or.jp/fp
▶ NPO法人　日本ファイナンシャル・プランナーズ協会(日本FP協会)
　URL:https://www.jafp.or.jp/exam/

❷ 受検者ページアカウントの作成
受検者氏名・生年月日・メールアドレスを登録します。

登録は
慎重に!

❸ 受検会場(テストセンター)、受検日時を指定して予約

❹ 受検手数料の決済方法を選択
決済が完了すると登録したメールアドレス宛に予約完了の確認メールが届きます。

2025年2月3日（月）よりCBT方式試験の申請が開始されます。
学習の前に受検の申込から合格発表までの流れを確認しておきましょう！

3 試験当日の流れと注意事項

試験当日に必要なもの：本人確認書類（顔写真付き）

受検票は送付されません。予約完了時の確認メールに試験日程・会場のご案内、注意事項が明記されているので、必ず確認しましょう！

❶ 試験開始30分〜15分前までに会場に到着する

❷ 受付に本人確認書類を提示する
- 本人確認後、荷物はすべて受検会場（テストセンター）設置の指定されたロッカーに預けます。
- 携帯電話、筆記用具、電卓などは持込できません。
- 計算問題については、試験画面上に表示される電卓機能を利用します。

❸ 試験会場へ入室
指定されたパソコンにて受検します。

❹ 試験終了後、受付でスコアレポート（得点が表示）を受け取る

CBT試験は試験当日に
得点状況がわかるよ！

4 合格発表

受検日の翌月中旬頃を目処に合格発表があります。
合否はマイページで確認することもできます。

合格者には合格発表日翌日頃に試験実施団体より
合否通知書兼一部合格証書が、
総合合格（学科試験と実技試験の両方合格）と
なった方には合格証書が郵送されます。

スゴい！だけじゃない!!
徹底分析！予想模試 合格メソッド

予想問題を解く

本書は各試験問題を3回分収録。順番に問題を解くことで、段階的に実力がつく構成になっています。

【第1回目】

力試し編

オーソドックスな
予想問題で構成

【第2回目】

確認編

出題傾向の変化に
対応した本試験レ
ベル問題

【第3回目】

仕上げ編

今年度出題確率が
高い問題で構成し
た超予想問題

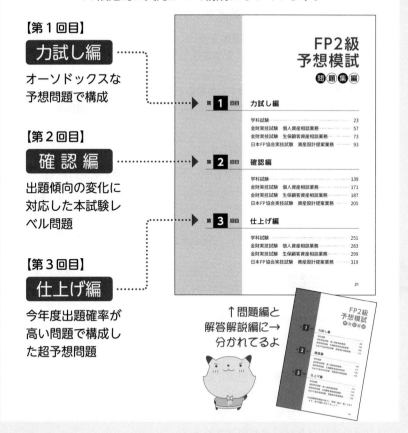

FP2級
予想模試
問題集編

↑問題編と
解答解説編に→
分かれてるよ

自己採点する

自己採点しながら、学習不足だったり苦手な論点を見つけましょう。解説編の「解答・論点一覧」には各問ごとの論点が記されています。

採点すると「どこが弱いか」が分かるようになっています。

これで復習忘れがなくなるね。

だけじゃない!

「解答用紙」と「解答・論点一覧」ダウンロードOK!

読者特典 1

本書付属の「解答用紙」と「解答・論点一覧」はダウンロードサービスがありますので、合格圏内に届くまで繰り返し問題に挑戦しましょう!

▼ダウンロードサービスは特設サイトへ

https://sugoibook.jp/fp

【読者特典 ①〜② 配信期間】2024年6月1日〜2025年5月31日

だけじゃない!

Step 3

巻末「得点UP! 超頻出論点集」を読む

読者特典
2

超重要な頻出論点だけを凝縮して収録。試験直前に見直せば最後の追い込みにも有効です!

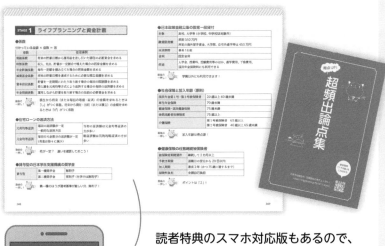

読者特典のスマホ対応版もあるので、ダウンロードしていつでも・どこでも予習・復習・暗記ができます。

読者特典「スマホ版」はこちらから

本書巻末で苦手な部分を何度もチェックしよう!

【読者特典 ①～② 配信期間】2024年6月1日～2025年5月31日

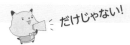

Step 4

2025年2月1日より配信開始！
CBT試験体験プログラムで
シミュレーション！

読者特典
3

CBT試験対策として「CBT試験体験プログラム」を読者の方限定で学科試験と実技試験（3種）を配信します。
自宅模試としてチャレンジしてみましょう。

CBT試験体験版で確認すること！

☑ 現在の実力をはかる
☑ CBT試験の画面に慣れる（電卓の使い方など）
☑ ミスの傾向や時間配分のコツをつかむ
☑ 不得意なまま残されている分野や論点を発見する

CBT試験体験版は
パソコンで
受検してね

〈CBT試験体験版の利用方法〉
　① パソコンから特設サイトにアクセス https://sugoibook.jp/fp
　② メニューから「FP2級 CBT模試」をクリック

〈CBT試験体験版配信期間〉
　　2025年2月1日〜2025年5月31日

FP2級（金財・日本FP協会共通）
学科試験 ❶

FP2級学科試験は、3級と比べると出題方式も4択になり、より広く深い知識を求められます。合格に必要な最低基準は60問中36問ですから、定番問題などに要点を絞って挑みましょう。

●ライフプランニングと資金計画
全分野中、最も重要な分野！

社会保険、年金から半分以上出題されています。コンプライアンスも毎年出題されます。確実に得点源にしましょう。ライフプランニング、確定拠出年金、中小法人の資金計画も頻出しています。国の教育ローンと奨学金、クレジットカードも定期的に出題されています。

2回に1回は出る！

コンプライアンス
公的医療保険
雇用保険
公的年金（被保険者、保険料、老齢、遺族）
確定拠出年金
企業年金
（国民年金基金、中小企業退職金共済、
小規模企業共済）
国の教育ローンと奨学金
損益計算書と貸借対照表・財務分析

3回に1回は出る！

6つの係数
労災保険
障害年金
併給調整
住宅ローン
資金調達
クレジットカード

●リスク管理
保険商品の仕組みと税金を理解する！

生命保険、損害保険の分野から、幅広く出題されます。代表的な商品の仕組みや特徴、税金を中心に整理しておきましょう。生命保険料控除、保険金等の税務と法人保険の経理処理も狙われます。商品では、死亡保障の商品と個人年金保険、地震保険や任意加入の自動車保険、傷害保険、第三分野の商品の特徴まで広く押さえておきましょう。

2回に1回は出る！

保険料	法人向け損害保険
生命保険（死亡保障）	生命保険料控除
外貨建て保険	個人契約の生命保険金等の税金
個人年金保険	法人契約の生命保険料・保険金等の経理処理
第三分野の保険	個人契約の損害保険金等の税金
傷害保険	個人事業主・法人契約の損害保険料・保険金
自動車保険	等の経理処理
賠償責任保険	

3回に1回は出る！

保険法
少額短期保険業者
法人向け団体生命保険等
火災保険・地震保険
地震保険料控除

定番論点が多いから
狙いを定めて
勉強しやすいね！

とにかく
集中！

学科試験 ❷

●金融資産運用
金融商品の特徴とリスクを押さえる！

株式、債券、投資信託を中心に攻略します。株式では売買ルールや市場の指標。債券では市場金利や信用格付けと価格や利回りとの関係。投資信託ではETFが頻出。外貨預金ではTTSとTTB、為替レートを。計算問題では、債券の利回り、株式の投資指標、ポートフォリオの期待収益率やシャープレシオが頻出です。

2回に1回は出る！

預貯金
債券の利回り計算
株価指数、株式市場
株式の投資尺度
新NISA
金融商品の税金
投資信託のタイプ
外貨建て金融商品
ポートフォリオ
デリバティブ
セーフティネット
金融商品の取引に関する法律

3回に1回は出る！

経済指標
債券の投資リスク
イールドカーブ
デュレーション
ETF

金融商品ごとに
関連付けて学ぼう！

●タックスプランニング
所得税を中心に要点を押さえる！

出題の半分は所得税、残り半分が法人税、消費税、決算書です。所得税では所得税の基本、所得の10分類からが頻出。損益通算に加え、所得控除では配偶者控除と扶養控除、医療費控除などを幅広く押さえましょう。税額控除では住宅ローン控除の適用要件、その他に確定申告も頻出です。

2回に1回は出る！

所得税の概要
非課税所得
10種類の所得
損益通算
人的控除
住宅ローン控除
青色申告
法人税の概要
法人税の損金
会社・役員間の取引
消費税
財務分析・財務諸表の種類

まずは
所得税だね！

3回に1回は出る！

税の概要
所得税の納税義務者
医療費控除
社会保険料控除
確定申告

ビシ！ タックスプランニングは
他の分野とも
関わってくるから
横断的に学ぼう！

分野別　出るとこ徹底分析！
FP2級（金財・日本FP協会共通）
学科試験 ❸

●不動産
法律と税金の頻出・定番問題を確実に！

まずは土地の価格、不動産登記、借地借家法、建築基準法、不動産の取得・保有・譲渡の税金、不動産の有効活用は頻出する定番論点。その上で、手付金、区分所有法、都市計画法と幅を広げて学習しましょう。

2回に1回は出る！

不動産登記
不動産の売買契約
借地・借家
区分所有法
都市計画法
建築基準法（建蔽率、容積率）
取得の税金
（不動産取得税、登録免許税）
譲渡所得
（所有期間、税率・取得費、譲渡費用）
居住用財産の譲渡の特例
土地の有効活用（利回り計算）

計算問題は
公式をマスター
しよう！

3回に1回は出る！

不動産の４つの価格
鑑定評価
宅地建物取引業法
保有と税金
（固定資産税、都市計画税）
不動産投資の採算性の判定

●相続・事業承継

相続の法律と、相続税・贈与税を幅広く！

相続では、宅地の相続税評価が頻出です。民法の規定、遺言、遺産分割も。相続税は課税（非課税）財産、各種控除など、幅広く出題されます。贈与では、贈与税の課税（非課税）財産、暦年贈与、相続時精算課税、申告と納付まで。事業承継では、非上場株式の評価方法や贈与税・相続税の納税猶予・免除制度を押さえましょう。

相続税と贈与税に
大きく分けて
体系的に学ぼう！

2回に1回は出る！

相続人
法定相続分
遺言
相続税の計算
（課税・非課税財産、債務控除、生前贈与、
基礎控除、2割加算、配偶者の税額軽減）
贈与契約
贈与税の課税財産、非課税財産
贈与税の基礎控除、配偶者控除
宅地の評価
財産評価（非上場株式）

3回に1回は出る！

親族
養子
遺産分割
相続法
相続税の延納・物納
贈与税の申告・納付
相続時精算課税制度
小規模宅地等の特例
事業承継対策
会社法

個人資産相談業務

6分野のうち、保険に係わる「リスク管理」を除いた5分野から出題されます。年金、所得・所得税、建蔽率・容積率、相続税の総額などの計算問題が出題されます。公式をしっかり覚えて、計算問題を何度も解きましょう。

●ライフプランニングと資金計画
社会保険を重点的に！

老齢基礎年金、老齢厚生年金、遺族年金の計算、繰上げ・繰下げ支給が最重要。それに加えて、老齢、遺族給付の内容も問われます。その他、老後資金を増やす制度も出題されています。

> **最近5割以上出題！**
> 老齢基礎年金、老齢厚生年金の計算、老齢給付の受給要件、在職老齢年金、繰上げ支給、繰下げ支給、老後資金を増やす方法（付加年金、国民年金基金、小規模企業共済、確定拠出年金）

●金融資産運用
株式、新NISAを押さえる！

財務データからFPアドバイスを問われる問題が定番。株式は投資指標と計算、取引、出題は少ないが投資信託は手数料、利回りやリスク、外貨預金の特徴や元利計算も出ています。各金融商品の課税関係（課税方式、税率、損益通算など）、特に新NISA制度も押さえておきましょう。

> **最近5割以上出題！**
> 株式の投資尺度（PER、PBR、ROE、配当利回り等）、株式の譲渡所得、配当所得・新NISA、株式の売買のルール（受渡し、手数料、権利付最終日）

●タックスプランニング
所得税の計算問題を極める！

給与・事業・不動産所得を中心に、一時所得・雑所得や損益通算を絡めて総所得金額の計算が出題されます。損益通算の可・不可と、所得税の計算手順を確認しましょう。所得控除では扶養控除、配偶者控除、基礎控除が頻出です。

●不動産
建築基準法、税金、有効活用が3本柱！

建蔽率と容積率の計算問題はほぼ確実に出題されます。建蔽率の緩和措置、容積率の前面道路幅員による制限や、角地の場合の計算問題にも対応できるように準備をしておきましょう。不動産の税金では譲渡の税金を中心に、不動産の有効活用はそれぞれの特徴を理解しておきましょう。

5割以上出るところは
必須で押さえてね！

●相続・事業承継
相続税の総額の計算を完璧に！

相続税の総額の計算は必須。FPアドバイス問題では、遺言、相続税の基礎控除、2割加算、小規模宅地等の評価減の特例、贈与税の非課税制度、基礎控除、暦年課税と相続時精算課税など幅広く問われます。

生保顧客資産相談業務

金財での実技試験のうち、主に保険に重きを置いている試験です。 そのため出題される15問のうち6問ほどが「リスク管理」からのもの。ここを重点的に攻略しましょう。

●ライフプランニングと資金計画
老後資金準備を中心に！

老齢基礎年金、老齢厚生年の計算問題が出題されるほか、年金の繰上げ・繰下げ受給、受給要件を問う問題も多く出題されます。
また、老後の収入を増やす方法の問題も頻出です。

最近5割以上出題！

老齢基礎年金、老齢厚生年金の計算、受給要件、在職老齢年金、繰上げ支給、繰下げ支給、老後の収入を増やす方法、(付加年金、国民年金基金、小規模企業共済、確定拠出年金等)

4分野からの出題だけ！

保険を中心にした試験であるため、「金融資産運用」「不動産」の分野からは基本的に出題されません。その分、保険の周辺分野である年金や社会保険、所得税、法人税、相続の法律や相続税、贈与税などが幅広く出題されます。

●リスク管理
個人と法人の保険、それぞれの特徴を押さえる！

「個人の生命保険」と「法人の生命保険」から各1題出題されます。

・個人の生命保険は、生命保険の商品の特徴や約款のほか必要保障額や証券分析、課税関係が問われます。また、公的介護保険も頻出で、加入者・自己負担割合・給付要件を重点的に押さえましょう。

・法人の生命保険では、経理処理と商品の特徴や活用方法が問われます。また、退職所得も必須です。

最近5割以上出題！
生命保険・第三分野の商品の特徴、生命保険料控除、生命保険金等の税金、約款、証券分析、必要保障額、遺族基礎年金、遺族厚生年金、公的介護保険（加入者、自己負担割合、給付要件）

最近5割以上出題！
退職所得、法人契約の経理処理、法人向け生命保険の特徴、法人向け保険の名義変更、契約者貸付

最近5割以上出題！
総所得金額（給与所得、一時所得、雑所得等）、所得控除（配偶者控除、扶養控除、基礎控除等）、所得税額、所得税の確定申告・青色申告

●タックスプランニング
所得税の計算を完璧に！

所得の種類では総所得金額の計算が頻出です。所得控除は配偶者控除、扶養控除をメインに押さえましょう。所得税額の計算と確定申告・青色申告も定番です。

●相続・事業承継
相続税と贈与税の計算を押さえよう！

相続税の総額の計算のほか、相続税の基礎控除、死亡保険金の非課税金額は頻出です。遺言、小規模宅地等の評価減の特例、贈与税の非課税制度なども押さえましょう。

最近5割以上出題！
生命保険金の非課税、相続税の基礎控除、相続税の総額、小規模宅地等の特例、遺留分、遺言

分野別　出るとこ徹底分析！
FP2級 実技試験　日本FP協会
資産設計提案業務

「ライフプランニングと資金計画」からの出題が多く、ここを重点的に解けるようにしておくのが最大の攻略法。また、総合問題でも同じく、「ライフ」をベースに他の科目の問題も出題されます。

●ライフプランニングと資金計画
最重要分野だが、定番問題多し！

実技試験の出題範囲のうち、4割近くがこの分野からの出題です。各業法などのコンプライアンス、キャッシュフロー表の空欄問題、6つの係数の計算問題、バランスシートの純資産の計算は必ず出題されます。総合問題では、社会保険、年金、住宅ローン、教育ローン・奨学金など、幅広くカバーしておきましょう。

> **最近5割以上出題！**
> コンプライアンス（各業法）、キャッシュフロー表の計算、係数計算、住宅ローンの繰上げ返済、遺族年金、雇用保険の基本手当等、個人バランスシート、老後の年金、退職後の公的医療保険

がんばる！

●リスク管理
保険商品と税金がカギ！

保険証券の読み取り問題が毎回出題されます。各種商品の特徴を整理して、死亡原因別の保険金、入院原因別の給付金（医療保険＋がん保険）などの金額を証券から読み取りできるようにしておきましょう。その他、生命保険料控除や税務、損害保険（自動車・地震・火災保険）の証券読み取りも出題されます。

> **最近5割以上出題！**
> 生命保険の証券分析、生命保険料控除、個人の生命保険契約の保険金等の税金、地震保険

●金融資産運用
株式、債券、投信、外貨が4大論点！

最近**5割**以上出題！
株式等の税金（購入単価、譲渡所得、新NISA等）、株式の投資尺度、投資信託（手数料、税金、分配金、個別元本）、債券の利回り

株式、債券、投資信託、外貨預金で資料からの読み解き問題や計算問題が出題されます。知識系では金、財形貯蓄や個人向け国債の概要、新NISAを含めた各種金融商品の課税関係も押さえておきましょう。

●タックスプランニング
所得と控除の種類と要点を押さえる！

計算問題は、減価償却費、一時所得、退職所得、雑所得に加えて総所得金額を求められるようにしておきましょう。損益通算できない例や医療費控除、住宅ローン控除の適用要件も確認しておきましょう。

最近**5割**以上出題！
総所得金額、退職所得、減価償却費、損益通算

●不動産
登記、建築基準法、税金が3大攻略点！

まずは登記記録の読み解き問題。建蔽率・容積率の計算問題ではセットバックがある場合に対応できるように。不動産の税金では譲渡所得を中心に消費税や固定資産税が狙われます。不動産投資の実質利回りの計算ができるように！

最近**5割**以上出題！ 建築基準法、不動産登記、不動産の譲渡所得、不動産の消費税

●相続・事業承継
計算問題を解く力を身に付ける！

親族図から相続人・法定相続分を求める問題や、贈与税額の計算、相続税の課税価格の計算、路線価方式による評価方法や小規模宅地等の評価減の特例、相続税の債務控除なども押さえておきましょう。

最近**5割**以上出題！
法定相続分、遺留分、相続税の課税価格、基礎控除、贈与税の計算（基礎控除、相続時精算課税制度）、路線価方式による評価額の計算、小規模宅地等の特例

CONTENTS

予想模試 【解答解説編】

第 1 回目　力試し編

第 2 回目　確認編

第 3 回目　仕上げ編

●解答用紙（別冊）

本書では、「本年」とは2024年、「本年度」とは2024年度のことを指しています。

FP2級 予想模試

問題集編

| FP | 2級 | 学科 |

2024年度
ファイナンシャル・プランニング技能検定

2級 学科試験

試験時間 ◆ 120分

★ 注意事項 ★

1. 本試験の出題形式は、四答択一式60問です。

2. 筆記用具、計算機（プログラム電卓等を除く）の持込みが認められています。

3. 試験問題については、特に指示のない限り、2024年4（10）月1日現在施行の法令等に基づいて解答してください。なお、東日本大震災の被災者等に対する各種特例等については考慮しないものとします。

マイナビ
FP試験対策プロジェクト

問題　1

　ファイナンシャル・プランナー（以下「FP」という）の顧客に対する行為に関する次の記述のうち、職業倫理や関連法規に照らし、**最も不適切なもの**はどれか。

1. 投資信託について顧客から相談を受けたFPのAさんは、投資信託には元本保証および利回り保証のないことを説明した。
2. 社会保険労務士の資格を有しないFPのBさんは、顧客から公的年金の老齢給付の繰下げ支給について相談を受け、顧客の「ねんきん定期便」に記載されている年金見込額を基に、繰り下げた場合の年金額を試算した。
3. 顧客からアパートの建設について相談を受けたFPのCさんは、デベロッパーに事業計画策定のための資料として、顧客から預かっていた確定申告書（控）を顧客の同意を得ずにコピーして渡した。
4. 税理士の資格を有しないFPのDさんは、顧客から医療費控除やふるさと納税について相談を受け、制度の概要や確定申告の手続きについて説明した。

問題　2

　ファイナンシャル・プランナーがライフプランニングを行う場合に作成する各種の表の一般的な作成方法に関する次の記述のうち、**最も適切なもの**はどれか。

1. 将来の予定や希望する計画を時系列で表すライフイベント表には、子どもの進学や住宅取得などの支出を伴う事項だけを記入し、収入を伴う事項は記入しない。
2. 個人の資産や負債の状況を表すバランスシートの作成において、株式等の金融資産や不動産の価額は、取得時点の価額ではなくバランスシート作成時点の時価で計上する。
3. キャッシュフロー表の作成において用いられる可処分所得は、年間の収入金額から所得税、住民税、社会保険料および生命保険料を控除した金額である。
4. キャッシュフロー表の作成において、住宅ローンの返済額は、「前年の年間返済額×（1＋物価変動率）」で計算された金額を計上する。

問題　3

　雇用保険法に基づく育児休業給付および介護休業給付に関する次の記述のうち、最も適切なものはどれか。なお、一般被保険者と高年齢被保険者を本問では一般被保険者等と表記し、記載されたもの以外の要件はすべて満たしているものとする。

1．育児休業給付金に係る支給単位期間において、一般被保険者等に対して支払われた賃金額が、休業開始時賃金日額に支給日数を乗じて得た額の67％相当額以上である場合、当該支給単位期間について育児休業給付金は支給されない。

2．一般被保険者等が、一定の状態の家族を介護するために休業する場合、同一の対象家族について、通算3回かつ93日の介護休業を限度として、介護休業給付金が支給される。

3．一般被保険者等の父母は介護休業給付金の支給対象となるが、配偶者の父母は、介護休業給付金の支給対象とならない。

4．一般被保険者等が、3歳に満たない子を養育するために休業する場合、育児休業給付金が支給される。

問題　4

　公的年金に関する次の記述のうち、最も適切なものはどれか。

1．産前産後休業、育児休業を取得している厚生年金保険の被保険者の厚生年金保険料は、所定の手続きにより、被保険者負担分のみが免除される。

2．厚生年金保険の適用事業所に常時使用される者のうち、65歳以上の者は、厚生年金保険の被保険者とならない。

3．国民年金の保険料免除期間に係る保険料のうち、追納することができる保険料は、追納に係る厚生労働大臣の承認を受けた日の属する月前5年以内の期間に係るものに限られる。

4．日本国籍を有するが日本国内に住所を有しない20歳以上65歳未満の者は、国民年金の第2号被保険者および第3号被保険者に該当しない場合、原則として、国民年金の任意加入被保険者となることができる。

問題　5

老齢基礎年金の繰下げ支給に関する次の記述のうち、最も適切なものはどれか。

1. 老齢基礎年金の受給権を有する６６歳０ヵ月以上の者は、当該老齢基礎年金の繰下げ支給の申出をすることができる。
2. 付加年金を受給できる者が老齢基礎年金の繰下げ支給の申出をした場合、付加年金の額は繰下げによって増額されない。
3. ２０２２年４月１日以降に７０歳に到達する者の老齢基礎年金の繰下げ支給による年金の増額率は、繰り下げた月数に０.７％を乗じて得た率で、最大４２％となる。
4. 老齢厚生年金の受給権を有する者が老齢基礎年金の支給開始年齢を繰り下げる場合は、同時に老齢厚生年金の支給開始年齢も繰り下げなければならない。

問題　6

公的年金の併給調整等に関する次の記述のうち、最も不適切なものはどれか。

1. 老齢厚生年金と障害基礎年金の受給権を有している者は、６５歳以降、老齢厚生年金と障害基礎年金を同時に受給することができる。
2. 遺族厚生年金と老齢厚生年金の受給権を有している者は、６５歳以降、その者の選択によりいずれか一方の年金が支給され、他方の年金は支給停止となる。
3. 遺族厚生年金と障害基礎年金の受給権を有している者は、６５歳以降、遺族厚生年金と障害基礎年金を同時に受給することができる。
4. 障害厚生年金と労働者災害補償保険法に基づく障害補償年金が、同一の事由により支給される場合、障害厚生年金は全額支給され、障害補償年金は所定の調整率により減額される。

問題 7

公的年金制度の障害給付に関する次の記述のうち、**最も適切なもの**はどれか。

1. 障害厚生年金の額を計算する際に、その計算の基礎となる被保険者期間の月数が３００月に満たない場合、３００月として計算する。
2. 障害基礎年金の受給権者が、所定の要件を満たす配偶者を有する場合、その受給権者に支給される障害基礎年金には、配偶者に係る加算額が加算される。
3. 国民年金の被保険者ではない２０歳未満の期間に初診日および障害認定日があり、２０歳に達した日において障害等級１級または２級に該当する程度の障害の状態にある者に対しては、その者の前年の所得の額にかかわらず、障害基礎年金が支給される。
4. 障害手当金の支給を受けようとする者が、同一の傷病により労働者災害補償保険の障害補償給付の支給を受ける場合、障害手当金と障害補償給付の支給を同時に受けることができる。

問題 8

公的年金等に係る税金に関する次の記述のうち、**最も不適切なもの**はどれか。なお、記載のない事項については考慮しないものとする。

1. 老齢基礎年金および老齢厚生年金は、その年中に受け取る当該年金の収入金額から公的年金等控除額を控除した金額が雑所得として所得税の課税対象となる。
2. 老齢基礎年金および老齢厚生年金の受給者が死亡した場合、その者に支給されるべき年金のうち、支給されていなかった未支給年金は、その年金を受け取った遺族の一時所得として所得税の課税対象となる。
3. 国民年金の保険料および国民年金基金の掛金は、いずれも社会保険料控除として所得税の所得控除の対象となる。
4. 確定拠出年金の老齢給付金、小規模企業共済の加入者が事業を廃止した際に受け取る共済金のうち、年金形式で受給する場合は一時所得として所得税の課税対象となる。

問題 9

日本学生支援機構の貸与型奨学金および日本政策金融公庫の教育一般貸付（以下「国の教育ローン」という）に関する次の記述のうち、最も不適切なものはどれか。

1. 貸与型奨学金の一つである第一種奨学金の貸与を受けられるのは、国内の大学等に在学する特に優れた学生等であって、経済的理由により著しく修学に困難がある者とされている。
2. 国の教育ローンの融資金利は固定金利であり、返済期間は、18年以内とされている。
3. 国の教育ローンを利用するためには、世帯年収（所得）が申込人の世帯で扶養している子の人数に応じて定められた額以下でなければならない。
4. 国の教育ローンの資金使途は、受験にかかった費用（受験料、受験時の交通費・宿泊費など）と学校納付金（入学金、授業料、施設設備費など）に限定されている。

問題 10

クレジットカード会社（貸金業者）が発行するクレジットカードの一般的な利用に関する次の記述のうち、最も不適切なものはどれか。

1. クレジットカードは、約款上、クレジットカード会社が所有権を有しており、クレジットカード券面上に印字された会員本人以外が使用することはできない。
2. クレジットカードで無担保借入（キャッシング）をする行為は、貸金業法上、総量規制の対象となるが、クレジットカードで商品を購入（ショッピング）する行為は、総量規制の対象外である。
3. クレジットカードで商品を購入（ショッピング）した場合の支払方法の1つである定額リボルビング払い方式は、カード利用時に代金の支払回数を決め、利用代金をその回数で分割して支払う方法である。
4. ICチップを埋め込んであるクレジットカードを専用の端末機のある加盟店で利用する場合、署名に代えて暗証番号を入力することで決済することができる。

問題 11

少額短期保険に関する次の記述のうち、最も適切なものはどれか。

1. 少額短期保険業者と締結した保険契約は保険法の適用対象となるが、少額短期保険業者は保険業法の適用対象とならない。
2. 少額短期保険の保険期間は、損害保険では2年、生命保険および傷害疾病保険では1年が上限である。
3. 少額短期保険は、低発生率保険を適用している少額短期保険業者が引き受ける保険契約を除き、今後、新規または更新後に、被保険者1人につき加入できる保険金額の合計額は1,500万円が上限である。
4. 破綻した少額短期保険業者と締結していた保険契約は、生命保険契約者保護機構または損害保険契約者保護機構による保護の対象となる。

問題 12

生命保険の一般的な商品性に関する次の記述のうち、最も適切なものはどれか。

1. 低解約返戻金型終身保険は、他の契約条件が同じで低解約返戻金型ではない終身保険と比較して、保険料払込期間中および保険料払込終了後の解約返戻金が低く抑えられており、割安な保険料が設定されている。
2. 養老保険は、被保険者に高度障害保険金が支払われた場合、保険期間満了時に満期保険金から高度障害保険金相当額が控除された金額が支払われる。
3. 収入保障保険の死亡保険金を一時金で受け取る場合、年金形式で受け取る場合の受取総額よりも多くなる。
4. 定期保険特約付終身保険（更新型）では、定期保険特約を同額の保険金額で自動更新すると、更新後の保険料は、通常、更新前よりも高くなる。

問題　13

　生命保険料控除に関する次の記述のうち、最も適切なものはどれか。

1．終身保険の保険料の払込みがないために自動振替貸付となった場合、それによって立て替えられた金額は、生命保険料控除の対象とならない。

2．2011年12月31日以前に締結した医療保険契約を2012年1月1日以後に更新した場合、更新後の保険料は介護医療保険料控除の対象となる。

3．2012年1月1日以後に締結した生命保険契約に付加された傷害特約および災害割増特約の保険料は、一般の生命保険料控除の対象となる。

4．変額個人年金保険および外貨建て個人年金保険の保険料は、個人年金保険料控除の対象とならず、一般の生命保険料控除の対象となる。

問題　14

　契約者（＝保険料負担者）を法人、被保険者を役員とする生命保険に係る保険料等の経理処理に関する次の記述のうち、最も適切なものはどれか。なお、いずれの保険契約も新たに締結し、他に加入している保険契約はなく、保険料は年払いであるものとする。

1．法人が受け取った医療保険の入院給付金は、2分の1を資産に計上し、残額を益金の額に算入する。

2．死亡保険金受取人が法人である終身保険の支払保険料は、その全額を給与として扱う。

3．給付金受取人が法人で、解約返戻金相当額のない短期払いの医療保険の支払保険料は、その事業年度に支払った保険料の額が被保険者1人当たり30万円以下の場合、その支払った日の属する事業年度の損金の額に算入することができる。

4．死亡保険金受取人が法人で、最高解約返戻率が65％である定期保険（保険期間20年　被保険者1人当たり年換算保険料相当額30万円超）の支払保険料は、保険期間の前半4割相当期間においては、その60％相当額を資産に計上し、残額を損金の額に算入することができる。

問題 15

損害保険による損害賠償等に関する次の記述のうち、最も適切なものはどれか。

1. 失火の責任に関する法律によれば、失火により他人に損害を与えた場合、失火者に重大な過失がなかったときは、民法第709条（不法行為による損害賠償）の規定が適用される。
2. 政府の自動車損害賠償保障事業および自動車損害賠償責任保険は、人身事故および物損事故による損害が対象となる。
3. 施設所有（管理）者賠償責任保険では、被保険者が営む飲食店の店舗の床が清掃時の水で濡れていたことによって滑って転倒した来店客がケガをしたことについて、法律上の損害賠償責任を負った場合、補償の対象となる。
4. 自動車保険の対人賠償保険では、被保険者が被保険自動車の運転中に起こした事故が原因で、兄弟姉妹にケガを負わせたことにより法律上の損害賠償責任を負った場合、補償の対象とならない。

問題 16

地震保険に関する次の記述のうち、最も適切なものはどれか。

1. 地震保険には、「建築年割引」「耐震等級割引」「免震建築物割引」「耐震診断割引」の4種類の保険料割引制度があり、重複して適用を受けることができる。
2. 地震保険は、火災保険の加入時に付帯する必要があり、火災保険の保険期間の中途では付帯することはできない。
3. 地震保険は、1個または1組の価額が30万円を超える貴金属等は補償の対象とならない。
4. 地震保険では、保険の対象である居住用建物が大半損に該当する損害を受けた場合、保険金額の75％を限度（時価額の75％を限度）として保険金が支払われる。

問題　17

　任意加入の自動車保険の一般的な商品性に関する次の記述のうち、最も適切なものはどれか。

1．自動車を被保険者の父の家の車庫に入れるとき、誤って内壁を損傷した場合、その損害は対物賠償保険の補償の対象となる。
2．自動車を運転中に交通事故で被保険者が重傷を負った場合、その損害のうち被保険者自身の過失割合に相当する部分を差し引いたものが人身傷害補償保険の補償の対象となる。
3．車両保険を契約した場合、他に特約を付帯していなくても地震・噴火およびそれらに起因する津波による車両の損害は補償の対象となる。
4．運転免許失効中の被保険者が自動車を運転中に交通事故で他人を死傷させてしまった場合、その損害は対人賠償保険の補償の対象となる。

問題　18

　損害保険を利用した事業活動のリスク管理に関する次の記述のうち、最も適切なものはどれか。なお、特約については考慮しないものとする。

1．仕出し弁当を調理して提供する事業者が、食中毒を発生させて法律上の損害賠償責任を負うことによる損害に備えて、施設所有管理者賠償責任保険を契約した。
2．製造業を営む事業者が、業務中の災害によりパート従業員がケガを負う場合に備えて、労働者災害補償保険（政府労災保険）の上乗せ補償を目的として労働災害総合保険を契約した。
3．建設業を営む事業者が、請け負った建築工事中に誤って器具を落とし第三者にケガを負わせて法律上の損害賠償責任を負うことによる損害に備えて、建設工事保険を契約した。
4．貸しビル業を営む事業者が、火災により所有するビル内に設置した機械が損害を被る場合に備えて、機械保険を契約した。

問題　19

　個人が契約者（＝保険料負担者）となる損害保険の課税関係に関する次の記述のうち、**最も適切なもの**はどれか。

1. 自動車の運転中の交通事故により契約者が入院したことで家族傷害保険から受け取る保険金は、非課税となる。
2. 契約者が年金払積立傷害保険から毎年受け取る給付金（年金）は、一時所得として課税対象となる。
3. 配偶者が不慮の事故で死亡したことにより契約者が家族傷害保険から受け取る死亡保険金は、相続税の課税対象となる。
4. 個人事業主が一部を事業の用に供している自宅を保険の対象として契約した火災保険の保険料は、事業所得の金額の計算上、事業の用に供している部分も必要経費に算入することができない。

問題　20

　第三分野の保険や特約の一般的な商品性に関する次の記述のうち、**最も適切な**ものはどれか。

1. 所得補償保険では、ケガや病気によって就業不能となった場合であっても、所定の医療機関に入院しなければ、補償の対象とならない。
2. ガン保険の入院給付金は、1回の入院での支払限度日数や保険期間を通じて累計した支払限度日数が定められている。
3. 医療保険では、退院後に入院給付金を受け取り、その退院日の翌日から180日以内に前回と同一の疾病により再入院した場合、1回の入院での支払日数は前回の入院での支払日数と合算される。
4. 先進医療特約では、契約時点において厚生労働大臣により定められていた先進医療が給付の対象となり、契約後に定められた先進医療は、給付の対象とならない。

問題　21

　経済指標のうち、国内総生産（GDP）および日本銀行の全国企業短期経済観測調査（日銀短観）に関する次の記述のうち、最も不適切なものはどれか。

1．GDPは、国内で一定期間内に生産された財やサービスの付加価値の合計であり、海外で得た所得は含まれず、支出側の構成項目のうち、最も大きな構成比を占めるのは、民間最終消費支出である。
2．GDPには名目値と実質値があり、物価が持続的に低下する状態（デフレーション）にあるときは、一般に名目値が実質値を下回る。
3．日銀短観で公表される「業況判断DI」は、回答時点の業況とその3カ月後の業況予測について、「良い」と回答した企業の社数構成比から「悪い」と回答した企業の社数構成比を差し引いて算出される。
4．日銀短観の調査対象企業は、全国の資本金1,000万円以上の民間企業（金融機関等を除く）の中から抽出され、調査は年4回実施され、その結果は、3月、6月、9月、12月に公表される。

問題　22

　銀行等の金融機関で取り扱う預金の一般的な商品性に関する次の記述のうち、最も不適切なものはどれか。

1．期日指定定期預金は、据置期間経過後から最長預入期日までの間で、預金者が指定した日を満期日とすることができる。
2．貯蓄預金は、クレジットカード利用代金などの自動振替口座や、給与や年金などの自動受取口座として利用することができる。
3．スーパー定期預金は、預入期間が3年以上の場合、単利型と半年複利型があるが、半年複利型を利用することができるのは個人に限られる。
4．デリバティブを組み込んだ仕組預金には、金融機関の判断によって満期日が繰り上がったり、延長される商品がある。

問題　23

　上場投資信託（ETF）および不動産投資信託（J-REIT）に関する次の記述のうち、最も適切なものはどれか。

1．ETFは、株価指数のほか、REIT指数や商品指数等のさまざまな指数に連動するものに限られ、アクティブ型のETFは国内の証券取引所に上場されていない。
2．ETFやJ-REITの売買には、上場株式と同様に売買委託手数料が発生するが、非上場の投資信託とは異なり、運用管理費用（信託報酬）は発生しない。
3．上場投資信託（ETF）の分配金は、普通分配金のみであり、元本払戻金（特別分配金）はなく、税務上、普通分配金は課税対象となる。
4．他の要件を満たせば、ETFおよびJ-REITの分配金は、所得税の配当控除の対象となる。

問題　24

　固定利付債券（個人向け国債を除く）の一般的な特徴に関する次の記述のうち、最も不適切なものはどれか。

1．債券を償還までの期間の長短で比較した場合、他の条件が同じであれば、償還までの期間が長い債券の方が、金利の変化に対する価格の変動幅は大きくなる。
2．債券を発行体の信用度で比較した場合、他の条件が同じであれば、発行体の信用度が高い債券の方が債券の価格は高い。
3．中央銀行が金融緩和策を縮小すると、一般に、市場金利は低下し、債券価格は上昇する。
4．市場金利が上昇すると、通常、債券の価格は下落し、債券の利回りは上昇する。

問題　25

　東京証券取引所の市場区分や株価指数に関する次の記述のうち、最も適切なものはどれか。

1．日経平均株価は、プライム市場に上場している銘柄のうち、時価総額上位225銘柄を対象として算出される株価指標である。
2．プライム市場の上場維持基準は、株主数や流通株式数等において、スタンダード市場およびグロース市場よりも高い数値が設定されており、スタンダード市場やグロース市場の上場銘柄も、プライム市場の新規上場基準等の要件を満たせば、所定の手続きにより、プライム市場に市場区分の変更できる。
3．東証株価指数（ＴＯＰＩＸ）は、プライム、スタンダード、グロース市場の全銘柄を対象として算出される。
4．ＪＰＸ日経インデックス４００は、プライム市場に上場する普通株式のうち、ＲＯＥや営業利益等の指標等により選定された４００銘柄を対象として算出される。

問題　26

　個人（居住者）が国内の金融機関等を通じて行う外貨建て金融商品の取引等に関する次の記述のうち、最も適切なものはどれか。

1．国外の証券取引所に上場している外国株式を国内店頭取引により売買するためには、あらかじめ外国証券取引口座を開設する必要がある。
2．外貨定期預金の預入時または預入後満期前に満期日の円貨での受取額を確定させるために為替先物予約を締結した場合、満期時に生じた為替差益は外貨預金の利息とともに源泉分離課税の対象となる。
3．国内の証券取引所に上場している外国株式を国内委託取引により売買した場合の受渡日は、国内株式と同様に、売買の約定日から起算して４営業日目となる。
4．ユーロ建て債券を保有している場合、ユーロに対する円の為替レートが円高に変動することは、当該債券に係る円換算の投資利回りの上昇要因となる。

問題 27

金融派生商品の取引の一般的な仕組みや特徴等に関する次の記述のうち、最も適切なものはどれか。

1. オプション取引において、コール・オプションは「原資産を売る権利」、プット・オプションは「原資産を買う権利」であり、いずれも買い手は売り手に対してオプション料を支払う。
2. 原資産を保有している投資家は、その先物取引で売りヘッジを行うことで、取引を行った時点以降の原資産価格の下落によって生じる評価損を先物取引の利益で相殺または軽減することができる。
3. 先物価格が今後上昇すると予測される場合、先物取引で売建てし、後日、実際に相場が上昇したときに買い戻すことで利益を得ることができる。
4. 異なる通貨間で一定期間、キャッシュフローを交換する取引を金利スワップという。

問題 28

新NISAの成長投資枠およびつみたて投資枠に関する次の記述のうち、最も適切なものはどれか。

1. 新NISAのつみたて投資枠と成長投資枠は、同時に利用することはできない。
2. 新NISAの年間の非課税投資枠はつみたて投資枠は40万円、成長投資枠は120万円である。
3. 新NISAを通じて購入した公募株式投資信託等に譲渡損失が生じた場合、その損失の金額は、特定口座や一般口座で生じた上場株式等に係る譲渡益の金額と損益の通算をすることができる。
4. 新NISAのつみたて投資枠を通じて購入することができる金融商品は、所定の要件を満たす公募株式投資信託やETF（上場投資信託）であり、長期の積立・分散投資に適した一定の商品性を有するものに限られる。

問題　29

　ある投資家の各資産のポートフォリオの構成比、期待収益率、標準偏差等が<資料>のとおりであった場合、次の記述の空欄に当てはまる語句の組合せとして、最も適切なものはどれか。

<資料>　各投資信託の運用パフォーマンスに関する情報

資産	ポートフォリオの構成比	期待収益率	標準偏差	無リスク資産利子率
A投資信託	50％	1％	0.5％	
B投資信託	30％	2％	1％	0.1％
C投資信託	20％	6％	3％	

　A投資信託、B投資信託、C投資信託にポートフォリオの構成比により投資した場合の期待収益率は、B投資信託のみに投資した場合の期待収益率よりも（　ア　）。

　B投資信託とC投資信託のシャープレシオを比較すると、（　イ　）。

1．（ア）高い　　（イ）C投資信託の方が効率的な運用であったとされる
2．（ア）低い　　（イ）同じである
3．（ア）高い　　（イ）同じである
4．（ア）低い　　（イ）C投資信託の方が効率的な運用であったとされる

問題　30
　金融サービス提供法、消費者契約法および金融商品取引法に関する次の記述のうち、最も不適切なものはどれか。

1．金融サービス提供法では、金融商品販売業者等は重要事項の説明義務違反によって生じた顧客の損害を賠償する責任を負うとされ、当該顧客は説明義務違反を立証すれば、その説明義務違反と損害発生との因果関係を立証する必要はない。
2．金融サービス提供法が規定する金融商品の販売において、金融サービス提供法と消費者契約法の両方の規定を適用することができる場合は、金融サービス提供法が優先して適用される。
3．消費者契約法では、事業者の一定の行為により、消費者が誤認または困惑した場合、消費者は、消費者契約の申込みまたは承諾の意思表示を取り消すことができるとされている。
4．金融商品取引法では、有価証券のデリバティブ取引のほか、通貨・金利スワップ取引も適用の対象とされるが、円建ての普通預金は適用の対象外である。

問題　31
　わが国の税制に関する次の記述のうち、最も適切なものはどれか。

1．所得税は、国や地方公共団体の会計年度と同様、毎年4月1日から翌年3月31日までの期間を単位として課される。
2．所得税、相続税、贈与税、法人税は、納税者が自らの納付すべき税額を確定させ、申告・納付する申告納税方式を採用している。
3．税金を負担する者と税金を納める者が異なる税金を間接税といい、固定資産税や消費税は間接税に該当する。
4．税金には、国税と地方税があるが、法人税や相続税は国税に該当し、登録免許税や事業税は地方税に該当する。

問題 32

次のうち、所得税における非課税所得に該当しないものはどれか。

1. 健康保険の傷病手当金
2. 障害基礎年金
3. ふるさと納税の返礼品
4. 雇用保険の基本手当や高年齢雇用継続基本給付金

問題 33

不動産の貸付けに係る所得税に関する次の記述のうち、最も不適切なものはどれか。

1. 不動産の貸付けをしたことに伴い敷金として収受する金額のうち、全部または一部について、収受する年中に、返還を要しないことが確定した金額は、その年分の不動産所得の金額の計算上、総収入金額に算入する。
2. 借家人が賃貸借の目的とされている居宅の立退きに際し受ける立退き料（借家権の消滅の対価の額に相当する部分の金額を除く）は、原則として一時所得として扱う。
3. 不動産所得の基因となる建物の賃借人の立退きに要した立退き料は、原則として、支出した日の属する年分の不動産所得の金額の計算上、必要経費に算入する。
4. 賃貸用土地および建物の取得者が、当該土地および建物を取得した際に支払った仲介手数料は、支払った年分の不動産所得の金額の計算上、全額を必要経費に算入することができる。

問題　34

　所得税の損益通算に関する次の記述のうち、最も適切なものはどれか。

1．不動産所得の金額の計算上生じた損失の金額は、上場株式等に係る譲渡所得の金額と損益通算することができる。
2．公的年金等以外の雑所得の金額の計算上生じた損失の金額は、不動産所得の金額と損益通算することができる。
3．総合課税の対象となる事業所得の金額の計算上生じた損失の金額は、公的年金等に係る雑所得の金額と損益通算することができる。
4．一時所得の金額の計算上生じた損失の金額は、給与所得の金額と損益通算することができる。

問題　35

　所得税における医療費控除に関する次の記述のうち、最も不適切なものはどれか。なお、「特定一般用医薬品等購入費を支払った場合の医療費控除の特例」は考慮しないものとする。

1．納税者が支払った医療費は200万円を限度として、その年中に支払った全額を医療費控除として控除することができる。
2．納税者本人の電車やバスによる通院費は医療費控除の対象となるが、マイカーのガソリン代や病院の駐車場代は医療費控除の対象とならない。
3．医療費控除の対象となる医療費の金額は、原則としてその年中に実際に支払った金額が対象となり、年末の時点で未払いの金額はその年分の医療費控除の対象とならない。
4．健康診断により重大な疾病が発見され、かつ、当該診断に引き続きその疾病の治療をした場合の健康診断の費用は、医療費控除の対象となる。

問題 36

　次のうち、所得税の確定申告を要する者はどれか。なお、いずれも適切に源泉徴収等がされ、年末調整すべきものは年末調整が済んでいるものとする。

1. 給与として1ヵ所から年額1,800万円の支払いを受けた給与所得者
2. 退職一時金として2,000万円の支払いを受け、その支払いを受ける時までに「退職所得の受給に関する申告書」を提出している者
3. 同族会社である法人1ヵ所から給与として年額1,000万円の支払いを受け、かつ、その法人から不動産賃貸料として年額12万円の支払いを受けたその法人の役員
4. 老齢基礎年金および老齢厚生年金を合計で年額300万円受給し、かつ、原稿料に係る雑所得が年額18万円ある者

問題 37

　個人住民税および個人事業税の原則的な仕組みに関する次の記述のうち、最も不適切なものはどれか。

1. 個人住民税の所得割額は、原則として所得税の所得金額の計算に準じて計算した前年中の所得金額をもとにして算出する。
2. 所得税および個人住民税の納税義務がある自営業者は、所得税の確定申告をした場合、個人住民税の申告書の提出は不要となる。
3. 個人事業税の課税標準の計算上、事業主控除として最高290万円を控除することができるが、青色申告特別控除は控除することができない。
4. 個人住民税は、その年の4月1日において都道府県内または市町村（特別区を含む）内に住所を有する者に対して課税される。

問題 38

　法人税の仕組み等に関する次の記述のうち、最も適切なものはどれか。なお、法人はいずれも内国法人（普通法人）であるものとする。

1．期末資本金の額等が1億円以下の一定の中小法人に対する法人税の税率は、所得金額のうち年1,000万円以下の部分については軽減税率が適用される。

2．新たに設立された法人が、その設立事業年度から青色申告の適用を受けるためには、設立の日以後2ヵ月経過した日と当該事業年度終了の日のいずれか早い日の前日までに、「青色申告承認申請書」を納税地の所轄税務署長に提出しなければならない。

3．法人は、その本店の所在地または当該代表者の住所地のいずれかから法人税の納税地を任意に選択することができる。

4．法人税における事業年度とは、法令または定款等により定められた1年以内の会計期間がある場合にはその期間をいう。

問題 39

　事業者が国内で行う取引に係る消費税に関する次の記述のうち、最も不適切なものはどれか。

1．金融商品取引法に規定する株式等の有価証券の譲渡は、消費税がかからない。

2．住宅（1ヵ月以上）の貸付は、消費税がかからない。

3．土地の譲渡や貸付（1ヵ月以上）は、消費税がかからない。

4．事業の用に供する家屋の譲渡や貸付は、消費税がかからない。

問題　40

　会社と役員間の取引に係る所得税・法人税に関する次の記述のうち、最も不適切なものはどれか。

1. 役員が所有する土地を無償で会社に譲渡した場合、その適正な時価相当額が会社の受贈益として益金の額に算入される。
2. 会社が所有する土地を適正な時価よりも低い価額で役員に譲渡した場合、その適正な時価と譲渡価額との差額が役員の給与所得の収入金額に算入される。
3. 役員が会社の所有する社宅に無償で居住している場合、通常の賃貸料相当額が役員の給与所得の収入金額に算入される。
4. 役員が会社に無利息で金銭の貸付けを行った場合、原則として、通常収受すべき利息に相当する金額が役員の雑所得の収入金額に算入される。

問題　41

　不動産の登記に関する次の記述のうち、最も適切なものはどれか。

1. 不動産の登記記録は、当該不動産の所有者の住所地である市町村および特別区の役所や役場に備えられている。
2. 不動産の登記事項証明書の交付を請求することができるのは、当該不動産に利害関係を有する者に限られる。
3. 不動産の売買契約を締結した当事者は、当該契約締結後1ヵ月以内に、所有権移転の登記をすることが義務付けられている。
4. 区分建物に係る登記記録において、床面積は、壁その他の区画の内側線で囲まれた部分の水平投影面積（内法面積）により算出される。

問題　42

　土地の価格に関する次の記述のうち、最も適切なものはどれか。

1. 都道府県地価調査の基準地は、地価公示の標準地と同じ地点に設定されることとはない。
2. 固定資産税評価額は、原則として、5年ごとの基準年度において評価替えが行われる。
3. 地価公示の公示価格は、毎年1月1日を価格判定の基準日としている。
4. 相続税路線価は、地価公示の公示価格の70％を価格水準の目安として設定されている。

問題　43

　借地借家法に関する次の記述のうち、最も不適切なものはどれか。なお、本問においては、同法第22条から第24条の定期借地権等以外の借地権を普通借地権という。

1. 普通借地権の設定契約において、期間の定めがない場合には、存続期間は30年となる。
2. 普通借地権の存続期間が満了した場合、契約の更新がないときは、借地権者は、借地権設定者に対して、建物その他借地権者が権原により土地に附属させた物を時価で買い取るべきことを請求することができる。
3. 事業用定期借地権等においては、建物の用途は事業用に限定されているため、法人が従業員向けの社宅として利用する建物の所有を目的として設定することができる。
4. 建物の譲渡により建物譲渡特約付借地権が消滅した場合において、当該建物を使用する賃借人が借地権設定者に対して建物の継続使用を請求したときには、賃借人と借地権設定者との間で存続期間の定めのない建物の賃貸借がされたものとみなされる。

問題　44

　借地借家法に関する次の記述のうち、最も不適切なものはどれか。なお、本問においては、同法第38条による定期建物賃貸借契約を定期借家契約といい、それ以外の建物賃貸借契約を普通借家契約という。また、記載のない事項については考慮しないものとする。

1. 普通借家契約において存続期間を6ヵ月と定めた場合、その存続期間は1年とみなされる。
2. 普通借家契約および定期借家契約において、賃借人は、原則として、その建物の賃借権の登記がなくても、引渡しを受けていれば、その後その建物について物権を取得した者に賃借権を対抗することができる。
3. 普通借家契約および定期借家契約において、賃借人に造作買取請求権を放棄させる旨の特約は有効となる。
4. 定期借家契約において、経済事情の変動があっても賃料を増減額しないこととする特約をした場合、その特約は有効である。

問題　45

　都市計画法に関する次の記述のうち、最も適切なものはどれか。

1. 市街化調整区域は、すでに市街地を形成している区域およびおおむね10年以内に優先的かつ計画的に市街化を図るべき区域とされている。
2. 市街化区域については用途地域を定め、市街化調整区域については原則として用途地域を定めないものとされている。
3. 都市計画区域内において、用途地域が定められている区域については、防火地域または準防火地域のいずれかを定めなければならない。
4. 市街化区域における開発行為は、その規模にかかわらず、都道府県知事等の許可が必要である。

問題　46

　都市計画区域および準都市計画区域内における建築基準法の規定に関する次の記述のうち、最も不適切なものはどれか。

1. 建築物の敷地は、原則として、建築基準法に規定する道路に、2m以上接していなければならない。
2. 防火地域内に耐火建築物を建築する場合、建蔽率の制限について緩和措置を受けられる。
3. 建築物の敷地が異なる2つの用途地域にわたる場合の建築物の用途は、その建築物の全部について、敷地の過半の属する用途地域の建築物の用途に関する規定が適用される。
4. 建築基準法第42条第2項の道路に面している敷地のうち、道路と道路境界線とみなされる線までの間の敷地部分（セットバック部分）は、建蔽率および容積率を算定する際の敷地面積に算入することができる。

問題　47

　不動産の取得に係る税金に関する次の記述のうち、最も適切なものはどれか。

1. 不動産取得税は、贈与により取得した場合には課税されるが、相続により不動産を取得した場合には課税されない。
2. 所定の要件を満たす戸建て住宅（認定長期優良住宅を除く）を新築した場合、不動産取得税の課税標準の算定に当たっては、1戸につき最高1,500万円を価格から控除することができる。
3. 不動産に抵当権設定登記をする際の登録免許税の課税標準は、当該不動産の固定資産税評価額である。
4. 所有権移転登記に係る登録免許税の税率は、登記原因が贈与による場合の方が相続による場合よりも低い。

問題　48

　個人が土地を譲渡した場合の譲渡所得に関する次の記述のうち、最も適切なものはどれか。

1．譲渡所得の金額の計算上、取得費が不明な場合には、譲渡収入金額の１０％相当額を取得費とすることができる。
2．譲渡所得のうち、土地を譲渡した日の属する年の１月１日における所有期間が１０年以下のものについては短期譲渡所得に区分される。
3．譲渡するために直接要した仲介手数料は、譲渡所得の金額の計算上、譲渡費用に含まれる。
4．土地の譲渡に係る譲渡所得の金額は、当該土地の所有期間の長短にかかわらず、他の所得の金額と合算して税額が計算される。

問題　49

　居住用財産を譲渡した場合の3,000万円の特別控除（以下、3,000万円特別控除）と居住用財産を譲渡した場合の長期譲渡所得の課税の特例（以下、軽減税率の特例）、特定居住用財産の買換えの場合の長期譲渡所得の課税の特例に関する次の記述のうち、最も適切なものはどれか。なお、記載されたもの以外の要件はすべて満たしているものとする。

1．3,000万円特別控除と軽減税率の特例は、居住の用に供さなくなった日の属する年の翌年１２月３１日までに譲渡することが要件とされる。
2．軽減税率の特例の適用を受けた場合、課税長期譲渡所得のうち、１億円以下の部分の税率が軽減される。
3．特定居住用財産の買換えの場合の長期譲渡所得の課税の特例の適用を受ける場合、3,000万円特別控除および軽減税率の特例は重複して適用することはできない。
4．軽減税率の特例は譲渡する年の１月１日時点の所有期間が２０年を超えていることが要件とされる。

問題　50

不動産の有効活用の手法等の一般的な特徴に関する次の記述のうち、最も適切なものはどれか。

1. 事業受託方式では、調査・企画、建物の設計・施工、建物の管理・運営、建築資金の調達をデベロッパーが行うため、土地所有者の業務や資金調達の負担が軽減される。
2. 建設協力金方式は、土地所有者が利用予定のテナントから資金を借り入れて建物を建設し、テナントからの賃貸料で借入金を返済するため、自己資金が少なくても、賃貸事業を行うことができる。
3. 等価交換方式における部分譲渡方式は、土地所有者がいったん土地の全部をデベロッパーに譲渡し、その対価をもって土地上にデベロッパーが建設した建物およびその土地の一部を譲り受ける譲渡方式である。
4. 定期借地権方式では、土地を一定期間貸し付けることによる地代収入を得ることができ、借地期間中の当該土地上の建物の所有名義は土地所有者となる。

問題　51

贈与税の計算および申告に関する次の記述のうち、最も不適切なものはどれか。なお、贈与財産は、住宅取得等資金や教育資金、結婚・子育てに係る資金の贈与ではなく、他の贈与はないものとする。

1. 暦年課税による贈与に係る贈与税額の計算上、適用される税率は、超過累進税率である。
2. 特定贈与者からの贈与について、相続時精算課税制度の適用を受けた場合、それ以後、特定贈与者からの贈与については、暦年課税に変更することはできない。
3. 原則として、１８歳以上の者が、父母や祖父母等の直系尊属から贈与を受ける場合には一般贈与財産に係る贈与税率が適用され、夫婦間の贈与では特例贈与財産に係る贈与税率が適用される。
4. 本年中に相続時精算課税制度を選択した受贈者は、受贈者ごと年間１１０万円以内であれば、贈与税の申告は不要となるが、特定贈与者から贈与により取得した財産の価額の合計額が１１０万円を超え、特別控除額以下である場合は、贈与税の申告書を提出する必要がある。

問題 52

贈与税の申告と納付に関する次の記述のうち、最も不適切なものはどれか。

1. 贈与税の配偶者控除の適用を受けることにより納付すべき贈与税額が算出されない場合であっても、当該控除の適用を受けるためには、贈与税の申告書を提出する必要がある。
2. 贈与税の申告書の提出期間は、原則として、贈与を受けた年の翌年2月1日から3月15日までである。
3. 贈与税の納付は、金銭による一括納付が原則であるが、所定の要件を満たせば物納が認められる。
4. 贈与税を延納するには、納付すべき贈与税額が10万円を超えていなければならない。

問題 53

親族等に係る民法の規定に関する次の記述のうち、最も不適切なものはどれか。

1. 親族の範囲は、3親等内の血族、配偶者、6親等内の姻族である。
2. 特別養子縁組が成立した場合、原則として養子と実方の父母との親族関係は終了する。
3. 相続開始時における胎児は、すでに生まれたものとみなされ、死産の場合を除き、相続権が認められる。
4. 直系血族および兄弟姉妹は、互いに扶養をする義務があるが、家庭裁判所は、特別の事情があるときは、3親等内の親族間においても扶養の義務を負わせることができる。

問題 54

民法で規定する相続の承認および放棄に関する次の記述のうち、最も適切なものはどれか。

1. 推定相続人が相続の開始前に相続の放棄をしようとする場合は、家庭裁判所に対してその旨を申述して許可を受ける必要がある。
2. 相続の放棄をしようとする者が1人でもいる場合は、相続の開始があったことを知った時から原則として3ヵ月以内に、共同相続人全員が、家庭裁判所に申述しなければならない。
3. 限定承認をしようとする場合、相続の開始があったことを知った時から原則として3ヵ月以内に、その旨を家庭裁判所に相続人全員が共同して申述しなければならない。
4. 相続人が相続の放棄をした場合、放棄をした者の子が、代襲相続人となることができる。

問題 55

遺産分割に関する次の記述のうち、最も適切なものはどれか。

1. 遺産の分割について、共同相続人間で協議が整わないときや協議をすることができないときは、各共同相続人は、家庭裁判所に調停または審判を申し立てることができる。
2. 相続財産である不動産を、共同相続人間で分割するために売却して換価した場合、その所得は、所得税において非課税所得とされる。
3. 代償分割により特定の財産（遺産）を取得した相続人から他の相続人に交付された代償財産が不動産や株式であっても、その不動産や株式を交付した相続人には、譲渡所得として所得税が課されることはない。
4. 被相続人は、遺言によって、相続開始のときから10年間を超えない期間を定めて、遺産の分割を禁ずることができる。

問題　56

　相続税の計算に関する次の記述のうち、最も不適切なものはどれか。なお、本問において、相続の放棄をした者はいないものとする。

1．遺産に係る基礎控除額の計算上、法定相続人の数に含めることができる養子（特別養子、代襲相続人である孫等の実子とみなされる者を除く）の数は、実子がいる場合、2人に制限される。

2．遺産に係る基礎控除額の計算上、法定相続人の数は、相続の放棄があっても、その放棄がなかったものとする。

3．相続税の2割加算の対象となるのは、兄弟姉妹や代襲相続人でない孫養子等であり、代襲相続人である孫は2割加算の対象とならない。

4．法定相続人が被相続人の配偶者のみである場合、「配偶者に対する相続税額の軽減」の適用を受けた配偶者については、相続により取得した遺産額の多寡にかかわらず、納付すべき相続税額が生じない。

問題　57

　相続税における宅地の評価に関する次の記述のうち、最も適切なものはどれか。

1．二方面に路線がある角地を路線価方式によって評価する場合、それぞれの路線価に奥行価格補正率を乗じた価額を比較し、低い方が正面路線価となる。

2．登記上2筆の土地である宅地の価額は、これを一体として利用している場合であっても、原則として、2画地として別々に評価しなければならない。

3．宅地の評価方法には、路線価方式と倍率方式とがあり、いずれの方式を採用するかは、納税者が任意に選択することができる。

4．路線価図において、路線に「300C」と記載されている場合、300はその路線に面する標準的な宅地1㎡当たりの価額が300千円であることを示し、Cはその路線に面する宅地の借地権割合が70％であることを示す。

問題 58

　不動産に係る相続対策等に関する次の記述のうち、最も不適切なものはどれか。

1. 相続により土地を取得した者がその相続に係る相続税を延納する場合、担保として不適格なものでなければ、取得した土地を延納の担保として提供することができる。
2. 配偶者が所有する居住用家屋およびその敷地に供されている土地のうち、土地のみについて贈与を受けた者は、贈与税の配偶者控除の適用を受けることができない。
3. 「小規模宅地等についての相続税の課税価格の計算の特例」の適用を受けた宅地等を物納する場合の収納価額は、特例適用後の価額となる。
4. 新築した家屋が店舗併用住宅で、その家屋の登記簿上の床面積の2分の1超に相当する部分が店舗の用に供される場合、その家屋の対価に充てるための金銭は、直系尊属から住宅取得等資金の贈与を受けた場合の贈与税の非課税の特例の適用を受けることができない。

問題 59

　相続税における取引相場のない株式の評価に関する次の記述のうち、最も不適切なものはどれか。

1. 類似業種比準方式における比準要素は、1株当たりの配当金額、利益金額、純資産価額（帳簿価額によって計算した金額）であり、ウェイトは「1：1：1」である。
2. 純資産価額を計算する場合の「評価差額に対する法人税額等に相当する金額」の計算上、法人税等の割合は37％である。
3. 同族株主等のいる会社において、同族株主等以外の株主が取得した株式は、その会社規模にかかわらず、原則として、配当還元方式によって評価する。
4. 配当還元価額は、その株式の1株当たりの年配当金額を5％で還元して評価する。

問題 60

　民法における配偶者居住権に関する次の記述のうち、最も不適切なものはどれか。

1．被相続人の配偶者は、取得した配偶者居住権を第三者に対して譲渡することができる。
2．配偶者居住権は、被相続人の遺言によるほか、相続人全員による遺産分割協議で取得することができる。
3．配偶者居住権とは、被相続人所有の居住用建物について、配偶者が無償で使用、収益できる権利をいい、特に定めがなければ、その存続期間は終身とされる。
4．居住建物を被相続人と被相続人の子が相続開始時において共有していた場合や、被相続人の配偶者が、相続開始時に被相続人所有の居住用建物に居住していなかった場合は、当該建物に係る配偶者居住権を取得することはできない。

FP　2級　個人

2024年度
ファイナンシャル・プランニング技能検定・実技試験

金財

2級　個人
資産相談業務

試験時間 ◆ 90分

★ 注 意 ★

1. 本試験の出題形式は、記述式等5題（15問）です。
2. 筆記用具、計算機（プログラム電卓等を除く）の持込みが認められています。
3. 試験問題については、特に指示のない限り、2024年4（10）月1日現在施行の法令等に基づいて解答してください。なお、東日本大震災の被災者等に対する各種特例等については考慮しないものとします。

マイナビ
FP試験対策プロジェクト

【第1問】 次の設例に基づいて、下記の各問（《問1》～《問3》）に答えなさい。

《設　例》

　会社員のＡさん（46歳）は、妻Ｂさん（45歳）および長女Ｃさん（10歳）、長男Ｄさん（8歳）との4人暮らしである。Ａさんは、妻Ｂさんの希望もあり、住宅ローンの返済や教育資金の準備など、今後の資金計画を再検討したいと考えている。その前提として、公的年金制度から支給される遺族給付や障害給付について知りたいと思っている。

　そこで、Ａさんは、親しくしているファイナンシャル・プランナーのＭさんに相談することにした。Ａさんとその家族に関する資料は、以下のとおりである。

＜Ａさんとその家族に関する資料＞

（1）Ａさん（1977年ＸＸ月ＸＸ日生まれ・会社員）

　　・公的年金加入歴：下図のとおり（本年8月までの期間）

　　・全国健康保険協会管掌健康保険、雇用保険に加入中

20歳　　　　22歳		現時点
国民年金 保険料納付済期間 （30月）	厚　生　年　金　保　険	
	被保険者期間 （36月）	被保険者期間 （257月）
	(2003年3月以前の 平均標準報酬月額30万円)	(2003年4月以後の 平均標準報酬額40万円)

（2）妻Ｂさん（19ＸＸ年ＸＸ月ＸＸ日生まれ・パート従業員）

　　・公的年金加入歴：20歳から22歳までの大学生であった期間（34月）は国民年金の第1号被保険者として保険料を納付し、22歳からＡさんと結婚するまでの10年間（120月）は厚生年金保険に加入。結婚後は、国民年金に第3号被保険者として加入している。

　　・全国健康保険協会管掌健康保険の被扶養者である。

（3）長女Ｃさん（201Ｘ年ＸＸ月ＸＸ日生まれ）

（4）長男Ｄさん（201Ｘ年ＸＸ月ＸＸ日生まれ）

※妻Ｂさん、長女Ｃさんおよび長男Ｄさんは、現在および将来においても、Ａさんと同居し、Ａさんと生計維持関係にあるものとする。

※家族全員、現在および将来においても、公的年金制度における障害等級に該当する障害の状態にないものとする。

※上記以外の条件は考慮せず、各問に従うこと。

《問1》 Mさんは、Aさんに対して、Aさんが本年度現時点で死亡した場合に妻Bさんが受給することができる公的年金制度からの遺族給付および遺族年金生活者支援給付金について説明した。Mさんが説明した以下の文章の空欄①～④に入る最も適切な語句または数値を、下記の〈語句群〉のなかから選び、その記号を解答用紙に記入しなさい。なお、問題の性質上、明らかにできない部分は「□□□」で示してある。

Ⅰ 「Aさんが現時点において死亡した場合、妻Bさんに対して遺族基礎年金および遺族厚生年金が支給されます。遺族基礎年金を受けられる遺族の範囲は、死亡した被保険者によって生計を維持されていた『子のある配偶者』または『子』です。『子』とは、（ ① ）歳到達年度の末日までの間にあるか、□□□歳未満で障害等級1級または2級に該当する障害の状態にあり、かつ、現に婚姻していない子を指します。Aさんの死亡直後に妻Bさんが受給することができる遺族基礎年金の額は（ ② ）円（本年度価額）です。また、妻Bさんが遺族基礎年金を受給し、前年の所得が一定額以下である場合、妻Bさんは、遺族年金生活者支援給付金を受給することができ、その年額は（ ③ ）円（本年度価額）となります」

Ⅱ 「遺族厚生年金の額は、Aさんの厚生年金保険の被保険者記録を基礎として計算した老齢厚生年金の報酬比例部分の額の□分の□相当額になります。ただし、その計算の基礎となる被保険者期間の月数が（ ④ ）に満たない場合、（ ④ ）とみなして年金額が計算されます」

─〈語句群〉─────────────
イ．16　ロ．18　ハ．20　ニ．61,680　ホ．63,720　ヘ．78,300
ト．1,050,800　チ．1,285,600　リ．240月　ヌ．300月　ル．360月

《問2》 Ａさんが本年度現時点で死亡した場合、《設例》の＜Ａさんとその家族に関する資料＞および下記の＜資料＞に基づき、妻Ｂさんが受給することができる遺族厚生年金の額を求め、解答用紙に記入しなさい（計算過程の記載は不要）。なお、年金額は本年度価額に基づいて計算し、年金額の端数処理は円未満を四捨五入すること。

＜資料＞

遺族厚生年金の額（本来水準の額）＝（ⓐ＋ⓑ）× $\dfrac{\square\square\square 月}{\square\square\square 月}$ × $\dfrac{\square}{\square}$

ⓐ 2003年3月以前の期間分

平均標準報酬月額 × $\dfrac{7.125}{1,000}$ × 2003年3月以前の被保険者期間の月数

ⓑ 2003年4月以後の期間分

平均標準報酬額 × $\dfrac{5.481}{1,000}$ × 2003年4月以後の被保険者期間の月数

※問題の性質上、明らかにできない部分は「$\square\square\square$」で示してある。

《問3》 ファイナンシャル・プランナーのＭさんは、Ａさんに対して、公的年金制度からの障害給付や公的介護保険について説明した。Ｍさんが説明した次の記述①〜③について、適切なものには○印を、不適切なものには×印を解答用紙に記入しなさい。なお、各選択肢において、ほかに必要とされる要件等はすべて満たしているものとする。

① 「Ａさんが現時点で介護保険の保険給付を受けた場合、原則として、自己負担割合は実際にかかった費用（食費、居住費等を除く）の3割です」

② 「仮に、Ａさんの障害の程度が国民年金法に規定される障害等級1級と認定され、障害基礎年金を受給することになった場合、その障害基礎年金の額（本年度価額）は、『816,000円×1.5＋子の加算』の算式により算出されます」

③ 「Ａさんが介護保険の保険給付を受けるためには、都道府県から、要介護認定または要支援認定を受ける必要があります。ただし、40歳以上60歳未満の者は介護保険の第2号被保険者に該当するため、要介護状態または要支援状態となった原因が、末期がんや脳血管疾患などの加齢に伴う特定疾病によって生じたものでなければ、保険給付は受けられません」

【第2問】 次の設例に基づいて、下記の各問（《問4》～《問6》）に答えなさい。

･･････ 《設　例》 ･･････

　会社員のAさん（40歳）は、預貯金を500万円程度保有している。Aさんは、老後の生活資金を準備するために、長期的な資産形成を図りたいと思っているが、上場株式や投資信託等を購入した経験はない。知人からは「最初は新NISA等を利用した投資信託またはよく知っているX社株式への投資がいいのではないか」と言われている。そこで、Aさんは、X社株式（東京証券取引所プライム市場上場）に着目し、投資についてファイナンシャル・プランナーのMさんに相談することにした。

＜X社株式の関連情報＞
・株価　　：1,400円　　　　　・発行済株式数：2億株
・決算期：2024年9月30日（月）

＜X社の財務データ＞　　　　　　　　　　　（単位：百万円）

	50期	51期
資 産 の 部 合 計	800,000	790,000
負 債 の 部 合 計	430,000	440,000
純 資 産 の 部 合 計	370,000	350,000
売 　 上 　 高	710,000	640,000
営 業 利 益	40,000	33,000
経 常 利 益	28,000	29,000
当 期 純 利 益	18,200	19,800
配 当 金 総 額	11,000	12,000

※純資産の金額と自己資本の金額は同じである。

※上記以外の条件は考慮せず、各問に従うこと。

《問4》 《設例》の＜X社株式の関連情報＞および＜X社の財務データ＞に基づいて算出される次の①、②を求めなさい（計算過程の記載は不要）。〈答〉は、％表示の小数点以下第3位を四捨五入し、小数点以下第2位までを解答すること。

① 51期におけるROE（自己資本は50期と51期の平均を用いる）

② 51期における配当利回り

《問5》 ファイナンシャル・プランナーのMさんは、Aさんに対して、X社株式を購入する際の留意点等について説明した。Mさんが説明した次の記述①～③について、適切なものには○印を、不適切なものには×印を解答用紙に記入しなさい。

① 「配当を受け取るためには、権利確定日に株主として株主名簿に記載される必要があります。次の決算期末の配当を受け取るためには、権利確定日の3営業日前である9月25日（水）までに買付けを行ってください」

② 「51期におけるX社株式のPBRは1.0倍を下回っていますが、PBRの1倍割れだけをもって、割安と判断するのは注意が必要です。PER等の他の投資指標も併せて比較・検討するなど、多角的な視点が望まれます」

③ 「Aさんが特定口座（源泉徴収あり）においてX社株式を株価1,400円で200株購入し、同年中に株価2,000円で全株売却した場合、その他の取引や手数料等を考慮しない場合、売買益12万円に対して20.315％相当額が源泉徴収等されます」

《問6》 ファイナンシャル・プランナーのMさんは、Aさんに対して、新NISAの成長投資枠およびつみたて投資枠について説明した。Mさんが説明した次の記述①～③について、適切なものには○印を、不適切なものには×印を解答用紙に記入しなさい。

① 「つみたて投資枠に受け入れることができる商品は、所定の要件を満たすインデックス型の公募株式投資信託に限られています。X社株式をつみたて投資枠に受け入れることはできません」

② 「成長投資枠とつみたて投資枠は同時に利用することはできません」

③ 「新NISAの年間投資上限額は、成長投資枠は120万円、つみたて投資枠は240万円です」

【第3問】 次の設例に基づいて、下記の各問（《問7》～《問9》）に答えなさい。

─────────── 《設 例》 ───────────

　会社員のAさんは、妻Bさんおよび長女Cさんとの3人家族である。Aさんは、本年中に長女Cさんの入院・手術費用として医療費30万円を支払ったため、医療費控除の適用を受けたいと思っている。なお、不動産所得の金額の前の「▲」は赤字であることを表している。

＜Aさんとその家族に関する資料＞

　Aさん　　　（60歳）：会社員

　妻Bさん　　（55歳）：専業主婦。本年中にパートタイマーとして給与収入100
　　　　　　　　　　　　万円を受け取っている。

　長女Cさん（23歳）：大学生。本年中の収入はない。

＜Aさんの本年分の収入等に関する資料＞

　（1）　給与収入の金額　　　　　　　　：700万円

　（2）　不動産所得の金額（国内建物）　：▲100万円（白色申告）

　　　・損失の金額100万円のうち、土地等の取得に係る負債の利子30万円
　　　　を含む。

　（3）勤務先から支給を受けた退職金の額：2,500万円

　　　・退職までの勤続期間は37年9カ月である。

　　　・勤務先に退職所得の受給に関する申告書を提出している。

　（4）確定拠出年金の老齢給付の年金額　：60万円

　（5）個人年金保険契約に基づく年金収入：90万円（必要経費は75万円）

※妻Bさんおよび長女Cさんは、Aさんと同居し、生計を一にしている。

※Aさんとその家族は、いずれも障害者および特別障害者には該当しない。

※Aさんとその家族の年齢は、いずれも本年12月31日現在のものである。

※上記以外の条件は考慮せず、各問に従うこと。

《問7》 所得税における医療費控除に関する以下の文章の空欄①～④に入る最も適切な数値を、下記の〈数値群〉のなかから選び、その記号を解答用紙に記入しなさい。

「通常の医療費控除は、その年分の総所得金額等の合計額が200万円以上である居住者の場合、その年中に支払った医療費の総額から保険金などで補てんされる金額を控除した金額が（ ① ）円を超えるときは、その超える部分の金額（最高（ ② ）円）をその居住者のその年分の総所得金額等から控除します。また、通常の医療費控除との選択適用となるセルフメディケーション税制（医療費控除の特例）では、定期健康診断や予防接種などの一定の取組みを行っている者が自己または自己と生計を一にする配偶者等のために特定一般用医薬品等購入費を支払った場合、その額が（ ③ ）円を超えるときは、その超える部分の金額（最高（ ④ ）円）を総所得金額等から控除することができます」

＜通常の医療費控除額の算式＞

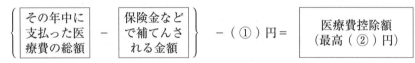

＜セルフメディケーション税制に係る医療費控除額の算式＞

―〈数値群〉―――――――――――――――――――――――――

　イ．12,000　　ロ．24,000　　ハ．38,000　　ニ．50,000　　ホ．88,000

　ヘ．100,000　　ト．200,000　　チ．1,000,000　　リ．2,000,000

《問8》 Aさんの本年分の所得税の課税に関する次の記述①～③について、適切なものには○印を、不適切なものには×印を解答用紙に記入しなさい。

① 「Aさんは不動産所得の金額に損失が生じていますが、白色申告であるため、損益通算することができません」

② 「医療費控除については、年末調整では適用を受けることができないため、所得税の確定申告が必要となります」

③ 「Aさんが適用を受けることができる配偶者控除の控除額は38万円です」

《問9》 Aさんの本年分の所得金額について、次の①、②、③を求め、解答用紙に記入しなさい（計算過程の記載は不要）。また、〈答〉は万円単位とすること。

① 退職所得

② 雑所得

③ 総所得金額

<資料>給与所得控除額

給与収入金額		給与所得控除額
万円超	万円以下	
～	180	収入金額×40％－10万円（55万円に満たない場合は、55万円）
180 ～	360	収入金額×30％＋8万円
360 ～	660	収入金額×20％＋44万円
660 ～	850	収入金額×10％＋110万円
850 ～		195万円

【第4問】 次の設例に基づいて、下記の各問（《問10》～《問12》）に答えなさい。

《設 例》

Aさん（55歳）は、精密機械メーカーに勤務する会社員である。本年10月、K市内の実家（甲土地および建物）で1人暮らしをしていた母親が死亡した。法定相続人は、1人息子のAさんのみであり、相続に係る申告・納税等の手続は完了している。

甲土地（地積：300㎡）は、最寄駅から徒歩5分に位置し、準住居地域に指定されている。周辺では宅地開発が進んでおり、築50年を超える実家の建物は、周りの建物に比べると、いかにも場違いな存在となっている。

Aさんは、他県に所有する持家に妻と子の3人で暮らしており、実家の売却を検討している。他方、先日、大手書店チェーンのX社から「甲土地での新規出店を考えています。弊社との間で事業用定期借地権の契約を締結してもらえないでしょうか」との提案があり、Aさんは甲土地の有効活用にも興味を抱くようになった。

＜甲土地の概要＞

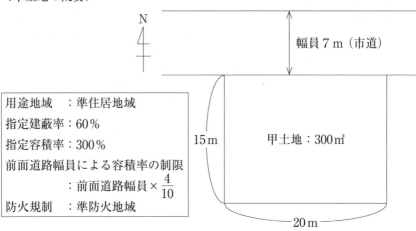

- 指定建蔽率および指定容積率とは、それぞれ都市計画において定められた数値である。
- 特定行政庁が都道府県都市計画審議会の議を経て指定する区域ではない。

※上記以外の条件は考慮せず、各問に従うこと。

《問10》 甲土地上に耐火建築物を建築する場合における次の①、②を求め、解答用紙に記入しなさい（計算過程の記載は不要）。

① 建蔽率の上限となる建築面積

② 容積率の上限となる延べ面積

《問11》 X社が提案する事業用定期借地権方式に関する次の記述①〜③について、適切なものには○印を、不適切なものには×印を解答用紙に記入しなさい。

① 「事業用定期借地権等は、存続期間が10年以上30年未満の事業用借地権と30年以上50年未満の事業用定期借地権に区別されます。事業用定期借地権等の設定契約は、公正証書等の書面（電磁的記録を含む）でしなければなりません」

② 「Aさんが、所有する宅地をX社に事業用借地権方式により貸し付ける場合、宅地建物取引業の免許が必要となります」

③ 「X社が甲土地に書店チェーンの店舗を建設した場合、相続税額の計算上、甲土地は貸家建付地として評価されます」

《問12》 被相続人の居住用財産（空き家）に係る譲渡所得の特別控除の特例（以下、「本特例」という）に関する次の記述①〜③について、適切なものには○印を、不適切なものには×印を解答用紙に記入しなさい。

① 「本特例の適用を受けた場合の特別控除の額は最高3,000万円です。本特例と相続財産を譲渡した場合の取得費の特例（相続税の取得費加算の特例）は併用できます」

② 「本特例の適用を受けるための要件の1つとして、1981（昭和56）年5月31日以前に建築された家屋であることが挙げられます。実家の建物を取り壊して、甲土地を更地にした場合、本特例の適用を受けることはできませんので、本特例の適用を検討しているのであれば、建物は現況の空き家のままにしておいてください」

③ 「本特例の適用要件の1つとして譲渡対価の額が1億円以下であることがあげられます」

【第5問】 次の設例に基づいて、下記の各問（《問13》～《問15》）に答えなさい。

-------- 《設　例》 --------

　Aさんは、妻Bさんとの2人暮らしである。Aさんは、大学卒業後、大手電機メーカーに就職し、関連会社に転籍してからの期間を含め、43年間勤務した。5年前に退職してからは、年金収入に加えて、上場株式の配当収入もあり、生活は安定している。

　昨年、長女CさんがDさんと離婚した。長女Cさんは、仕事の都合により、別の都市にある賃貸マンションで子2人と暮らしている。Aさんは、長女Cさんや孫たちの将来の生活や学費等について面倒を見てやりたいと思っており、現金の贈与を検討している。

＜Aさんの親族関係図＞

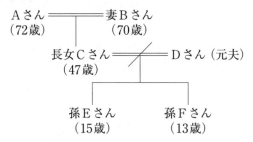

＜Aさんが所有する財産（相続税評価額）＞

①預貯金　　　：8,000万円

②上場株式　　：7,000万円

③自宅

　敷地（400㎡）：5,000万円

　建物　　　　：1,500万円

※自宅の敷地は、「小規模宅地等についての相続税の課税価格の計算の特例」適用前の金額である。

※上記以外の条件は考慮せず、各問に従うこと。

《問13》 生前贈与に関する以下の文章の空欄①〜④に入る最も適切な数値を、解答用紙に記入しなさい。

Ⅰ 「Aさんが生前贈与を実行するにあたり、長女Cさんが暦年課税（各種非課税制度の適用はない）により、本年中にAさんから現金450万円の贈与を受けた 場合、贈与税額は（　①　）万円となります」

Ⅱ 「Aさんからの贈与について、長女Cさんが暦年課税制度ではなく、相続時精算課税制度を選択した場合、累計で特別控除（　②　）万円までの贈与について贈与税は課されず、その額を超える部分については、一律（　③　）％の税率により贈与税が課されます。なお、2024年以降の相続時精算課税制度において、特別控除前に、暦年課税制度とは別枠で年間（　④　）万円を差し引くことができます」

＜資料＞贈与税の速算表（一部抜粋）

基礎控除後の課税価格		特例贈与財産		一般贈与財産	
		税率	控除額	税率	控除額
万円超	万円以下				
〜	200	10％	—	10％	—
200 〜	300	15％	10万円	15％	10万円
300 〜	400	15％	10万円	20％	25万円
400 〜	600	20％	30万円	30％	65万円
600 〜	1,000	30％	90万円	40％	125万円

《問14》 「直系尊属から教育資金の一括贈与を受けた場合の贈与税の非課税の特例」（以下、「本特例」という）に関する次の記述①～③について、適切なものには○印を、不適切なものには×印を解答用紙に記入しなさい。

① 「孫Eさんおよび孫Fさんが本特例の適用を受ける場合、受贈者1人につき1,000万円までは贈与税が非課税となります。ただし、学習塾などの学校等以外の者に対して直接支払われる金銭は300万円が限度となります」

② 「孫Eさんおよび孫Fさんが本特例の適用を受けるためには、孫Eさん、孫Fさんが教育資金の贈与を受けた年の前年分の長女Cさんの所得税に係る合計所得金額が1,000万円以下であることが要件とされます」

③ 「制度としては、本特例は相続時精算課税制度と併用することができますが、孫Eさんおよび孫Fさんは本年の1月1日時点で18歳未満であるため、相続時精算課税制度は併用できません」

《問15》 Aさんの相続等に関する以下の文章の空欄①～③に入る最も適切な数値を、下記の〈数値群〉のなかから選び、その記号を解答用紙に記入しなさい。

Ⅰ 「Aさんの相続が現時点で開始した場合、Aさんの相続における遺産に係る基礎控除額は（ ① ）万円となります」

Ⅱ 「生命保険に加入していないのであれば、契約者（＝保険料負担者）および被保険者をAさん、死亡保険金受取人を相続人とする終身保険に加入されることをお勧めします。終身保険に加入後、Aさんの相続が開始した場合、相続人が受け取る死亡保険金は（ ② ）万円を限度として、死亡保険金の非課税金額の規定の適用を受けることができます」

Ⅲ 「妻Bさんが自宅の敷地および建物を相続した場合、小規模宅地等についての相続税の課税価格の計算の特例の適用を受けることができます。その場合、自宅の敷地（相続税評価額5,000万円）について、課税価格に算入すべき価額を（ ③ ）万円とすることができます」

┌─〈数値群〉
イ．990　ロ．1,000　ハ．1,200　ニ．1,500　ホ．1,600　ヘ．1,700
ト．3,300　チ．4,000　リ．4,200　ヌ．4,800　ル．5,400

| FP | 2級 | 生保 |

2024年度
ファイナンシャル・プランニング技能検定・実技試験

金財
2級 生保顧客
資産相談業務

試験時間 ◆ 90分

★ 注 意 ★

1. 本試験の出題形式は、記述式等5題(15問)です。

2. 筆記用具、計算機（プログラム電卓等を除く）の持込みが認められています。

3. 試験問題については、特に指示のない限り、2024年4（10）月1日現在施行の法令等に基づいて解答してください。なお、東日本大震災の被災者等に対する各種特例等については考慮しないものとします。

マイナビ

FP試験対策プロジェクト

【第1問】　次の設例に基づいて、下記の各問（《問1》～《問3》）に答えなさい。

《設　例》

　X株式会社（以下、「X社」という）に勤務するAさん（60歳）は、妻Bさん（61歳）との2人暮らしである。Aさんは、大学卒業後、自動車販売業のX社に入社し、現在に至るまで同社に勤務している。

　X社では、65歳定年制を導入しており、Aさんは、定年である65歳までX社で働くつもりでいる。そこでAさんは、定年後の資金計画を検討するにあたり、公的年金制度から支給される老齢給付について、ファイナンシャル・プランナーのMさんに相談することにした。

　また、Aさんは、最近、体調を崩すことが多くなったこともあり、公的医療保険についてもあわせて相談した。

＜Aさん夫妻に関する資料＞

（1）Aさん（1963年11月XX日生まれ・会社員）
　　　・公的年金加入歴：下図のとおり（65歳までの見込みを含む）
　　　　　　　　　　　　20歳から大学生であった期間（29月）は国民年金に任意加入していない。
　　　・全国健康保険協会管掌健康保険、雇用保険に加入中

20歳　　　　　　　22歳　　　　　　　　　　　　　　　　　　　　　65歳		
国民年金 未加入期間（29月）	厚　生　年　金　保　険	
	204月	307月
	（2003年3月以前の 平均標準報酬月額26万円）	（2003年4月以後の 平均標準報酬額50万円）

（2）妻Bさん（19XX年XX月XX日生まれ・専業主婦）
　　　・公的年金加入歴：18歳でX社に就職してからAさんと結婚するまでの11年間（132月）、厚生年金保険に加入。結婚後は、国民年金に第3号被保険者として60歳まで加入。
　　　・全国健康保険協会管掌健康保険の被扶養者である。

※妻Bさんは、現在および将来においても、Aさんと同居し、Aさんと生計維持関係にあるものとする。

※Aさんおよび妻Bさんは、現在および将来においても、公的年金制度における障害等級に該当する障害の状態にないものとする。

※上記以外の条件は考慮せず、各問に従うこと。

《問1》　はじめに、Mさんは、Aさん夫妻に対して、公的年金制度からの老齢給付について説明した。Mさんが説明した次の記述①～③について、適切なものには○印を、不適切なものには×印を解答用紙に記入しなさい。

①　　「原則として、会社員歴を有する1961年4月2日以降生まれの男性、1966年4月2日以降生まれの女性には特別支給の老齢厚生年金は支給されず、65歳から老齢基礎年金および老齢厚生年金を受給することになります」

②　　「Aさんおよび妻Bさんが希望すれば、66歳以後、老齢基礎年金および老齢厚生年金の繰下げ支給の申出をすることができます。仮に、Aさんが68歳0カ月で老齢基礎年金の繰下げ支給の申出をした場合、年金の増額率は18.0％となり、繰下げ支給の上限年齢は75歳です」

③　　「Aさんおよび妻Bさんが希望すれば、老齢基礎年金および老齢厚生年金の繰上げ支給の申出をすることができ、減額率は1カ月につき0.4％となります。老齢基礎年金および老齢厚生年金の繰上げ支給の申出は同時にしなければならず、一生涯減額された年金額を受け取ることになります」

《問2》 次に、Mさんは、Aさんに対して、公的医療保険について説明した。Mさん
　　　が説明した次の記述①～③について、適切なものには○印を、不適切なものに
　　　は×印を解答用紙に記入しなさい。

① 　　「仮に、AさんがX社に引き続き勤務し、業務外の事由による負傷または
　　　疾病の療養のために労務に服することができず、連続して3日間休業し、
　　　かつ、4日目以降の休業した日について事業主から賃金の支払がなかった
　　　場合、所定の手続により、4日目以降の休業した日について、傷病手当金が
　　　支給されます」

② 　　「Aさんが同一月内に医療機関等に支払った医療費の一部負担金の額が
　　　自己負担限度額を超えた場合、所定の手続により、自己負担限度額を超え
　　　た額が高額療養費として支給されます。この一部負担金の合計には、差額
　　　ベッド代、食事代、保険適用外の医療行為等は含まれません。また、過去12
　　　カ月以内に3回以上高額療養費が支給されると、4回目から自己負担限度
　　　額が軽減されます」

③ 　　「傷病手当金の支給額は、休業1日につき、原則として、傷病手当金の支
　　　給を始める日の属する月以前の直近の継続した12カ月間の各月の標準報酬
　　　月額を平均した額の30分の1に相当する額の3分の2に相当する額とな
　　　り、その支給を開始した日から通算2年を限度として支給されます」

《問3》 最後に、Mさんは、Aさんに対して、Aさんが65歳以後に受給することがで
きる公的年金制度からの老齢給付について説明した。《設例》の＜Aさん夫妻
に関する資料＞および下記の＜資料＞に基づき、次の①、②を求め、解答用紙
に記入しなさい（計算過程の記載は不要）。なお、年金額は本年度価額に基づ
いて計算し、年金額の端数処理は円未満を四捨五入すること。

① 原則として、Aさんが65歳から受給することができる老齢基礎年金の年金額
② 原則として、Aさんが65歳から受給することができる老齢厚生年金の年金額

<資料>

○老齢基礎年金の計算式（4分の1免除月数、4分の3免除月数は省略）

$$816,000円 \times \frac{保険料納付済月数 + 保険料半額免除月数 \times \frac{\square}{\square} + 保険料全額免除月数 \times \frac{\square}{\square}}{480}$$

○老齢厚生年金の計算式（本来水準の額）

ⅰ）報酬比例部分の額（円未満四捨五入）＝ⓐ＋ⓑ

ⓐ 2003年3月以前の期間分

$$平均標準報酬月額 \times \frac{7.125}{1,000} \times 2003年3月以前の被保険者期間の月数$$

ⓑ 2003年4月以後の期間分

$$平均標準報酬額 \times \frac{5.481}{1,000} \times 2003年4月以後の被保険者期間の月数$$

ⅱ）経過的加算額（円未満四捨五入）＝1,701円×被保険者期間の月数

$$-816,000円 \times \frac{1961年4月以後で20歳以上60歳未満の厚生年金保険の被保険者期間の月数}{480}$$

ⅲ）加給年金額＝408,100円（要件を満たしている場合のみ加算すること）

【第2問】 次の設例に基づいて、下記の各問（《問4》～《問6》）に答えなさい。

《設 例》

　会社員のＡさん（33歳・厚生年金保険の被保険者）は、現在、妻Ｂさん（29歳・会社員）と賃貸住宅で暮らしており、Ａさん夫妻に子はいない。生命保険には、個人年金保険（個人年金保険料税制適格特約付加）のみ10年前に加入している。死亡保障や就業不能時の保障の必要性を感じていたところ、生命保険会社の営業担当者から下記の生命保険の提案を受けた。

　Ａさんは、生命保険に加入するにあたって、自分が死亡した場合や病気やケガで障害状態となり働けなくなった場合に公的年金制度からどのような給付が受けられるのかについて知りたいと思っている。

　そこで、Ａさんは、ファイナンシャル・プランナーのMさんに相談することにした。

＜Ａさんが提案を受けた生命保険に関する資料＞

保険の種類：５年ごと配当付特約組立型総合保険（注１）

月払保険料：16,500円（保険料払込期間：60歳満了）

契約者（＝保険料負担者）・被保険者：Ａさん

死亡保険金受取人：妻Ｂさん

指定代理請求人：妻Ｂさん

特約の内容	保障金額	保険期間
終身保険特約	200万円	終身
定期保険特約	1,800万円	10年
傷害特約	1,000万円	10年
就業不能サポート特約（注２）	月額20万円×所定の回数	10年
入院特約（180日型）（注３）	日額10,000円	10年
先進医療特約	先進医療の技術費用と同額	10年
指定代理請求特約	－	－
リビング・ニーズ特約	－	－

（注１）　複数の特約を自由に組み合わせて加入することができる保険。

（注２）　入院または在宅療養が30日間継続した場合に６カ月分の給付金が支払われ、その後６カ月ごとに所定の就業不能状態が継続した場合に最大２年間（24カ月間）の就業不能給付金が支払われる（死亡保険金の支払はない）。

（注3）　病気やケガで1日以上の入院の場合に入院給付金が支払われる（死亡保険金の支払はない）。

※上記以外の条件は考慮せず、各問に従うこと。

《問4》　はじめに、Mさんは、Aさんに対して、AさんやBさんの保障の見直し方法について説明した。Mさんが説明した次の記述①～③について、適切なものには○印を、不適切なものには×印を解答用紙に記入しなさい。

①　「妻Bさんに会社員としての給与収入があるため、Bさんが専業主婦である場合に比べて、Aさんが死亡した場合の必要保障額が少なくなりますが、妻Bさんが病気やケガ等で就業不能となった場合や離職した場合などの生活への影響が大きくなります。夫婦で行ってきた家事や育児等を外部の代行業者等の利用を踏まえると、Aさんの生命保険だけでなく、妻Bさんの保障内容も検討する必要があると考えられます」

②　「Aさん夫婦に子どもができた場合、教育費も必要保障額に含める必要があります。教育費は進路等により大きく異なり、大学進学をする場合、国公立と私立、自宅通学と下宿通学の違いにより、大きな差異が生じ、一般に国立よりも私立、下宿通学よりも自宅通学のほうが多くの費用がかかります」

③　「現時点では、賃貸住宅住まいですので、AさんまたはBさんが死亡した後の住居費等を遺族の支出等の額として含める必要があります。なお、住宅ローンを利用する際に加入する団体信用生命保険は、死亡・所定の高度障害状態に加え、がん・急性心筋梗塞・脳卒中により所定の状態に該当した場合に、住宅ローン債務が弁済されるもの等があります」

《問5》 次に、Mさんは、Aさんに対して、Aさんが提案を受けた生命保険の保障内容や税務、見直しの注意点等について説明した。Mさんが説明した次の記述①～④について、適切なものには○印を、不適切なものには×印を解答用紙に記入しなさい。

① 「現在加入している生命保険を契約転換することができます。転換後契約の保険料は転換前契約の加入時の年齢により算出されるため、新規に加入する場合と比較して、保険料負担を抑えられます」

② 「生命保険の契約の際、傷病歴や現在の健康状態など、事実を正しく告知しましょう。告知受領権は生命保険募集人が有しており、募集人に対して口頭で告知すれば、正しく告知したことになります」

③ 「先進医療特約では、契約日時点において厚生労働大臣により先進医療と定められているものであれば、療養を受けた時点において先進医療としての承認を取り消されたものであっても給付の対象となります」

④ 「Aさんが所定の就業不能状態となり、就業不能給付金を請求できない特別な事情がある場合には、指定代理請求人である妻BさんがAさんに代わって請求することができます。妻Bさんが代理請求した場合、就業不能給付金は一時所得として扱われます」

《問6》　最後に、Mさんは、Aさんに対して、Aさんが提案を受けた生命保険の課税
関係について説明した。Mさんが説明した以下の文章の空欄①～③に入る最
も適切な語句または数値を、下記の〈語句群〉のなかから選び、その記号を解
答用紙に記入しなさい。

Ⅰ　「支払保険料のうち、終身保険特約および定期保険特約に係る保険料は一般
の生命保険料控除の対象となり、就業不能サポート特約、入院特約および
先進医療特約に係る保険料は介護医療保険料控除の対象となります。それ
ぞれの控除の適用限度額は、所得税で40,000円、住民税で（ ① ）円です。
また、一般の生命保険料控除、介護医療保険料控除および個人年金保険料
控除を合わせた合計適用限度額は、所得税で120,000円、住民税で（ ② ）円
となります」

Ⅱ　「提案の生命保険にはリビング・ニーズ特約が付加されているため、Aさん
が余命6ヵ月以内と判断された場合、所定の範囲内で、死亡保険金の一部
または全部を生前に受け取ることができます。Aさんが受け取る特約保険
金は、（ ③ ）となります」

---〈語句群〉---
イ．25,000　　ロ．28,000　　ハ．35,000　　ニ．70,000　　ホ．84,000

ヘ．105,000　ト．所得税の課税対象　チ．贈与税の課税対象　リ．非課税

【第3問】 次の設例に基づいて、下記の各問（《問7》～《問9》）に答えなさい。

《設 例》

Aさん（60歳）は、X株式会社（以下、「X社」という）の社長である。Aさんは、現在＜資料1＞および＜資料2＞の生命保険に加入している。

Aさんは、ファイナンシャル・プランナーのMさんに相談することにした。

＜資料1＞

保険の種類	：利差配当付定期保険（特約付加なし）
契約年月日	：200X年7月1日（Aさん40歳時点、20年前）
契約者（＝保険料負担者）：X社	
被保険者	：Aさん
死亡保険金受取人	：X社
保険期間・保険料払込期間：90歳満了（40歳加入であるため、保険期間50年）	
死亡保険金額	：1億5,000万円
年払保険料	：300万円（現時点まで20年納付）
現時点の解約返戻金額	：5,460万円（単純返戻率91.0％）
65歳時の解約返戻金額	：7,200万円（単純返戻率96.0％）

※保険料の払込みを中止し、払済終身保険に変更することができる。

※単純返戻率＝解約返戻金額÷払込保険料累計額×100

＜資料2＞

保険の種類：無配当低解約返戻金型終身保険（特約付加なし）	
契約者（＝保険料負担者）	：X社
被保険者	：Aさん
死亡保険金受取人	：X社
死亡保険金額	：5,000万円
保険料払込期間	：65歳満了
年払保険料	：190万円
65歳までの払込保険料累計額①	：4,180万円
65歳満了時の解約返戻金額②	：4,300万円（低解約返戻金期間満了直後）
受取率（②÷①）	：102.8％（小数点第2位以下切捨て）

※解約返戻金額の80％の範囲内で、契約者貸付制度を利用することができる。

※上記以外の条件は考慮せず、各問に従うこと。

《問7》 《設例》の＜資料1＞の生命保険を現時点で解約した場合のX社の経理処理（仕訳）について、下記の＜条件＞を基に、空欄①～③に入る最も適切な語句または数値を、下記の〈語句群〉のなかから選び、その記号を解答用紙に記入しなさい。

＜条件＞
・X社が解約時までに支払った保険料の総額は6,000万円である。
・解約返戻金の金額は5,460万円である。
・配当等、上記以外の条件は考慮しないものとする。

＜解約返戻金受取時のX社の経理処理（仕訳）＞

借方	貸方
現金・預金　　　5,460万円	（　①　）　　　　（　②　）万円
	雑収入　　　　　（　③　）万円

〈語句群〉
イ. 2,000　ロ. 3,000　ハ. 4,000　ニ. 3,460　ホ. 2,460　ヘ. 1,460
ト. 2,700　チ. 3,600　リ. 前払保険料　ヌ. 福利厚生費　ル. 保険料積立金

《問8》 Mさんは、Aさんに対して、＜資料1＞の定期保険の活用法について説明した。Mさんが説明した次の記述①～③について、適切なものには○印を、不適切なものには×印を解答用紙に記入しなさい。

① 「当該生命保険を現時点で解約した場合、X社が受け取る解約返戻金は、運転資金、設備投資、退職金等、自由に活用できます」

② 「当該生命保険の単純返戻率（解約返戻金額÷払込保険料累計額）は、現時点よりも65歳時点のほうが高くなり、その後も、保険期間の終了直前まで上昇しつづけ、保険期間終了直前に急減し、保険期間終了時時点でゼロとなります」

③ 「当該生命保険を現時点で払済終身保険に変更することができます。変更した事業年度において、経理処理が必要となり、解約した場合と同額の雑収入が計上されます」

《問9》 Mさんは、Aさんに対して、《設例》の＜資料2＞の終身保険について説明した。Mさんが説明した次の記述①～④について、適切なものには○印を、不適切なものには×印を解答用紙に記入しなさい。

① 「当該生命保険の支払保険料は、その全額を資産に計上します。仮に、保険料払込期間満了時にAさんが死亡した場合、X社は、それまで資産計上していた保険料積立金4,180万円を取り崩し、死亡保険金5,000万円との差額820万円を雑収入として経理処理します」

② 「当該生命保険は、低解約返戻金型ではない終身保険に比べて保険料払込期間中の解約返戻金の水準が低く設定されています。そのため、保険料払込期間の途中で解約とならないよう、継続的な支払が可能な保険料であるかをご確認ください」

③ 「Aさんが勇退する際に、契約者をAさん、死亡保険金受取人をAさんの相続人に名義変更することで、当該保険契約を役員退職金の一部または全部として支給することができます。Aさん個人の保険として継続することにより、納税資金の確保や死亡保険金の非課税金額の規定の適用など、相続対策として活用することができます」

④ 「X社が保険期間中に資金を必要とした場合、契約者貸付制度を利用することにより、当該生命保険を解約することなく、資金を調達することができます。X社が契約者貸付金を受け取った場合、当該保険契約は継続しているため、経理処理は必要ありません」

【第4問】 次の設例に基づいて、下記の各問（《問10》〜《問12》）に答えなさい。

《設 例》

　Aさんは、妻Bさんおよび母Cさんの3人家族である。Aさんは、現在、個人で建築設計事務所を営んでいる。

　Aさんとその家族に関する資料および本年分の収入等に関する資料は、以下のとおりである。

＜Aさんとその家族に関する資料＞

　Aさん　　（62歳）：個人事業主

　妻Bさん（60歳）：パートタイマーとして近所のスーパーマーケットで働いている。本年中に給与収入100万円を得ている。

　母Cさん（83歳）：無職。本年中に老齢基礎年金70万円および遺族厚生年金50万円を受け取っている。

＜Aさんの本年分の収入等に関する資料＞

（1）　事業所得の金額：400万円（青色申告特別控除後）

（2）　確定拠出年金の老齢給付金の年金額：60万円

（3）　生命保険契約に基づく年金収入：100万円（必要経費は80万円）

（4）　一時払終身保険の解約返戻金

　　　　契約年月　　　　　　　　　　　　：200X年5月

　　　　契約者（＝保険料負担者）・被保険者：Aさん

　　　　死亡保険金受取人　　　　　　　　：妻Bさん

　　　　解約返戻金額　　　　　　　　　　：1,090万円

　　　　一時払保険料　　　　　　　　　　：1,000万円

（5）　一時払養老保険（10年満期）の満期保険金

　　　　契約年月　　　　　　　　　　　　：201X年5月

　　　　契約者（＝保険料負担者）・被保険者：Aさん

　　　　死亡保険金受取人　　　　　　　　：妻Bさん

　　　　満期保険金額　　　　　　　　　　：540万円

　　　　一時払保険料　　　　　　　　　　：500万円

※妻Bさんおよび母Cさんは、Aさんと同居し、生計を一にしている。

※Aさんとその家族は、いずれも障害者および特別障害者には該当しない。

※Aさんとその家族の年齢は、いずれも本年12月31日現在のものである。

※上記以外の条件は考慮せず、各問に従うこと。

《問10》 所得税における青色申告制度に関する以下の文章の空欄①～③に入る最も適切な数値を、下記の〈語句群〉のなかから選び、その記号を解答用紙に記入しなさい。

I 「事業所得に係る取引を正規の簿記の原則に従い記帳し、その記帳に基づいて作成した貸借対照表、損益計算書その他の計算明細書を添付した確定申告書をe-Taxを利用して法定申告期限内に提出することにより、事業所得の金額の計算上、青色申告特別控除として最高（ ① ）万円を控除することができます。なお、青色申告者が備え付けるべき決算関係書類などの帳簿書類は、原則として（ ② ）年間保存しなければなりません」

II 「青色申告者が受けられる税務上の特典として、青色申告特別控除のほかに、青色事業専従者給与の必要経費算入、純損失の3年間の繰越控除、純損失の繰戻還付、棚卸資産の評価について（ ③ ）を選択できることなどが挙げられます」

┌─〈語句群〉─────────────────────────
│ イ. 3　　ロ. 5　　ハ. 7　　ニ. 10　　ホ. 最終仕入原価法
│ ヘ. 低価法　　ト. 48　　チ. 55　　リ. 65
└──────────────────────────────

《問11》 Aさんの本年分の所得税の課税に関する次の記述①～③について、適切なものには○印を、不適切なものには×印を解答用紙に記入しなさい。

① 「母Cさんの合計所得金額は48万円以下となりますので、Aさんは母Cさんに係る扶養控除の適用を受けることができます。母Cさんに係る扶養控除の額は48万円となります」

② 「一時払養老保険の満期保険金に係る保険差益は、源泉分離課税の対象となりますので、確定申告をする必要はありません」

③ 「Aさんの場合、公的年金等の収入金額の合計額が60万円以下であるため、公的年金等に係る雑所得の金額は算出されません」

《問12》 Aさんの本年分の所得税の算出税額を計算した下記の表の空欄①～④に入る最も適切な数値を求めなさい。なお、予定納税や源泉徴収税等は考慮しないものとし、問題の性質上、明らかにできない部分は「□□□」で示してある。

	事業所得の金額	4,000,000円
	総所得金額に算入される一時所得の金額	（ ① ）円
	雑所得の金額	（ ② ）円
（a）	総所得金額	□□□円
	社会保険料控除	□□□円
	生命保険料控除	50,000円
	地震保険料控除	20,000円
	配偶者控除	（ ③ ）円
	扶養控除	□□□円
	基礎控除	480,000円
（b）	所得控除の額の合計額	2,200,000円
（c）	課税総所得金額（（a）－（b））	□□□円
（d）	算出税額（（c）に対する所得税額)	（ ④ ）円

<資料>所得税の速算表（一部抜粋）

課税総所得金額		税率	控除額
万円超	万円以下		
	～　195	5%	－
195	～　330	10%	9万7,500円
330	～　695	20%	42万7,500円
695	～　900	23%	63万6,000円

【第5問】 次の設例に基づいて、下記の各問（《問13》～《問15》）に答えなさい。

------------------------------- 《設　例》 -------------------------------

独身であるAさん（53歳）は、首都圏にあるX市の賃貸マンションに住んでいる。本年、故郷であるY市の自宅（実家）で1人暮らしだった父Dさんが死亡し、同日中に相続人全員がその相続開始の事実を知った。

父Dさんの相続に係る相続人は、Aさん、弟Bさん（51歳）および妹Cさん（48歳）の3人である。Aさんは、弟Bさんおよび妹Cさんと相談して、遺産分割を行う予定であるが、遺産分割の方法や相続税の申告等、よくわからないことが多く困っている。

なお、Aさん、弟Bさんおよび妹Cさんは、自宅を所有していないが、Y市に戻るつもりがなく、父Dさんの自宅（実家）については、売却を検討している。

＜Aさんの親族関係図＞

＜父Dさんの主な相続財産（相続税評価額）＞

1．預貯金　　　　　　　：2,000万円
2．自宅（実家）
　　①敷地（400㎡）　：5,000万円（注）
　　②建物（1978年築）：200万円
3．賃貸アパート（現在、全室賃貸中）
　　①敷地（300㎡）　：4,000万円（注）
　　②建物（6室）　　：2,500万円
4．死亡保険金　　　　　：3,000万円
　　（契約者（＝保険料負担者）・被保険者：父Dさん、死亡保険金受取人：弟Bさん）
（注）「小規模宅地等についての相続税の課税価格の計算の特例」適用前の金額
※上記以外の条件は考慮せず、各問に従うこと。

《問13》　父Dさんの相続等に関する以下の文章の空欄①～④に入る最も適切な数値を解答用紙に記入しなさい。

Ⅰ　「賃貸アパートを経営していた父Dさんが本年分の所得税について確定申告書を提出しなければならない場合に該当するとき、相続人は、原則として、相続の開始があったことを知った日の翌日から（　①　）カ月以内に準確定申告書を提出しなければなりません」

Ⅱ　「弟Bさんが受け取る死亡保険金（3,000万円）のうち、相続税の課税価格に算入される金額は、（　②　）万円となります」

Ⅲ　「自宅（実家）の敷地および建物をAさんおよび弟Bさんが取得し、『被相続人の居住用財産（空き家）に係る譲渡所得の特別控除の特例』の適用を受けた場合、譲渡所得の金額の計算上、それぞれ最高（　③　）万円の特別控除の適用を受けることができます」

Ⅳ　「相続税の申告書の提出期限は、原則として、相続の開始があったことを知った日の翌日から（　④　）カ月以内です。申告書の提出先は、父Dさんの死亡時の住所地を所轄する税務署長になります」

《問14》　「小規模宅地等についての相続税の課税価格の計算の特例」（以下、「小規模宅地等の特例」という）および「被相続人の居住用財産（空き家）に係る譲渡所得の特別控除の特例」（以下、空き家の譲渡の特例という）に関する次の記述①～③について、適切なものには○印を、不適切なものには×印を解答用紙に記入しなさい。

①　「Aさんが実家の建物を取り壊して敷地のみを譲渡した場合、空き家の譲渡の特例の適用を受けることができなくなります。空き家の譲渡の特例の適用を受けることを検討している場合、建物は現況の空き家のままにしておいてください」

②　「自宅（実家）の敷地と賃貸アパートの敷地について、小規模宅地等の特例の適用を受けようとする場合、適用対象面積の調整はせず、それぞれの宅地等の適用対象の限度面積まで適用を受けることができます」

③　「空き家の譲渡の特例と『相続財産に係る譲渡所得の課税の特例（相続税の取得費加算の特例）』は、重複して適用を受けることができます」

《問15》 父Ｄさんの相続における相続税の総額を試算した下記の表の空欄①～③に入る最も適切な数値を求めなさい。なお、相続税の課税価格の合計額は１億2,000万円とし、問題の性質上、明らかにできない部分は「□□□」で示してある。

（ａ）相続税の課税価格の合計額		１億2,000万円
	（ｂ）遺産に係る基礎控除額	（①）万円
課税遺産総額（（ａ）－（ｂ））		□□□万円
	相続税の総額の基となる税額	
	Ａさん	（②）万円
	弟Ｂさん	□□□万円
	妹Ｃさん	□□□万円
（ｃ）相続税の総額		（③）万円

＜資料＞相続税の速算表（一部抜粋）

法定相続分に応ずる取得金額		税率	控除額
万円超	万円以下		
	1,000	10％	－
1,000 ～	3,000	15％	50万円
3,000 ～	5,000	20％	200万円
5,000 ～	10,000	30％	700万円
10,000 ～	20,000	40％	1,700万円

2024年度実施
ファイナンシャル・プランニング技能検定

日本FP協会
2級 実技試験
資産設計提案業務

試験時間 90分

───── ★ 注 意 事 項 ★ ─────

① 問題数は40問、解答はすべて記述式です。

② 試験問題については、特に指示のない限り、2024年4(10)月1日現在施行の法令等に基づいて解答してください。なお、東日本大震災の被災者等に対する各種特例等については考慮しないものとします。

③ 計算機(電卓)は演算機能のみを有するものだけ使用できます。関数機能やプログラムの入力可能なものは使用できません。

FP試験対策プロジェクト

【第1問】 下記の（問1）、（問2）について解答しなさい。

問 1

　ファイナンシャル・プランナー（以下「FP」という）が、ファイナンシャル・プランニング業務を行ううえでは、関連法規等を順守することが重要である。FPの行為に関する次の（ア）〜（エ）の記述について、適切なものには○、不適切なものには×を解答欄に記入しなさい。

（ア）司法書士資格を有していないFPが、顧客から依頼され、顧客の任意後見人となる契約を締結した。

（イ）生命保険募集人・生命保険仲立人、金融サービス仲介業の登録をしていないFPが、生命保険契約を検討している顧客のライフプランに基づき、有償で必要保障額を具体的に試算した。

（ウ）社会保険労務士資格を有していないFPが、顧客である個人事業主が受け取る雇用関係助成金申請の書類を作成して手続きの代行を行い、報酬を受け取った。

（エ）税理士資格を有していないFPが、節税対策を検討している顧客に対し、有料の相談業務において、仮定の事例に基づく一般的な解説を行った。

問 2

　ファイナンシャル・プランニングのプロセスに従い、次の（ア）～（カ）を6つの
ステップの順番に並べ替えたとき、その中で4番目（ステップ4）となるものは
どれか。その記号を解答欄に記入しなさい。

（ア）面談やヒアリングシートにより顧客および家族の情報やファイナンス状態の
　　　情報等を収集し、顧客の財政的な目標を明確化する。
（イ）顧客の目標を達成するために必要なプランを作成し、顧客に提案書を提示し
　　　て説明を行う。
（ウ）顧客のキャッシュフロー表などを作成し、将来の財政状況の予測・分析等を
　　　行う。
（エ）顧客の家族構成などの環境の変化、税制や法律改正の内容を考慮し、定期的
　　　にプランの見直しを行う。
（オ）作成したプランに従い、顧客が行う金融商品の購入、不動産売却等の実行に
　　　ついて助言や情報提供などの支援を行う。
（カ）顧客にファイナンシャル・プランニングで提供するサービス内容や報酬体系
　　　などを説明し、了解を得る。

【第2問】 下記の（問3）〜（問6）について解答しなさい。

問3

　下記＜資料＞に関する次の記述の空欄（ア）〜（ウ）にあてはまる語句の組み合わせとして、正しいものはどれか。

＜資料＞

[販売用資料]
　ＫＯ株式会社　２０ＸＸ年７月ＸＸ日満期　米ドル建て社債
　期間　　：１０年
　利率　　：年４.００％（米ドルベース）
　売出期間：２０ＸＸ年７月ＸＸ日〜２０ＸＸ年７月ＸＸ日

[売出要項]
　売出価格　　　　額面金額の１００％
　お申し込み単位　額面金額の１,０００米ドル単位
　利払日　　　　　毎月１月、７月の各ＸＸ日
　　　　　　　　　（利払日が休日の場合は翌営業日）／年２回
　受渡日　　　　　２０ＸＸ年７月ＸＸ日
　償還日　　　　　２０ＸＸ年７月ＸＸ日
　格付　　　　　　ＢＢＢ（スタンダード・アンド・プアーズ（Ｓ＆Ｐ）社

　適用される為替レート（１米ドル）が１５０.００円の場合、この債券の最低単位の購入代金は（　ア　）となり、別途、募集手数料を支払う必要が（　イ　）。また、格付けによれば、この債券は（　ウ　）に分類される。

1．（ア）　１５万円　　（イ）ない　　（ウ）投資適格債
2．（ア）１５０万円　　（イ）ある　　（ウ）投資適格債
3．（ア）　１５万円　　（イ）ある　　（ウ）投資不適格債
4．（ア）１５０万円　　（イ）ない　　（ウ）投資不適格債

問 4

下記<資料>の債券を満期まで保有した場合の最終利回り（単利・年率）を計算しなさい。なお、手数料や税金等については考慮しないものとし、計算結果については小数点以下第4位を切り捨てること。また、解答に当たっては記載されている単位（％）に従うこと。

<資料>

表面利率：年1.0％
買付価格：額面100円につき102円
発行価格：額面100円につき100円
償還までの残存年数：8年

問 5

国内の同業種であるA社、B社の株価および財務状況は以下の<資料>のとおりである。次の（ア）～（ウ）について、適切なものには○を、不適切なものには×を解答欄に記入しなさい。

<資料>

	A社	B社
株価	500円	400円
1株あたり当期純利益	20円	40円
1株あたり純資産および自己資本	200円	250円
1株あたり年間配当金	8円	10円

（ア）PER（株価収益率）から判断して割安なのはA社である。
（イ）ROE（自己資本利益率）で比較した場合、効率的に利益を上げているといえるのはB社である。
（ウ）配当利回りがより高いのはA社である。

問 6

下記＜資料＞は、外貨定期預金の契約締結前交付書面の一部である。この契約締結前交付書面に関する次の記述の空欄（ア）〜（エ）にあてはまる語句として、適切なものには○を、不適切なものには×を解答欄に記入しなさい。

＜資料＞

商品概要
［商品名］外貨定期預金
［商品の概要］外国通貨建てで、期間の定めがあります。
［預金保険］外貨定期預金は、預金保険制度の対象外です。
［販売対象］個人のお客様

税金について
［利息］（　ア　）分離課税が適用されます。
［為替差損益］（　イ　）所得となります。
※（　イ　）所得は、原則として確定申告による総合課税の対象ですが、預入時に為替予約がある場合は、利息と同様に（　ア　）分離課税が適用されます。

お預入れとお引出しに関わる為替手数料
［お預入れ］円の現金でのお預入れ（1通貨単位当たり）米ドル：1円
［お引出し］円の現金でのお引出し（1通貨単位当たり）米ドル：1円
例）お預入時点の為替相場（仲値）が1米ドル＝150円の場合、1万米ドルのお預入金額は（　ウ　）です。

その他
※外貨定期預金は、新NISAの（　エ　）です。

（ア）空欄（ア）にあてはまる語句は「源泉」である。

（イ）空欄（イ）に当てはまる語句は「譲渡」である。

（ウ）空欄（ウ）に当てはまる語句は「1,490,000円」である。

（エ）空欄（エ）に当てはまる語句は「対象」である。

【第3問】下記の（問7）～（問10）について解答しなさい。

問7

　下記<資料>は伊沢さんが購入を検討している物件の登記事項証明書の一部である。この登記事項証明書に関する次の（ア）～（エ）の記述について、正しいものには○、誤っているものには×を解答欄に記入しなさい。

<資料>

権利部（　A　）（所有権に関する事項）			
順位番号	登記の目的	受付年月日・受付番号	権利者その他の事項
1	所有権保存	平成○年6月13日 第×××××号	原因　平成○年6月13日売買 所有者　○○市△△区○-○-○ 　　北山　宗一

権利部（×××）（所有権以外の権利に関する事項）			
順位番号	登記の目的	受付年月日・受付番号	権利者その他の事項
<u>1</u>	<u>抵当権設定</u>	<u>平成○年6月13日</u> <u>第×××××号</u>	原因　平成○年6月13日 金銭消費貸借同日設定 債権額：金3,500万円 利息　：年2.00％（12分の1月利計算） 損害金：年14.6％（年365日日割計算） 債務者 　○○市△△区○-○-○ 　北山　宗一 抵当権者 　東京都△△区○△丁目□□ 　株式会社AB銀行
2	1番抵当権 抹消	平成○年10月11日 第×××××号	原因　平成○年9月30日弁済

※下線のあるものは抹消事項であることを示す。

（ア）市役所等で手数料を納付すれば、誰でも登記事項証明書の交付を請求することができる。

（イ）所有権保存など所有権に関する事項が記載されている欄（A）は、権利部の乙区である。

（ウ）平成○年にAB銀行の抵当権設定が行われ、AB銀行の抵当権設定当初の債権額は3,500万円であることが分かる。

（エ）上記<資料>を確認する限り、本物件には現在、抵当権の設定はないことが分かる。

問8

　建築基準法に従い、下記<資料>の土地に耐火建築物を建てる場合、建築面積の最高限度（ア）と延べ面積の最高限度（イ）の組み合わせとして、正しいものはどれか。なお、<資料>に記載のない条件については一切考慮しないこと。

<資料>

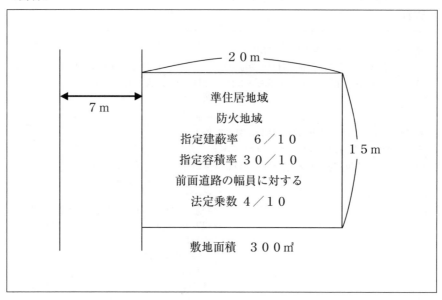

1.（ア）180㎡　　（イ）900㎡
2.（ア）180㎡　　（イ）840㎡
3.（ア）210㎡　　（イ）840㎡
4.（ア）210㎡　　（イ）900㎡

問9

　芝沼さんは、保有しているマンションを賃貸している。下記<資料>に基づいて計算した本年の所得税に係る不動産所得の金額として、正しいものはどれか。なお、<資料>以外の収入および支出等はないものとし、青色申告特別控除は考慮しないこととする。

<資料：本年分の賃貸マンションに係る収入および支出等>

> ・賃貸収入（総収入金額）：１８０万円
> ・支出等
> 　銀行へのローン返済金額　９０万円（元金７０万円、利息２０万円）
> 　管理費等　　　　　　　１２万円
> 　管理業務委託費　　　　　９万円
> 　火災保険料　　　　　　　１万円
> 　固定資産税　　　　　　１５万円
> 　修繕費　　　　　　　　１０万円
> 　減価償却費　　　　　　４０万円
>
> ※支出等のうち、必要経費になるものは、すべて本年分の所得に係る必要経費に該当するものとする。

1.　　　３万円
2.　７３万円
3.　９３万円
4.１３３万円

問10

鴇田さんは、所有しているアパートを賃貸するに当たり、FPの岸さんから借家契約の説明を受けた。借地借家法に基づく借家契約に関する下表の空欄（ア）〜（ウ）に入る最も適切な語句を語群の中から選び、その番号のみを解答欄に記入しなさい。なお、同じ語句を何度選んでもよいこととする。

		普通借家契約	定期借家契約
契約方法		制限はない	（　ア　）
契約の更新		（　イ　）	（　※　）
契約期間	（　ウ　）未満の場合	期間の定めがない契約とみなされる	（　ウ　）未満の契約も有効
	（　ウ　）以上の場合	制限はない	制限はない

※設問の都合上、空欄としてある。

```
＜語群＞
1．制限はない　　　2．公正証書等の書面（電磁的記録を含む）による
3．公正証書による　　　4．賃貸人に正当事由がない限り更新される
5．期間満了により終了し、更新されない
6．6カ月　　　7．1年　　　8．2年
```

【第4問】 下記の **（問11）～（問14）** について解答しなさい。

問 11

　阿部裕也さん（50歳）が加入の提案を受けた生命保険の保障内容は下記＜資料＞のとおりである。この生命保険に加入した場合、次の記述の空欄（ア）～（ウ）にあてはまる数値を解答欄に記入しなさい。なお、各々の記述はそれぞれ独立した問題であり、相互に影響を与えないものとする。

＜資料／生命保険提案書＞

保険提案書：無解約返戻金型医療総合保険

保険契約者：阿部裕也　様　　　　被保険者：阿部裕也　様　　　　年齢・性別：50歳・男性

先進医療特約	付加
通院特約	5,000円
がん診断特約	200万円
5疾病就業不能特約	200万円
主契約	10,000円

予定契約日 ：20XX年6月1日
保険料　　 ：××,×××円
（月払い、口座振替）

50歳契約　　　　　　　　　保険期間10年

【ご提案内容】

主契約・特約の内容	主なお支払事由など	給付金額
医療総合保険	① 病気で所定の入院をしたとき、入院1日目より疾病入院給付金を支払います。 ※支払限度は、1回の入院で60日、通算1,000日となります。 ② 不慮の事故によるケガで、事故の日からその日を含めて180日以内に所定の入院をしたとき、入院1日目より災害入院給付金を支払います。 ※支払限度は、1回の入院で60日、通算1,000日となります。 ③ 病気やケガで公的医療保険制度の給付対象である所定の手術を受けたとき、手術給付金を支払います。 ※手術の種類に応じて入院給付金日額の5倍・10倍・20倍・40倍をお支払いします。 ④ 病気やケガで公的医療保険制度の給付対象である所定の放射線治療を受けたとき、放射線治療給付金を支払います。 ※入院給付金日額の10倍をお支払いします。	日額 10,000円

5疾病就業 不能特約	① 5疾病で所定の入院をしたとき、または5疾病による就業不能状態が30日を超えて継続したと診断されたとき、第1回就業不能給付金を支払います。 ※5疾病とは、悪性新生物、急性心筋梗塞、脳卒中、肝硬変、慢性腎不全をいいます。 ※就業不能状態とは、5疾病の治療を目的として所定の入院をしている状態、5疾病により医師の指示を受けて自宅等で療養し、職種を問わずすべての業務に従事できない状態、5疾病により生じた所定の高度障害状態をいいます。ただし、死亡した後や5疾病が治癒した後は、就業不能状態とはいいません。 ※支払限度は、疾病の種類にかかわらず保険期間を通じて1回となります。 ② 前回の就業不能給付金のお支払事由に該当した日の1年後の応当日以後に、5疾病による就業不能状態が30日を超えて継続したと診断されたとき、第2回以後就業不能給付金を支払います。 ※支払限度は、1年に1回となります。	200万円
がん診断特約	① 悪性新生物と診断確定された場合で、以下のいずれかに該当したとき、診断給付金を支払います。 ・初めて悪性新生物と診断確定されたとき ・悪性新生物が治癒または寛解状態となった後、再発したと診断確定されたとき ・悪性新生物が他の臓器に転移したと診断確定されたとき ・悪性新生物が新たに生じたと診断確定されたとき ② 初めて上皮内新生物と診断確定されたとき、診断給付金を支払います。 ※支払限度は、2年に1回となります。ただし、上皮内新生物に対する診断給付金は保険期間を通じて1回となります。	200万円
通院特約	主契約の入院給付金が支払われる入院をし、かつ、入院の原因となった病気やケガにより以下のいずれかの期間内に所定の通院をしたとき、通院給付金を支払います。 ・入院日の前日からその日を含めて遡及して60日以内 ・退院日の翌日からその日を含めて180日以内（入院の原因となった疾病ががん、心疾患、脳血管疾患の場合、730日以内） ※支払限度は、1回の入院で30日、通算1,000日となります。	日額 5,000円
先進医療特約	公的医療保険制度における所定の先進医療を受けたとき、先進医療給付金を支払います。 ※先進医療にかかわる技術料と同額をお支払いします。	通算 1,000万円

- 阿部さんが急性心筋梗塞で継続して３０日間入院し、その間に約款所定の手術（公的医療保険制度の給付対象、給付倍率２０倍）と公的医療保険制度における先進医療に該当する治療（技術料１０万円）を受け、検査等のため退院後３カ月間で１０日間通院して治癒した場合、保険会社から支払われる給付金の合計は（ ア ）万円である。なお、本ケースは「５疾病で所定の入院をしたとき」、「公的医療保険制度における所定の先進医療を受けたとき」に該当する。

- 阿部さんが初めてがん（悪性新生物）と診断され、治療のため継続して２０日間入院し、その間に約款に定められた所定の手術（公的医療保険制度の給付対象、給付倍率４０倍）を受けた場合、保険会社から支払われる給付金の合計は（ イ ）万円である。なお、本ケースは「５疾病で所定の入院をしたとき」、「初めて悪性新生物と診断確定されたとき」に該当し、放射線治療は受けていない。

- 阿部さんが、交通事故により事故当日から継続して１０日間入院し、その間に約款に定められた所定の手術（公的医療保険制度の給付対象、給付倍率１０倍）を受けたが死亡した場合、保険会社から支払われる給付金の合計は（ ウ ）万円である。

問 12

　下記の生命保険契約について、保険金・給付金の課税に関する次の記述のうち、最も適切なものはどれか。

	保険種類	保険料払込方法	契約者（保険料負担者）	被保険者	死亡保険（給付）金受取人	給付金受取人
契約A	収入保障保険	一時払い	夫	夫	妻	－
契約B	ガン保険	月払い	夫	妻	夫	妻

1．夫が死亡し、契約Aについて妻が取得する死亡保険金に係る年金受給権は、相続税の課税対象となる。

2．夫が死亡し、契約Aから妻が2年目以降に受け取る死亡給付金のうち課税部分は、所得税（一時所得）の課税対象となる。

3．妻がガンと診断されたために、契約Bから妻が受け取ったガン診断給付金は所得税（一時所得）の課税対象となる。

4．妻が死亡し、契約Bから夫が受け取る死亡給付金は贈与税の課税対象となる。

問13

　長州力也さんが契約している火災保険および地震保険（下記＜資料＞参照）に関する次の（ア）～（エ）の記述について、適切なものには○、不適切なものには×を解答欄に記入しなさい。なお、保険契約の内容は適正（超過保険や一部保険に該当しない）であり、かつ有効に継続しているものとする。また、＜資料＞に記載のない特約等については考慮しないものとする。

＜資料＞

火災保険証券

保険契約者	記名被保険者
住所　××××　○-○○ 氏名　長州　力也　様	保険契約者に同じ

証券番号　　第××-×××××

火災保険期間　20××年10月1日　午後4時から 　　　　　　　20××年10月1日　午後4時まで 　　　　　　　5年間 地震保険期間　5年間	火災保険料　△△,△△△△円 地震保険料　○○,○○○円 保険料払込方法　　一時払い

保険の対象	火災保険：建物、家財 地震保険：建物、家財
所在地	保険契約者住所に同じ
構造級別	H構造（非耐火住宅）
面積	90.85㎡
建物建築年月	2023年3月

建物・家財等に関する補償

事故の種類	補償の 有無	建物保険金額 （再調達価額）	補償の 有無	家財保険金額 （再調達価額）
① 火災、落雷、破裂・爆発	○	2,000万円	○	600万円
② 風災、ひょう災、雪災※ ※損害額が20万円以上と なった場合に支払対象	○	2,000万円	○	600万円
③ 盗難	○	2,000万円	○	600万円
④ 水災	×	－	×	－
⑤ 破損、汚損等	○	2,000万円 （免責1万円）	○	600万円 （免責1万円）
⑥ 地震、噴火、津波（地震保険）	○	1,000万円	○	300万円
明記物件	作者××の骨董 （取得価額：90万円）		保険金額：90万円	
その他特約等	個人賠償責任特約　保険金額：1億円（免責0円）			

「補償の有無」について、○は有、×は無を示すものとする。

（ア）住宅の屋根が台風の強風により損壊し、１００万円の損害を被った場合、補償の対象になる。

（イ）住宅内に保管していた時価２０万円のダイヤモンドの指輪が盗難にあった場合、補償の対象とならない。

（ウ）洪水が原因で建物と家財が全損となった場合、合計２，６００万円の保険金が支払われる。

（エ）長州さんがベランダから誤って物を落とし、歩道を通行中の他人にケガを負わせた場合の損害賠償責任について補償の対象となる。

問 14

リビング・ニーズ特約に関する下記＜資料＞の空欄（ア）～（エ）に入る適切な語句を語群の中から選び、その番号のみを解答欄に記入しなさい。

＜資料（ご契約のしおり・約款から一部抜粋）＞

リビング・ニーズ特約による保険金のお支払い

	保険金の支払事由	支払額	受取人
特約保険金	被保険者の余命が（ア）以内と医師により診断された場合	死亡保険金額の範囲内で請求保険金額から請求保険金額に対する（ア）分の（イ）を差し引いた金額	原則として（ウ）
	リビング・ニーズ特約による請求額は、保険金額の範囲内で一被保険者当たり（エ）を限度とします		

＜語群＞

1. 1カ月　　　　　　2. 3カ月　　　　　　3. 6カ月
4. 1年　　　　　　5. 保険料相当額　　　6. 利息相当額
7. 保険料相当額および利息相当額　　　　8. 被保険者
9. 保険契約者　　10. 法定相続人　　11. 死亡保険金受取人
12. 1,000万円　13. 3,000万円　14. 5,000万円

【第5問】 下記の（問15）〜（問18）について解答しなさい。

問 15

所得税の青色申告に関する次の（ア）〜（ウ）の記述について、適切なものには○、不適切なものには×を解答欄に記入しなさい。

（ア）不動産所得または事業所得を生ずべき事業を営んでいる青色申告者が、正規の簿記の原則により記帳し、貸借対照表および損益計算書を確定申告書に添付して法定申告期限内に、e－Taxによる電子申告をする場合、原則として最高55万円の青色申告特別控除を控除することができる。

（イ）「事業所得がなく、事業的規模に該当しない不動産の貸付けのみを行っている場合」、「事業所得者が所得税の申告期限後に青色申告書を提出する場合」の青色申告特別控除の限度額は10万円である。

（ウ）事業所得や不動産所得に損失があり、損益通算後も純損失がある場合、翌年以降3年間にわたり繰越控除を受けるほか、前年の所得に繰り戻して、前年分の所得税の還付を受けることもできる。

問 16

個人事業主の新城さんは、本年2月に建物を購入したが、営業開始が遅延し、同年4月10日から事業の用に供している。新城さんの本年分の所得税における事業所得の計算上、必要経費に算入すべき減価償却費の金額として、正しいものはどれか。なお、建物は、事業にのみ使用しており、その取得価額は9,000万円、法定耐用年数は50年である。

＜耐用年数表＞

法定耐用年数	定額法の償却率	定率法の償却率
50年	0.020	0.040

1. 1,200,000円
2. 1,350,000円
3. 1,650,000円
4. 2,700,000円

問 17

　会社員の小岩さんの本年分の所得等が下記<資料>のとおりである場合、小岩さんが本年分の所得税の確定申告をする際における総所得金額として、最も適切なものはどれか。なお、▲が付された所得の金額は、その所得に損失が発生していることを意味するものとする。

<資料>

所得または損失の種類	所得金額	備考
給与所得	５００万円	
不動産所得の計算上生じた損失	▲４０万円	国内不動産の貸付。必要経費には、土地の取得に要した借入金の利子３０万円が含まれている。
ゴルフ会員権の譲渡損失	▲５０万円	譲渡は、営利目的として継続的に行ったものではない。
雑所得	▲１０万円	雑誌に寄稿した原稿料に係る必要経費が収入を上回ることによる損失である。

1.　４１０万円
2.　４３０万円
3.　４５０万円
4.　４９０万円

問18

　下記＜資料＞は、中田さんの本年分の「給与所得の源泉徴収票（一部省略）」である。空欄（ア）に入る中田さんの本年分の所得税額として、正しいものはどれか。なお、中田さんには、本年において給与所得以外に申告すべき所得はなく、年末調整の対象となった所得控除以外に適用を受けることのできる所得控除はない。また、本年の定額減税および復興特別所得税は考慮しないこと。

＜資料＞

種別	支払金額	給与所得控除後の金額(調整控除後)	所得控除の合計額	源泉徴収税額
給与・賞与	8,000,000	（各自計算）	（各自計算）	（ア）

(源泉)控除対象配偶者の有無			配偶者(特別)控除の額	控除対象扶養親族の数(配偶者を除く。)						16歳未満扶養親族の数	障害者の数(本人を除く。)			非居住者である親族の数
有	従有	老人		特定			老人		その他		特別	その他		
○			380,000	人	従人	内 人	従人	内 人	従人	人		内 人	人	人
								1		1				

社会保険料等の金額	生命保険料の控除額	地震保険料の控除額	住宅借入金等特別控除の額
1,200,000	100,000	20,000	60,000

＜給与所得控除額の速算表＞

収入金額		給与所得控除額
	162.5万円 以下	55万円（給与収入の額まで）
162.5万円 超	180万円 以下	収入金額×40％－10万円
180万円 超	360万円 以下	収入金額×30％＋8万円
360万円 超	660万円 以下	収入金額×20％＋44万円
660万円 超	850万円 以下	収入金額×10％＋110万円
850万円 超		195万円

<所得税の速算表>

課税される所得金額		税率	控除額
	195万円以下	5％	－
195万円超	330万円以下	10％	97,500円
330万円超	695万円以下	20％	427,500円
695万円超	900万円以下	23％	636,000円
900万円超	1,800万円以下	33％	1,536,000円
1,800万円超	4,000万円以下	40％	2,796,000円
4,000万円超		45％	4,796,000円

1. 220,500円

2. 268,500円

3. 280,500円

4. 316,500円

【第6問】下記の（問19）〜（問22）について解答しなさい。

問 19

　下記の＜親族関係図＞において、民法の規定に基づく法定相続分に関する次の記述の空欄（ア）〜（ウ）に入る適切な語句または数値を語群の中から選び、解答欄に記入しなさい。なお、同じ語句または数値を何度選んでもよいこととする。

＜資料＞

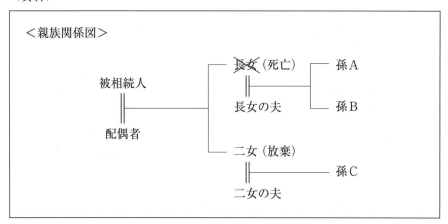

［相続人の法定相続分］
・被相続人の配偶者の法定相続分は（　ア　）。
・被相続人の孫Ａおよび孫Ｂの法定相続分は（　イ　）。
・被相続人の孫Ｃの法定相続分は（　ウ　）。

```
＜語群＞
3／4        2／3        1／2        1／3        1／4
1／6        1／8        1／12       なし
```

問 20

　本年中に発生した下記の相続事例における相続税の課税価格の合計額として、正しいものはどれか。

＜課税価格の合計額を算出するための財産等の相続税評価額＞

　土地：６，０００万円（小規模宅地等の特例適用後１，２００万円）

　建物：１，０００万円

　現預金：１，５００万円

　死亡保険金：３，０００万円（生命保険金等の非課税限度額適用前）

　債務・葬式費用：　５００万円

＜相続人関係図＞

　長男は既に死亡している。

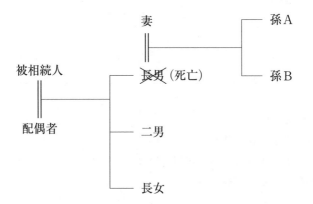

※小規模宅地等の特例の適用要件はすべて満たしており、その適用を受けるものとする。

※死亡保険金はすべて被相続人の配偶者が受け取っている。

※長男は被相続人の死亡前に既に死亡している。

※長女は被相続人より５年前の５月に有価証券３００万円の贈与を受けている。

※すべての相続人は、相続により財産を取得している。

※相続時精算課税制度を選択した相続人はおらず、相続を放棄した者もいない。

※債務および葬式費用は被相続人の配偶者がすべて負担している。

1. 3,700万円
2. 4,000万円
3. 4,200万円
4. 4,500万円

問21

　江夏豊子さん（58歳）は、本年11月に夫から居住用不動産（財産評価額2,800万円）の贈与を受けた。豊子さんが贈与税の配偶者控除の適用を受けた場合の本年分の贈与税額として、正しいものはどれか。

なお、本年においては、このほかに豊子さんが受けた贈与はないものとする。また、納付すべき贈与税額が最も少なくなるように計算すること。

＜贈与税の速算表＞

（イ）18歳以上の者が直系尊属から贈与を受けた財産の場合（原則）

基礎控除後の課税価格		税率	控除額
	200万円以下	10％	―
200万円超	400万円以下	15％	10万円
400万円超	600万円以下	20％	30万円
600万円超	1,000万円以下	30％	90万円
1,000万円超	1,500万円以下	40％	190万円
1,500万円超	3,000万円以下	45％	265万円
3,000万円超	4,500万円以下	50％	415万円
4,500万円超		55％	640万円

（ロ）上記（イ）以外の場合

基礎控除後の課税価格		税率	控除額
	200万円以下	10％	―
200万円超	300万円以下	15％	10万円
300万円超	400万円以下	20％	25万円
400万円超	600万円以下	30％	65万円
600万円超	1,000万円以下	40％	125万円
1,000万円超	1,500万円以下	45％	175万円
1,500万円超	3,000万円以下	50％	250万円
3,000万円超		55％	400万円

1.　19万円

2.　117万円

3.　151万円

4.　195万円

問22

　福本さんは、自宅（敷地および建物）、店舗（敷地および建物）、貸駐車場（敷地）を所有している。
＜下記＞資料をもとに福本さんに相続が発生した場合、相続税の計算における小規模宅地等についての相続税の課税価格の計算の特例に関する次の記述（ア）〜（エ）について適切なものには○、不適切なものには×を解答欄に記入しなさい。なお、資料に記述がない要件はすべて満たしているものとして、一切考慮しないこと。

＜資料：福本さんが所有する自宅敷地、店舗敷地、貸駐車場の敷地＞

	面積	備考
自宅敷地	300㎡	福本さんの配偶者が相続
店舗敷地	600㎡	事業を承継する親族が取得し、相続税の申告期限まで事業と所有を継続する
貸駐車場	100㎡	建物・構築物がない青空駐車場 貸付事業を承継する親族が取得し、相続税の申告期限まで貸付事業と所有を継続する

（ア）福本さんの自宅敷地は、最大で300㎡まで80％の減額の適用を受けられる。
（イ）福本さんの店舗敷地は、最大で500㎡まで80％の減額の適用を受けられる。
（ウ）福本さんの貸駐車場は、最大で200㎡まで50％の減額の適用を受けられる。
（エ）福本さんの自宅敷地と店舗敷地については、面積調整をせずに、それぞれ限度面積まで適用を受けられる。

【第7問】 下記の各問（問23）～（問25）について解答しなさい。

＜松原家の家族データ＞

氏名	続柄	生年月日	備考
松原　和之	本人	19××年　　4月12日	会社員
若菜	妻	19××年　　8月31日	専業主婦
真理	長女	20××年　　9月8日	中学1年生
隼人	長男	20××年　　6月14日	小学4年生

＜松原家のキャッシュフロー表＞　　　　　　　　　　　　　　　（単位：万円）

経過年数			基準年	1年	2年	3年
西暦（年）			20××	20××	20××	20××
家族構成／年齢	松原　和之	本人	39歳	40歳	41歳	42歳
	若菜	妻	37歳	38歳	39歳	40歳
	真理	長女	13歳	14歳	15歳	16歳
	隼人	長男	10歳	11歳	12歳	13歳
	変動率					
収入	給与収入（和之）					
	収入合計			711		
支出	基本生活費	1％	240			
	住居費	－	150	150	150	150
	教育費	3％	177		（　イ　）	
	その他支出	1％	60	61	61	62
	一時的支出	1％	200			
	支出合計		827	680	630	757
年間収支						
金融資産残高	1％	466	（　ア　）			

※年齢および金融資産残高は各年12月31日現在のものとする。

※記載されている数値は正しいものとする。

※問題作成の都合上、一部空欄にしてある。

問23

松原さんの過去のある年の給与明細等が以下の<資料>のとおりである場合、和之さんの可処分所得の金額を計算しなさい。なお、ある年における松原さんの収入は給与収入のみである。

<資料>
給与収入：960万円

給与から天引きされた支出の年間合計額

厚生年金保険料	88万円	所得税	63万円	財形貯蓄	36万円
健康保険料	48万円	住民税	53万円	社内預金	24万円
雇用保険料	6万円	社内あっせん販売	8万円	従業員持株会	12万円

問24

松原家のキャッシュフロー表の空欄（ア）に入る数値を計算しなさい。なお、計算過程においては端数処理をせず計算し、計算結果については万円未満を四捨五入すること。

問 25

　松原家の両親が考えている進学プランは下記のとおりである。下記＜条件＞および＜資料＞のデータに基づいて、松原家のキャッシュフロー表の空欄（イ）に入る教育費の予測数値を計算しなさい。なお、計算過程においては端数処理をせずに計算し、計算結果については万円未満を四捨五入すること。

＜条件＞
［松原家の進学プラン］

真理	公立小学校 → 私立中学校 → 私立高校 → 国立大学
隼人	公立小学校 → 公立中学校 → 私立高校 → 私立大学

［計算に際しての留意点］
- 教育費の数値は、下記＜資料：小学校・中学校の学習費総額＞を使用して計算すること。
- 実際の統計調査時期にかかわらず、下記＜資料＞の結果を基準年とし、変動率を３％として計算すること。

＜資料：小学校・中学校の学習費総額（1人当たりの年間平均額)＞

	小学校		中学校	
	公立	私立	公立	私立
学習費総額	352,566円	1,666,949円	538,799円	1,436,353円

（出所：文部科学省「子供の学習費調査（結果の概要）」）

【第8問】 下記の（問26）～（問28）について解答しなさい。

下記の係数早見表を乗算で使用し、各問について計算しなさい。なお、税金は一切考慮しないこととし、解答に当たっては、解答用紙に記載されている単位に従うこと。

＜係数早見表（年利2.0％）＞

	終価係数	現価係数	減債基金係数	資本回収係数	年金終価係数	年金現価係数
1年	1.020	0.980	1.000	1.020	1.000	0.980
2年	1.040	0.961	0.495	0.515	2.020	1.942
3年	1.061	0.942	0.327	0.347	3.060	2.884
4年	1.082	0.924	0.243	0.263	4.122	3.808
5年	1.104	0.906	0.192	0.212	5.204	4.713
6年	1.126	0.888	0.159	0.179	6.308	5.601
7年	1.149	0.871	0.135	0.155	7.434	6.472
8年	1.172	0.854	0.117	0.137	8.583	7.325
9年	1.195	0.837	0.103	0.123	9.755	8.162
10年	1.219	0.820	0.091	0.111	10.950	8.983
15年	1.346	0.743	0.058	0.078	17.293	12.849
20年	1.486	0.673	0.041	0.061	24.297	16.351
25年	1.641	0.610	0.031	0.051	32.030	19.523
30年	1.811	0.552	0.025	0.045	40.568	22.396

※記載されている数値は正しいものとする。

問26

　大林さんは、有料老人ホームへの入居を検討しており、そのための資金として、5年後に1,000万円を準備したいと考えている。5年間、年利2.0%で複利運用する場合、現在いくらの資金があればよいか。

問27

　鈴木さんは、独立開業の準備資金として、10年後に500万円を準備しようと考えている。年利2.0%で複利運用しながら毎年年末に一定額を積み立てる場合、毎年いくらずつ積み立てればよいか。

問28

　長門さんは、住宅の購入資金準備として新たに積立てを開始する予定である。毎年年末に40万円を積み立てるものとし、15年間、年利2.0%で複利運用しながら積み立てた場合、15年後の合計額はいくらになるか。

【第9問】 下記の（問29）～（問34）について解答しなさい。

<設例>
宮井誠司さんは、民間企業に勤務する会社員である。誠司さんと妻の麻紀さんは、今後の資産形成や家計の見直しなどについて、FPで税理士でもある清田さんに相談をした。なお、下記のデータはいずれも本年9月1日現在のものである。

［家族構成］

氏名	続柄	生年月日	年齢	職業等
宮井　誠司	本人	19××年　4月16日	47歳	会社員（正社員）
麻紀	妻	19××年　8月22日	45歳	パートタイマー
一樹	長男	20××年　5月　4日	19歳	大学1年生
清美	長女	20××年　7月29日	15歳	中学3年生

［収入金額］
　誠司さん：給与収入650万円（手取額）。給与収入以外の収入はない。
　麻紀さん：給与収入100万円（手取額）。給与収入以外の収入はない。

［金融資産］
　誠司さん名義
　　銀行預金（普通預金）：300万円
　　投資信託　　　　　　：600万円
　麻紀さん名義
　　銀行預金（普通預金）：100万円
　　個人向け国債　　　　：　50万円

［住宅ローン］

　契約者　：誠司さん

　借入先　：ＤＫ銀行

　借入時期：２００５年７月

　借入金額：３，０００万円

　返済方法：元利均等返済（ボーナス返済なし）

　金利　　：変動金利型

　返済期間：３０年

［保険］

　団体定期保険　：保険金額２，０００万円

　　　　　　　　　保険契約者は勤務先

　　　　　　　　　保険料負担者および被保険者は誠司さん

　　　　　　　　　保険金受取人は麻紀さん

　ガン保険Ｂ　　：入院給付金日額５，０００円

　　　　　　　　　ガン診断給付金（一時金）５０万円

　　　　　　　　　保険契約者（保険料負担者）および被保険者は誠司さん

　火災保険Ｃ　　：保険金額１，５００万円　保険の対象は建物

　　　　　　　　　保険契約者は誠司さん　保険期間３０年

問 29

　誠司さんは、生命保険の解約返戻金について、FPの清田さんに質問をした。清田さんが、生命保険の解約返戻金相当額について説明する際に使用した下記の＜イメージ図＞のうち、一般的な養老保険の解約返戻金相当額の推移に係る図として、最も適切なものはどれか。

＜イメージ図＞

1.

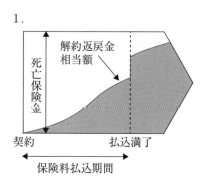

2.

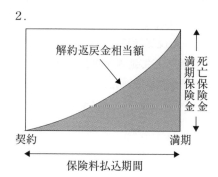

3.

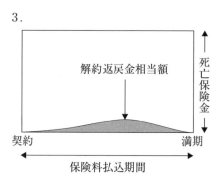

4.

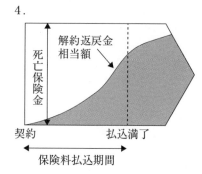

問30

　誠司さんは、加入する火災保険に地震保険が付保されていないことに気づき、ＦＰの清田さんに地震保険について質問をした。地震保険に関する清田さんの次の説明のうち、最も適切なものはどれか。

1. 「誠司さんが自宅建物を保険の対象として火災保険Ｃに地震保険を付保する場合、保険金額は３００万円から７５０万円の範囲内になります。」
2. 「誠司さんが火災保険Ｃに地震保険を付帯する場合、地震保険の期間は最長１０年とすることができます。」
3. 「地震保険料は地震保険料控除の対象となり、所得税については４万円を限度として地震保険料の全額が控除対象になります。」
4. 「地震保険料には、建築年や免震・耐震性能に応じた４つの割引制度があり、所定の要件に該当する場合、４つの制度のうちいずれか１つを適用することができます。」

問31

　麻紀さんは、誠司さんが死亡した場合の公的年金の遺族給付について、ＦＰの清田さんに相談をした。仮に誠司さんが、本年９月に47歳で在職中に死亡した場合に、誠司さんの死亡時点において麻紀さんが受け取ることができる公的年金の遺族給付の額として、正しいものはどれか。なお、遺族給付の計算に当たっては、＜下記＞資料の金額を使用することとする。

＜資料＞

```
遺族厚生年金の額　：　５４０，０００円
中高齢寡婦加算額　：　６１２，０００円
遺族基礎年金の額　：　８１６，０００円
遺族基礎年金の子の加算額（対象の子１人当たり）
　第１子、第２子　：　２３４，８００円
　第３子以降　　　：　　７８，３００円


※誠司さんは、20歳から大学卒業するまで国民年金に加入し、大学卒業
　後の22歳から死亡時まで連続して厚生年金保険に加入しているものと
　する。
※家族に障害者に該当する者はなく、記載以外の遺族給付の受給要件はす
　べて満たしている。
```

1.　１，３５６，０００円
2.　１，５９０，８００円
3.　１，８２５，６００円
4.　２，２０２，８００円

問32

　誠司さんは、健康保険料について確認したいと思い、FPの清田さんに質問をした。誠司さんの健康保険料等に関する次の記述のうち、最も不適切なものはどれか。なお、誠司さんは全国健康保険協会管掌健康保険（以下「協会けんぽ」という）の被保険者である。

1．賞与に係る健康保険料は、労使折半で負担する。
2．誠司さんが負担した健康保険料は、全額が社会保険料控除の対象となる。
3．協会けんぽの一般保険料率は、都道府県単位で設定される。
4．誠司さんは介護保険第2号被保険者であるため、市町村ごとで異なる介護保険料率が上乗せして徴収される。

問33

　誠司さんの弟の泰典さん（30歳）は、よりよい職を求め、大学卒業後8年間勤務していたTF社を自己都合退職した。求職活動中は雇用保険から基本手当を受給する予定であり、基本手当の受給手続きについてFPの清田さんに質問をした。清田さんが雇用保険の基本手当について説明する際に使用した下表の空欄（ア）〜（エ）に当てはまる適切な語句の組み合わせとして、正しいものはどれか。

＜自己都合退職の場合の基本手当＞

手続き先	公共職業安定所
受給資格要件	原則として、離職日以前の2年間に被保険者期間が通算して（　ア　）以上あること
待期期間と給付制限期間	7日間の待期期間に加えて、原則（　イ　）の給付制限期間がある
失業の認定	（　ウ　）ごとに、失業の認定を受ける
受給期間	原則として、離職日の翌日から（　エ　） ただし、妊娠、出産等の理由により引き続き30日以上職業につくことができない場合、申出により最長で（　※　）まで延長される

※設問の都合上、空欄としてある。

1．（ア）6カ月　　　（イ）3カ月　　　（ウ）2週間　　　（エ）1年間
2．（ア）12カ月　　（イ）3カ月　　　（ウ）2週間　　　（エ）2年間
3．（ア）6カ月　　　（イ）2カ月　　　（ウ）4週間　　　（エ）2年間
4．（ア）12カ月　　（イ）2カ月　　　（ウ）4週間　　　（エ）1年間

問34

麻紀さんの母の妙子さんは、本年12月に65歳となる。妙子さんが65歳から受給する老齢基礎年金（付加年金を含む）の額として、正しいものはどれか。なお、計算に当たっては、下記<資料>に基づくこととする。

<資料>

[妙子さんの国民年金保険料納付済期間]
　456月
　※これ以外に保険料納付済期間はなく、保険料免除期間もないものとする。

[妙子さんが付加保険料を納めた期間]
　120月

[その他]
　・老齢基礎年金の額（満額）：816,000円
　・妙子さんの加入可能年数：40年
　・振替加算は考慮しないものとする。
　・年金額の端数処理
　　老齢基礎年金の年金額については、円未満を四捨五入するものとする。

1. 823,200円
2. 799,200円
3. 840,000円
4. 864,000円

【第10問】 下記の（問35）～（問40）について解答しなさい。

<設例>

ＷＡ社に勤務する星野和弘さんは、今後の生活のことや事業のことなどに関して、ＦＰで税理士でもある谷本さんに相談をした。なお、下記のデータは本年9月1日現在のものである。

Ⅰ．家族構成

氏名	続柄	生年月日	年齢	備考
星野　和弘	本人	19××年　2月21日	59歳	会社員
康子	妻	19××年　1月18日	57歳	パートタイマー
雅之	長男	19××年　7月11日	26歳	会社員
美奈	長女	20××年11月29日	20歳	会社員
泰介	父	19××年　　3月5日	86歳	無職
敏江	母	19××年　8月15日	85歳	無職

Ⅱ．星野家の親族関係図

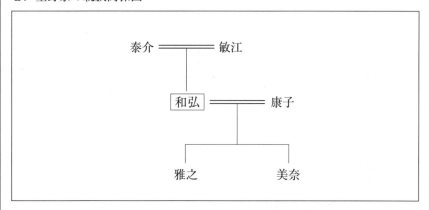

Ⅲ. 星野家（和弘さんと康子さん）の財産の状況

[資料1：保有資産（時価）]

所有者	和弘	康子
金融資産		
預貯金等	2,000	200
株式・投資信託	600	
生命保険（解約返戻金相当額）	[資料3]を参照	[資料3]を参照
不動産		
土地（自宅の敷地）	2,000	
建物（自宅の家屋）	800	
土地（賃貸アパートの敷地）	4,000	
建物（賃貸アパートの建物）	1,400	
その他（動産等）	230	80

[資料2：負債残高]

　　住宅ローン　　　：９００万円（債務者は和弘さん。団体信用生命保険付）

　　アパートローン：１,６００万円（債務者は和弘さん。団体信用生命保険
　　　　　　　　　　　　は付保されていない）

[資料3：生命保険]　　　　　　　　　　　　　　　　　　　（単位：万円）

保険種類	保険契約者	被保険者	死亡保険金受取人	保険金額	解約返戻金相当額	保険期間
定期保険A	和弘	和弘	康子	1,000	0	20××年まで
定期保険特約付終身保険B（終身保険部分）（定期保険部分）	和弘	和弘	康子	300 1,700	120	終身 20××年まで
終身保険C	和弘	和弘	康子	500	200	終身
終身保険D	和弘	康子	和弘	200	80	終身
変額個人年金保険E	和弘	和弘	康子	（注3）	450	20××年まで

注１：解約返戻金相当額は、本年現時点で解約した場合の金額である。

注２：定期保険Ａには、主契約とは別に保険金額１，０００万円の災害割増特約が付加されている。

注３：変額個人年金保険Ｅの死亡保険金は、死亡時の積立金相当額と一時払保険料相当額５００万円のいずれか大きい金額が支払われるものである。なお、積立金相当額は解約返戻金相当額と同額であるものする。

注４：すべての契約において、保険契約者が保険料を全額負担している。

注５：契約者配当および契約者貸付については考慮しないこと。

Ⅳ．その他

上記以外の情報については、各設問において特に指示のない限り一切考慮しないこと。

問35

ＦＰの谷本さんは、まず現時点における星野家（和弘さんと康子さん）のバランスシート分析を行うこととした。下表の空欄（ア）に入る数値を計算しなさい。

＜星野家（和弘さんと康子さん）のバランスシート＞　　　　　　　（単位：万円）

［資産］		［負債］	
金融資産		住宅ローン	×××
預貯金等	×××	アパートローン	×××
株式・投資信託	×××		
生命保険	×××	負債合計	×××
不動産			
土地（自宅の敷地）	×××		
建物（自宅の家屋）	×××		
土地（賃貸アパートの敷地）	×××	［純資産］	（　ア　）
建物（賃貸アパートの建物）	×××		
動産等	×××		
資産合計	×××	負債・純資産合計	×××

問36

　和弘さんは、本年12月に勤務先を退職する予定である。和弘さんが受け取る退職一時金（下記＜資料＞参照）から源泉徴収された所得税額として、正しいものはどれか。なお、和弘さんは、退職に際して「退職所得の受給に関する申告書」を適正に提出している。また、復興特別所得税は考慮しないこと。

＜資料＞

・退職一時金の額：30,000,000円

・勤続年数：37年9カ月

・和弘さんは、これまでに役員であったことはなく、退職は障害者になったことに基因するものではない。

［所得税の速算表］

課税される所得金額	税率	控除額
195万円以下	5％	－
195万円超　330万円以下	10％	97,500円
330万円超　695万円以下	20％	427,500円
695万円超　900万円以下	23％	636,000円
900万円超　1,800万円以下	33％	1,536,000円
1,800万円超　4,000万円以下	40％	2,796,000円
4,000万円超	45％	4,796,000円

1. 　　85,000円

2. 　252,500円

3. 　512,500円

4. 　582,500円

問37

和弘さんの父の泰介さんは、在宅で公的介護保険のサービスを利用している。泰介さんが本年の8月の1カ月間において利用した公的介護保険のサービスの費用が20万円である場合、下記<資料>に基づく介護（在宅）サービス利用者負担額合計として、正しいものはどれか。なお、泰介さんは公的介護保険における要介護2の認定を受けており、サービスを受けた場合の自己負担割合は1割であるものとする。また、同月中に<資料>以外の公的介護保険の利用はないものとし、記載のない条件については一切考慮しないこととする。

<資料>

［泰介さんの介護（在宅サービス利用時の自己負担額）：本年8月分］

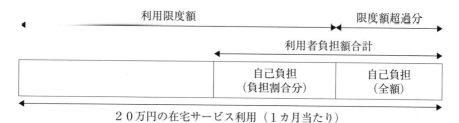

［在宅サービスの1カ月当たりの利用限度額と自己負担額（抜粋）］

要介護度	利用限度額（支給限度額）	自己負担額（1割の場合）
要支援1	50,320円	5,032円
要支援2	105,310円	10,531円
要介護1	167,650円	16,765円
要介護2	197,050円	19,705円
要介護3	270,480円	27,048円
要介護4	309,380円	30,938円
要介護5	362,170円	36,217円

1. 19,705円
1. 20,000円
3. 22,655円
4. 39,705円

問38

　和弘さんは、老齢年金の受給方法などについて、FPの谷本さんに質問をした。公的年金の受給に関する次の記述のうち、最も不適切なものはどれか。

1. 老齢年金の請求書は、老齢年金の受給権が発生する者に対し、受給権が発生する年齢に達する月の3カ月前に事前送付される。
2. 年金の請求手続きが遅れた場合、手続き前5年間分の年金は遡って支給されるが、5年を超える分については、原則として、時効により権利が消滅したとして支給されない。
3. 老齢年金は原則として、受給権が発生した月の当月分から、受給権が消滅した月の前月分まで支給される。
4. 年金の支払いは、通常は偶数月の15日（15日が金融機関の休業日に当たる場合は、直前の営業日）にその月の前月分および前々月分の2カ月分ずつが支給される。

問39

　和弘さんは、老齢年金を65歳から受給せず、支給の繰下げの申出をしようと考えている。老齢年金の支給の繰下げに関する次の（ア）～（エ）の記述のうち、適切なものには○、不適切なものには×を解答欄に記入しなさい。

（ア）老齢基礎年金と老齢厚生年金の支給の繰下げは、その両方について同時に申出をするほか、どちらか一方のみの申出をすることもできる。
（イ）老齢厚生年金の繰下げをした場合、繰り下げた期間について、65歳から受給することができるはずであった加給年金は受給することはできず、繰下げによる増額もない。
（ウ）老齢基礎年金と老齢厚生年金の両方の支給の繰下げを希望する場合は、65歳に達し受給権を取得した後、速やかに老齢年金の請求を行い、併せて66歳以降の繰下げ受給開始月を申し出なければならない。
（エ）和弘さんが支給の繰下げを申し出る場合、年金の増額率は最大で42％となる。

問40

　康子さんは、パートタイマーとして働いている勤務先で健康保険の被保険者となっているが、辞めた場合や勤務時間を減らした場合に健康保険の被扶養者となることができるか気になったため、和弘さんが加入する全国健康保険協会管掌健康保険（協会けんぽ）の被扶養者の原則的な扱いについて、ＦＰの谷本さんに質問をした。被扶養者に関する次の記述のうち、最も適切なものはどれか。なお、各選択肢に記述されていること以外は考慮しないものとする。

1. 「60歳未満の者が被扶養者になるには年収103万円未満、60歳以上の者および一定の障害者が被扶養者となるには、年収130万円未満であることが要件の1つとなっています。」
2. 「同居する者が被扶養者となるには、被保険者の収入よりも少ないことが要件の1つとなっており、被保険者の収入の2分の1以上であっても、原則として、被扶養者となることができます。」
3. 「健康保険の被扶養者となった場合、保険料の負担はありません。」
4. 「和弘さんが任意継続被保険者となった場合、康子さんは被扶養者となることはできません。」

2024年度
ファイナンシャル・プランニング技能検定

2級 学科試験

試験時間 ◆ 120分

★ 注意事項 ★

1. 本試験の出題形式は、四答択一式60問です。
2. 筆記用具、計算機（プログラム電卓等を除く）の持込みが認められています。
3. 試験問題については、特に指示のない限り、2024年4（10）月1日現在施行の法令等に基づいて解答してください。なお、東日本大震災の被災者等に対する各種特例等については考慮しないものとします。

FP試験対策プロジェクト

問題　1

公的医療保険に関する次の記述のうち、最も適切なものはどれか。

1. 健康保険の被保険者の甥や姪が被扶養者になるためには、被保険者と同一世帯に属していることが必要である。
2. 健康保険の被保険者資格を喪失した者は、資格喪失日の前日までの被保険者期間が継続して1年以上あるなどの所定の要件を満たせば、最長で2年間、健康保険の任意継続被保険者となることができる。
3. 後期高齢者医療制度の被保険者が保険医療機関等の窓口で支払う一部負担金（自己負担額）の割合は、原則として、当該被保険者が現役並み所得者である場合は3割、それ以外の者は1割とされる。
4. 健康保険や国民健康保険の被保険者が70歳に達したときは、その被保険者資格を喪失し、後期高齢者医療制度の被保険者となる。

問題　2

労働者災害補償保険（以下「労災保険」という）に関する次の記述のうち、最も適切なものはどれか。

1. 労災保険の適用を受ける労働者には、雇用形態がアルバイトやパートタイマーである者は含まれない。
2. 業務上の負傷または疾病は治癒したものの、身体に一定の障害が残った場合、その障害の程度が労災保険法に規定する障害等級に該当する場合、障害補償給付が受けられる。
3. 労災保険の保険料を計算する際に用いる保険料率は、適用事業所の事業の種類による差異はない。
4. 労災保険の特別加入制度において、適用事業所の事業主は、その営む事業において使用する労働者数の多寡にかかわらず、労災保険の対象となる。

問題　3

雇用保険の失業等給付に関する次の記述のうち、最も適切なものはどれか。

1. 自己都合による離退職などの一般の受給資格者に支給される基本手当の所定給付日数は、被保険者期間が２０年以上の場合、１８０日である。
2. 雇用保険の一般被保険者が失業した場合、基本手当を受給するためには、原則として、離職の日以前２年間に被保険者期間が通算して１２ヵ月以上あること等の要件を満たす必要がある。
3. 雇用保険に係る保険料のうち、失業等給付に係る保険料は、被保険者の賃金総額に事業の種類に応じた雇用保険率を乗じて得た額となり、事業主がその全額を負担する。
4. 高年齢雇用継続基本給付金の支給を受けるためには、一定の一般被保険者に対して支給対象月に支払われた賃金の額が、原則として６０歳到達時の賃金月額の８５％未満になっていることが必要である。

問題　4

公的年金の老齢給付に関する次の記述のうち、最も不適切なものはどれか。

1. 国民年金の保険料納付済期間が１０年以上あり、厚生年金保険の被保険者期間を有する者は、原則として、６５歳から老齢基礎年金および老齢厚生年金を受給することができる。
2. １９６１年（昭和３６年）４月２日以降に生まれた男性、１９６６年（昭和４１年）４月２日以降に生まれた女性は、老齢基礎年金の受給資格期間を満たし、厚生年金保険の被保険者期間を１年以上有していても、報酬比例部分のみの特別支給の老齢厚生年金の支給を受けることができない。
3. 老齢厚生年金の繰下げ支給を申し出る場合、老齢基礎年金の繰下げ支給と同時に申し出なければならない。
4. 付加年金の受給権者が老齢基礎年金の繰下げ支給の申出をした場合、付加年金の額についても繰下げによって増額される。

問題　5

　厚生年金保険における離婚時の年金分割制度に関する次の記述のうち、最も適切なものはどれか。なお、本問においては、「離婚等をした場合における特例」による標準報酬の改定を合意分割といい、「被扶養配偶者である期間についての特例」による標準報酬の改定を3号分割という。

1．老齢厚生年金を受給している者で、老齢厚生年金を減額される者の年金額は、分割請求があった日の属する月の翌月から改定される。
2．離婚の相手方から分割を受けた厚生年金保険の保険料納付記録（標準報酬月額・標準賞与額）に係る期間は、老齢基礎年金の受給資格期間に算入される。
3．合意分割および3号分割の請求期限は、原則として離婚成立の日の翌日から起算して5年以内である。
4．合意分割の対象となるのは、離婚当事者の婚姻期間中の厚生年金保険の保険料納付記録（標準報酬月額・標準賞与額）、3号分割の対象となるのは、1986年4月1日以降の国民年金の第3号被保険者であった期間における第3号被保険者の配偶者の厚生年金保険の保険料納付記録（標準報酬月額・標準賞与額）である。

問題　6

　遺族厚生年金に関する次の記述のうち、最も不適切なものはどれか。

1．遺族厚生年金を受給することができる遺族は、厚生年金保険の被保険者または被保険者であった者の死亡の当時、その者によって生計を維持し、かつ、所定の要件を満たす配偶者、子、父母、孫または祖父母である。
2．厚生年金保険の被保険者である夫が死亡し、夫の死亡当時に子のいない40歳以上65歳未満の妻が遺族厚生年金の受給権を取得した場合、妻が65歳に達するまでの間、妻に支給される遺族厚生年金に中高齢寡婦加算額が加算される。
3．厚生年金保険の被保険者が死亡したことにより支給される遺族厚生年金の年金額は、死亡した者の厚生年金保険の被保険者期間が300月未満の場合、300月とみなして計算する。
4．厚生年金保険の被保険者である夫が死亡し、夫の死亡当時に子のいない30歳未満の妻が取得した遺族厚生年金の受給権は、妻が40歳に達したときに消滅する。

問題　7

　中小企業退職金共済、小規模企業共済および国民年金基金に関する次の記述の
うち、最も不適切なものはどれか。

1．小売業を主たる事業として営む個人事業主が、小規模企業共済に加入するた
　めには、常時使用する従業員数が5人以下でなければならない。
2．中小企業退職金共済の掛金は、原則として、事業主と従業員が折半して負担
　する。
3．国民年金基金の掛金は、加入員が確定拠出年金の個人型年金に加入している
　場合、個人型年金加入者掛金と合わせて月額68,000円が上限となる。
4．国内に住所を有する60歳以上65歳未満の国民年金の任意加入被保険者
　や、日本国籍を有する者で、日本国内に住所を有しない20歳以上65歳未
　満の国民年金の任意加入被保険者は、国民年金基金に加入することができる。

問題　8

　確定拠出年金に関する次の記述のうち、最も不適切なものはどれか。

1．企業型年金で加入者が掛金を拠出できることを規約で定める場合、企業型年
　金加入者掛金の額は、その加入者にかかる事業主掛金の額を超える額とする
　ことができる。
2．企業型年金を実施していない企業の従業員である個人型年金の加入者は、原
　則として給与からの天引きにより、事業主を経由して掛金を納付することが
　できる。
3．老齢給付金を年金で受け取った場合、当該給付金は雑所得として所得税の課
　税対象となり、雑所得の金額の計算上、公的年金等控除額を控除することが
　できる。
4．国民年金の第1号被保険者は、現時点で国民年金の保険料を納付していれば、
　過去に国民年金の保険料未納期間があっても、個人型年金に加入することが
　できる。

問題　9

　リタイアメントプランニング等に関する次の記述のうち、最も不適切なものはどれか。

1．一般に、金融機関のリバースモーゲージには、利用者が死亡し、担保物件の売却代金による借入金返済後に残る債務について、利用者の相続人がその返済義務を負う「ノンリコース型」と、返済義務を負わない「リコース型」がある。
2．将来、本人の判断能力が不十分になった場合に備えて、あらかじめ自らが選任した者と任意後見契約を締結する場合、必ず公正証書によって締結しなければならない。
3．2025年4月以降、すべての企業に対して65歳までの雇用確保が義務づけられ、それまでは定年年齢を65歳未満に定めている事業主は、65歳までの雇用確保のため「定年の引上げ」「継続雇用制度の導入」「定年の定めの廃止」のいずれかの措置を講じなければならない。
4．高齢者の居住の安定確保に関する法律に定める「サービス付き高齢者向け住宅」の入居者は、「状況把握サービス」や「生活相談サービス」を受けることができる。

問題　10

　決算書に基づく経営分析指標に関する次の記述のうち、最も不適切なものはどれか。

1．当座比率は、「当座資産÷流動負債×100（％）」の算式によって求めることができ、一般に、この数値が高い方が望ましいとされる。
2．損益分岐点売上高は、「固定費÷限界利益率」の算式によって求めることができる。
3．自己資本比率（株主資本比率）は、「自己資本÷総資産×100（％）」の算式によって求めることができ、一般に、この数値が高い方が財務の健全性が高いと判断される。
4．固定比率は、固定負債に対する固定資産の割合を示したものであり、一般に、この数値が高い方が財務の健全性が高いと判断される。

問題 11

　生命保険の保険料等の仕組みに関する次の記述のうち、最も不適切なものはどれか。

1. 契約者配当金とは、決算によって発生した剰余金が契約者に分配されるものであり、株式の配当金と同様に、配当所得として課税対象となる。
2. 生命保険事業における剰余金の3利源は、死差益・利差益・費差益であり、いずれの剰余金も分配されない保険を無配当保険という。
3. 保険料の内訳は、将来の保険金・給付金等の支払いの財源となる純保険料と、保険会社が保険契約を維持・管理していくために必要な経費等の財源となる付加保険料とに分けられる。
4. 純保険料は、予定死亡率と予定利率に基づいて計算される。

問題 12

　個人年金保険の一般的な商品性に関する次の記述のうち、最も不適切なものはどれか。

1. 終身年金では、基本年金額や保険料払込期間、年金受取開始年齢など契約内容が同一で被保険者が同年齢の場合、被保険者が男性の方が女性よりも保険料は安くなる。
2. 変額個人年金保険では、保険会社の特別勘定による保険料の運用成果によって、将来受け取る年金額等が変動するが、死亡給付金については基本保険金額が最低保証されている。
3. 保証期間のない有期年金では、年金受取期間中に被保険者（＝年金受取人）が死亡した場合、それ以降の年金は支払われない。
4. 確定年金では、年金受取開始日前に被保険者（＝年金受取人）が死亡した場合、死亡給付金受取人が契約時に定められた年金受取総額と同額の死亡給付金を受け取ることができる。

問題　13

　総合福祉団体定期保険および団体定期保険（Bグループ保険）の一般的な商品性に関する次の記述のうち、最も不適切なものはどれか。なお、いずれも契約者は企業であるものとする。

1. 総合福祉団体定期保険のヒューマン・ヴァリュー特約は、従業員の死亡等による企業の経済的損失に備えるものであり、その特約死亡保険金の受取人は、従業員の遺族ではなく企業となる。
2. 総合福祉団体定期保険の契約締結に際しては、加入予定者の被保険者になることについての同意および保険約款に基づく告知が必要である。
3. 団体定期保険（Bグループ保険）の死亡保険金額は、企業の退職金規程等で定められた死亡退職金の金額の範囲内で設定しなければならない。
4. 団体定期保険（Bグループ保険）は、従業員等が任意で加入し、その従業員等が保険料も負担する。

問題　14

　個人年金保険の税金に関する次の記述のうち、最も適切なものはどれか。なお、いずれも契約者（＝保険料負担者）は個人であるものとする。

1. 契約者と年金受取人が同一である個人年金保険の場合、毎年受け取る年金は雑所得として、公的年金等控除の対象となる。
2. 契約者と年金受取人が異なる場合、年金受取人は年金支払開始時に年金受給権を取得したものとみなされ、年金受給権が贈与税の課税対象となる。
3. 契約者と被保険者が異なる個人年金保険において、年金支払開始前に被保険者が死亡して契約者が受け取った死亡給付金は、相続税の課税対象となる。
4. 一時払終身年金保険を契約から5年以内に解約したことにより契約者が受け取る解約返戻金は、源泉分離課税の対象となる。

問題　15

　住宅用建物および住宅用建物に収容している家財を対象とする火災保険の一般的な商品性に関する次の記述のうち、最も適切なものはどれか。なお、特約については考慮しないものとする。

1．家財を保険の対象として契約した場合、同一敷地内の車庫に駐車している自動車が火災により受けた損害は補償の対象となる。
2．火災保険の保険料は、対象となる住宅用建物の構造により、M構造、T構造、H構造の3つに区分されて算定され、保険料は、M構造が最も安く、次いでT構造、H構造が最も高い。
3．家財を保険の対象として契約した場合、開放していた窓から雨が吹き込み、家財が濡れた損害は補償の対象となる。
4．住宅用建物を保険の対象として契約した場合、時間の経過により建物の壁に発生したカビによる損害は補償の対象となる。

問題　16

　傷害保険の一般的な商品性に関する次の記述のうち、最も適切なものはどれか。なお、特約については考慮しないものとする。

1．普通傷害保険では、細菌性食中毒は補償の対象となる。
2．家族傷害保険の被保険者は、被保険者本人および契約時の配偶者、本人または配偶者と生計を一にする同居の親族および別居の未婚の子となる。
3．交通事故傷害保険では、道路通行中または交通乗用具に搭乗中の交通事故および交通乗用具の火災によるケガを補償の対象としており、エレベーターやエスカレーターも交通乗用具に含まれる。
4．海外旅行保険、国内旅行傷害保険では、旅行中の地震によるケガは補償の対象となる。

問題　17

　個人を契約者（＝保険料負担者）とする損害保険の税金に関する次の記述のうち、最も適切なものはどれか。

1．新たに損害保険会社と契約した自らを被保険者とする所得補償保険や医療保険の保険料は、介護医療保険料控除の対象とならない。
2．新たに住宅用建物および家財を保険の対象とする火災保険に地震保険を付帯して加入した場合、火災保険および地震保険に係る保険料はともに地震保険料控除の対象となる。
3．契約者と被保険者が同一人である自動車保険の人身傷害（補償）保険において、被保険者が自動車事故で死亡した場合、その遺族が受け取った死亡保険金は、過失割合にかかわらず、その全額が非課税となる。
4．契約者の配偶者が不慮の事故で死亡したことにより、契約者が受け取った家族傷害保険の死亡保険金は、一時所得として課税の対象となる。

問題　18

　法人を契約者（＝保険料負担者）とする損害保険の保険料や保険金の経理処理に関する次の記述のうち、最も不適切なものはどれか。

1．法人が所有する自動車で従業員が業務中に起こした対人事故により、その相手方に保険会社から自動車保険の対人賠償保険金が直接支払われた場合、法人は当該保険金に関して経理処理する必要はない。
2．すべての役員・従業員を被保険者とする労働災害総合保険を契約した場合、支払った保険料の全額を損金の額に算入することができる。
3．すべての役員・従業員を被保険者とする積立普通傷害保険を契約した場合、支払った保険料の全額を損金の額に算入することができる。
4．法人が所有する倉庫建物が火災で焼失し、受け取った火災保険の保険金で同一事業年度内に代替の倉庫建物を取得した場合、所定の要件に基づき圧縮記帳が認められる。

問題　19

　損害保険を活用した家庭のリスク管理に関する次の記述のうち、最も不適切なものはどれか。

1. 国内旅行中の飲食による細菌性食中毒で入院や通院をするリスクを考慮して、国内旅行傷害保険を契約した。
2. 生計を一にする子の自転車運転中の事故により他人にケガをさせて法律上の損害賠償責任を負うリスクを考慮して、家族傷害保険に個人賠償責任補償特約を付帯して契約した。
3. 勤めている会社が倒産することで失業してしまい、その結果、今の所得を失うリスクを考慮して、所得補償保険を契約した。
4. 海岸近くに自宅を新築したので、地震による津波で自宅が損壊するリスクを考慮して、火災保険に地震保険を付帯して契約した。

問題　20

　生命保険等を活用した法人の福利厚生に係るアドバイスに関する次の記述のうち、最も不適切なものはどれか。

1. 「会社の休業補償規程に基づく従業員に支給する休業補償給付の原資を準備したい」という顧客に対して、団体就業不能保障保険の活用をアドバイスした。
2. 「従業員の自助努力による財産形成を支援したい」という顧客に対して、財形貯蓄積立保険の活用をアドバイスした。
3. 「従業員の死亡時に支給する死亡退職金の原資を準備したい」という顧客に対して、養老保険の活用をアドバイスした。
4. 「従業員の定年退職時に支給する退職金の原資を準備したい」という顧客に対して、総合福祉団体定期保険の活用をアドバイスした。

問題　21

　日本円・米ドル間の為替相場の変動要因等に関する次の記述のうち、最も不適切なものはどれか。

1．米国の物価が日本と比較して相対的に上昇することは、一般に、円安米ドル高要因となる。
2．購買力平価説によれば、米国と日本に同じ財があり、その財を米国では2米ドル、日本では250円で買える場合、為替レートは1米ドル＝125円が妥当と考える。
3．米国の景気が日本と比較して相対的に景気がよく、日本円が売られて、米ドルが買われる動きが多くなることは、一般に、円安ドル高の要因となる。
4．米国が政策金利を引き上げ、日本との金利差が拡大することは、一般に、円安米ドル高要因となる。

問題　22

　投資信託の一般的な運用手法等に関する次の記述のうち、最も不適切なものはどれか。

1．マクロ的な環境要因等を基にまず国別組入比率や業種別組入比率などを決定し、その比率に応じて、個別銘柄を組み入れてポートフォリオを構築する手法をトップダウン・アプローチという。
2．リサーチによって銘柄を選定し、その積上げによってポートフォリオを構築する手法をボトムアップ・アプローチという。
3．企業の将来の売上高や利益の成長性が市場平均よりも高い銘柄を組み入れて運用するグロース運用は、PERやPBRが低く、配当利回りの高い銘柄中心のポートフォリオとなる傾向がある。
4．ベンチマークの動きにできる限り連動することで、同等の運用収益率を得ることを目指すパッシブ運用は、アクティブ運用に比べて運用コストが低くなる傾向がある。

問題 23

固定利付債券の利回り（単利・年率）と市場金利の変動との関係に関する次の記述の空欄（ア）、（イ）にあてはまる語句の組み合わせとして、最も適切なものはどれか。なお、手数料、経過利子、税金等については考慮しないものとする。

> 償還年限が１０年、表面利率が０.５％の固定利付債券（以下「債券Ａ」という）が額面１００円当たり１００円で新規に発行された。発行から４年後に中央銀行の金融政策により市場金利が上昇した場合、この時点で債券Ａを購入した場合の最終利回りは０.５％よりも（ア）。
> また、債券Ａを新規発行時に購入し、発行から４年後に売却する場合の所有期間利回りは０.５％よりも（イ）。

1．（ア）高くなる　　（イ）高くなる
2．（ア）高くなる　　（イ）低くなる
3．（ア）低くなる　　（イ）高くなる
4．（ア）低くなる　　（イ）低くなる

問題 24

株式の信用取引に関する次の記述のうち、最も適切なものはどれか。

1．信用取引の委託保証金は、現金で差し入れることが原則であるが、国債や上場株式等一定の有価証券で代用することもできる。
2．信用取引には、返済期限や対象銘柄等が証券取引所等の規則により定められている一般信用取引と、返済期限や対象銘柄等を顧客と証券会社との契約により決定することができる制度信用取引がある。
3．金融商品取引法では、信用取引を行う際の委託保証金の額は２０万円以上であり、かつ、約定代金に対する委託保証金の割合は２０％以上でなければならないと規定されている。
4．制度信用取引では、売買が成立した後に相場が変動して証券会社が定める最低委託保証金維持率を下回ったとしても、追加で保証金を差し入れる必要はない。

問題　25

　下記＜Ａ社のデータ＞に基づき算出されるＡ社株式の投資指標に関する次の記述のうち、最も適切なものはどれか。

＜Ａ社のデータ＞

株価	3,000円
経常利益	200億円
当期純利益	150億円
自己資本（＝純資産）	600億円
総資産	2,500億円
発行済株式数	1.5億株
配当金総額	90億円

1．ＰＥＲ（株価収益率）は、20.0倍である。
2．ＰＢＲ（株価純資産倍率）は、5.0倍である。
3．ＲＯＥ（自己資本利益率）は、25.0％である。
4．配当利回りは、3.0％である。

問題　26

　個人（居住者）が国内の金融機関等を通じて行う外貨建て金融商品の取引等に関する次の記述のうち、最も適切なものはどれか。

1．円換算特約がついた生命保険契約では、為替変動リスクがないため、将来受け取る保険金等が支払った保険料よりも少なくなることはない。
2．外貨預金の払戻し時において、預金者が外貨を円貨に換える場合に適用される為替レートは、預入金融機関が提示する対顧客直物電信買相場（ＴＴＢ）である。
3．リバース・デュアル・カレンシー債は、購入代金の払込みおよび利払いが円貨で、償還金の支払いが外貨で行われる。
4．外国為替証拠金取引では、証拠金にあらかじめ決められた倍率を掛けた金額まで売買できるが、倍率の上限は各取扱業者が決めており、法令による上限の定めはない。

問題　27

オプション取引に関する次の記述のうち、最も適切なものはどれか。

1. コール・オプション、プット・オプションの売り手は、買い手に対してプレミアム（オプション料）を支払う。
2. 満期までの残存期間が長い方が短い場合に比べて、プレミアム（オプション料）は低くなる。
3. 原資産価格が上昇していく場合、コール・オプションのプレミアム（オプション料）は高くなり、プット・オプションのプレミアム（オプション料）は低くなる。
4. オプション取引において、買い手の損失は限定されないが、売り手の損失はオプション料に限定される。

問題　28

アセットアロケーションに関する次の記述のうち、最も不適切なものはどれか。

1. アセットアロケーションとは、投資資金を複数の資産クラス（株式、債券および不動産等）に配分することである。
2. 現代ポートフォリオ理論の一般的な考え方によれば、運用成果に与える影響は、資産クラスの配分よりも、個別銘柄の選択や売買のタイミング等の方が大きいとされる。
3. 運用期間を通して、定められた各資産クラスの投資金額の配分比率を維持する方法の一つとして、値上がりした資産クラスを売却し、値下がりした資産クラスを購入するリバランスという方法がある。
4. 各資産クラスの投資金額ではなくリスク量が同等になるように配分比率を調整するリスクパリティ運用（戦略）においては、特定の資産クラスのボラティリティが上昇した場合、当該資産を売却する。

問題　29

　新ＮＩＳＡのつみたて投資枠に関する次の記述のうち、最も適切なものはどれか。

1．新ＮＩＳＡのつみたて投資枠を利用できるのは1月1日現在20歳以上である居住者等に限られる。
2．新ＮＩＳＡのつみたて投資枠の対象商品は、所定の要件を満たす、長期の積立・分散投資に適した一定の公募株式投資信託、ＥＴＦ、Ｊ―ＲＥＩＴ等に限られる。
3．新ＮＩＳＡのつみたて投資枠は非課税期間に制限がない。
4．新ＮＩＳＡのつみたて投資枠の年間投資上限額は240万円である。

問題　30

　金融商品の取引に係る各種法令に関する次の記述のうち、最も不適切なものはどれか。

1．外国為替証拠金取引は、金融サービス提供法における金融商品の販売に該当する取引であるが、ゴルフ会員権や金は金融サービス提供法の重要事項説明の対象外である。
2．金融商品取引法では、金融商品取引契約を締結しようとする金融商品取引業者等は、あらかじめ顧客（特定投資家を除く）に契約締結前交付書面を交付しなければならないとされているが、顧客から交付を要しない旨の意思表示があった場合には、金融商品取引業者等に対する書面交付義務は免除される。
3．犯罪収益移転防止法では、金融機関等の特定事業者が法人顧客と取引を行う場合、原則として、法人の実質的支配者および取引担当者双方の本人特定事項の確認が必要となる。
4．金融商品取引法では、金融商品取引業者等が行う金融商品取引業の内容に関する広告等をする場合、金融商品取引行為を行うことによる利益の見込みなどについて、著しく事実に相違する表現をし、または著しく人を誤認させるような表示をしてはならないとされている。

問題　31

　所得税における各種所得に関する次の記述のうち、最も適切なものはどれか。

1．退職所得の金額（特定役員退職手当等、短期退職手当等に係るものを除く）
　は、「退職手当等の収入金額−退職所得控除額」の算式により計算される。
2．給与所得の金額は、原則として「給与等の収入金額−給与所得控除額」の算
　式により計算され、給与所得控除額は最低65万円が保証され、収入金額が
　850万円を超える場合は195万円となる。
3．一時所得の金額は、「（一時所得に係る総収入金額−その収入を得るために支
　出した金額の合計額−特別控除額）×1／2」の算式により計算される。
4．不動産所得の金額は、原則として「不動産所得に係る総収入金額−必要経費」
　の算式により計算される。

問題　32

　所得税における損益通算に関する次の記述のうち、最も適切なものはどれか。

1．金地金を譲渡したことによる譲渡所得の損失は、他の各種所得の金額と損益
　通算することができる。
2．賃貸アパート（国内）の土地および建物を譲渡したことによる譲渡所得の損
　失の金額は、給与所得の金額と損益通算することができる。
3．青色申告の承認を受けていない納税者の事業所得の金額の計算上生じた損失
　の金額は、他の各種所得の金額と損益通算することができない。
4．別荘を譲渡したことによる譲渡所得の金額の計算上生じた損失の金額は、他
　の各種所得の金額と損益通算することができない。

問題　33

　所得税における所得控除に関する次の記述のうち、最も不適切なものはどれか。

1. 控除対象扶養親族のうち、その年の１２月３１日時点の年齢が１９歳以上２３歳未満の者を特定扶養親族といい、その者に係る扶養控除の額は５８万円である。
2. 納税者が加入している健康保険の被扶養者となっていて内縁関係にあると認められる者は、配偶者控除の対象とならない。
3. 配偶者控除および配偶者特別控除の控除額は、控除を受ける納税者本人の合計所得金額に応じて異なる。
4. 年の途中で死亡した者が、その死亡の時において控除対象扶養親族に該当している場合には、納税者は扶養控除の適用を受けることができる。

問題　34

　所得税における所得控除に関する次の記述のうち、最も適切なものはどれか。なお、選択肢記載以外の要件は満たしているものとする。

1. 納税者が生命保険の保険料を支払った場合、支払った保険料の多寡にかかわらず、その年中に支払った全額を生命保険料控除として控除することができる。
2. 納税者が医療費を支払った場合、支払った医療費の多寡にかかわらず、その年中に支払った全額を、医療費控除として控除することができる。
3. 納税者が本人の確定拠出年金の個人型年金の掛金を支払った場合、支払った掛金の多寡にかかわらず、その年中に支払った全額を社会保険料控除として控除することができる。
4. 納税者が自己、生計を一にする配偶者、親族に係る社会保険料を支払った場合、支払った社会保険料の多寡にかかわらず、その年中に支払った全額を、社会保険料控除として控除することができる。

問題　35

　所得税における住宅借入金等特別控除（以下「住宅ローン控除」という）に関する次の記述のうち、最も不適切なものはどれか。なお、記載されたもの以外の要件はすべて満たしているものとする。

1．中古住宅を取得した場合でも、一定の耐震基準に適合するものは、住宅ローン控除の適用を受けることができる。
2．給与所得者が住宅ローン控除の適用を受けようとする場合、最初の年分は確定申告が必要となるが、2年目以降は年末調整により適用できる。
3．住宅ローン控除の適用を受けていた者が、住宅ローンの一部繰上げ返済を行い、住宅ローンの償還期間が当初の償還の日から10年未満となった場合であっても、残りの控除期間について、住宅ローン控除の適用を受けることができる。
4．住宅ローン控除の適用を受けていた者が、転勤等のやむを得ない事由により転居したため、取得した住宅を居住の用に供しなくなった場合、翌年以降に再び当該住宅を居住の用に供すれば、原則として再入居した年以降の控除期間内については住宅ローン控除の適用を受けることができる。

問題　36

所得税の青色申告に関する次の記述のうち、最も適切なものはどれか。

1．青色申告の適用を受けることができる者は、不動産所得、事業所得、雑所得を生ずべき業務を行う者で、納税地の所轄税務署長の承認を受けた者である。
2．青色申告者は、原則として7年間（一部5年間）、住所地もしくは居所地または事業所等に総勘定元帳その他の一定の帳簿を保存しなければならない。
3．前年からすでに業務を行っている者が、本年分から新たに青色申告の適用を受けようとする場合、その承認を受けようとする年の3月31日までに「青色申告承認申請書」を納税地の所轄税務署長に提出しなければならない。
4．青色申告を取りやめようとする者は、その年の3月15日までに「青色申告の取りやめ届出書」を納税地の所轄税務署長に提出しなければならない。

問題３７

法人税の損金に関する次の記述のうち、最も不適切なものはどれか。

1. 役員退職給与を損金の額に算入するためには、事前に所定の時期に確定額を支給する旨の定めの内容を税務署長に届け出なければならない。
2. 会社が役員に対して定期同額給与を支給した場合、不相当に高額な部分の金額など一定のものを除き、その会社の所得金額の計算上損金の額に算入される。
3. 国または地方公共団体に対して支払った寄附金の額（確定申告書に明細を記載した書類を添付している）は、損金の額に算入することができる。
4. 損金の額に算入される租税公課のうち、事業税については、原則としてその事業税に係る納税申告書を提出した日の属する事業年度の損金の額に算入することができる。

問題　３８

法人税に関する次の記述のうち、最も不適切なものはどれか。

1. 過去に行った法人税の確定申告について、計算の誤りにより、納付した税額が過大であったことが判明した場合、原則として、法定申告期限から５年以内に限り、更正の請求をすることができる。
2. 法人が従業員の業務遂行中の交通違反に係る反則金を負担した場合、その負担金は、損金の額に算入することができない。
3. １人当たり５，０００円以下の得意先等との飲食費であることを条件に、必要とされる書類等を保存していれば、税法上の交際費等に該当せず、その全額を損金の額に算入することができる。
4. 期末資本金の額等が１億円以下の一定の中小法人が支出した交際費は、年８００万円までの金額または飲食費の５０％のいずれか多い金額までを損金に算入することができる。

問題　39

消費税に関する次の記述のうち、最も適切なものはどれか。

1. 新たに設立された法人は基準期間がないため、事業年度開始の日における資本金の額または出資の金額の多寡にかかわらず、設立事業年度および翌事業年度については消費税の免税事業者となる。

2. 基準期間の課税売上高が1億円以下の事業者は、原則として、その適用を受けようとする課税期間の初日の前日までに、消費税簡易課税制度選択届出書を所轄税務署長に提出することにより、簡易課税制度を選択することができる。

3. 簡易課税制度を選択した事業者は、事業を廃止等した場合を除き、最低3年間は簡易課税制度の適用を継続しなければならない。

4. 消費税は、土地の譲渡など非課税とされる取引を除き、原則として、事業者が国内において対価を得て行う商品等の販売やサービスの提供に対して課される。

問題　40

決算書および法人税申告書に関する次の記述のうち、最も適切なものはどれか。

1. 貸借対照表は、企業の一会計期間における経営成績を示す決算書であり、企業の経営成績について収益と費用とを対比して、その差額として利益を示す財務諸表の1つである。

2. 損益計算書は、一時点における企業資本の運用形態である資産と、その調達源泉である負債、純資産の構成を示す計算書類である。

3. 決算書における当期純利益と法人税申告書における事業年度の所得金額は、通常一致しない。

4. キャッシュフロー計算書は、キャッシュ（現金および現金同等物）を営業活動、投資活動、財務活動の3つに区分してその収支を計算し、キャッシュの増減を示す会社法上の計算書類の1つである。

問題　41

　不動産の登記や調査に関する次の記述のうち、最も不適切なものはどれか。

1．不動産の登記記録において、土地の所有者とその土地上の建物の所有者が異なる場合は、その土地の登記記録に借地権設定の登記がなくても、借地権が設定されていることがある。
2．不動産登記には公信力がないため、登記記録を確認し、その登記記録の内容が真実であると信じて取引した場合、その登記記録の内容が真実と異なっていても法的な保護を受けることができない。
3．登記の目的が抵当権の設定である場合、不動産の登記記録の権利部甲区に、債権額や抵当権者の氏名または名称などが記載される。
4．公図は登記所に備え付けられており、対象とする土地の位置関係等を確認する資料として有用である。

問題　42

　不動産鑑定評価基準における不動産の価格を求める鑑定評価の手法に関する次の記述のうち、最も不適切なものはどれか。

1．不動産の価格を求める鑑定評価の基本的な手法は、原価法、収益還元法および取引事例比較法に大別される。
2．不動産の鑑定評価の手法のうち、原価法は、既成市街地の土地の評価において適用できない。
3．収益還元法は、実際に賃貸の用に供されていない自用の不動産の価格を求める際には適用することができない。
4．取引事例比較法は、多数の取引事例を収集して、適切な事例を選択し、これらの取引価格に事情補正および時点修正ならびに地域要因の比較および個別的要因の比較を行って求められた価格を比較考量して、対象不動産の価格を求める手法である。

問題　43

　不動産の売買契約に係る民法の規定に関する次の記述のうち、最も適切なものはどれか。なお、特約については考慮しないものとする。

1. 売買契約において、売主、買主の双方の責めに帰することができない事由により、売主が売買の目的物を引き渡すことができなくなった場合、買主は売買代金の支払を拒むことができる。
2. 買主が売主に解約手付を交付した場合、買主が代金を支払った後であっても、売主は、自らが契約の履行に着手するまでは、受領した手付の倍額を買主に現実に提供して契約を解除することができる。
3. 共有名義となっている建物について、自己が有している持分を第三者に譲渡するときは、他の共有者全員の同意を得なければならない。
4. 不動産について二重に売買契約が締結された場合、当該複数の買主間においては、原則として、売買契約を先に締結した者が当該不動産の所有権を取得する。

問題　44

　借地借家法に関する次の記述のうち、最も適切なものはどれか。なお、本問においては、同法第22条の借地権を一般定期借地権といい、同法第22条から第24条の定期借地権等以外の借地権を普通借地権という。

1. 普通借地権の存続期間は30年とされているが、当事者が契約でこれより短い期間を定めたときは、その期間とする。
2. 普通借地権の当初の存続期間が満了する場合、借地上に建物が存在しなくても、借地権者が借地権設定者に契約の更新を請求したときは、従前の契約と同一の条件（期間を除く）で契約を更新したものとみなされる。
3. 一般定期借地権において、契約の更新および建物の築造による存続期間の延長がなく、建物等の買取りの請求をしないこととする旨を定める特約は、公正証書によってしなければならない。
4. 一般定期借地権は、居住用および事業用の建物の所有を目的として、50年以上の存続期間を定めて設定することができる。

問題 45

　都市計画区域および準都市計画区域内における建築基準法の規定に関する次の記述のうち、最も適切なものはどれか。

1. 建築物の敷地が異なる建蔽率および容積率の地域にわたる場合、その敷地の全部について、敷地の過半の属する地域の建蔽率および容積率が適用される。
2. 工業地域および工業専用地域内には、原則として、住宅を建てることはできない。
3. 建築物の敷地が接する前面道路の幅員が１２ｍ未満である場合、容積率の上限は、指定容積率と前面道路の幅員に一定の数値を乗じて求めた容積率のいずれか高い方が適用される。
4. 道路斜線制限は、すべての用途地域および用途地域の指定がない区域で適用される。

問題 46

　建物の区分所有等に関する法律に関する次の記述のうち、最も不適切なものはどれか。

1. 集会において、区分所有者および議決権の各４分の３以上の多数により、建替えの決議をすることができる。
2. 区分所有法が定める場合を除いて、専有部分と共用部分を分離処分することはできず、規約で定める場合を除き、専有部分と敷地利用権（数人で有する所有権その他の権利である場合）は分離処分できない。
3. 区分所有者以外の専有部分の占有者は、建物またはその敷地もしくは附属施設の使用方法について、区分所有者が規約または集会の決議に基づいて負う義務と同一の義務を負う。
4. 共用部分に対する区分所有者の共有持分は、規約に別段の定めがない限り、各共有者の専有部分の床面積の割合による。

問題　47

不動産の取得に係る税金に関する次の記述のうち、最も不適切なものはどれか。

1. 登録免許税は、建物を新築した場合の建物表題登記にも課税される。
2. 相続で建物を取得した場合、不動産取得税は課税されないが、登録免許税は課税される。
3. 所有権の保存登記、移転登記の登録免許税は固定資産税評価額が課税標準となる。
4. 売買により土地を取得し、所有権移転登記が未登記であっても、不動産取得税は課税される。

問題　48

不動産に係る固定資産税および都市計画税に関する次の記述のうち、最も適切なものはどれか。

1. 所定の要件を満たす新築住宅に係る固定資産税は、1戸当たり120㎡以下の床面積に相当する部分の税額について、一定期間にわたり6分の1に軽減される特例がある。
2. 住宅用地に係る固定資産税の課税標準については、住宅用地で住宅1戸当たり300㎡以下の部分について課税標準となるべき価格の6分の1の額とする特例がある。
3. 土地または家屋に係る固定資産税の課税標準となる価格は、原則として毎年度、評価替えが行われる。
4. 都市計画税の税率は各地方自治体の条例で定められるが、100分の0.3を超えることはできない。

問題　49

　個人が土地を譲渡した場合の譲渡所得に関する次の記述のうち、最も不適切なものはどれか。

1. 土地の譲渡が長期譲渡所得に区分される場合、課税長期譲渡所得金額に対し、原則として、所得税（復興特別所得税を含む）15.315％、住民税5％の税率により課税される。
2. 相続により土地を取得して相続税を課された者が、その土地を当該相続の開始があった日の翌日から相続税の申告期限の翌日以後3年を経過する日までに譲渡した場合、譲渡所得の金額の計算上、その者が負担した相続税額のうち、その土地に対応する部分の金額を取得費に加算することができる。
3. 他者から購入した土地の取得の日は、原則としてその土地の引渡しを受けた日であるが、当該売買契約の効力が発生した日とすることもできる。
4. 相続により取得した土地を譲渡した場合、その土地の所有期間を判定する際の取得の日は、相続人が当該相続を登記原因として所有権移転登記をした日である。

問題　50

　土地の有効活用の手法の一般的な特徴に関する次の記述のうち、最も不適切なものはどれか。

1. 建設協力金方式は、入居予定のテナントから建設資金の全部または一部を借り受けて、テナントの仕様に合わせた建物を建設するため、用途の汎用性は低い。
2. 等価交換方式は、土地所有者は建物の建築資金を負担する必要はないが、土地の所有権の一部を手放すことにより、当該土地上に建設された建物の全部を取得することができる。
3. 定期借地権方式では、土地所有者は土地を一定期間貸し付けることにより地代収入を得ることができ、当該土地上に建設する建物の資金調達をする必要がない。
4. 事業受託方式は、土地の有効活用の企画、建設会社の選定および当該土地上に建設された建物の管理・運営をデベロッパーに任せ、建設資金の調達や返済は土地所有者が行う。

問題　51

　贈与に関する次の記述のうち、最も適切なものはどれか。

1．民法上、贈与は、当事者の一方がある財産を無償で相手方に与える意思表示
　をすることにより効力が生じ、相手方が受諾する必要はない。
2．定期贈与契約は、贈与者または受贈者の一方が死亡すると、その権利・義務が
　相続人に承継される。
3．負担付贈与については、贈与者は、その負担の限度において、売買契約の売主
　と同様の担保責任を負う。
4．死因贈与によって取得した財産は、贈与税の課税対象となる。

問題　52

　贈与税の計算に関する次の記述のうち、最も適切なものはどれか。

1．祖父と父のそれぞれから同一の年において財産の贈与を受け、いずれの贈与
　についても暦年課税の適用を受けた場合の贈与税額の計算においては、贈与
　税の課税価格から基礎控除額として最高220万円を控除することができ
　る。
2．贈与税額の計算において、贈与税の配偶者控除の適用を受ける場合は、贈与
　税の課税価格から基礎控除額を控除することができない。
3．相続時精算課税制度を選択した場合における贈与税額の計算において、贈与税
　の課税価格から控除する特別控除額は、特定贈与者ごとに累計で2,500万
　円である。
4．相続時精算課税制度を選択した場合、特定贈与者からの贈与により取得した
　財産に係る贈与税額の計算上、贈与税の税率は、贈与税の課税価格に応じた
　超過累進税率である。

問題 53

贈与税の非課税財産に関する次の記述のうち、最も不適切なものはどれか。

1. 個人から受ける社交上必要と認められる香典・見舞金等の金品で、贈与者と受贈者との関係等に照らして社会通念上相当と認められるものは、贈与税の課税対象とならない。
2. 個人が法人からの贈与により取得した財産は、贈与税の課税対象とならない。
3. 相続により財産を取得した者が、その相続開始の年に被相続人から贈与により取得した財産は、原則として相続税の課税対象となり、贈与税の課税対象とならない。
4. 扶養義務者から生活費として受け取った金銭を、投資目的の株式の運用に充てたとき、その金銭は、贈与税の課税対象とならない。

問題 54

民法上の法定相続分に関する次の記述のうち、最も適切なものはどれか。

1. 普通養子の法定相続分は、実子の法定相続分の2分の1である。
2. 被相続人と父母の一方のみを同じくする兄弟姉妹の法定相続分は、父母の双方を同じくする兄弟姉妹の法定相続分の2分の1である。
3. 相続人が被相続人の配偶者と母の合計2人である場合、配偶者および母の法定相続分は、それぞれ2分の1である。
4. 代襲相続人が1人である場合、その代襲相続人の法定相続分は、被代襲者が受けるべきであった法定相続分の2分の1である。

問題　55

　民法上の遺言および遺留分に関する次の記述のうち、最も不適切なものはどれか。

1．相続人が自宅にある自筆証書遺言を発見し、家庭裁判所の検認を受ける前に開封した場合であっても、開封したことをもって、その遺言書が直ちに無効となるわけではない。
2．自筆証書遺言の内容を変更する場合、遺言者が変更箇所を指示し、これを変更した旨を付記したうえでこれに署名し、かつ、変更箇所に押印しなければならない。
3．被相続人の相続人が兄弟姉妹であった場合に、兄弟姉妹には遺留分は認められない。
4．遺留分権利者は、相続の開始があったことを知った時から3ヵ月以内に限り、家庭裁判所の許可を受けて遺留分の放棄をすることができる。

問題　56

　相続人が負担した次の費用等のうち、相続税の課税価格の計算上、相続財産の価額から債務控除することができるものはどれか。なお、債務控除を受けるために必要とされる他の要件はすべて満たしているものとする。

1．被相続人が生前に購入した墓碑の購入代金で、相続開始時点で未払いのもの
2．被相続人に係る初七日および四十九日の法要に要した費用のうち、社会通念上相当と認められるもの
3．被相続人が所有していた不動産に係る固定資産税のうち、相続開始時点で納税義務は生じているが、納付期限が到来していない未払いの金額
4．被相続人が団体信用生命保険に加入して金融機関から借り入れていた住宅ローンで、相続開始直前にローン残高があるもの

問題　57

　相続税における家屋等の評価に関する次の記述のうち、最も不適切なものはどれか。

1．自用家屋の価額は、「その家屋の固定資産税評価額×1.0」の算式により計算した金額により評価する。
2．貸家の価額は、「自用家屋としての評価額×（1－借家権割合×借地権割合×賃貸割合）」の算式により計算した金額により評価する。
3．借家権は、この権利が権利金等の名称をもって取引される慣行のない地域においては、評価しない。
4．家屋と一体となっている設備の価額は、その家屋の価額に含めて評価する。

問題　58

　相続税額の計算における宅地の評価に関する次の記述のうち、最も適切なものはどれか。なお、評価の対象となる宅地は、借地権の取引慣行のある地域にあるものとする。また、宅地の上に存する権利は、定期借地権および一時使用目的の借地権等を除くものとする。

1．賃借している宅地の上に家屋を建てて、これを賃貸している場合、賃借している宅地の上に存する権利は、転貸借地権として評価する。
2．賃借している宅地の上に家屋を建てて、これを自宅として使用している場合、賃借している者の宅地の上に存する権利は、借地権として評価する。
3．自己が所有する土地を青空駐車場として第三者に賃貸する場合、土地所有者の権利は貸宅地として評価する。
4．親から子が土地を使用貸借により借り受けて、子がアパートを建築し、第三者に賃貸する場合、親の土地の権利は貸宅地として評価する。

問題　59

　直系尊属から住宅取得等資金の贈与を受けた場合の贈与税の非課税の特例（以下「本特例」）に関する次の記述のうち、最も不適切なものはどれか。なお、各選択肢記載の条件以外はすべて満たしているものとする。

1. 本特例は、受贈者の父母や祖父母からの贈与は対象となるが、受贈者の配偶者の父母や祖父母からの贈与は対象とならない。
2. 本特例は、贈与年の1月1日時点で18歳以上であり、贈与を受ける前年の合計所得金額が2,000万円以下である者が適用を受けることができる。
3. 新築した家屋が店舗併用住宅で、その家屋の登記簿上の床面積の2分の1以上が居住の用に供される場合、本特例の適用を受けることができる。
4. 住宅取得等資金の贈与者が死亡した場合、その相続人が贈与を受けた住宅取得等資金のうち、本特例の適用を受けて贈与税が非課税とされた部分は、相続税の課税価格に加算されない。

問題　60

　相続税における取引相場のない株式の評価に関する次の記述のうち、最も不適切なものはどれか。

1. 配当還元方式による株式の価額は、その株式の1株当たりの年配当金額を5％で還元した元本の金額によって評価する。
2. 類似業種比準価額を計算する場合の類似業種の株価は、課税時期の属する月以前3ヵ月間の各月、前年平均、および課税時期の属する月以前2年間平均の類似業種の株価のうち最も低いものとすることができる。
3. 会社規模が小会社である会社の株式の原則的評価方式は、純資産価額方式であるが、納税義務者の選択により、類似業種比準方式と純資産価額方式の併用方式で評価することもできる。
4. 純資産価額を計算する場合の「評価差額に対する法人税額等に相当する金額」の計算上、法人税等の割合は37％となっている。

FP | 2級 | 個人

2024年度
ファイナンシャル・プランニング技能検定・実技試験

金財

2級 個人
資産相談業務

試験時間 ◆ 90分

★ 注 意 ★

1. 本試験の出題形式は、記述式等5題（15問）です。

2. 筆記用具、計算機（プログラム電卓等を除く）の持込みが認められています。

3. 試験問題については、特に指示のない限り、2024年4（10）月1日現在施行の法令等に基づいて解答してください。なお、東日本大震災の被災者等に対する各種特例等については考慮しないものとします。

マイナビ
FP試験対策プロジェクト

【第1問】 次の設例に基づいて、下記の各問（《問1》～《問3》）に答えなさい。

- - - - - - - - - - - - - - - - - 《設 例》 - - - - - - - - - - - - - - - - -

　Aさん（40歳）は、X株式会社を20XX年XX月末日に退職し、個人事業主として仕事をしている。独立して2年ほどが経過した現在、収入は安定している。

　Aさんは、最近、公的年金制度を理解したうえで、老後の収入を増やすことのできる各種制度を利用したいと考えている。そこで、Aさんは、知人の紹介でファイナンシャル・プランナーのMさんに相談することにした。

＜Aさんとその家族に関する資料＞

（1）Aさん（個人事業主）

　　・19XX年XX月XX日生まれ

　　・公的年金加入歴：下図のとおり（60歳までの見込みを含む）

20歳	22歳	38歳	60歳
国民年金 学生納付 特例期間 （30月）	厚生年金保険 被保険者期間 （198月） 平均標準報酬額：28万円	国民年金 保険料納付予定期間 （252月）	

　　　　2003年4月以降

（2）妻Bさん（会社員）

　　・19XX年XX月XX日生まれ

　　・公的年金加入歴：20歳から22歳の大学生であった期間（28月）は国
　　　　　　　　　　　民年金の第1号被保険者として保険料を納付し、22
　　　　　　　　　　　歳から現在に至るまでの期間は厚生年金保険に加入
　　　　　　　　　　　している。妻Bさんは、60歳になるまでの間、厚生
　　　　　　　　　　　年金保険の被保険者として勤務する見込みである。

（3）長女Cさん

　　・2017年5月20日生まれ

※妻Bさんは、現在および将来においても、Aさんと同居し、Aさんと生計維持関係にあるものとする。

※家族全員、現在および将来においても、公的年金制度における障害等級に該当する障害の状態にないものとする。

※上記以外の条件は考慮せず、各問に従うこと。

《問1》 Aさんが、原則として65歳から受給することができる老齢基礎年金および老齢厚生年金の年金額（本年度価額）を計算した次の＜計算の手順＞の空欄①～④に入る最も適切な数値を解答用紙に記入しなさい。計算にあたっては、《設例》の＜Aさんとその家族に関する資料＞および下記の＜資料＞に基づくこと。なお、問題の性質上、明らかにできない部分は「□□□」で示してある。

＜計算の手順＞
1．老齢基礎年金の年金額（円未満四捨五入）
（　①　）円
2．老齢厚生年金の年金額
（1）報酬比例部分の額（円未満四捨五入）
（　②　）円
（2）経過的加算額（円未満四捨五入）
（　③　）円
（3）基本年金額（上記「（1）＋（2）」の額）
□□□円
（4）加給年金額（要件を満たしている場合のみ加算すること）
（5）老齢厚生年金の年金額
（　④　）円

＜資料＞

○老齢基礎年金の計算式（4分の1免除月数、4分の3免除月数は省略）

$$816{,}000円 \times \frac{保険料納付済月数 + 保険料半額免除月数 \times \frac{\square}{\square} + 保険料全額免除月数 \times \frac{\square}{\square}}{480}$$

○老齢厚生年金の計算式（本来水準の額）
ⅰ）報酬比例部分の額（円未満四捨五入）＝ⓐ＋ⓑ
ⓐ 2003年3月以前の期間分

$$平均標準報酬月額 \times \frac{7.125}{1{,}000} \times 2003年3月以前の被保険者期間の月数$$

ⓑ 2003年4月以後の期間分

$$平均標準報酬額 \times \frac{5.481}{1{,}000} \times 2003年4月以後の被保険者期間の月数$$

ⅱ）経過的加算額（円未満四捨五入）＝ 1,701円×被保険者期間の月数

$$-816,000円×\frac{1961年4月以後で20歳以上60歳未満の厚生年金保険の被保険者期間の月数}{480}$$

ⅲ）加給年金額 ＝ 408,100円（要件を満たしている場合のみ加算すること）

《問2》 Mさんは、Aさんに対して、国民年金の付加保険料および国民年金基金について説明した。Mさんが説明した以下の文章の空欄①～③に入る最も適切な語句または数値を、下記の〈語句群〉のなかから選び、その記号を解答用紙に記入しなさい。

Ⅰ 「Aさんは、所定の手続により、国民年金の定額保険料に加えて、国民年金の付加保険料を納付することができます。仮に、Aさんが付加保険料を180月納付し、65歳から老齢基礎年金を受け取る場合、老齢基礎年金の額に付加年金として（ ① ）円が上乗せされます」

Ⅱ 「国民年金基金は、老齢基礎年金に上乗せする年金を支給する任意加入の年金制度です。掛金の額は、加入者が選択した給付の型や口数、加入時の年齢等で決まり、掛金の拠出限度額は月額（ ② ）円となります。なお、国民年金基金に加入した場合は（ ③ ）を納付することはできません」

――〈語句群〉――――
イ．36,000 ロ．72,000 ハ．55,000 ニ．68,000 ホ．70,000
ヘ．確定拠出年金 ト．小規模企業共済 チ．国民年金の付加保険料

《問3》 Mさんは、Aさんに対して、公的年金制度等の各種取扱いについて説明した。Mさんが説明した次の記述①～③について、適切なものには○印を、不適切なものには×印を解答用紙に記入しなさい。

① 「Aさんは、老齢基礎年金および老齢厚生年金の繰下げ支給の申出をすることができます。仮に、Aさんが72歳0カ月で老齢基礎年金および老齢厚生年金の繰下げ支給の申出をした場合の増額率は33.6％となります」

② 「Aさんのような個人事業主や会社等の役員が所定の要件を満たしていれば小規模企業共済に加入することができます。毎月の掛金は1,000円から7万円までの範囲内（500円刻み）で選択でき、その全額が税額控除の対象となります」

③ 「Aさんは、老後の年金収入を増やすために、確定拠出年金の個人型年金に加入することができます。ただし、Aさんが確定拠出年金の個人型年金に加入した場合、小規模企業共済制度には加入することができません」

【第2問】 次の設例に基づいて、下記の各問（《問4》〜《問6》）に答えなさい。

─────────────── 《設 例》 ───────────────

会社員のAさん（60歳）は、退職金の一部を活用して、国内大手企業である
U社が発行するU社債（特定公社債）の購入を検討している。このほか、高い
利回りが期待できる米ドル建定期預金にも興味を持っている。そこで、Aさん
は、ファイナンシャル・プランナーのMさんに相談することにした。

＜円建てのU社債に関する資料＞
　・発行会社：国内の大手企業
　・購入価格：102円（額面100円当たり）
　・表面利率：2.0％
　・利払日　：年1回
　・残存期間：4年
　・償還価格：100円
　・格付　　：A

＜米ドル建定期預金に関する資料＞
　・預入金額　：40,000米ドル
　・預入期間　：6カ月
　・利率（年率）：1.2％（満期時一括支払）
　・為替予約なし
　・適用為替レート（円／米ドル）

	TTS	TTM	TTB
預入時	145.00円	144.00円	143.00円
満期時	152.00円	151.00円	150.00円

※上記以外の条件は考慮せず、各問に従うこと。

《問4》 Mさんは、Aさんに対して、U社債および米ドル建定期預金に係る留意点について説明した。Mさんが説明した次の記述①～③について、適切なものには○印を、不適切なものには×印を解答用紙に記入しなさい。

①　「U社債の格付は、A（シングルA）と評価されています。一般に、BBB（トリプルB）格相当以上の格付が付されていれば、投資適格債とされます」

②　「外貨預金の魅力は、円建ての預金と比べて相対的に金利が高いことにあります。《設例》の米ドル建定期預金の場合、Aさんが満期時に受け取ることができる利息額（税引前）は、480米ドルになります」

③　「円建ての債券投資では、信用リスクや金利リスクに注意が必要です。一般に、市場金利が低下する局面では、債券価格は下落します」

《問5》 次の①、②を求め、解答用紙に記入しなさい（計算過程の記載は不要）。なお、計算にあたっては税金等を考慮せず、〈答〉は、％表示の小数点以下第3位を四捨五入し、小数点以下第2位までを解答すること。

①　AさんがU社債を《設例》の条件で購入した場合の最終利回り（年率・単利）を求めなさい。

②　Aさんが《設例》の条件で円貨を米ドルに換えて米ドル建定期預金に40,000米ドルを預け入れ、満期を迎えた場合の円ベースでの運用利回り（単利による年換算）を求めなさい。なお、預入期間6カ月は0.5年として計算すること。

《問6》 Mさんは、Aさんに対して、U社債および米ドル建定期預金に係る課税関係について説明した。Mさんが説明した次の記述①～③について、適切なものには○印を、不適切なものには×印を解答用紙に記入しなさい。

①　「U社債の利子は、利子の支払時において所得税および復興特別所得税と住民税の合計で20.315％相当額が源泉徴収等されます」

②　「為替予約のない米ドル建定期預金の満期による為替差益は、雑所得として総合課税の対象となります」

③　「U社債の譲渡益は、一時所得として総合課税の対象となりますので、上場株式の譲渡損失の金額と損益通算することはできません」

【第3問】 次の設例に基づいて、下記の各問（《問7》～《問9》）に答えなさい。

《設 例》

会社員のAさんは、妻Bさんおよび長男Cさん、長女Dさんとの4人家族である。Aさんは、本年7月に住宅ローンを利用して、中古分譲マンション（個人間売買で消費税課税対象外）の売買契約の締結後に当該マンションの引渡しを受け、同月中に入居した。

Aさんとその家族に関する資料等は、以下のとおりである。

＜Aさんとその家族に関する資料＞

Aさん	（45歳）：	会社員
妻Bさん	（42歳）：	専業主婦。本年中に、パートタイマーとして給与収入90万円を得ている。
長男Cさん	（19歳）：	大学生。本年中の収入はない。
長女Dさん	（15歳）：	高校生。本年中の収入はない。

＜Aさんの本年分の収入に関する資料＞

給与収入の金額：1,100万円

＜Aさんが取得した中古分譲マンションに関する資料＞

取得価額	：5,000万円
土地	：35㎡（敷地利用権の割合相当の面積）
建物	：75㎡（専有部分の床面積、登記面積）
資金調達方法	：自己資金1,450万円
	父親からの資金援助500万円（本年6月に受贈）
	銀行からの借入金3,050万円（本年12月末の借入金残高は2,980万円、返済期間は30年）
留意点	：当該マンションは、省エネ基準適合住宅、省エネ等住宅に該当する。

※妻Bさんおよび長男Cさん、長女Dさんは、Aさんと同居し、生計を一にしている。

※Aさんとその家族は、いずれも障害者および特別障害者には該当しない。

※Aさんとその家族の年齢は、いずれも本年12月31日現在のものである。

※上記以外の条件は考慮せず、各問に従うこと。

《問7》 住宅借入金等特別控除（以下、「本控除」という）に関する以下の文章の空欄
①～④に入る最も適切な語句または数値を、下記の〈語句群〉のなかから選び、
その記号を解答用紙に記入しなさい。

「個人が、住宅ローンを利用して本年中に省エネ基準に適合する中古マンショ
ンを、自己の居住用として取得・入居した場合、合計所得金額等の要件を満た
すと、床面積（ ① ）㎡以上であれば居住の用に供した年分以後、最長で（ ② ）
年間、本控除の適用を受けることができます。Ａさんの場合、合計所得金額が
（ ③ ）万円を超えた年は、本控除の適用を受けることができません。

　1年目から（ ② ）年目までの本控除の額は、原則として『住宅ローンの年末
残高×（ ④ ）』の額になります」

─〈語句群〉─

イ．10　　ロ．13　　ハ．15　　ニ．1,000　　ホ．2,000　　ヘ．3,000

ト．50　　チ．30　　リ．1%　　ヌ．0.7%　　ル．0.5%

《問8》　Ａさんが中古分譲マンションを購入した場合の税金に関する次の記述①～③
について、適切なものには○印を、不適切なものには×印を解答用紙に記入し
なさい。

①　　「Ａさんは、本年分の所得税について、年末調整で住宅借入金等特別控除
の適用を受けることができます」

②　　「Ａさんが、父親から受けた500万円の資金援助について『直系尊属から
住宅取得等資金の贈与を受けた場合の贈与税の非課税の特例』の適用を受
けた場合、その贈与を受けた金額の全額について贈与税が課されません。
ただし、この場合、住宅借入金等特別控除の適用を受けることができなく
なります」

③　　「Ａさん本年中の所得税から住宅借入金等特別控除の額を控除しきれな
い場合、住民税の確定申告をしなくても、その残額を、Ａさんの所得税の課
税総所得金額等の額の5％（最高9万7,500円）を限度に、翌年度の住民税
額から控除されます」

《問9》 Aさんの本年分の所得税額を計算した下記の表の空欄①～③に入る最も適切な数値を求めなさい。なお、総所得金額の計算上、住宅借入金等特別控除の適用を受けるものとし、Aさんが所得金額調整控除の適用対象者に該当している場合、所得金額調整控除額を控除すること。また、問題の性質上、明らかにできない部分は「□□□」で示してある。

（a）総所得金額	（①）円
社会保険料控除	□□□円
生命保険料控除	□□□円
地震保険料控除	□□□円
配偶者控除	380,000円
扶養控除	（②）円
基礎控除	480,000円
（b）所得控除の額の合計額	3,000,000円
（c）課税総所得金額（（a）－（b））	□□□円
（d）算出税額（（c）に対する所得税額）	□□□円
（e）税額控除（住宅借入金等特別控除）	（③）円
（f）差引所得税額	□□□円
（g）復興特別所得税額	□□□円
（h）所得税および復興特別所得税の額	□□□円

＜資料＞給与所得控除額

給与収入金額		給与所得控除額
万円超	万円以下	
～	180	収入金額×40％－10万円（55万円に満たない場合は、55万円）
180	～ 360	収入金額×30％＋8万円
360	～ 660	収入金額×20％＋44万円
660	～ 850	収入金額×10％＋110万円
850	～	195万円

【第4問】 次の設例に基づいて、下記の各問（《問10》～《問12》）に答えなさい。

-------- 《設　例》 --------

　Aさん（60歳）は、3年前に父親の相続により取得したG市内（三大都市圏・既成市街地等）にある自宅（建物とその敷地である甲土地）およびコンクリート舗装の月極駐車場（乙土地）を所有している。

　Aさんが居住する自宅の建物は、父親が40年前に建てた木造モルタル造りで老朽化している。また、父親の存命中から賃貸している月極駐車場は満車の状態が続いているが、収益性は高くない。Aさんは、甲土地（自宅）・乙土地（駐車場）を売却し、駅前の高層マンションを購入して移り住むことを考えているが、先祖代々の土地である甲土地・乙土地を売却することに、後ろめたさからためらいも感じている。Aさんは、先日、不動産開発業者（K社）の営業担当者から「甲土地・乙土地は、最寄駅から徒歩5分の好立地にあり、マンションや店舗のテナントの需要は相当高いと考えています」との提案を受けた。

＜甲土地・乙土地の概要＞

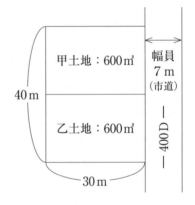

用途地域	：近隣商業地域
指定建蔽率	：80％
指定容積率	：400％

前面道路幅員による容積率の制限
　　　　：前面道路幅員× $\frac{6}{10}$

防火規制　：防火地域

・指定建蔽率および指定容積率とは、それぞれ都市計画において定められた数値である。

・特定行政庁が都道府県都市計画審議会の議を経て指定する区域ではない。

※上記以外の条件は考慮せず、各問に従うこと。

《問10》　甲土地と乙土地を一体とした土地上に耐火建築物を建築する場合における次の①、②を求めなさい（計算過程の記載は不要）。

①　建蔽率の上限となる建築面積

②　容積率の上限となる延べ面積

《問11》　自宅（建物とその敷地である甲土地）の譲渡に関する次の記述①～③について、適切なものには○印を、不適切なものには×印を解答用紙に記入しなさい。

①　「Aさんが老朽化した自宅の建物を取り壊し、甲土地を更地にした場合、居住用財産を譲渡した場合の3,000万円の特別控除の適用を受けることはできません。本特例の適用を受けるためには、自宅の建物と甲土地を同時に譲渡する必要があります」

②　「仮に、Aさんが高層マンションに転居し、その後、居住していない現在の自宅を譲渡した場合に、Aさんが居住用財産を譲渡した場合の3,000万円の特別控除の適用を受けるためには、家屋に自己が居住しなくなった日から3年を経過する日までの譲渡であること等の要件を満たす必要があります」

③　「居住用財産を譲渡した場合の長期譲渡所得の課税の特例（軽減税率の特例）の適用を受けるためには、譲渡した年の1月1日において自宅の所有期間が10年を超えていなければなりません。相続により取得した不動産は取得時期を引き継ぐため、Aさんは軽減税率の特例の適用を受けることができます」

《問12》 土地の有効活用事業方式の一般的な特徴や固定資産税に関する次の記述①
〜③について、適切なものには○印を、不適切なものには×印を解答用紙に
記入しなさい。

① 「等価交換方式とは、マンション開発業者が建設資金を負担して、マン
ションを建設し、完成した区分所有建物と土地の共有持分をAさんとK社
がそれぞれの出資割合に応じて取得する手法です」

② 「Aさんが所有する甲土地、乙土地に等価交換方式や建設協力金方式によ
り建物を建築し、Aさんが取得した建物を賃貸した後、Aさんに相続が開
始した場合、相続税額の計算上、建物は貸家、敷地は貸家建付地として評価
されます」

③ 「Aさんが所有する甲土地、乙土地に賃貸マンションを建築した場合、甲
土地、乙土地に係る固定資産税の課税標準は、住宅1戸につき200㎡までの
部分（小規模住宅用地）について課税標準となるべき価格の3分の1の額
とする特例の適用を受けることができます」

【第5問】 次の設例に基づいて、下記の各問（《問13》～《問15》）に答えなさい。

.... 《設 例》 ....

　Aさん（73歳）は、4年前に妻に先立たれ、現在は長男Bさん（42歳）家族と地方都市のL市内の自宅で同居している。独身の二男Cさん（39歳）は首都圏の企業に勤務しており、頭金の一部をAさんが補助し、マンションを購入して、住んでいる。二男Cさんは、あまりAさん宅に寄りつかず地方都市であるL市に戻る意思はない。

　Aさんは、自宅および自宅に隣接する賃貸アパート等の財産を同居する長男Bさんに承継してもらいたいと考えているが、自身の相続が起こった際に遺産分割で争いが生じるのではないかと心配している。なお、賃貸アパートは、土地の有効活用と相続対策を考えて、2018年2月に自己資金で建築し、同年3月から全室賃貸中である。

＜Aさんの家族構成（推定相続人）＞
　長男Bさん：会社員。妻と子2人がおり、Aさんと同居している。
　二男Cさん：会社員。持家（マンション）に住んでいる。

＜Aさんの主な所有財産（相続税評価額）＞
　1．現預金　　　：　　　5,000万円
　2．自宅
　　　①敷地（300㎡）：　7,200万円（注1）
　　　②建物　　　：　　　3,000万円
　3．賃貸アパート（全室賃貸中）
　　　①敷地（400㎡）：　6,000万円（注1）（注2）
　　　②建物（6室）：　　3,000万円
　合計　　　　：2億4,200万円

（注1）「小規模宅地等についての相続税の課税価格の計算の特例」適用前の金額
（注2）貸家建付地としての評価額
※上記以外の条件は考慮せず、各問に従うこと。

《問13》 不動産賃貸業の法人化に関する次の記述①〜③について、適切なものには
○印を、不適切なものには×印を解答用紙に記入しなさい。

①　　「不動産賃貸業を法人化し、AさんがX社から役員報酬を得ると、給与所
得控除額の適用があります。また、長男BさんがX社の役員に就任し、役
員報酬を得ることで、所得の分散を図ることができます」

②　　「不動産賃貸業を法人化し、Aさんが賃貸マンションと敷地を法人に譲渡
し、譲渡所得が発生する場合、分離課税により所得税、住民税が課税され、
賃貸マンションと敷地を取得する法人にも不動産取得税、登録免許税が課
税されます」

③　　「AさんからX社に移転される不動産賃貸業に係る所得には、法人税が課
税されます。法人の資本金が1億円以下である中小法人に該当する場合、
所得金額のうち年1,000万円以下の部分に軽減税率が適用されます」

《問14》 Aさんの相続に関する次の記述①〜③について、適切なものには○印を、
不適切なものには×印を解答用紙に記入しなさい。

①　　「公正証書遺言は、証人2人以上の立会いのもと、遺言者が遺言の趣旨を
公証人に口授し、公証人がこれを筆記して作成しますが、長男Bさん、その
妻子および二男Cさんは証人になることができません」

②　　「亡くなった後に遺産分割をめぐる争いを防止するために、遺言書の作成
をお勧めします。自筆証書遺言については、その方式が緩和されたことに
より、遺言書の全文をパソコンで作成することが可能になりました」

③　　「二男Cさんが、Aさんの生前に家庭裁判所に遺留分および相続の放棄を
する旨を申し立てることは可能です」

《問15》　Aさんの相続等に関する以下の文章の空欄①～④に入る最も適切な語句または数値を、下記の〈語句群〉のなかから選び、その記号を解答用紙に記入しなさい。

Ⅰ　「遺言により自宅および賃貸アパートを長男Bさんに相続させた場合、二男Cさんの遺留分を侵害する可能性があります。仮に、遺留分を算定するための財産の価額を2億2,000万円とした場合、二男Cさんの遺留分の額は（　①　）万円となります」

Ⅱ　「長男Bさんが自宅の敷地および建物を相続により取得し、自宅の敷地（相続税評価額：7,200万円）のすべてについて『小規模宅地等についての相続税の課税価格の計算の特例』の適用を受けた場合、相続税の課税価格に算入すべき価額を（　②　）万円とすることができます」

Ⅲ　「長男Bさんが賃貸アパートの敷地および建物を相続により取得し、賃貸アパートの敷地（相続税評価額：6,000万円）のすべてについて『小規模宅地等についての相続税の課税価格の計算の特例』の適用を受けた場合、相続税の課税価格に算入すべき価額を（　③　）万円とすることができます」

Ⅳ　「自宅の敷地と賃貸アパートの敷地について『小規模宅地等についての相続税の課税価格の計算の特例』の適用を受けようとする場合、適用対象面積は調整されます。Aさんの相続においては、（　④　）の敷地を優先して『小規模宅地等についての相続税の課税価格の計算の特例』の適用を受けたほうが相続税評価額の軽減幅は大きくなります」

┌─〈語句群〉──────────────────────────────
│　イ．1,200　　　ロ．1,440　　　ハ．1,500　　　ニ．2,750　　　ホ．3,000
│　ヘ．4,500　　　ト．5,500　　　チ．5,760　　　リ．自宅　　　ヌ．賃貸アパート
└──────────────────────────────────────

FP ｜ 2級 ｜ 生保

2024年度
ファイナンシャル・プランニング技能検定・実技試験

金財
2級 生保顧客
資産相談業務

試験時間 ◆ 90分

― ★ 注 意 ★ ―

1. 本試験の出題形式は、記述式等5題(15問)です。

2. 筆記用具、計算機（プログラム電卓等を除く）の持込みが認められています。

3. 試験問題については、特に指示のない限り、2024年4（10）月1日現在施行の法令等に基づいて解答してください。なお、東日本大震災の被災者等に対する各種特例等については考慮しないものとします。

マイナビ
FP試験対策プロジェクト

【第1問】 次の設例に基づいて、下記の各問（《問1》～《問3》）に答えなさい。

《設　例》

　個人事業主のAさん（39歳）は、妻Bさん（37歳）とともに、クリーニング店を営んでいる。

　Aさんは、今月に40歳を迎え、公的介護保険の保険料負担が生じることから、当該制度について詳しく知りたいと思っている。

　また、Aさんは、現在、国民年金の付加保険料を納付しているが、老後資金に備えるため、さらに各種制度を活用したいと考えている。

　そこで、Aさんは、ファイナンシャル・プランナーのMさんに相談することにした。

＜Aさん夫妻に関する資料＞

（1）Aさん（19XX年XX月XX日生まれ）
　　　・公的年金加入歴：下図のとおり（60歳までの見込みを含む）
　　　　　　　　　　　　今後も国民年金の付加保険料の納付を予定している。
　　　・国民健康保険に加入している。

20歳	22歳		60歳
	国　民　年　金		
学生納付特例期間	保険料納付済期間	保険料納付予定期間	
35月	205月	240月	

（2）妻Bさん（19XX年XX月XX日生まれ）
　　　・公的年金加入歴：18歳からAさんと結婚するまでの10年間（120月）、厚生年金保険に加入。結婚後は、国民年金に第1号被保険者として加入し、保険料を納付している。

※妻Bさんは、現在および将来においても、Aさんと同居し、Aさんと生計維持関係にあるものとする。

※Aさんおよび妻Bさんは、現在および将来においても、公的年金制度における障害等級に該当する障害の状態にないものとする。

※上記以外の条件は考慮せず、各問に従うこと。

《問1》 はじめに、Mさんは、Aさんに対して、公的介護保険（以下、「介護保険」と
いう）について説明した。Mさんが説明した次の記述①～③について、適切な
ものには○印を、不適切なものには×印を解答用紙に記入しなさい。

① 　「介護保険の保険給付を受けるためには、市町村（特別区を含む）から要
介護認定または要支援認定を受ける必要があります。また、40歳以上60歳
未満の医療保険加入者である介護保険の第2号被保険者は、特定疾病が原
因で要介護状態または要支援状態となった場合に介護保険の保険給付を受
けることができます」

② 　「介護保険の第2号被保険者が保険給付を受けた場合の自己負担割合は、
原則として実際にかかった費用（食費、居住費等を除く）の1割となります
が、一定金額以上の所得を有する第2号被保険者については、自己負担割
合が2割または3割となります」

③ 　「介護保険の第2号被保険者に係る介護保険料は、国民健康保険の保険料
と同時に徴収されます」

《問2》 次に、Mさんは、Aさんに対してAさんが受給することができる公的年金からの老齢給付および付加年金について説明した。Mさんが説明した以下の文章の空欄①～③に入る最も適切な語句を、下記の語句群のなかから選び、その記号を解答用紙に記入しなさい。

i) 老齢基礎年金の受給資格期間

「老齢基礎年金を受給するには受給資格期間が（ ① ）年以上必要であり、受給資格期間を満たす場合、原則として、65歳から受給することができます」

ii) 付加年金

「Aさんが付加保険料を240月納付する場合、65歳から受給することができる付加年金の額は（ ② ）円となります」

iii) 任意加入

「Aさんは学生納付特例期間について追納を行っていないため、60歳以降、任意加入することができます。60歳以降、任意加入する期間について、付加保険料を納付することが（ ③ ）」

― 〈語句群〉 ―――――――――――――――――――――――――――――――

イ. 10 ロ. 25 ハ. 40 ニ. 24,000 ホ. 48,000 ヘ. 96,000
ト. できます チ. できません

《問3》　さらに、Mさんは、Aさんに対して、老後の収入を増やすための各種制度等について説明した。Mさんが説明した以下の文章の空欄①〜④に入る最も適切な語句または数値を、下記の〈語句群〉のなかから選び、その記号を解答用紙に記入しなさい。

ⅰ）　国民年金基金

　　「国民年金基金は、老齢基礎年金に上乗せする年金を支給する任意加入の年金制度です。国民年金基金への加入は口数制となっており、1口目は、保証期間のある終身年金A型と保証期間のない終身年金B型の2種類のなかから選択します。国民年金基金に拠出する掛金については、月額（　①　）円が上限となります。なお、Aさんのように国民年金の付加保険料を納付している者が国民年金基金に加入する場合には、付加保険料の納付をやめる手続が必要となります」

ⅱ）　確定拠出年金の個人型年金（以下、「個人型年金」という）

　　「国民年金の第1号被保険者であるAさんは、個人型年金に加入することができます。個人型年金の老齢給付金は、通算加入者等期間が（　②　）年以上ある場合に、60歳から受給することができます。個人型年金に加入するメリットとして、税制の優遇措置が挙げられます。加入者が拠出する掛金は、（　③　）控除の対象となります」

ⅲ）　小規模企業共済制度

　　「小規模企業共済制度は、Aさんのような個人事業主が廃業等した場合に必要となる資金を準備することができる共済制度です。毎月の掛金は、1,000円から（　④　）円の範囲内で、500円単位で選択することができます。共済金（死亡事由以外）の受取方法には『一括受取り』『分割受取り』『一括受取り・分割受取りの併用』があり、税法上、『一括受取り』の共済金（死亡事由以外）は退職所得として課税対象となります」

　┌─〈語句群〉───────────────────────────
　│　イ. 10　　ロ. 20　　ハ. 25　　ニ. 12,000　　ホ. 20,000　　ヘ. 23,000
　│　ト. 68,000　　チ. 70,000　　リ. 社会保険料
　│　ヌ. 生命保険料　　ル. 小規模企業共済等掛金
　└──────────────────────────────────

《設 例》

会社員のAさん（58歳）は、専業主婦である妻Bさん（57歳）との2人暮らしである。子は1人で結婚し、家族と暮らしている。Aさんは、健康に不安を感じることがあり、現在加入している定期保険特約付終身保険を、医療保障が充実したプランに見直したいと考えている。また、公的医療保険制度（Aさんは全国健康保険協会管掌健康保険に加入）についても理解しておきたいと考えている。先日、Aさんが生命保険会社の営業担当者に保障の見直しの相談をしたところ、Aさんは終身医療保険の提案を受けた。

そこで、Aさんは、ファイナンシャル・プランナーのMさんに相談することにした。

＜Aさんが提案を受けた終身医療保険に関する資料＞

保険の種類：5年ごと配当付終身医療保険

月払保険料：9,600円（保険料払込期間：終身）

契約者（＝保険料負担者）・被保険者：Aさん

死亡給付金受取人：妻Bさん

特約の内容	保障金額	保険期間
入院給付金（注）	入院1回当たり　10万円	終身
手術給付金	手術1回当たり　10万円	終身
先進医療特約	先進医療の技術費用と同額	10年

（注）1日以上の1回の入院（30日ごと）につき10万円が支払われる。30日以内に再び入院した場合は、支払われない。

＜Aさんが現在加入している定期保険特約付終身保険＞

契約年月日：20XX年4月1日

月払保険料（口座振替）：25,673円（65歳払込満了）

契約者（＝保険料負担者）・被保険者：Aさん

死亡保険金受取人：妻Bさん

主契約および特約の内容	保障金額	保険期間
終身保険	200万円	終身
定期保険特約	1,500万円	10年
特定疾病保障定期保険特約	300万円	10年
傷害特約	600万円	10年
入院特約	1日目から日額5,000円	10年

※上記以外の条件は考慮せず、各問に従うこと。

《問4》 はじめに、Mさんは、Aさんに対して、必要保障額と現在加入している定期保険特約付終身保険の保障金額について説明した。Mさんが説明した以下の文章の空欄①〜③に入る最も適切な数値を解答用紙に記入しなさい。なお、空欄①の金額がマイナスになる場合は、金額の前に「▲」を記載し、マイナスであることを示すこと。

「医療保障を充実させる前に、現時点での必要保障額を算出し、準備すべき死亡保障の額を把握しましょう。下記＜条件＞を参考にすれば、Aさんが現時点で死亡した場合の必要保障額は（ ① ）万円となります。

Aさんが現時点で死亡（不慮の事故や所定の感染症以外）した場合、定期保険特約付終身保険から妻Bさんに支払われる死亡保険金額は（ ② ）万円となります。他方、Aさんが不慮の事故で180日以内に死亡した場合の死亡保険金額は（ ③ ）万円となります」

＜条件＞

1. 現在の毎月の日常生活費は30万円であり、Aさん死亡後の妻Bさんの生活費は、現在の日常生活費の50％とする。
2. 現時点の妻Bさんの年齢における平均余命は、32年とする。
3. Aさんの死亡整理資金（葬儀費用等）・緊急予備資金は、300万円とする。
4. 死亡退職金見込額とその他金融資産の合計額は、2,000万円とする。
5. Aさん死亡後に妻Bさんが受け取る公的年金等の総額は、5,600万円とする。
6. 現在加入している生命保険の死亡保険金額は考慮しなくてよい。

《問5》 次に、Mさんは、Aさんに対して、公的医療保険制度について説明した。M さんが説明した次の記述①〜④について、適切なものには○印を、不適切なものには×印を解答用紙に記入しなさい。

① 「Aさんが病気などで医師の診察を受けた場合、医療費の一部負担金の割合は、原則1割となります。ただし、高額療養費制度により、一医療機関の窓口で支払う同一月内の一部負担金を、所定の自己負担限度額までとすることができます」

② 「高額療養費制度における自己負担限度額は、年齢および所得状況等に応じて決められています。同じ所得金額であっても、70歳未満の者と70歳以上75歳未満の者とで自己負担限度額の計算の区分は異なります」

③ 「Aさんのある1カ月間の総医療費（全額が健康保険の給付対象）が80万円である場合、高額療養費の支給額は85,430円となります」

> Aさんの自己負担限度額（月額）
> ＝80,100円＋（総医療費－267,000円）× 1 ％

④ 「任意継続被保険者となった場合は、原則として、在職中と同様の給付を受けられますが、高額療養費の支給は受けられません」

《問6》 さらに、Mさんは、Aさんに対して、Aさんが現在加入している生命保険の見直しの方法やAさんが提案を受けた終身医療保険の特徴等についてアドバイスした。Mさんがアドバイスした次の記述①〜③について、適切なものには○印を、不適切なものには×印を解答用紙に記入しなさい。

① 「現在加入している定期保険特約付終身保険を払済終身保険に変更した場合、付加されている特定疾病保障定期保険特約は消滅します。そのため、特定疾病などの重度の疾病に備える保障をどのように確保するか、検討事項の1つとなります」

② 「提案を受けた終身医療保険の保険料払込期間を有期払込にすると、毎月の保険料負担は減少します」

③ 「厚生労働省の患者調査等の各種データでは、入院日数が年々長くなっており、退院後の通院時の療養に係る費用負担も増えていますので、入院中や退院後の通院に対する保障の充実を検討しましょう」

【第3問】 次の設例に基づいて、下記の各問（《問7》～《問9》）に答えなさい。

《設 例》

Aさん（40歳）は、X株式会社（以下、「X社」という）の代表取締役社長である。Aさんは、現在、従業員および自身の退職金についての資金準備の方法について検討している。

そこで、生命保険会社の営業担当者でありファイナンシャル・プランナーのMさんに相談したところ、従業員の退職金準備を目的として＜資料1＞の生命保険（福利厚生プラン）、自身の退職金準備を目的として＜資料2＞の生命保険の提案を受けた。

＜資料1＞

保険の種類	養老保険（特約付加なし）
契約者（＝保険料負担者）	X社
被保険者	全従業員（25名）
死亡保険金受取人	被保険者の遺族
満期保険金受取人	X社
保険期間・保険料払込期間	60歳満期
死亡・高度障害保険金額	600万円（1人当たり）
年払保険料	720万円（25名の合計）

＜資料2＞

保険の種類	低解約返戻金型終身保険（特約付加なし）
契約者（＝保険料負担者）	X社
被保険者	Aさん
死亡保険金受取人	X社
保険期間・保険料払込期間	終身・65歳満了
死亡・高度障害保険金額	6,000万円
年払保険料	220万円
65歳時の解約返戻金額	5,700万円・単純返戻率103.6％（注）

（注）保険料払込期間満了直前の単純返戻率は70％となる。

※上記以外の条件は考慮せず、各問に従うこと。

《問7》 仮に、Aさんが役員在任期間（勤続年数）34年4カ月でX社を退任し、X社が役員退職金として6,000万円を支給した場合、Aさんが受け取る役員退職金に係る退職所得の金額を計算した下記の計算式の空欄①～③に入る最も適切な数値を解答用紙に記入しなさい。なお、Aさんは、これ以外に退職手当等の収入はなく、障害者になったことが退職の直接の原因ではないものとする。また、問題の性質上、明らかにできない部分は「□□□」で示してある。

＜退職所得控除額＞

800万円＋□□□万円×（（ ① ）年－20年）＝（ ② ）万円

＜退職所得の金額＞

（6,000万円－（ ② ）万円）×□□□＝（ ③ ）万円

《問8》 Mさんは、Aさんに対して、＜資料1＞の生命保険の特徴等について説明した。Mさんが説明した次の記述①～③について、適切なものには○印を、不適切なものには×印を解答用紙に記入しなさい。

① 「福利厚生プランは、原則として、従業員全員を被保険者とする等の普遍的加入でなければなりませんので、制度導入後に入社した従業員について加入漏れがないように注意してください」

② 「養老保険の死亡保険金が被保険者の遺族に支払われた場合、死亡保険金に係る経理処理は不要であり、X社は当該契約に係る資産計上額を取り崩し、その金額を雑損失として損金の額に算入します」

③ 「福利厚生プランの保険料は、720万円のうち360万円は資産計上し、360万円は福利厚生費として損金の額に算入します」

《問9》 Mさんは、Aさんに対して、＜資料２＞の終身保険の特徴等について説明した。Mさんが説明した次の記述①～④について、適切なものには○印を、不適切なものには×印を解答用紙に記入しなさい。

① 「当該終身保険は、保険料払込期間における解約返戻金額が低解約返戻金型ではない通常の終身保険に比べて低く、その分保険料は通常の終身保険に比べて割安に設定されています」

② 「Aさんが勇退する際に、契約者をAさん、死亡保険金受取人をAさんの相続人に名義変更することで、当該保険契約を役員退職金の一部として支給することができます。個人の保険として継続することにより、納税資金の確保や死亡保険金の非課税金額の規定の適用など、相続対策として活用することができます」

③ 「保険期間中にX社に緊急の資金需要が発生した場合、契約者貸付制度を利用することができます。当該制度により借り入れることができる金額は、その時点での既払込保険料相当額が限度となります」

④ 「X社が高度障害保険金を受け取った場合、法人税法上、当該保険金については非課税所得となりますので、益金に計上する必要はありません」

【第4問】 次の設例に基づいて、下記の各問（《問10》～《問12》）に答えなさい。

《設　例》

　　会社員のAさんは、妻Bさん、長男Cさんおよび二男Dさんとの4人家族である。Aさんは、本年中に妻Bさんの入院・手術に係る医療費を40万円支払ったため、医療費控除の適用を受けようと思っている。また、Aさんは、本年中に養老保険（平準払）の満期保険金600万円および一時払変額個人年金保険（10年確定年金）の解約返戻金500万円を受け取っている。

＜Aさんとその家族に関する資料＞

　　Aさん　　　　（58歳）：会社員
　　妻Bさん　　　（60歳）：専業主婦。本年中にパートタイマーとして給与収入90
　　　　　　　　　　　　　　万円を得ている。
　　長男Cさん（24歳）：大学院生。本年中の収入はない。
　　二男Dさん（17歳）：高校生。本年中の収入はない。

＜Aさんの本年分の収入等に関する資料＞

　（1）　給与収入の金額：800万円
　（2）　養老保険（平準払）の満期保険金
　　　　　契約年月　　　　　　　　　　　　：2000年3月
　　　　　契約者（＝保険料負担者）・被保険者：Aさん
　　　　　死亡保険金受取人　　　　　　　　：妻Bさん
　　　　　満期保険金受取人　　　　　　　　：Aさん
　　　　　満期保険金額　　　　　　　　　　：600万円
　　　　　正味払込保険料　　　　　　　　　：500万円
　（3）　一時払変額個人年金保険（10年確定年金）の解約返戻金
　　　　　契約年月　　　　　　　　　　　　：2012年3月
　　　　　契約者（＝保険料負担者）・被保険者：Aさん
　　　　　死亡保険金受取人　　　　　　　　：妻Bさん
　　　　　解約返戻金額　　　　　　　　　　：500万円
　　　　　正味払込保険料　　　　　　　　　：400万円

※妻Bさん、長男Cさんおよび二男Dさんは、Aさんと同居し、生計を一にしている。

※Aさんとその家族は、いずれも障害者および特別障害者には該当しない。

※Aさんとその家族の年齢は、いずれも本年12月31日現在のものである。

※上記以外の条件は考慮せず、各問に従うこと。

《問10》 Ａさんの本年分の所得税の課税等に関する次の記述①～③について、適切なものには○印を、不適切なものには×印を解答用紙に記入しなさい。

① 「Ａさんが受け取った一時払変額個人年金保険の解約返戻金は、金融類似商品に該当し、源泉分離課税の対象となります」

② 「Ａさんが適用を受けることができる配偶者控除の控除額は、38万円です」

③ 「会社員のＡさんは、勤務先に所定の書類を提出することにより、年末調整によって医療費控除の適用を受けることができます」

《問11》 所得税における医療費控除に関する以下の文章の空欄①～③に入る最も適切な数値を、下記の〈数値群〉のなかから選び、その記号を解答用紙に記入しなさい。

「通常の医療費控除は、その年分の総所得金額等の合計額が200万円以上である納税者の場合、その年中に支払った医療費の総額から保険金などで補てんされる金額を控除した金額が（ ① ）万円を超えるときは、その超える部分の金額（最高（ ② ）万円）をその納税者のその年分の総所得金額等から控除することができます。Ａさんが支払った医療費が医療費控除の対象であり、保険金がない場合、医療費控除の控除額は（ ③ ）万円です」

＜通常の医療費控除額の算式＞

{ その年中に支払った医療費の総額 － 保険金などで補てんされる金額 } － （ ① ）万円 ＝ 医療費控除額（最高（ ② ）万円）

〈数値群〉

イ．5　　ロ．10　　ハ．20　　ニ．30　　ホ．35　　ヘ．100

ト．200

《問12》 Aさんの本年分の所得税の算出税額を計算した下記の表の空欄①〜④に入る最も適切な数値を求めなさい。なお、問題の性質上、明らかにできない部分は「□□□」で示してある。

	給与所得の金額	□□□円
	総所得金額に算入される一時所得の金額	□□□円
（a）	総所得金額	（①）円
	医療費控除	□□□円
	社会保険料控除	□□□円
	生命保険料控除	100,000円
	地震保険料控除	30,000円
	配偶者控除	□□□円
	扶養控除	（②）円
	基礎控除	（③）円
（b）	所得控除の額の合計額	3,000,000円
（c）	課税総所得金額（（a）－（b））	□□□円
（d）	算出税額（（c）に対する所得税額）	（④）円

<資料>給与所得控除額

給与収入金額		給与所得控除額
万円超	万円以下	
	〜 180	収入金額×40％－10万円（55万円に満たない場合は、55万円）
180	〜 360	収入金額×30％＋8万円
360	〜 660	収入金額×20％＋44万円
660	〜 850	収入金額×10％＋110万円
850	〜	195万円

<資料>所得税の速算表（一部抜粋）

課税総所得金額		税率	控除額
万円超	万円以下		
	〜 195	5％	－
195	〜 330	10％	9万7,500円
330	〜 695	20％	42万7,500円
695	〜 900	23％	63万6,000円

【第5問】 次の設例に基づいて、下記の各問（《問13》〜《問15》）に答えなさい。

――――――――――――― 《設　例》 ―――――――――――――

　Ａさんは、本年持病の心臓病が悪化して78歳で死亡した。Ａさんは、生前に自筆証書遺言を作成し、自筆証書遺言書保管制度により法務局（遺言書保管所）に保管しており、財産は妻Ｂさん（72歳）、長男Ｃさん（47歳）、孫Ｇさん（17歳）および孫Ｈさん（15歳）に取得させ、疎遠になっていた長女Ｄさん（44歳）には財産を取得させない内容となっている。Ａさんの親族関係図や相続財産は、以下のとおりである。なお、二女Ｅさんは、Ａさんの相続開始前に死亡している。

＜Ａさんの親族関係図＞

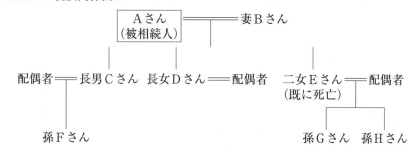

＜Ａさんの主な相続財産（相続税評価額）＞
1．現預金　　　　　：9,000万円
2．自宅
　　①敷地（550㎡）：8,000万円（注）
　　②建物　　　　　：600万円
3．死亡保険金　　　：4,000万円（契約者（＝保険料負担者）・被保険者：Ａさん、死亡保険金受取人：妻Ｂさん）
　（注）「小規模宅地等についての相続税の課税価格の計算の特例」適用前の金額
※上記以外の条件は考慮せず、各問に従うこと。

《問13》 Aさんの相続に関する次の記述①～④について、適切なものには○印を、不適切なものには×印を解答用紙に記入しなさい。

① 「相続税の申告書の提出期限は、原則として、相続の開始があったことを知った日の翌日から4カ月以内です。申告書の提出先は、Aさんの死亡時の住所地を所轄する税務署長になります」

② 「法務局（遺言書保管所）に保管されている自筆証書遺言は相続開始後、相続人が遅滞なく、家庭裁判所に提出して、その検認の請求をしなければなりません」

③ 「相続人間で遺産分割に関する争いが起こり、相続税の申告期限までに遺産分割協議が成立しない場合の期限内の相続税の申告時において、未分割の財産に対しては『配偶者に対する相続税額の軽減』や『小規模宅地等についての相続税の課税価格の計算の特例』の適用を受けることができません」

④ 「孫Fさん、孫Gさん、孫Hさんが相続または遺贈により財産を取得した場合、孫Gさんおよび孫HさんはAさんの二女Eさんの代襲相続人ですので、相続税額の2割加算の対象となりませんが、孫Fさんは代襲相続人ではありませんので、2割加算の対象となります」

《問14》 Aさんの相続に関する以下の文章の空欄①～③に入る最も適切な語句または数値を、下記の〈語句群〉のなかから選び、その記号を解答用紙に記入しなさい。

ⅰ） 『遺留分』
「遺言により取得する財産がないとされた長女Dさんが遺留分侵害額請求権を行使する場合、長女Dさんの遺留分の額は、遺留分を算定するための財産の価額に（ ① ）を乗じた額となります」

ⅱ） 『死亡保険金』
「妻Bさんが受け取る死亡保険金（4,000万円）のうち、相続税の課税価格に算入される金額は（ ② ）万円です」

ⅲ） 『小規模宅地等についての相続税の課税価格の計算の特例』
「妻Bさんが自宅の敷地を相続により取得し、特定居住用宅地等として小規模宅地等についての相続税の課税価格の計算の特例の適用を受けた場合、相続税の課税価格に算入すべき価額は（ ③ ）万円となります」

〈語句群〉

イ．1,600	ロ．3,840	ハ．4,160	ニ．1,000	ホ．1,500
ヘ．2,500	ト．6分の1	チ．12分の1	リ．24分の1	

《問15》 Aさんの相続における相続税の総額を試算した下記の表の空欄①～③に入る最も適切な数値を求めなさい。なお、相続税の課税価格の合計額は1億5,600万円とし、問題の性質上、明らかにできない部分は「□□□」で示してある。

（a）相続税の課税価格の合計額	1億5,600万円
（b）遺産に係る基礎控除額	（①）万円
課税遺産総額（（a）－（b））	□□□万円
相続税の総額の基となる税額	
妻Bさん	□□□万円
長男Cさん	（②）万円
長女Dさん	□□□万円
孫Gさん	□□□万円
孫Hさん	□□□万円
（c）相続税の総額	（③）万円

＜資料＞相続税の速算表（一部抜粋）

法定相続分に応ずる取得金額		税率	控除額
万円超	万円以下		
	～　　1,000	10％	－
1,000	～　　3,000	15％	50万円
3,000	～　　5,000	20％	200万円
5,000	～　10,000	30％	700万円
10,000	～　20,000	40％	1,700万円

2024年度実施
ファイナンシャル・プランニング技能検定

日本FP協会

2級 実技試験
資産設計提案業務

試験時間 90分

━━━━━━━ ★ 注 意 事 項 ★ ━━━━━━━

① 問題数は40問、解答はすべて記述式です。

② 試験問題については、特に指示のない限り、2024年4(10)月1日現在施行の法令等に基づいて解答してください。なお、東日本大震災の被災者等に対する各種特例等については考慮しないものとします。

③ 計算機（電卓）は演算機能のみを有するものだけ使用できます。関数機能やプログラムの入力可能なものは使用できません。

FP試験対策プロジェクト

【第1問】 下記の（問1）、（問2）について解答しなさい。

問 1

　フィデューシャリー・デューティー(受託者責任) を遂行するための軸として金融庁が公表する「顧客本位の業務運営に関する原則（以下「本原則」という）」に関する次の（ア）〜（エ）の記述について、適切なものには○、不適切なものには×を解答用紙に記入しなさい。

（ア）本原則は、金融事業者がとるべき行動について、金融庁が詳細に規定する「ルールベース・アプローチ」を採用する。

（イ）金融事業者が、本原則を採択したうえで、自らの状況等に照らして、本原則の一部を実施しない場合は、その理由や代替策を十分に説明することを求められる。

（ウ）本原則を採択する場合、金融事業者が策定した業務運営に関する方針は、一貫して継続する必要があり、定期的な見直しは不要である。

（エ）本原則では、金融事業者は顧客の資産状況、取引経験、知識等を把握し、当該顧客にふさわしい金融商品の販売、推奨等を行うべきとしている。

問 2

　「消費者契約法」に関する次の（ア）〜（ウ）の記述について、適切なものには○、不適切なものには×を解答欄に記入しなさい。

（ア）消費者契約法は、個人および法人を保護の対象としている。

（イ）消費者契約の申込み等に係る取消権は、原則として消費者が追認をすることができるときから１年間行わないとき、または契約の締結のときから１０年を経過したときは、時効によって消滅すると定められている。

（ウ）事業者が、将来の受取額が不確実な金融商品の販売において、「確実に儲かる」と断言し、消費者がそれを信じて結んだ契約は、取り消すことができる。

【第2問】 下記の（問3）～（問6）について解答しなさい。

問3

　下記＜資料＞は、瀬田さんが同一の特定口座内で本年中に行った東京証券取引所プライム市場上場会社であるMN株式会社の株式（以下、「MN株式」という）の株式取引に係る明細である。瀬田さんのMN株式の取引に関する次の記述の空欄（ア）、（イ）にあてはまる語句の組み合わせとして、正しいものはどれか。

＜資料＞

取引日 曜日	5月××日 火曜日	6月××日 水曜日	7月××日 木曜日	12月24日 火曜日
取引内容	買付	買付	売却	買付
約定単価	900円	1,200円	1,250円	1,400円
株数	100株	200株	200株	200株

＜20××年12月カレンダー（一部抜粋）＞

月	火	水	木	金	土	日
23	24	25	26	27	28	29
30	31					

　12月24日のMN株式の買付取引に関する受渡日は（　ア　）である。
　12月24日の買付後におけるMN株式の譲渡所得の取得費の計算の基礎となる1株当たりの取得価額は（　イ　）である。

1．（ア）12月26日　　（イ）1,250円
2．（ア）12月26日　　（イ）1,300円
3．（ア）12月27日　　（イ）1,250円
4．（ア）12月27日　　（イ）1,300円

問 4

　北本さんは、保有しているＸＹ投資信託（追加型公募株式投資信託）の収益分配金を２０ＸＸ年１２月に受け取った。ＸＹ投資信託の運用状況が下記の＜資料＞のとおりである場合、次の記述の空欄（ア）、（イ）にあてはまる語句の組み合わせとして、正しいものはどれか。

＜資料＞

北本さんが保有するＸＹ投資信託の収益分配金受取時の状況
収益分配前の個別元本：１１，０００円 　収益分配前の基準価額：１１，８００円 　収益分配金　　　　　：　１，２００円 　収益分配後の基準価額：１０，６００円

・北本さんが受け取る収益分配金１，２００円のうち、普通分配金は（　ア　）として課税される。
・北本さんが収益分配金を受け取った後の個別元本は（　イ　）となる。

1．（ア）利子所得　　（イ）１１，０００円
2．（ア）利子所得　　（イ）１０，６００円
3．（ア）配当所得　　（イ）１０，６００円
4．（ア）配当所得　　（イ）１１，０００円

問 5

　財形貯蓄制度に関する下表の空欄（ア）～（エ）にあてはまる語句を語群の中から選び、解答用紙に記入しなさい。なお、復興特別所得税は考慮せず、同じ数値を何度選んでもよいこととする。また、問題の設定上、明らかにできない部分を（　※　）としている。

	財形年金貯蓄	財形住宅貯蓄
目的	老後資金の準備	住宅の購入・新築などの資金準備
加入時年齢	（　ア　）	
積立期間	（　イ　）以上	（　イ　）以上 （適格物件の取得であれば （　イ　）未満で払い出しても非課税）
契約数	1人1契約のみ	
非課税 限度額	貯蓄型は財形年金貯蓄と財形住宅貯蓄を合わせて元利合計（　ウ　）まで。 保険型は財形年金貯蓄と財形住宅貯蓄を合わせて払込保険料累計額（　ウ　）まで。なお、財形年金貯蓄の保険型は払込保険料累計額（　※　）まで。	
目的外 払出し	貯蓄型　過去（　イ　）間遡及課税 保険型　差益は（　※　）	貯蓄型　過去（　イ　）間遡及課税 保険型　差益は（　エ　）

※設問の都合上、空欄としてある。

<語群>
　1．　満60歳未満　　　2．　満55歳未満　　　3．　満50歳未満
　4．　10年　　　　　　5．　3年　　　　　　　6．　5年
　7．　550万円　　　　8．　450万円　　　　　9．　385万円
10．　一時所得として総合課税
11．　所得税・住民税を合わせて20％源泉分離課税

問 6

金投資に関する次の記述のうち、最も不適切なものはどれか。

1. 個人が金地金を業者に売却する際には、売却代金の他に、売却代金の消費税相当額を受け取ることができる。
2. 個人が金地金を売却した場合の所得は、総合課税の譲渡所得として課税され、譲渡日時点の保有期間が5年超の場合は長期譲渡所得、5年以下の場合は短期譲渡所得となる。
3. 金地金を売却して損失が発生した場合には他の所得と損益通算できる。
4. 金は、一般的に地政学的リスクに対して強いと考えられている代表的な資産である。

【第3問】 下記の (問7) ～ (問10) について解答しなさい。

問7

　建築基準法に従い、下記<資料>の甲土地に準耐火建築物を建てる場合の (ア) 建築面積の最高限度、(イ) 延べ面積の最高限度の組み合わせとして、正しいものはどれか。なお、<資料>に記載のない条件については一切考慮しないこととする。

<資料：甲土地>

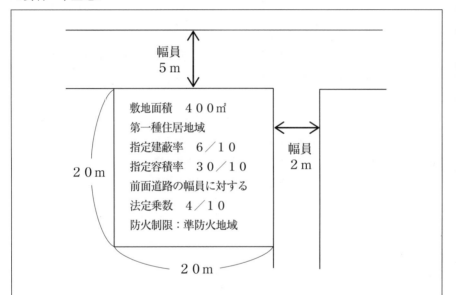

敷地面積　４００㎡
第一種住居地域
指定建蔽率　６／１０
指定容積率　３０／１０
前面道路の幅員に対する
法定乗数　４／１０
防火制限：準防火地域

幅員
５m

幅員
２m

２０m

２０m

※甲土地が面する道路（幅員２m）は、建築基準法第４２条第２項に該当する道路で、甲土地は反対側にある土地とともにセットバックを要する。道路中心線は、現況道路の中心に位置するものとする。なお、特定行政庁が指定する幅員６m指定区域ではない。
※甲土地は建蔽率の緩和において、特定行政庁が指定する角地に該当する。

1. （ア）３０４㎡　　（イ）７６０㎡
2. （ア）２６６㎡　　（イ）１，１４０㎡
3. （ア）３０４㎡　　（イ）１，１７０㎡
4. （ア）３２０㎡　　（イ）１，２００㎡

問8

　公的な土地評価に関する次の一覧表の空欄（ア）～（ウ）に入る適切な語句の組み合わせとして、正しいものはどれか。

	公示価格	基準地標準価格	相続税路線価	固定資産税評価額
評価時点	毎年 1月1日	毎年 7月1日	毎年 （　イ　）	原則、基準年度（3年ごと）の前年1月1日
評価割合	－	－	公示価格の （　＊＊　）程度	公示価格の （　ウ　）程度
所管	（　ア　）	都道府県	国税庁	市町村 東京23区は東京都

※問題作成の都合上、一部を（　＊＊　）としている。

1．（ア）国土交通省　　（イ）1月1日　　（ウ）7割
2．（ア）内閣府　　　　（イ）7月1日　　（ウ）7割
3．（ア）国土交通省　　（イ）7月1日　　（ウ）6割
4．（ア）内閣府　　　　（イ）1月1日　　（ウ）6割

問 9

固定資産税に関する次の記述の空欄（ア）～（エ）に入る語句の組み合わせとして、適切なものはどれか。

固定資産税は、（　ア　）が、毎年（　イ　）現在の土地や家屋等の所有者に対して課税します。固定資産税評価額が課税標準となりますが、一定の要件を満たす住宅が建つ住宅用地（小規模住宅用地）は、住戸1戸当たり（　ウ　）以下の部分について、課税標準が固定資産税評価額の（　エ　）になる特例があります。

1．（ア）市町村（東京23区は東京都）　（イ）4月1日
　　（ウ）120㎡　　（エ）3分の1

2．（ア）都道府県　　（イ）1月1日
　　（ウ）120㎡　　（エ）6分の1

3．（ア）都道府県　　（イ）4月1日
　　（ウ）200㎡　　（エ）3分の1

4．（ア）市町村（東京23区は東京都）　（イ）1月1日
　　（ウ）200㎡　　（エ）6分の1

問 10

不動産取得税に関する次の記述の空欄 (ア)〜(エ) にあてはまる適切な語句を語群の中から選び、その番号のみを解答欄に記入しなさい。なお、同じ語句を何度選んでもよいこととする。

不動産取得税は、不動産の所有権を取得した者に対して、その不動産が所在する（　ア　）が課税するもので、課税標準は原則として（　イ　）である。ただし、（　ウ　）を原因とする取得の場合、課税対象とならない。また、一定の条件を満たした新築住宅（認定長期優良住宅ではない）を取得した場合、課税標準から1戸当たり（　エ　）を控除することができる。

＜語群＞

1．国　　　　　　　2．都道府県　　　　　3．市町村

4．基準地標準価格　5．相続税評価額　　　6．固定資産税評価額

7．贈与　　　　　　8．交換　　　　　　　9．相続

10．1,200万円　　11．1,300万円　　12．1,500万円

【第4問】 下記の（問11）～（問14）について解答しなさい。

問 11

　田中英俊さんが、保険契約者（保険料負担者）および被保険者として加入している生命保険（下記＜資料＞参照）の保障内容に関する次の空欄（ア）～（ウ）にあてはまる数値を解答欄に記入しなさい。なお、保険契約は有効に継続し、かつ特約は自動更新しているものとし、英俊さんはこれまでに＜資料＞の保険から、保険金・給付金を一度も受け取っていないものとする。また、各々の記述はそれぞれ独立した問題であり、相互に影響を与えないものとする。

＜資料／保険証券１＞

定期保険特約付終身保険		保険証券記号番号　○○-○○○○○	
保険契約者	田中　英俊　様	保険契約者印	◇契約日：20××年9月1日
被保険者	田中　英俊　様　19××年7月25日生　男性	田中	◇主契約の保険期間：終身
			◇主契約の保険料払込期間：終身
受取人	田中　昌代　様	受取割合　10割	◇特約の保険期間：10年

◇ご契約内容

終身保険金額（主契約）	200万円
定期保険特約保険金額	1,800万円
三大疾病保障定期保険特約保険金額	200万円
傷害特約	500万円
災害割増特約	500万円
災害入院特約　　入院5日目から　　日額　5,000円	
疾病入院特約　　入院5日目から　　日額　5,000円	
成人病入院特約　入院5日目から　　日額　5,000円	
手術給付金　1回につき　手術の種類に応じて入院給付金 日額の10倍・20倍・40倍	
リビング・ニーズ特約	

◇お払い込みいただく合計保険料

毎回	×,×××円
払込方法	：月払い
配当金支払方法：積立	

※入院給付金の1回当たりの限度日数は60日、通算限度日数は1,000日です。

<資料／保険証券2>

終身ガン保険　　　　　　　　　　　　　　保険証券記号番号　○○-○○○○○

保険契約者	田中　英俊　様		保険契約者印	◇契約日：20××年3月1日
被保険者	田中　英俊　様　19××年7月25日生　男性		田中	◇主契約の保険期間：終身
受取人	給付金　　　　被保険者様　死亡給付金　田中　昌代　様		受取割合 10割	◇主契約の保険料払込期間：終身

◇ご契約内容　　　　　　　　　　　　　　　　　◇お払い込みいただく合計保険料

診断給付金　初めてガンと診断されたとき	100万円
入院給付金　1日目から日額	1万円
手術給付金　1回につき	20万円
死亡給付金（ガンによる死亡）	50万円
死亡払戻金（ガン以外による死亡）	5万円

| 毎回 | ×,×××円 |
| 払込方法 | ：月払い |

英俊さんが現時点で、

（ア）初めてガン（悪性新生物）と診断され、20日間入院し、約款所定の手術（給付倍率40倍）を1回受けた場合、保険会社から支払われる保険金・給付金の合計は（　ア　）万円です。

（イ）交通事故で即死（入院・手術なし）した場合、保険会社から支払われる保険金・給付金の合計は（　イ　）万円です。

（ウ）市民マラソンに任意で参加したときにアキレス腱を断裂し、10日間入院し、約款所定の手術（給付倍率10倍）を1回受けた場合、保険会社から支払われる保険金・給付金の合計は（　ウ　）万円です。

問12

高田泉さんが本年中に支払った生命保険の保険料は下記＜資料＞のとおりである。この場合の高田さんの本年分の所得税の計算における生命保険料控除の金額として、正しいものはどれか。

なお、下記＜資料＞の保険について、これまでに契約内容の変更はないものとする。また、本年分の生命保険料控除額が最も多くなるように計算すること。

＜資料＞

［終身保険（無配当）］	［医療保険（介護医療保険契約）］
契約日：２００８年××月××日	契約日：２０１５年××月××日
保険契約者：高田泉	保険契約者：高田泉
被保険者　：高田泉	被保険者　：高田泉
死亡保険金受取人：高田麻紀（妻）	給付金受取人：高田泉
本年の年間支払保険料： ５４，０００円	本年の年間支払保険料： ６６，０００円

＜所得税の生命保険料控除額の速算表＞

（1）２０１１年１２月３１日以前に締結した保険契約（旧契約）等に係る控除額

年間の支払保険料の合計	控除額
２５，０００円以下	支払金額
２５，０００円超　５０，０００円以下	支払金額×１／２＋１２，５００円
５０，０００円超　１００，０００円以下	支払金額×１／４＋２５，０００円
１００，０００円超	５０，０００円

（2）２０１２年１月１日以降に締結した保険契約（新契約）等に係る控除額

年間の支払保険料の合計		控除額
	２０，０００円以下	支払金額
２０，０００円超	４０，０００円以下	支払金額×１／２＋１０，０００円
４０，０００円超	８０，０００円以下	支払金額×１／４＋２０，０００円
８０，０００円超		４０，０００円

（注）支払保険料とは、その年に支払った金額から、その年に受けた剰余金や割戻金を差し引いた残りの金額をいう。

1. ７０，０００円
2. ７５，０００円
3. ８０，０００円
4. ９０，０００円

問13

栗林さん（53歳）は、自身を記名被保険者として契約している自動車保険の契約更新案内（下記＜資料＞参照）について、ＦＰの広瀬さんにアドバイスを求めた。広瀬さんが述べた次の（ア）～（エ）の記述について、適切なものには○、不適切なものには×を解答欄に記入しなさい。なお、＜資料＞に記載のない特約については考慮しないものとし、過去に自動車保険の対象となる事故はないものとする。

＜資料：自動車保険　契約更新のご案内＞

	前年同内容プラン	おすすめプランＡ	おすすめプランＢ
保険料（月払い）	ＸＸ，ＸＸＸ円	ＸＸ，ＸＸＸ円	ＸＸ，ＸＸＸ円
運転者年齢条件	年齢条件なし	３５歳以上補償	３５歳以上補償
運転者限定の有無	限定なし	家族限定	限定なし
対人賠償保険 （１名につき）	無制限	無制限	無制限
対物賠償保険	無制限	無制限	無制限
人身傷害保険 （１名につき）	付帯なし	付帯なし	5,000万円
車両保険	エコノミー型 （車対車＋Ａ） 保険金額：１００万円 免責金額 1回目の事故　　0円 2回目の事故１０万円	エコノミー型 （車対車＋Ａ） 保険金額：１００万円 免責金額 1回目の事故　　0円 2回目の事故１０万円	一般型 保険金額：１００万円 免責金額 1回目の事故　　0円 2回目の事故１０万円
その他特約	なし	弁護士費用特約	弁護士費用特約 ファミリーバイク特約 個人賠償責任特約

(ア)「前年同内容プランおよびおすすめプランＡでは、大雨による洪水で被保険自動車が水没した場合や盗難による損害を受けた場合の自動車の損害を補償しますが、単独事故による損害は補償されません」

(イ)「栗林さんの友人（３３歳）が被保険自動車を運転中に対人事故を起こした場合、おすすめプランＡおよびおすすめプランＢでは補償対象となりません」

(ウ)「栗林さんが運転中に他車との接触事故でケガをした場合、おすすめプランＢは、過失割合にかかわらず治療費用等は補償対象となります」

(エ)「おすすめプランＢでは、栗林さんが所有する原動機付自転車を運転中に対物事故を起こした場合、補償の対象となります」

問14

株式会社ＴＳの専務取締役の度会さんが任期満了で退職した場合、同社の役員退職慰労金規程に基づき受け取ることができる役員退職慰労金の金額を計算しなさい。なお、解答は以下の＜前提条件＞および＜資料＞に基づくものとし、記載のない事項については一切考慮しないものとする。

＜前提条件＞

- ・入社時年齢：４０歳
- ・退職時年齢：７０歳（役員在任年数３０年間）
- ・入社から退職までの役位は継続して専務取締役
- ・退職時の最終報酬月額：８０万円

＜資料：株式会社ＴＳの役員退職慰労金規程＞

[役員退職慰労金規程]（抜粋）

第２条（退任の定義）

退任の時期は以下の各号に定めるときとする。

①辞任
②任期満了
③解任
④死亡

第３条（金額の算定）

役員退職慰労金の算定は、役位別の最終報酬月額に役位ごとの在任期間の年数を乗じ、役位別係数を乗じて算出した額（以下の式）の合計額とする。

最終報酬月額×役員在任年数×功績倍率(役位別係数)＝役員退職慰労金

[役位別係数]

代表取締役	3.0
専務取締役	2.4
常務取締役	2.2
取締役	2.0
監査役	1.5

【第5問】 下記の (問15)〜(問18) について解答しなさい。

問 15

　大柳さん (65歳) の本年分の収入等が下記のとおりである場合、大柳さんの本年分の所得税における総所得金額を計算しなさい。なお、青色申告特別控除10万円の適用を受けるものとする。また、解答に当たっては、解答用紙に記載されている単位に従うこと。

＜本年分の収入等＞

内容	金額
遺族厚生年金	120万円
老齢基礎年金	78万円
個人年金	100万円
個人年金に係る必要経費	85万円
アパート賃貸収入	150万円
アパート賃貸に係る必要経費	66万円

※大柳さんは青色申告者であり、帳簿書類の備付け等の要件は満たしている。
　アパート経営は、事業的規模には該当しない。

＜公的年金等控除額の速算表 (65歳以上)＞
公的年金等に係る雑所得以外の合計所得金額が1,000万円以下である場合

公的年金等の収入金額	公的年金等控除額
330万円未満	110万円
330万円以上　410万円未満	収入金額×25％＋27.5万円
410万円以上　770万円未満	収入金額×15％＋68.5万円
770万円以上　1,000万円未満	収入金額×5％＋145.5万円
1,000万円以上	195.5万円

問 16

　会社員の保坂さんは、本年12月に勤務先を退職する予定である。保坂さんの退職に係るデータが下記の<資料>のとおりである場合、保坂さんの退職一時金にかかる退職所得の金額として、正しいものはどれか。なお、保坂さんは、勤務先の役員であったことはなく、退職は障害者になったことに基因するものではない。

<資料：保坂さんの退職に係るデータ>

支給される退職一時金	2,400万円
勤続期間	30年9カ月

1.　230万円
2.　415万円
3.　450万円
4.　830万円

問 17

　香川さんの本年分の所得等に関して所得税の確定申告すべき金額として、最も適切なものは次のうちどれか。なお、給与所得については、年末調整により正しい所得税が源泉徴収されているものとし、他に申告すべき所得や、所得控除はないものとする。

＜香川さんの本年分の所得等資料＞
①給与所得：３００万円（給与所得控除後の金額）
②変額保険（終身型）の解約返戻金：５００万円
③外貨預金解約による為替差損：１５万円
注：変額保険の契約者（保険料負担者）は、香川さん本人であり、払込保険料は
　　４２０万円である。

1．確定申告は不要です。
2．確定申告が必要です。確定申告すべき金額は３１０万円です。
3．確定申告が必要です。確定申告すべき金額は３１５万円です。
4．確定申告が必要です。画定申告すべき金額は３３０万円です。

問 18

会社員の下田晃大さんが、本年中に支払った医療費等が下記＜資料＞のとおりである場合、下田さんの本年の所得税の確定申告における医療費控除の金額として、正しいものはどれか。なお、下田さんの本年中の所得は、給与所得５００万円のみであるものとし、下田さんは妻および小学生の長女と生計を一にしている。また、セルフメディケーション税制（医療費控除の特例）については考慮せず、保険金および自治体の助成金等により補てんされる金額はないものとする。

＜資料＞

支払年月	医療等を 受けた人	医療機関等	内容	支払金額
本年１月	本人	Ａクリニック	入院治療^(注1)	180,000円
本年10月	妻	Ｂ病院	人間ドック^(注2)	50,000円
			通院治療	300,000円
本年11月	長女	Ｃ歯科医院	歯科治療^(注3)	150,000円

（注１）Ａクリニックの入院は前年から治療を開始し、全額を本年中に支払っている。なお、本年支払った金額180,000円のうち80,000円は、前年中の入院代および治療費であった。

（注２）下田さんの妻が人間ドックを受診したが、重大な疾病が発見されたため、引き続き通院をして治療を受けた。

（注３）虫歯治療の費用であり、セラミックの義歯100,000円が含まれている。

1.　480,000円
2.　500,000円
3.　580,000円
4.　680,000円

【第6問】下記の（問19）〜（問22）について解答しなさい。

問 19

　下記＜親族関係図＞の場合において、民法の規定に基づく法定相続分および遺留分に関する次の記述の空欄（ア）〜（エ）に入る適切な語句または数値を語群の中から選び、解答欄に記入しなさい。なお、同じ語句または数値を何度選んでもよいこととする。

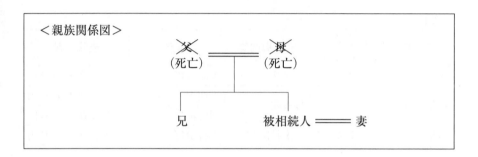

[相続人の法定相続分および遺留分]
・被相続人の妻の法定相続分は（　ア　）、遺留分は（　イ　）。
・被相続人の兄の法定相続分は（　ウ　）、遺留分は（　エ　）。

```
＜語群＞
3／4      2／3      1／2      1／3      1／4      3／8
1／6      1／8      1／12     なし
```

問 20

相続税において相続財産から控除できる債務等に関する次の記述の（ア）〜（エ）の記述のうち、適切なものには○、不適切なものには×を解答欄に記入しなさい。

（ア）被相続人が生前に購入した墓地の購入未払い金は、相続財産から控除することができる。

（イ）被相続人に課される未払いの所得税、住民税、固定資産税等は、支払時期が到来しているものに限り、相続財産から控除することができる。

（ウ）香典返しのためにかかった費用については、葬式費用として相続財産から控除することができる。

（エ）被相続人に係る未払い医療費は、相続財産から控除することができる。

羽田さん（４０歳）は、父（６８歳）と祖母（９２歳）から下記＜資料＞の贈与を受けた。羽田さんの本年分（２０２４年分）の贈与税額として、最も適切なものはどれか。なお、父からの贈与については、２年前から相続時精算課税制度の適用を受けている。

＜資料＞

> ［２年前の贈与］
> ・父から贈与を受けた金銭の額：２，２００万円
> ［本年中の贈与］
> ・父から贈与を受けた金銭の額：５００万円
> ・祖母から贈与を受けた金銭の額：５００万円
>
> ※２年前から本年までに上記以外の贈与はないものとする。
> ※上記の贈与は、住宅取得等資金や教育、結婚・子育てに係る資金の贈与ではない。

＜贈与税の速算表＞

（イ）１８歳以上の者が直系尊属から贈与を受けた財産の場合（原則）

基礎控除後の課税価格		税率	控除額
	２００万円以下	１０％	
２００万円超	４００万円以下	１５％	１０万円
４００万円超	６００万円以下	２０％	３０万円
６００万円超	１，０００万円以下	３０％	９０万円
１，０００万円超	１，５００万円以下	４０％	１９０万円
１，５００万円超	３，０００万円以下	４５％	２６５万円
３，０００万円超	４，５００万円以下	５０％	４１５万円
４，５００万円超		５５％	６４０万円

（ロ）上記（イ）以外の場合

基礎控除後の課税価格		税率	控除額
	200万円以下	10%	
200万円超	300万円以下	15%	10万円
300万円超	400万円以下	20%	25万円
400万円超	600万円以下	30%	65万円
600万円超	1,000万円以下	40%	125万円
1,000万円超	1,500万円以下	45%	175万円
1,500万円超	3,000万円以下	50%	250万円
3,000万円超		55%	400万円

1. 66.5万円
2. 71.0万円
3. 88.5万円
4. 93.0万円

問22

　下記<資料>の土地に係る路線価方式による普通借地権の相続税評価額の計算式として、正しいものはどれか。

<資料>

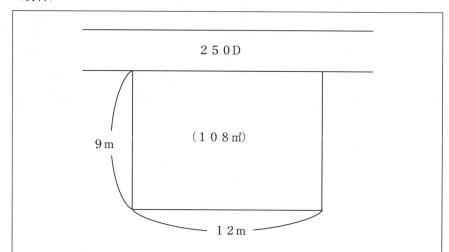

注1：奥行価格補正率　　0.97
注2：借地権割合　　　　60％
注3：その他の記載のない条件は一切考慮しないものとする。

1. 250,000円×0.97×108㎡
2. 250,000円×0.97×108㎡×（1－60％）
3. 250,000円×0.97×108㎡×60％
4. 250,000円×0.97×108㎡×（1－60％×30％×100％）

【第7問】下記の各問（問23）〜（問25）について解答しなさい。

＜成田家の家族データ＞

氏名	続柄	生年月日	備考
成田　優	本人	19××年　11月11日	会社員
早希	妻	19××年　　3月21日	専業主婦
啓太	長男	20××年　　5月　7日	中学生
奈央	長女	20××年　　1月28日	小学生

＜成田家のキャッシュフロー表＞

（単位：万円）

<table>
<tr><td colspan="3">経過年数</td><td>基準年</td><td>1年</td><td>2年</td><td>3年</td></tr>
<tr><td colspan="3">西暦（年）</td><td>20××</td><td>20××</td><td>20××</td><td>20××</td></tr>
<tr><td rowspan="4">家族
構成
／年齢</td><td>成田　優</td><td>本人</td><td>43歳</td><td>44歳</td><td>45歳</td><td>46歳</td></tr>
<tr><td>早希</td><td>妻</td><td>41歳</td><td>42歳</td><td>43歳</td><td>44歳</td></tr>
<tr><td>啓太</td><td>長男</td><td>13歳</td><td>14歳</td><td>15歳</td><td>16歳</td></tr>
<tr><td>奈央</td><td>長女</td><td>11歳</td><td>12歳</td><td>13歳</td><td>14歳</td></tr>
<tr><td colspan="2"></td><td>変動率</td><td></td><td></td><td></td><td></td></tr>
<tr><td rowspan="3">収入</td><td>給与収入（優）</td><td>0％</td><td>700</td><td>700</td><td>700</td><td>700</td></tr>
<tr><td>その他収入</td><td></td><td></td><td></td><td></td><td></td></tr>
<tr><td>収入合計</td><td>－</td><td>700</td><td>700</td><td>700</td><td>700</td></tr>
<tr><td rowspan="6">支出</td><td>基本生活費</td><td>1％</td><td>250</td><td></td><td></td><td>（　ア　）</td></tr>
<tr><td>住居費</td><td>0％</td><td>120</td><td>120</td><td>120</td><td>120</td></tr>
<tr><td>教育費</td><td>3％</td><td>60</td><td>62</td><td>64</td><td>66</td></tr>
<tr><td>保険料</td><td>0％</td><td>50</td><td>50</td><td>50</td><td>50</td></tr>
<tr><td>その他支出</td><td>－</td><td>70</td><td>71</td><td>71</td><td>72</td></tr>
<tr><td>支出合計</td><td>－</td><td>550</td><td>556</td><td></td><td></td></tr>
<tr><td colspan="2">年間収支</td><td>－</td><td>150</td><td>144</td><td></td><td></td></tr>
<tr><td colspan="2">金融資産残高</td><td>（　イ　）％</td><td>600</td><td>753</td><td></td><td></td></tr>
</table>

※年齢および金融資産残高は各年12月31日現在のものとする。

※給与収入は可処分所得で記載している。

※記載されている数値は正しいものとする。

※問題作成の都合上、一部空欄にしてある。

問23

成田家のキャッシュフロー表の空欄（ア）に入る数値を計算しなさい。なお、計算過程においては端数処理をせず計算し、計算結果については万円未満を四捨五入すること。

問24

成田家のキャッシュフロー表の空欄（イ）に入る数値を計算しなさい。なお、計算過程においては端数処理をせず計算し、計算結果については％を単位として、小数点第1位まで解答すること。

問25

キャッシュフロー表を作成する上では、収入や支出などの変動率や金融資産の運用利回りの予測が重要である。運用利回り等の変動に影響を与える要因についての次の記述のうち、最も不適切なものはどれか。

1. 消費者物価指数の算出では、消費税率を含めて計算される。
2. 為替が円高になると、輸入物価を押し上げる要因となる。
3. 変動金利型住宅ローンの適用金利は、短期プライムレートを基準にする金融機関が主流である。
4. 新発10年国債利回りは、国内長期金利の代表的な指標である。

【第8問】下記の（問26）〜（問28）について解答しなさい。

下記の係数早見表を乗算で使用し、各問について計算しなさい。なお、税金は一切考慮しないこととし、解答に当たっては、解答用紙に記載されている単位に従うこと。

＜係数早見表（年利1.0％）＞

	終価係数	現価係数	減債基金係数	資本回収係数	年金終価係数	年金現価係数
1年	1.010	0.990	1.000	1.010	1.000	0.990
2年	1.020	0.980	0.498	0.508	2.010	1.970
3年	1.030	0.971	0.330	0.340	3.030	2.941
4年	1.041	0.961	0.246	0.256	4.060	3.902
5年	1.051	0.951	0.196	0.206	5.101	4.853
6年	1.062	0.942	0.163	0.173	6.152	5.795
7年	1.072	0.933	0.139	0.149	7.214	6.728
8年	1.083	0.923	0.121	0.131	8.286	7.652
9年	1.094	0.914	0.107	0.117	9.369	8.566
10年	1.105	0.905	0.096	0.106	10.462	9.471
15年	1.161	0.861	0.062	0.072	16.097	13.865
20年	1.220	0.820	0.045	0.055	22.019	18.046
25年	1.282	0.780	0.035	0.045	28.243	22.023
30年	1.348	0.742	0.029	0.039	34.785	25.808

※記載されている数値は正しいものとする。

問26

　小川さんは、老後資金に備えるために、新たに積立てを開始する予定である。毎年年末に１００万円を積み立てるものとし、１０年間、年利１.０％で複利運用しながら積み立てた場合、１０年後の合計額はいくらになるか。

問27

　磯貝さんは相続により受け取った２,０００万円を運用しようと考えている。これを５年間、年利１.０％で複利運用した場合、５年後の合計額はいくらになるか。

問28

　清水さんは、退職金として受け取った２,０００万円を老後の生活資金の一部として使用するつもりである。これを１５年間、年利１.０％で複利運用しながら毎年１回、年末に均等に取り崩すこととした場合、毎年年末に取り崩すことができる最大金額はいくらになるか。

【第9問】 下記の (問29)～(問34) について解答しなさい。

<設例>

山本修司さんは、民間企業に勤務する会社員である。修司さんと妻の委美さんは、今後の資産形成や家計の見直しなどについて、ＦＰで税理士でもある向さんに相談をした。なお、下記のデータはいずれも２０××年９月１日現在のものである。

［家族構成］

氏名	続柄	生年月日	年齢	職業等
山本　修司	本人	１９××年 ７月２０日	４９歳	会社員（正社員）
委美	妻	１９××年 ６月１４日	４７歳	パートタイマー
隆司	長男	２０××年 ４月１６日	１７歳	高校２年生
弘司	二男	２０××年 ８月１１日	１５歳	中学３年生

［収入金額］

　修司さん：給与収入６００万円（手取額）。給与収入以外の収入はない。

　委美さん：給与収入１００万円（手取額）。給与収入以外の収入はない。

［金融資産］

　修司さん名義　銀行預金（普通預金）：２００万円

　　　　　　　　銀行預金（定期預金）：３００万円

　委美さん名義　銀行預金（普通預金）：１００万円

［住宅ローン］

　契約者　　：修司さん

　借入先　　：ＧＨ銀行

　借入時期：２０××年６月

　借入金額：３，６００万円

　返済方法：元利均等返済（ボーナス返済なし）

　金利　　：固定金利型（年１．６％）

　返済期間：３５年

［保険］

定期保険Ａ：保険金額３，０００万円（リビング・ニーズ特約付）

　　　　　　　保険期間２０年

　　　　　　　保険契約者（保険料負担者）および被保険者　修司さん

　　　　　　　保険金受取人　委美さん

低解約返戻金型終身保険Ｂ：保険金額３００万円

　　　　　　　　　　　　　　保険契約者（保険料負担者）および被保険者は

　　　　　　　　　　　　　　修司さん　保険金受取人は委美さん

火災保険Ｃ：保険金額１，２００万円　保険の目的は建物

　　　　　　　保険契約者は修司さん　保険期間３６年

問29

　修司さんは、隆司さんの進学を控えて奨学金や教育ローンに関心をもち、ＦＰの向さんに質問をした。

向さんが日本学生支援機構の奨学金（第一種・第二種）および日本政策金融公庫の教育一般貸付（国の教育ローン）について説明する際に使用した下表の空欄（ア）～（エ）にあてはまる語句の組み合わせとして、最も適切なものはどれか。

	日本学生支援機構の貸与型奨学金	日本政策金融公庫の教育一般貸付
貸付（貸与）対象者	（　※　）	主に（　ア　）
貸付（貸与）基準	保護者（家計支持者）の収入（所得）が一定額以下	子の数に応じた世帯年収（所得）が一定額以下
申込み時期	（　※　）	（　イ　）
資金の受取り方	毎月定額	一括
貸付け可能額（貸与額）	第一種奨学金 国公立・私立／自宅・自宅外で異なる 第二種奨学金 月額２万円 　～１２万円（１万円単位）	学生・生徒１人あたり （　ウ　）以内 ※一定要件を満たす留学等は４５０万円以内
返還（返済）開始	卒業後	借入月の翌月または翌々月の返済希望日
利子	［第一種奨学金］無利子 ［第二種奨学金］（　エ　）を上限とする利子付き（在学中は無利子）	在学期間内は利息のみの返済とすることが可能

※　設問の都合上、空欄にしてある

	（ア）	（イ）	（ウ）	（エ）
1	学生・生徒の保護者	いつでも可能	３００万円	年利２％
2	学生・生徒本人	決められた募集期間内	３５０万円	年利２％
3	学生・生徒本人	決められた募集期間内	３００万円	年利３％
4	学生・生徒の保護者	いつでも可能	３５０万円	年利３％

問 30

　修司さんは、労働者災害補償保険（以下「労災保険」という）について、ＦＰの向さんに質問をした。労災保険の概要に関する下表の空欄（ア）～（エ）に関する次の記述のうち、最も不適切なものはどれか。

適用される労働者	労災保険の適用事業の事業主に使用される労働者であって、（　ア　）
保険料の負担	労災保険料は（　イ　）。
保険料率	労災保険の保険料率は（　ウ　）。
療養補償給付	労働者が業務上の負傷または疾病により、労災指定病院等で療養補償給付を受けた場合、（　エ　）

1．空欄（ア）にあてはまる語句は、
　　「アルバイト・パートタイマー等も含む」である。

2．空欄（イ）にあてはまる語句は、
　　「その全額を事業主が負担する」である。

3．空欄（ウ）にあてはまる語句は、
　　「事業の種類にかかわらず一律である」である。

4．空欄（エ）にあてはまる語句は、
　　「労働者の医療費の負担はない」である。

問31

修司さんは、iDeCo（個人型確定拠出年金）と新NISAのつみたて投資枠についてFPの向さんに質問をした。向さんが新NISAのつみたて投資枠とiDeCoの概要を説明する際に使用した下表の空欄（ア）～（エ）に入る適切な数値または語句を語群の中から選び、その番号のみを解答欄に記入しなさい。

<新NISAのつみたて投資枠とiDeCoの概要>

	iDeCo	新NISAの つみたて投資枠
運用対象	定期預金、生命保険、投資信託等	長期の積立、分散投資に適した一定の株式投資信託、ETF等
年間投資限度額 年間拠出限度額	企業年金がない会社員（　ア　）万円 自営業者（　※　）万円など、加入者の区分によって異なる	（　イ　）万円
税制上の メリット	・運用益が非課税 ・掛金全額が（　ウ　）の対象 ・老齢給付金は、受取方法により退職所得控除または公的年金等控除の対象	・所得控除の適用はない ・運用益が非課税
運用資金の 引き出し	原則（　エ　）歳までは 中途引き出しができない	いつでも 引き出しできる

※問題作成の都合上、一部を空欄にしてある

<語群>
1．81.6	2．240	3．14.4
4．27.6	5．50	6．60
7．65	8．70	9．120
10．生命保険料控除	11．社会保険料控除	
12．小規模企業共済等掛金控除		

問 32

修司さんは、仮に自分が病気（私傷病）療養のため、休業したときに健康保険から支給される傷病手当金について、ＦＰの向さんに相談をした。修司さんに関する状況は下記＜資料＞のとおりである。＜資料＞に基づき、修司さんに支給される傷病手当金に関する次の記述の（ア）～（ウ）に入る適切な語句を語群の中から選び、その番号のみを解答欄に記入しなさい。なお、修司さんは、全国健康保険協会管掌健康保険（協会けんぽ）の被保険者である。また、記載以外の傷病手当金の受給要件はすべて満たしているものとする。

＜資料＞

[修司さんのデータ]
　・支給開始日以前の継続した１２カ月の各月の標準報酬月額の平均額：
　　３６０，０００円

[傷病手当金の１日当たりの支給額]
　支給開始日以前の継続した１２カ月の各月の標準報酬月額の平均額÷３０
　日×２／３
　※上記の計算における端数処理は、小数点以下第１位を四捨五入すること。

　・傷病手当金は、（　ア　）３日間の待期期間完成の後、４日目から通算
　　（　イ　）を限度に支給される。
　・修司さんに支給される傷病手当金は、１日当たり（　ウ　）である。

＜語群＞
1．通算　　　　　　2．連続　　　　　　3．12,000円
4．6,000円　　　　5．8,000円　　　　6．1年
7．1年6カ月　　　 8．2年

- 218 -

問33

修司さんは、現在居住している自宅の住宅ローンの見直しを検討しており、FPの向さんに質問をした。住宅ローンの見直しに関する次の（ア）～（ウ）の記述について、適切なものには○、不適切なものには×を解答欄に記入しなさい。

（ア）住宅ローンの繰上げ返済に充てられた金額は、全額が元本の返済に充当されるため、その元本に対応する部分の利息の支払いが軽減される。

（イ）借換えにおいては、抵当権の抹消や設定の費用、事務手数料等の諸費用が必要となるため、諸費用も含めて、借換え前後の支払額を比較することが重要である。

（ウ）住宅ローンの条件変更では、返済期間を短くし、月々の返済額を増額すると、他の条件が同じであれば、変更前と比べて、住宅ローンの総返済額も増加する。

問34

修司さんは、相次ぐ地震報道を受けて地震保険に関心を持った。下記＜資料＞を基に計算した修司さんの自宅に係る年間の地震保険料を計算しなさい。なお、修司さんの自宅は、東京都にあるイ構造のマンションで、火災保険の保険金額は1,200万円であり、地震保険は火災保険の保険金額の50％相当額で、本年9月に契約し、建築年割引10％が適用されるものとする。また、解答に当たっては、解答用紙に記載されている単位に従うこと。

＜資料：年間保険料例

（地震保険金額100万円当たり、割引適用なしの場合）の抜粋＞

建物の所在地（都道府県）	建物の構造区分	
	イ構造	ロ構造
千葉県・東京都・神奈川県・静岡県	2,750円	4,110円

※イ構造：主として鉄骨・コンクリート造りの建物

ロ構造：主として木造の建物

【第10問】 下記の（問35）～（問40）について解答しなさい。

<設例>
物品販売業（滝上物産）を営む自営業者の滝上光男さん（青色申告者）は、今後の生活のことや事業のことなどに関して、ＦＰで税理士でもある寺岡さんに相談をした。なお、下記のデータは本年9月1日現在のものである。

Ⅰ．家族構成

氏名	続柄	生年月日	年齢	備考
滝上　光男	本人	19××年　3月28日	55歳	自営業
彰子	妻	19××年12月30日	55歳	青色事業専従者
知美	長女	20××年11月　2日	17歳	高校生

Ⅱ．滝上家の親族関係図

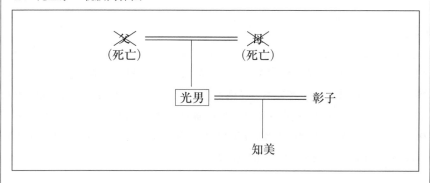

Ⅲ. 滝上家（光男さんと彰子さん）の財産の状況

[資料1：保有資産（時価）]

（単位：万円）

所有者	光男	彰子
金融資産 　預貯金等 　投資信託	1,800 600	450 -
生命保険（解約返戻金相当額）	［資料3］を参照	［資料3］を参照
事業用資産 　店舗（敷地・建物・商品等） 不動産 　土地（自宅の敷地） 　建物（自宅の家屋）	2,480 2,500 600	
その他（動産等）	270	60

注1：記載以外の事業用資産については考慮しないこと。

[資料2：負債残高]

　住宅ローン　　：1,900万円（債務者は光男さん。団体信用生命保険付）

　自動車ローン：100万円（債務者は光男さん）

　事業用借入れ（証書借入れ）：3,400万円（債務者は光男さん）

[資料3：生命保険]

（単位：万円）

保険種類	保険 契約者	被保 険者	死亡 保険金 受取人	保険金額	解約返戻金 相当額	保険期間
定期保険A	光男	光男	彰子	2,000	0	2025年まで
定期保険特約付 終身保険B （終身保険部分） （定期保険部分）	光男	光男	彰子	500 1,500	200 0	終身 2025年まで
終身保険C	光男	光男	彰子	200	80	終身
終身保険D	彰子	彰子	光男	400	150	終身
医療保険E	光男	光男	-	-	-	終身

注2：解約返戻金相当額は、本年現時点で解約した場合の金額である。

注3：医療保険Eには死亡保障はない。

注4：すべての契約において、保険契約者が保険料を全額負担している。

注5：契約者配当および契約者貸付については考慮しないこと。

Ⅳ．その他

上記以外の情報については、各設問において特に指示のない限り一切考慮しないこと。

問 35

　ＦＰの寺岡さんは、まず本年現時点における滝上家（光男さんと彰子さん）のバランスシート分析を行うこととした。下表の空欄（ア）に入る数値を計算しなさい。

＜滝上家（光男さんと彰子さん）のバランスシート＞　　　　　　（単位：万円）

［資産］		［負債］	
金融資産		住宅ローン	××××
預貯金等	××××	自動車ローン	××××
投資信託	××××	事業用借入れ	××××
生命保険	××××		
事業用資産		負債合計	××××
店舗（敷地・建物・商品等）	××××		
不動産			
土地（自宅の敷地）	××××	［純資産］	（　ア　）
建物（自宅の家屋）	××××		
その他（動産等）	××××		
資産合計	××××	負債・純資産合計	××××

問 36

滝上さんが取引をしているＸＸ証券会社から送付された本年分の特定口座年間取引報告書（一部）が下記＜資料＞のとおりである場合、次の記述の空欄（ア）～（ウ）に入る最も適切な語句または数値を語群の中から選び、その番号のみを解答欄に記入しなさい。なお、同じ番号を何度選択してもよいこととする。また、復興特別所得税については考慮しないこと。

＜資料（一部抜粋）＞ （単位：円）

①譲渡の対価の額（収入金額）	②取得費及び譲渡に要した費用の額等	③差引金額（譲渡所得等の金額）（①－②）
2,000,000	2,500,000	（各自計算）

種類		配当等の額	源泉徴収税額（所得税）	配当割額（住民税）	特別分配金の額
特定上場株式等の配当等	④株式、出資または基金	300,000	（各自計算）	（各自計算）	－
	⑦オープン型証券投資信託	100,000	（各自計算）	（各自計算）	50,000
	⑨合計	400,000	（各自計算）	（ ア ）	50,000
⑯譲渡損失の金額		（各自計算）	－	－	
⑰差引金額（⑨－⑯）		（各自計算）	－	－	
⑱納付税額		－	（各自計算）	（各自計算）	
⑲還付税額		－	（ イ ）	（各自計算）	

・滝上さんが本年中に受け取った上場株式等の配当等から源泉徴収された住民税額は（ ア ）円である。
・この特定口座で生じた譲渡損失とこの特定口座で受け入れた上場株式等の配当等とが損益通算された結果、還付された所得税額は（ イ ）円である。
・翌年以降に繰り越すことのできる譲渡損失の額は、（ ウ ）円である。

＜語群＞

1. ゼロ	2. 20,000	3. 30,000
4. 40,000	5. 60,000	6. 80,000
7. 100,000	8. 300,0000	

問 37

　＜資料＞の空欄（ア）にあてはまる光男さんの本年分の事業所得の金額の数値を計算しなさい。なお、光男さんは青色申告の承認を受けており、青色申告決算書（貸借対照表を含む）を添付し、国税電子申告・納税システム（e‐Tax）を利用して電子申告を確定申告の期限内に行うものとし、解答用紙に記載されている単位に従うこと。

＜資料（一部抜粋）＞

[損益計算書]

科　目		金額（円）	科　目			金額（円）
売上（収入）金額 （雑収入を含む）	①	48,000,000	各種引当金・準備金等	繰戻額等	貸倒引当金 ㉞	
売上原価	期首商品棚卸高 ②	2,800,000			省　略	
	仕　入　金　額 ③	20,000,000				
	小計 ④	22,800,000			㊲	
	期末商品棚卸高 ⑤	4,000,000		繰入額等	専従者給与 ㊳	3,000,000
	差　引　原　価 ⑥	18,800,000			貸倒引当金 ㊳	0
差　引　金　額 ⑦		＊＊＊			省　略	
経費	減　価　償　却　費 ⑱	1,600,000			計 ㊷	3,000,000
	省　略		青色申告特別控除前 の所得金額 ㊸			＊＊＊
	雑　　　　　費 ㉛	100,000	青色申告特別控除額 ㊹			650,000
	計 ㉜	12,900,000	所　得　金　額 ㊺			（ア）
差　引　金　額 ㉝		＊＊＊				

※問題作成の都合上、一部を「＊＊＊」としている。

問38

光男さんは、老後の生活の安定のために小規模企業共済に加入することを検討しており、FPの寺岡さんに制度の概要について質問をした。小規模企業共済に関する次の記述のうち、最も適切なものはどれか。

1. 加入できるのは、常時使用する従業員の数が100人以下（卸売業、小売業等は20人以下）の個人事業主（共同経営者を含む）や会社等の役員である。
2. 小規模企業共済とiDeCo（個人型確定拠出年金）は同時に加入することができる。
3. 掛金の月額は、1,000円から68,000円までの範囲内（500円単位）で自由に設定することができる。
4. 掛金は、所得税における小規模企業共済等掛金控除として、支払った全額を所得税額から控除することができる。

問39

光男さんは、国民年金基金に加入しているが、妻の彰子さんの加入も検討しており、FPの寺岡さんに制度の概要について質問をした。国民年金基金に関する次の記述のうち、最も不適切なものはどれか。

1. 国民年金基金には、国民年金保険料を納付している国民年金第1号被保険者のほか、日本国内に住所を有する60歳以上65歳未満の国民年金の任意加入被保険者等も加入できる。
2. 光男さんが自分の掛金に加えて、彰子さんの分を光男さんが支払った場合には、支払った全額が社会保険料控除の対象となる。
3. 国民年金基金に加入している者は、個人型確定拠出年金に加入できないが、国民年金の付加年金の保険料を納付することができる。
4. 国民年金基金の老齢年金には終身年金と確定年金があり、受け取る年金は雑所得として公的年金等控除の対象となる。

問40

　光男さんの弟である春男さん（53歳）は、病気療養のため本年8月に18日間入院した。退院する際に支払った保険診療分の医療費（窓口での自己負担分）が24万円、その他、入院時の食事代が1万円、差額ベッド代が18万円であった場合、下記<資料>に基づく高額療養費として春男さんに支給される額（多数該当は考慮しない）として、正しいものはどれか。なお、春男さんは全国健康保険協会管掌健康保険（協会けんぽ）の被保険者であり、春男さんの標準報酬月額は36万円であるものとする。また、病院に「健康保険限度額適用認定証」の提示はしていないものとし、同月中に<資料>以外の医療費はないものとする。

<資料>

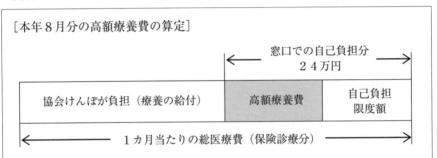

［本年8月分の高額療養費の算定］

［医療費の1カ月当たりの自己負担限度額（70歳未満の人）］

所得区分	自己負担限度額（月額）
標準報酬月額 83万円以上	252,600円+（総医療費−842,000円）×1%
標準報酬月額 53万円～79万円	167,400円+（総医療費−558,000円）×1%
標準報酬月額 28万円～50万円	80,100円+（総医療費−267,000円）×1%
標準報酬月額 26万円以下	57,600円
低所得者 （住民税非課税世帯）	35,400円

1. 80,100円

2. 85,430円

3. 154,570円

4. 159,900円

FP　2級　学科

2024年度
ファイナンシャル・プランニング技能検定

2級 学科試験

試験時間 ◆ 120分

★ 注意事項 ★

1. 本試験の出題形式は、四答択一式60問です。

2. 筆記用具、計算機（プログラム電卓等を除く）の持込みが認められています。

3. 試験問題については、特に指示のない限り、2024年4（10）月1日現在
   施行の法令等に基づいて解答してください。なお、東日本大震災の被災者
   等に対する各種特例等については考慮しないものとします。

マイナビ

FP試験対策プロジェクト

問題 1

ファイナンシャル・プランナー（以下「FP」という）の顧客に対する行為に関する次の記述のうち、職業倫理や関連法規に照らし、最も不適切なものはどれか。

1. 顧客から公正証書遺言の作成時に証人になることを要請されたFPが、証人の欠格事由に該当しないことを確認した上で、適正な対価を受けて証人になった。
2. 司法書士資格や弁護士資格を有しないFPが、顧客からの要請により、有償で当該顧客の任意後見受任者となった。
3. 司法書士の資格を有しないFPが、住宅ローンを完済した顧客から、抵当権の抹消登記について相談を受け、申請書を作成して、登記手続きを代行した。
4. 生命保険募集人や損害保険募集人でないFPが、生命保険の必要保障額を試算したり、生命保険や損害保険の商品の保障（補償）内容についてアドバイスをした。

問題 2

ライフプランニングにおいて活用される各種係数に関する次の記述のうち、最も不適切なものはどれか。

1. 一定の利率で複利運用しながら一定期間後の元利合計額を試算する場合、現在保有する資金の額に乗じる係数は、終価係数である。
2. 一定の利率で複利運用しながら一定期間後に目標とする額を得るために必要な毎年の積立額を試算する場合、目標とする額に乗じる係数は、減債基金係数である。
3. 一定の利率で複利運用しながら一定期間、毎年一定金額を積み立てた場合の一定期間後の元利合計額を試算する場合、毎年の積立額に乗じる係数は、年金終価係数である。
4. 一定の利率で複利運用しながら一定期間、毎年一定金額を受け取るために必要な元本を試算する場合、毎年受け取りたい金額に乗じる係数は、資本回収係数である。

問題　3

公的医療保険に関する次の記述のうち、最も適切なものはどれか。

1. 全国健康保険協会管掌健康保険（協会けんぽ）の一般保険料率は全国一律であるが、介護保険料率は都道府県ごと保険料率が異なる。
2. 健康保険の適用事業所に常時使用される７５歳未満の者は、原則として、全国健康保険協会管掌健康保険（協会けんぽ）または組合管掌健康保険に加入することになる。
3. 健康保険の任意継続被保険者となるためには、健康保険の被保険者資格を喪失した日の前日まで継続して２年以上の被保険者期間が必要である。
4. 個人事業主などが被保険者となる国民健康保険は、国が保険者として運営している。

問題　4

国民年金の保険料に関する次の記述のうち、最も不適切なものはどれか。

1. 第１号被保険者で障害基礎年金を受給している者は、原則として、所定の届出により、保険料の納付が免除される。
2. 学生を除く５０歳未満の第１号被保険者は、本人および配偶者の前年の所得（１月から６月までの月分の保険料については前々年の所得）がそれぞれ一定金額以下の場合、所定の申請により、保険料納付猶予制度の適用を受けることができる。
3. 第１号被保険者である大学生は、本人の所得金額の多寡にかかわらず、所定の申請により、学生納付特例制度の適用を受けることができる。
4. 第１号被保険者が出産する場合、所定の届出により、出産予定月の前月から４ヵ月間（多胎妊娠の場合は出産予定月の３ヵ月前から６ヵ月間）、保険料の納付が免除される。

問題　5

老齢厚生年金に関する次の記述のうち、最も適切なものはどれか。

1. ６５歳以上の厚生年金保険の被保険者に支給される老齢厚生年金は、在職老齢年金の仕組みにより、その受給権者の総報酬月額相当額と基本月額との合計額が５０万円（本年度価額）を超えた場合、超える部分の２分の１が支給停止となる。
2. 厚生年金保険適用事業所に勤めていても、７０歳以降は厚生年金保険の被保険者とはならないため、７０歳以降は在職老齢年金の仕組みは適用されない。
3. 老齢厚生年金の加給年金は、その受給権者に、所定の要件を満たす配偶者または子があり、原則として、厚生年金保険の被保険者期間が２５年以上あることが支給要件とされる。
4. ２０２２年４月１日以降に６０歳に到達する者の老齢厚生年金の繰上げ支給による減額率は、繰り上げた月数に０.５％を乗じて得た率で最大３０％となる。

問題　6

公的年金の遺族給付に関する次の記述のうち、最も適切なものはどれか。

1. 遺族基礎年金を受給することができる遺族は、国民年金の被保険者等の死亡当時その者によって生計を維持し、かつ、所定の要件を満たす「子のある妻」または「子」である。
2. 国民年金の第１号被保険者としての保険料納付済期間が３６月以上ある者が、老齢基礎年金または障害基礎年金の支給を受けないまま死亡し、遺族基礎年金の支給を受けられる遺族がいない場合、死亡した者と生計を同じくしていた一定の遺族に死亡一時金が支給される。
3. 厚生年金保険の被保険者である夫が死亡し、子のない３０歳未満の妻が遺族厚生年金の受給権を取得した場合、その妻に対する遺族厚生年金の支給期間は、最長で１０年間である。
4. 遺族厚生年金の年金額は、原則として、死亡した者の厚生年金保険の被保険者記録を基に計算された老齢厚生年金の報酬比例部分の３分の２相当額である。

問題　7

確定拠出年金に関する次の記述のうち、最も適切なものはどれか。

1. 個人型年金の加入者が国民年金の第1号被保険者である場合、掛金の拠出限度額は年額840,000円である。
2. 個人型年金の加入者が国民年金の第3号被保険者である場合、掛金の拠出限度額は年額276,000円である。
3. 確定拠出年金の通算加入者等期間が10年以上である場合、老齢給付金は最も早くて65歳から受給することができる。
4. 一時金で受け取る老齢給付金は、一時所得として所得税の課税対象となる。

問題　8

奨学金および教育ローンに関する次の記述のうち、最も適切なものはどれか。

1. 日本学生支援機構の貸与型奨学金は、原則として、連帯保証人および保証人による人的保証と日本国際教育支援協会による機関保証の両方の保証が必要となる。
2. 日本学生支援機構の給付型奨学金は、海外留学資金として利用することはできない。
3. 日本学生支援機構の奨学金と日本政策金融公庫の教育一般貸付（国の教育ローン）は、重複して利用することができる。
4. 日本政策金融公庫の教育一般貸付（国の教育ローン）の融資限度額は、外国の教育施設に3ヵ月以上在籍する資金として利用する場合は学生・生徒1人につき350万円である。

問題 9

　住宅金融支援機構と金融機関が提携する住宅ローンであるフラット35（買取型）に関する次の記述のうち、最も適切なものはどれか。

1．フラット35の返済方法は、元利均等返済または元金均等返済から選ぶことができる。
2．店舗併用住宅などの併用住宅を建築する場合、住宅部分・非住宅部分の床面積の割合に関係なく、フラット35を利用することができる。
3．フラット35の利用者向けインターネットサービスである「住・Ｍｙ Ｎｏｔｅ」を利用して繰上げ返済する場合、一部繰上げ返済の最低返済額は１００万円である。
4．フラット35の融資額は、住宅の建設費または購入価額以内で、最高１億円である。

問題 10

　中小企業による金融機関からの資金調達に関する次の記述のうち、最も適切なものはどれか。

1．手形貸付は、借入れについての内容や条件等を記載した金銭消費貸借契約証書によって資金を調達する方法である。
2．信用保証協会保証付融資（マル保融資）の対象となる企業には、業種に応じた資本金または常時使用する従業員数の要件はない。
3．ＡＢＬ（動産・債権担保融資）は、企業が保有する売掛債権等の債権や在庫・機械設備等の動産を担保として資金を調達する方法である。
4．インパクトローンは、米ドル等の外貨によって資金を調達する方法であり、その資金使途は限定されている。

問題　11

保険法に関する次の記述のうち、最も不適切なものはどれか。

1. 保険法では、保険契約者と被保険者が異なる死亡保険契約は、その加入に当たって、被保険者の同意が必要とされる。
2. 保険法では、告知義務に関して、同法の規定よりも保険契約者、被保険者にとって不利な内容である約款の定めは、適用除外となる一部の保険契約を除き、無効となる旨が定められている。
3. 保険法は、保険契約と同等の内容を有する共済契約についても適用対象となる。
4. 保険法では、保険金等の支払時期に関する規定が設けられており、同法の施行日後に締結された保険契約に限って適用される。

問題　12

死亡保障を目的とする生命保険の一般的な商品性に関する次の記述のうち、最も適切なものはどれか。なお、特約については考慮しないものとする。

1. 逓減定期保険は、保険期間の経過に伴い所定の割合で保険金額および保険料が逓減する。
2. 終身保険の保険料は、被保険者の年齢、死亡保険金額、保険料払込期間など契約内容が同一の場合、一般に、被保険者が女性である方が男性であるよりも高い。
3. 特定疾病保障定期保険は、被保険者がガン、急性心筋梗塞、脳卒中以外で死亡した場合には、死亡保険金は支払われない。
4. 変額保険（終身型）は、一般に、契約時に定めた保険金額（基本保険金額）が保証されている。

問題　13

　所得税の生命保険料控除に関する次の記述のうち、最も適切なものはどれか。なお、他の要件は満たしているものとする。

1. 本年中に契約した一時払定額個人年金保険の保険料は、支払った年のみ、個人年金保険料控除の対象となる。
2. 本年に契約した特定（三大）疾病保障定期保険の保険料は、介護医療保険料控除の対象となる。
3. 外貨建て終身保険は、円貨建ての終身保険と異なり、支払った保険料は生命保険料控除の対象とならない。
4. ２０１１年１２月３１日までに締結した医療保険（更新型）の保険料は、更新月の前月までは一般の生命保険料控除の対象となり、今後、更新した月以後は、介護医療保険料控除の対象となる。

問題　14

　生命保険の税金に関する次の記述のうち、最も適切なものはどれか。なお、いずれも契約者（＝保険料負担者）および保険金・給付金等の受取人は個人であるものとする。

1. 一時払終身保険を保険期間の初日から３年８ヵ月で解約して契約者が受け取った解約返戻金は、一時所得として総合課税の対象となる。
2. 契約者と被保険者が同一人である終身保険において、被保険者がリビング・ニーズ特約に基づいて受け取った特約保険金は、一時所得として課税の対象となる。
3. 契約者と被保険者が同一人である医療保険において、被保険者が疾病の治療により入院したことで受け取った入院給付金は、一時所得として課税の対象となる。
4. 契約者と被保険者が同一人である養老保険において、被保険者の相続人ではない者が受け取った死亡保険金は、贈与税の課税対象となる。

問題　15

　法人を契約者（＝保険料負担者）とする生命保険に係る保険料の経理処理に関する次の記述のうち、最も適切なものはどれか。なお、いずれも保険料は年払いで、いずれの保険契約も新たに締結したものとする。

1．被保険者が役員のみ、死亡保険金受取人が被保険者の遺族、満期保険金受取人が法人である養老保険の支払保険料は、その2分の1相当額を資産に計上し、残額を福利厚生費として損金の額に算入することができる。
2．被保険者が役員、死亡保険金受取人が法人で、最高解約返戻率が80％である定期保険（保険期間10年）の支払保険料は、保険期間の前半4割相当期間においては、その40％相当額を資産に計上し、残額を損金の額に算入することができる。
3．被保険者が役員、死亡保険金受取人が法人である終身保険の支払保険料は、その全額を資産に計上する。
4．被保険者が役員、給付金受取人が法人である解約返戻金のない医療保険の支払保険料は、資産に計上する。

問題　16

　傷害保険の一般的な商品性に関する次の記述のうち、最も適切なものはどれか。

1．家族傷害保険の被保険者は、被保険者本人、配偶者、被保険者本人または配偶者と生計を共にする同居の親族および別居の未婚の子であり、その続柄は事故発生時におけるものによる。
2．普通傷害保険では、日本国外における業務中の事故によるケガは補償の対象とならない。
3．国内旅行傷害保険では、国内旅行中にかかった細菌性食中毒は補償の対象とならない。
4．海外旅行保険では、日本を出国してから帰国するまでの間の事故によって被った損害を補償の対象としており、国内移動中の事故によって被った損害は補償の対象とならない。

問題　17

任意加入の自動車保険の一般的な商品性に関する次の記述のうち、最も不適切なものはどれか。

1. 被保険自動車を運転中、脇見運転により、前の自動車に追突し、被保険者がケガを負った場合、被保険者の過失割合が１００％でも、保険金額の範囲内で損害額の全額が人身傷害補償保険の補償の対象となる。
2. 対物賠償保険では、被保険者が被保険自動車の運転中の事故により、他の自動車に損害を与えた場合、損害賠償として支払われる保険金は、被害者の過失割合に応じて減額される。
3. 被保険自動車が洪水や高潮で水没した場合の損害は、一般条件の車両保険の補償の対象となる。
4. 運転免許失効中の被保険者が自動車を運転中に交通事故で他人を死傷させた場合、その損害は対人賠償保険では補償の対象外となる。

問題　18

地震保険料控除に関する次の記述のうち、最も適切なものはどれか。

1. 地震保険料控除の控除限度額は、所得税では４０，０００円、住民税では２８，０００円である。
2. 地震保険の保険期間が１年を超える長期契約で、地震保険料を一括で支払った場合、その全額が支払った年分の地震保険料控除の対象となる。
3. 店舗併用住宅の所有者が、当該家屋を保険の対象とする火災保険に地震保険を付帯して契約した場合、当該家屋全体の９０％以上を居住の用に供しているときは、支払った地震保険料の全額を居住用として地震保険料控除を計算できる。
4. 居住用家屋を保険の対象とする地震保険の保険料は、その家屋の所有者と契約者（＝保険料負担者）が同一人である場合に限り、地震保険料控除の対象となる。

問題 19

契約者（＝保険料負担者）を法人とする損害保険に係る経理処理に関する次の記述のうち、最も不適切なものはどれか。

1. 法人が所有する建物について長期の火災保険に加入し、保険料を一括で支払った場合、支払った保険料のうち当該事業年度に係る部分については損金の額に算入することができる。
2. 業務中の事故で従業員が死亡し、普通傷害保険の死亡保険金が保険会社から従業員の遺族へ直接支払われた場合、法人は死亡保険金の一部を死亡退職金として損金の額に算入することができる。
3. 法人が所有する業務用自動車が交通事故で全損となり、受け取った自動車保険の車両保険の保険金で同一事業年度内に代替となる車両を取得した場合、所定の要件に基づき圧縮記帳が認められる。
4. 積立普通傷害保険の満期返戻金と契約者配当金を法人が受け取った場合、いずれも全額を益金の額に算入し、それまで資産計上していた積立保険料の累計額を取り崩して損金の額に算入することができる。

問題 20

第三分野の保険の一般的な商品性に関する次の記述のうち、最も適切なものはどれか。

1. 特定疾病保障保険は、ガンに罹患して特定疾病保険金が支払われた後も契約が存続し、ガンが再発した場合には、1度目の再発に限り特定疾病保険金が支払われる。
2. 所得補償保険は、被保険者が保険会社所定の病気により就業不能になった場合には補償の対象となるが、ケガにより就業不能になった場合には補償の対象とならない。
3. ガン保険は、契約日から2カ月経過以降に被保険者がガンと診断された場合、診断給付金が支払われる。
4. 医療保険（更新型）は、所定の年齢の範囲内であれば、保険期間中に入院給付金を受け取ったとしても、契約を更新することができる。

問題　21

　内閣府が公表する景気動向指数に関する次の記述のうち、最も適切なものはどれか。

1．景気動向指数の遅行系列に採用されているものには、消費者物価指数、新規求人数等がある。
2．景気動向指数に採用されている指数は、先行指数が11系列、一致指数が10系列、遅行指数が9系列の合計30系列となっている。
3．景気動向指数の先行系列に採用されているものには、新設住宅着工床面積、完全失業率等がある。
4．景気動向指数の一致系列に採用されているものには、有効求人倍率（除学卒）、法人税収入等がある。

問題　22

　銀行等の金融機関で取り扱う預金等の一般的な商品性に関する次の記述のうち、最も適切なものはどれか。

1．貯蓄預金は、クレジットカード利用代金などの自動振替口座や、給与や年金などの自動受取口座として利用することができる。
2．当座預金は、公共料金などの自動振替口座として利用することはできるが、株式の配当金の自動受取口座として利用することはできない。
3．スーパー定期は、市場金利の動向等に応じて、各金融機関が預金金利を設定する。
4．ゆうちょ銀行の預入限度額は、通常貯金と定期性貯金（財形貯金各種を除く）を合わせて1,300万円である。

問題　23

一般的な投資信託の分類方法に関する次の記述のうち、最も不適切なものはどれか。

1. 株式をまったく組み入れていない証券投資信託でも、約款上、株式に投資することができれば、株式投資信託に分類される。
2. 契約型投資信託は、運用会社と信託銀行等が信託契約を結ぶことで組成され、会社型投資信託は、投資を目的とする法人を設立することで組成される。
3. 公募投資信託は、不特定多数の投資家に取得させることを目的としており、私募投資信託は、機関投資家等の特定または少数の投資家に取得させることを目的としている。
4. 単位型投資信託は、投資信託が運用されている期間中いつでも購入でき、追加型投資信託は、当初募集期間にのみ購入できる。

問題　24

上場投資信託（ETF）に関する次の記述のうち、最も不適切なものはどれか。

1. 上場投資信託（ETF）の分配金を受け取るためには、ETFの決算日（権利確定日）において所有者になっている必要がある。
2. ETFを市場で売買する際に支払う委託手数料は、証券会社により異なる。
3. 証券取引所を通じて行うETFの売買取引では、現物取引のほか、信用取引も行うことができる。
4. ETFを証券取引所の立会時間中に売買する場合、成行注文はできるが、指値注文はできない。

第3回目　学科試験

問題　25

　債券のイールドカーブ（利回り曲線）およびデュレーションの一般的な特徴等に関する次の記述のうち、最も不適切なものはどれか。

1．イールドカーブは、景気がよいときに中央銀行が金融引締めを行うとスティープ化し、景気が悪いときに中央銀行が金融緩和を行うとフラット化する傾向がある。
2．イールドカーブの形状は、通常、右上がりの順イールドであるが、急激な金融引締め時に右下がりの逆イールドとなる傾向がある。
3．デュレーション（債券への投資資金の平均回収期間、債券投資における金利変動に対する債券価格の感応度）について、他の条件が同じであれば、債券の表面利率が低いほど、また残存期間が長いほど、デュレーションは大きくなる。
4．割引債券のデュレーションは、一定期間ごとに利息収入がないため残存期間と等しくなり、利付債は、一定期間ごとに利息を受け取ることができる分、残存期間よりも短くなる。

問題　26

　株式指標の一般的な特徴に関する次の記述のうち、最も適切なものはどれか。

1．PER（倍）は、「株価÷1株当たり経常利益」の算式により計算され、業種および事業内容が同一である場合、数値が高いほど割高と考えられる。
2．PBR（倍）は、「株価÷1株当たり総資産」の算式により計算され、これが1倍を下回ると、理論上、株価は解散価値を下回っていることを示す。
3．ROE（自己資本利益率）は、「当期純利益÷自己資本×100（％）」により求められ、数値が高いほど、会社が自己資本を効率的に活用して利益を上げていると評価できる。
4．配当利回り（％）は、「配当金総額÷純資産×100」の算式により計算され、この値が高いほど投資価値が高いと考えられる。

問題　27

金融派生商品に関する次の記述のうち、最も不適切なものはどれか。

1．先物取引には、証拠金を預けることによって、それよりも多額の取引ができるという現物取引にはない特徴があり、これをレバレッジ効果という。
2．ヘッジ取引には、将来の価格上昇リスク等を回避または軽減する売りヘッジと将来の価格下落リスク等を回避または軽減する買いヘッジがある。
3．現物と反対のポジションの先物を保有することなどにより、価格変動リスク等を回避または軽減することを狙う取引を、ヘッジ取引という。
4．先物の将来の価格を予想してポジションを取り、予想どおりの方向に変動したときに、反対売買を行って利益を確定する取引を、スペキュレーション取引という。

問題　28

上場株式の譲渡および配当（一定の大口株主等が受けるものを除く）および特定公社債の譲渡および利子に係る税金に関する次の記述のうち、最も不適切なものはどれか。

1．上場株式等の配当金について、申告分離課税を選択して確定申告をした場合、配当控除の適用を受けることができる。
2．上場株式等の譲渡損失を翌年以降に繰り越すには、特定口座の源泉徴収選択口座を選択している場合でも、確定申告が必要となる。
3．上場株式等の譲渡損失は、特定公社債の利子等に係る利子所得と損益通算することができる。
4．特定公社債の譲渡所得等および利子所得は、申告分離課税の対象となる。

問題 29

ポートフォリオ理論に関する次の記述のうち、最も適切なものはどれか。

1. ポートフォリオの期待収益率は、組み入れた各資産の期待収益率を組入比率で加重平均した値となる。
2. 株式のポートフォリオにおいて、組入銘柄数を増やすことにより、システマティック・リスクを低減することができる。
3. ポートフォリオのリスクは、組み入れた各資産のリスクを組入比率で加重平均した値よりも大きくなる。
4. 異なる2資産からなるポートフォリオにおいて、2資産間の相関係数が1である場合、ポートフォリオを組成することによる分散投資の効果（リスクの低減効果）は最大となる。

問題 30

わが国における個人による金融商品取引に係るセーフティネットに関する次の記述のうち、最も不適切なものはどれか。

1. 国内銀行に預け入れられている円預金のうち、財形貯蓄や確定拠出年金制度で運用されている預金も、預金保険制度による保護の対象となる。
2. 国内銀行に預け入れた外貨預金は預金保険制度による保護の対象となるが、外国銀行の在日支店に預け入れた外貨預金は預金保険制度による保護の対象とならない。
3. 国内銀行に預け入れた決済用預金は、その金額の多寡にかかわらず、全額が預金保険制度による保護の対象となる。
4. 証券会社が破綻し、分別管理が適切に行われていなかったために、一般顧客の資産の一部または全部が返還されない事態が生じた場合、日本投資者保護基金により、補償対象債権に係る顧客資産について一般顧客1人当たり1,000万円を上限として補償される。

問題　31
　所得税の原則的な仕組みに関する次の記述のうち、最も適切なものはどれか。

1．所得税では、課税対象となる所得を8種類に区分して、それぞれの所得の種類ごとに定められた計算方法により所得の金額を計算する。
2．非居住者は国内源泉所得についてのみ所得税の納税義務がある。
3．所得税は、納税者が申告をした後に、税務署長が所得や納付すべき税額を決定する賦課課税方式を採用している。
4．課税総所得金額に対する所得税額は、課税総所得金額の多寡にかかわらず、一律の税率により計算する。

問題　32
　次のうち、所得税の計算において分離課税の対象とならないものはどれか。

1．契約者（＝保険料負担者）が一時払養老保険から受け取った死亡保険金に係る所得
2．会社員が定年退職により会社から受け取った退職一時金に係る所得
3．上場株式を売却したことによる所得
4．自己の居住用財産を売却したことによる所得

問題　33
　所得税における各種所得に関する次の記述のうち、最も適切なものはどれか。

1．会社員が勤務先から無利息で金銭を借り入れたことによる経済的利益は、利子所得に該当する。
2．貸付けが事業的規模で行われているアパート経営の賃貸収入に係る所得は、事業所得に該当する。
3．賃貸していた土地および建物を売却したことによる所得は、不動産所得に該当する。
4．専業主婦が金地金を売却したことによる所得は、譲渡所得に該当する。

問題　34

　Aさんの本年分の所得の金額が下記のとおりであった場合の所得税における総所得金額として、最も適切なものはどれか。なお、▲が付された所得の金額は、その所得に損失が発生していることを意味するものとする。

給与所得の金額	５００万円
不動産所得の金額	▲４０万円（不動産所得を生ずべき土地の取得に要した負債の利子２０万円を含む金額、国内不動産の貸付）
譲渡所得の金額	▲１００万円（ゴルフ会員権を譲渡したことによるもの）
一時所得	５０万円（生命保険の満期保険金による所得）

1．４３０万円
2．５０５万円
3．５３０万円
4．５５０万円

問題　35

　所得税における所得控除に関する次の記述のうち、最も適切なものはどれか。

1．基礎控除は、納税者本人の合計所得金額を問わず、誰でも４８万円を控除することができる。
2．配偶者控除および配偶者特別控除は、納税者本人の合計所得金額が１，０００万円を超える場合、控除することができない。
3．扶養控除の対象となる控除対象扶養親族のうち、同居老親等とは納税者またはその配偶者の直系尊属で同居している６５歳以上の老人扶養親族をいう。
4．控除対象扶養親族のうち、特定扶養親族とは、その年の１２月３１日現在の年齢が１９歳以上２３歳未満の者をいい、控除額は５８万円である。

問題 36

新たに本年中に新築住宅（省エネ基準適合住宅、ＺＥＨ水準省エネ住宅、認定住宅）を取得・入居した場合の所得税における住宅借入金等特別控除（以下、「住宅ローン控除」という）に関する次の記述のうち、最も適切なものはどれか。なお、記載されたもの以外の要件はすべて満たしているものとする。

1. 住宅ローン控除を受けようとする年の合計所得金額は３，０００万円以下でなければならない。
2. 住宅ローン控除の控除額は、住宅ローン等の年末残高の合計額（限度額あり）に控除率１％を乗じて求められる。
3. 住宅ローン控除の適用を受ける場合、居住の用に供した年分以後１０年間、各年分の所得税額から控除することができる。
4. 住宅ローン控除の適用を受けるためには、その対象となる家屋を取得等した日から６カ月以内に自己の居住の用に供さなければならない。

問題 37

所得税の青色申告の特典に関する次の記述のうち、最も適切なものはどれか。

1. 青色申告者が確定申告の期限後に確定申告書を提出した場合、受けられる青色申告特別控除額は最大１０万円となる。
2. 青色申告者に損益通算してもなお控除しきれない損失の金額（純損失の金額）が生じた場合、翌年以後最長で７年にわたり繰り越して、各年分の所得金額から控除することができる。
3. 事業所得を生ずる業務を営む納税者が配偶者に青色事業専従者給与を支払った場合、その支払った額が一定額以下であり、納税者の合計所得金額が一定額以下であれば、支払った給与を必要経費に算入することに加えて、配偶者控除の適用を受けることができる。
4. 事業的規模でない不動産所得を生ずべき業務を行っている青色申告者と生計を一にする配偶者がその業務に専従している場合、所定の届出により、その配偶者に支払った給与を青色事業専従者給与として必要経費に算入することができる。

問題　38

　法人税の仕組みに関する次の記述のうち、最も不適切なものはどれか。

1．法人税額は、各事業年度の確定した決算に基づく当期純利益の額に税率を乗じて算出される。
2．法人税法上の法人には、普通法人、公益法人等、人格のない社団等などの種類があり、それぞれの種類について納税義務の有無や課税所得等の範囲が定められている。
3．法人税の確定申告による納付は、原則として、各事業年度終了の日の翌日から2ヵ月以内にしなければならない。
4．法人税の納税地は、法人の本店または主たる事務所の所在地である。

問題　39

　法人税に関する次の記述のうち、最も不適切なものはどれか。

1．法人が納付した法人税の本税および法人住民税の本税は、その全額を損金の額に算入することができない。
2．会社が役員に支給した退職金は、不相当に高額な部分を除き、支給する金額が確定した事業年度に損金に算入することができる。
3．法人が支払う固定資産税、都市計画税、印紙税、事業所税は、損金に算入することができる。
4．法人が減価償却費として損金経理した金額のうち、償却限度額を超える部分の金額は、その事業年度の損金の額に算入することができる。

問題　40

消費税に関する次の記述のうち、最も適切なものはどれか。

1. 簡易課税制度の適用を受けた事業者は、課税売上高に従業員数に応じて定められたみなし仕入率を乗じて仕入に係る消費税額を計算する。
2. 課税事業者は、免税事業者に対して支払った消費税全額を仕入税額として控除することができる。
3. 「消費税課税事業者選択届出書」を提出して消費税の課税事業者となった法人は、事業を廃止した場合を除き、原則として2年間は消費税の免税事業者となることができない。
4. 消費税の課税事業者である個人事業者は、原則として、消費税の確定申告書をその年の翌年3月15日までに納税地の所轄税務署長に提出しなければならない。

問題　41

土地の価格に関する次の記述のうち、最も不適切なものはどれか。

1. 都道府県地価調査の基準地の標準価格は、毎年7月1日を価格判定の基準としている。
2. 相続税路線価は、地価公示の公示価格の80％を価格水準の目安として設定されている。
3. 評価替えの基準年度における固定資産税評価額は、前年の公示価格の60％を価格水準の基準として決定されている。
4. 固定資産課税台帳に登録する土地の価格は、市町村長が決定する。

問題　42

　宅地建物取引業法に関する次の記述のうち、最も不適切なものはどれか。なお、買主は宅地建物取引業者ではないものとする。

1．宅地建物取引業者は、自ら売主となる宅地・建物の売買契約を締結したときは、当該買主に、遅滞なく、宅地建物取引士をして、宅地建物取引業法第35条に規定する重要事項を記載した書面を交付して説明をさせなければならない。

2．宅地建物取引業者は、自ら売主となる宅地・建物の売買契約の締結に際して、売買代金の2割を超える額の手付を受領することができない。

3．宅地建物取引業者が、宅地・建物の貸借の媒介を行う場合に、貸主・借主の双方から受け取ることのできる報酬の合計額の上限は、賃料の1ヵ月分に相当する額である。

4．専任媒介契約の有効期間は、3ヵ月を超えることができず、これより長い期間を定めたときは、3カ月とされ、3カ月を超える部分が無効とされる。

問題　43

　不動産の売買契約における民法上の留意点に関する次の記述のうち、最も適切なものはどれか。なお、記載のない特約については考慮しないものとする。

1．買主に債務の履行不能が生じた場合、売主が契約を解除するためには、相当の期間を定めて履行の催告をしなければならない。

2．買主が売主に解約手付を交付した場合、買主が契約の履行に着手するまでは、売主は、受領した手付金を買主に現実に提供することにより、契約を解除することができる。

3．土地の売買契約において、その土地の登記記録の面積と実測面積とが相違していても、その面積の差に基づく売買代金の増減精算は行わないという旨の特約は有効である。

4．民法上、売主が種類または品質に関して契約内容に適合しない目的物を買主に引き渡した場合、買主は不適合を知ったときから2年以内に売主に対してその旨を通知しなければ、不適合を理由とする追完請求、代金減額請求、損害賠償請求、契約の解除はできない。

問題　44

　民法および借地借家法に関する次の記述のうち、最も不適切なものはどれか。なお、本問においては、同法における定期建物賃貸借契約を定期借家契約といい、それ以外の建物賃貸借契約を普通借家契約という。

1. 賃借人は、建物の引渡しを受けた後にこれに生じた損傷であっても、通常の使用および収益によって生じた建物の損耗および経年変化については、賃貸借終了時、原状に復する義務を負わない。
2. 期間の定めがある普通借家契約において、賃借人は、正当の事由があると認められるときでなければ、賃貸人に対して更新しない旨の通知をすることができない。
3. 定期借家契約は、公正証書以外の書面（電磁的記録を含む）によって、締結することができる。
4. 定期借家契約では、賃貸借期間が1年以上の場合、賃貸人は、原則として、期間満了の1年前から6ヵ月前までの間に賃借人に対して期間満了により契約が終了する旨の通知をしなければ、その終了を賃借人に対抗することができない。

問題　45

　都市計画法に関する次の記述のうち、最も適切なものはどれか。

1. 市街化調整区域内において、農業を営む者の居住の用に供する建築物の建築を目的として行う開発行為は都道府県知事の許可が必要である。
2. 開発許可を受けた開発区域内の土地においては、開発行為に関する工事完了の公告があるまでの間は、原則として、建築物を建築することができない。
3. 土地の区画形質の変更は、建築物の建築や特定工作物の建設の用に供することを目的としていない場合であっても、開発行為に該当する。
4. 土地区画整理事業、市街地再開発事業の施行として行う開発行為は、都市計画法に基づく都道府県知事等の許可が必要である。

問題　46

　都市計画区域および準都市計画区域内における建築基準法の規定に関する次の記述のうち、最も不適切なものはどれか。

1．第一種低層住居専用地域、第二種低層住居専用地域、田園住居地域の建築物の高さは、原則として１０ｍまたは１２ｍを超えてはならない。

2．全ての用途地域で適用される斜線制限は、隣地斜線制限である。

3．北側斜線制限は、第一種低層住居専用地域内の建築物は適用されるが、商業地域内の建築物には適用されない。

4．日影規制（日影による中高層の建築物の高さの制限）は、原則として、工業専用地域、工業地域、商業地域では適用されない。

問題　47

　建物の区分所有等に関する法律に関する次の記述のうち、最も適切なものはどれか。

1．区分所有者であっても希望すれば管理組合を任意に脱退できる。

2．区分所有建物のうち、構造上の独立性と利用上の独立性を備えた建物の部分は、区分所有権の目的となる専有部分であり、規約によって共用部分とすることはできない。

3．建替え決議を除く集会の招集の通知は、規約で別段の定めをしない限り、開催日の少なくとも１週間前までに会議の目的たる事項を示して各区分所有者に発しなければならない。

4．規約を変更するためには、区分所有者および議決権の各５分の４以上の多数による集会の決議が必要となる。

問題　48

　不動産に係る固定資産税および都市計画税に関する次の記述のうち、最も適切なものはどれか。

1．土地および家屋に係る固定資産税の税率は1.4％と定められており、各市町村は条例によってこれと異なる税率を定めることができない。
2．都市計画税は、都市計画区域のうち、原則として市街化調整区域内に所在する土地または家屋の所有者に対して課される。
3．地方税法において、固定資産税における小規模住宅用地（住宅用地で住宅1戸当たり200㎡以下の部分）の課税標準については、課税標準となるべき価格の3分の1の額とする特例がある。
4．固定資産税および都市計画税は、毎年1月1日における所有者に課税されるため、年の途中に売買等により所有者が変わっても、納税義務者は変わらない。

問題　49

　居住用財産を譲渡した場合の3,000万円の特別控除（以下「3,000万円特別控除」という）および居住用財産を譲渡した場合の長期譲渡所得の課税の特例（以下「軽減税率の特例」という）に関する次の記述のうち、最も不適切なものはどれか。

1．3,000万円特別控除と軽減税率の特例は、要件を満たせば、重複して適用を受けることができる。
2．3,000万円特別控除および軽減税率の特例は、いずれも譲渡した居住用財産の所有期間が、譲渡した日の属する年の1月1日において10年を超えていなければ、適用を受けることはできない。
3．3,000万円特別控除と軽減税率の特例は、配偶者や子に譲渡した場合には適用を受けることができない。
4．軽減税率の特例では、課税長期譲渡所得金額のうち6,000万円以下の部分の金額について軽減税率が適用される。

問題　50
　不動産の投資判断手法等に関する次の記述のうち、最も不適切なものはどれか。

1．IRR法（内部収益率法）による投資判断においては、対象不動産に対する投資家の期待収益率が対象不動産の内部収益率を上回っている場合、その投資は有利であると判定することができる。
2．DCF法は、連続する複数の期間に発生する純収益および復帰価格を、その発生時期に応じて現在価値に割り引いて、それぞれを合計して対象となる投資不動産の収益価格を求める手法である。
3．NOI利回りは、対象となる投資不動産から得られる年間家賃収入から諸経費を差し引いた純収益を総投資額で除して算出される。
4．借入金併用型投資では、投資収益率が借入金の金利を上回っている場合には、レバレッジ効果が働いて自己資金に対する投資収益率の向上が期待できる。

問題　51
　贈与に関する次の記述のうち、最も不適切なものはどれか。

1．負担付贈与の受贈者が、その負担である義務を履行しない場合、贈与者は、相当の期間を定めてその履行を催告し、その期間内に履行がないときは、贈与契約を解除することができる。
2．書面によらない贈与において、いまだその履行がなされていない場合でも、各当事者は一方的に解除することはできない。
3．定期贈与により取得した財産は、毎年受け取る金額が贈与税の基礎控除額以下であっても、定期金給付契約に基づくものとして、贈与税の課税対象となる場合がある。
4．死因贈与契約は、贈与者が死亡するとその効力を生じるが、受贈者が先に死亡すると無効となる。

問題 52

贈与税の課税財産に関する次の記述のうち、最も不適切なものはどれか。

1. 契約者（＝保険料負担者）が母、被保険者が父、保険金受取人が子である生命保険契約において、父の死亡により子が受け取った死亡保険金は、子が母から贈与されたものとして贈与税の課税対象となる。
2. 離婚による財産分与として取得した財産は、その価額が婚姻中の夫婦の協力によって得た財産の額等を考慮しても、なお過大であると認められる部分は、贈与税の課税対象となる。
3. 父が、その所有する土地の名義を無償で子の名義に変更した場合には、原則として、子が父からその土地を贈与により取得したものとして、贈与税の課税対象となる。
4. 子が、父の所有する土地を使用貸借によって借り受け、その土地に自己資金で建物を建築して自己の居住の用に供する場合には、子が父から借地権相当額を贈与により取得したものとして、贈与税の課税対象となる。

問題 53

民法で定める親族等に関する次の記述のうち、最も不適切なものはどれか。

1. 嫡出でない子の法定相続分は嫡出子の2分の1となる。
2. 離婚による財産分与について、当事者間において協議が整わないときや協議をすることができないときは、当事者は、家庭裁判所に対して協議に代わる処分を請求することができる。
3. 本人からみて、配偶者の兄は、2親等の姻族であり、親族である。
4. 夫婦の一方が死亡した場合、生存配偶者と死亡した者の血族との姻族関係は、生存配偶者が所定の届出を行うことにより終了する。

問題　54

　民法上の遺言に関する次の記述のうち、最も不適切なものはどれか。

1．遺言は、未成年者であっても、満15歳以上の者で、かつ、遺言をする時にその能力があれば、法定代理人の同意を得ることなく単独ですることができる。
2．自筆証書によって遺言をするには、遺言者が全文、日付および氏名を自書し、これに押印することが必要となるが、財産目録については自筆でなくてもよい。
3．公正証書遺言を作成した遺言者が、自筆証書遺言も作成し、それぞれの内容が異なる場合、その異なる部分について作成日付の新しい遺言の内容が効力を有する。
4．公正証書によって遺言をするには証人2人以上の立会いが必要であり、推定相続人はその証人になることができる。

問題　55

　相続税の非課税財産に関する次の記述のうち、最も不適切なものはどれか。

1．被相続人の死亡によって相続人に支給される弔慰金は、被相続人の死亡が業務外の死亡である場合、被相続人の死亡当時における普通給与の3年分に相当する金額まで相続税の課税対象とならない。
2．被相続人の死亡によって被相続人に支給されるべきであった死亡退職金で、被相続人の死亡後3年以内に支給が確定したものを相続人が取得した場合は、死亡退職金の非課税金額の規定の適用を受けることができる。
3．死亡保険金の非課税限度額は「500万円×法定相続人の数」であり、相続を放棄した者がいた場合でも、相続の放棄がなかったものとして計算する。
4．死亡保険金および死亡退職金の非課税金額の規定は、相続人が受け取る場合にのみ適用され、相続を放棄した者が受け取る場合には適用されない。

問題 56

相続税の申告と納付に関する次の記述のうち、最も適切なものはどれか。

1. 配偶者の税額軽減や小規模宅地等についての相続税の課税価格の計算の特例の適用を受けた結果、相続税額がゼロとなる場合、相続税の申告は不要となる。
2. 相続税の金銭一括納付、延納が困難である場合、物納することができ、国債、不動産、上場株式等は物納順位第1位である。
3. 期限内申告書に係る相続税の納付は、原則として、相続人がその相続の開始があったことを知った日の翌日から4ヵ月以内にしなければならない。
4. 相続税は金銭により一時に納付することが原則であるが、それが困難な場合には、納税義務者は、任意に延納または物納を選択することができる。

問題 57

宅地の財産評価に関する次の記述のうち、最も適切なものはどれか。

1. 普通借地権が設定されている宅地（貸宅地）の価額は、「自用地評価額×（1－借地権割合）」により評価する。
2. 貸家建付地は、「自用地評価額×（1－借家権割合×賃貸割合）」により評価する。
3. 普通借地契約により借り受けた宅地に、建物を建築して、第三者に適正な賃料で貸し付けている場合の宅地（貸家建付借地権）の評価額は、「自用地評価額×借地権割合×（1－借地権割合×借家権割合×賃貸割合）」により評価する。
4. 倍率方式とは、宅地の固定資産税評価額に奥行価格補正率等の補正率を乗じて算出した金額によって、宅地の評価額を評価する方式である。

問題　58

　小規模宅地等についての相続税の課税価格の計算の特例（以下「本特例」）に関する次の記述のうち、最も適切なものはどれか。なお、各選択肢に記載されている内容以外の要件はすべて満たしているものとする。

1．被相続人が居住の用に供していた宅地等を、配偶者が取得し、その後、相続税の申告期限までに売却した場合、本特例を適用できない。

2．被相続人が事業の用に供していた宅地等を、事業を引き継いだ親族が、相続税の申告期限まで宅地等を所有し続け、事業を継続している場合、３３０㎡まで８０％の減額の対象となる。

3．被相続人が貸付事業の用に供していた宅地等を、貸付事業を引き継いだ親族が、相続税の申告期限まで宅地等を所有し続け、貸付事業を継続している場合、２００㎡まで５０％の減額の対象となる。

4．特定居住用宅地等と貸付事業用宅地等について本特例を適用する場合、それぞれの適用対象面積の限度まで適用できる。

問題　59

　各種金融資産の相続税評価に関する次の記述のうち、最も不適切なものはどれか。

1．外貨預金の邦貨換算については、原則として、取引金融機関が公表する課税時期における最終の対顧客直物電信買相場（ＴＴＢ）またはこれに準ずる相場による。

2．相続開始時において、保険事故がまだ発生していない生命保険契約に関する権利の価額は、課税時期における既払込保険料相当額により評価する。

3．金融商品取引所に上場されている不動産投資信託の受益証券の価額は、上場株式に関する評価の定めに準じて評価する。

4．既経過利子の額が少額である普通預金の価額は、課税時期現在の預入高により評価する。

問題　60

　同族株主等が取得する取引相場のない株式の評価に関する次の記述のうち、最も適切なものはどれか。

1．会社規模が大会社である会社の株式を同族株主等が取得する場合、原則として、類似業種比準方式と純資産価額方式の併用方式によって評価する。
2．会社規模が小会社である会社の株式を同族株主等が取得する場合、純資産価額方式によって評価し、類似業種比準方式と純資産価額方式の併用方式によって評価することはできない。
3．会社規模が中会社である会社の株式を同族株主等が取得する場合、類似業種比準方式または純資産価額方式のいずれかによって評価する。
4．土地保有特定会社、株式等保有特定会社に該当する株式を同族株主等が取得する場合、会社規模にかかわらず純資産価額方式によって評価する。

FP 2級 個人

2024年度
ファイナンシャル・プランニング技能検定・実技試験

金財

2級 個人
資産相談業務

試験時間 ◆ 90分

★ 注 意 ★

1. 本試験の出題形式は、記述式等5題（15問）です。

2. 筆記用具、計算機（プログラム電卓等を除く）の持込みが認められています。

3. 試験問題については、特に指示のない限り、2024年4（10）月1日現在施行の法令等に基づいて解答してください。なお、東日本大震災の被災者等に対する各種特例等については考慮しないものとします。

マイナビ

FP試験対策プロジェクト

【第1問】 次の設例に基づいて、下記の各問（《問1》～《問3》）に答えなさい。

《設　例》

　X株式会社（以下、「X社」という）に勤務するAさんは、高校卒業後にX社に入社し、現在に至るまで同社に勤務している。子は1人で長女Cさんの教育資金にめどがついたことで、Aさんは老後の生活資金の準備として、どれくらいの年金額を受給することができるのか、公的年金制度について知りたいと思うようになった。

　X社では、65歳になるまで勤務することができる継続雇用制度がある。そこで、Aさんは、懇意にしているファイナンシャル・プランナーのMさんに相談することにした。

＜Aさんとその家族に関する資料＞

（1）Aさん（1966年XX月XX日生まれ・57歳・会社員）

　　・公的年金加入歴：下図のとおり（65歳までの見込みを含む）

　　・全国健康保険協会管掌健康保険、雇用保険に加入している。

18歳 ／ 65歳

厚 生 年 金 保 険	
216月	343月
（2003年3月以前の 平均標準報酬月額32万円）	（2003年4月以後の 平均標準報酬額40万円）

（2）妻Bさん（1969年XX月XX日生まれ・54歳・パート従業員）

　　・公的年金加入歴：18歳からAさんと結婚するまでの9年間（108月）は、厚生年金保険に加入。結婚後は、国民年金に第3号被保険者として加入している。

　　・全国健康保険協会管掌健康保険の被扶養者である。

（3）長女Cさん（20XX年6月25日生まれ・大学生）

　　・公的年金加入歴：20歳から国民年金に第1号被保険者として加入している。

　　・全国健康保険協会管掌健康保険の被扶養者である。

※妻Bさんは、現在および将来においても、Aさんと同居し、生計維持関係にあるものとする。

※家族全員、現在および将来においても、公的年金制度における障害等級に該当する障害の状態にないものとする。

※上記以外の条件は考慮せず、各問に従うこと。

《問1》 はじめに、Mさんは、Aさんに対して、公的年金制度からの老齢給付について説明した。Mさんが説明した以下の文章の空欄①～③に入る最も適切な語句または数値を、下記の〈語句群〉のなかから選び、その記号を解答用紙に記入しなさい。

「報酬比例部分のみの特別支給の老齢厚生年金の支給開始年齢は、順次引き上げられており、（ ① ）年4月2日以後生まれの男性からは支給がありません。Aさんは、原則として、65歳から老齢基礎年金および老齢厚生年金を受給することになります。なお、Aさんが希望すれば、60歳以上65歳未満の間に老齢基礎年金の繰上げ支給を請求することができます。仮に、Aさんが63歳0カ月で老齢基礎年金の繰上げ支給を請求した場合の減額率は（ ② ）%となります。Aさんが老齢基礎年金の繰上げ支給の請求をする場合、同時に老齢厚生年金の繰上げ支給の請求を（ ③ ）」

――〈語句群〉――――――――――――――――――――――――――――――
イ. 9.6　ロ. 12.0　ハ. 16.8　ニ. 1961（昭和36）　ホ. 1966（昭和41）
ヘ. 行わなければなりません　ト. 行う必要はありません
――――――――――――――――――――――――――――――――――――

《問2》 次に、Mさんは、Aさんに対して、社会保険の取扱い等について説明した。Mさんが説明した次の記述①～③について、適切なものには○印を、不適切なものには×印を解答用紙に記入しなさい。

①　「Aさんが65歳でX社を退職し、厚生年金保険の被保険者でなくなった場合、妻Bさんは、国民年金の第3号被保険者から第1号被保険者への種別変更の届出を行い、65歳になるまでの間、国民年金の保険料を納付することになります」

②　「Aさんが60歳でX社を定年退職し、雇用保険から基本手当を受給する場合、基本手当の所定給付日数は150日となります。基本手当の受給期間は、原則として、離職した日の翌日から1年間ですが、定年退職の場合は最長1年間の受給期間延長を申し出ることができます」

③　「Aさんは、所定の手続を行うことにより、退職日の翌日から最長で2年間、全国健康保険協会管掌健康保険に任意継続被保険者として加入することができます。任意継続被保険者の保険料は、在職時とは異なり全額自己負担となります」

《問3》 Aさんが、65歳でX社を退職した場合、原則として65歳から受給すること
　　　ができる老齢基礎年金および老齢厚生年金の年金額（本年度価額）を計算した
　　　次の＜計算の手順＞の空欄①～④に入る最も適切な数値を解答用紙に記入しな
　　　さい。計算にあたっては、《設例》の＜Aさんとその家族に関する資料＞および
　　　下記の＜資料＞に基づくこと。なお、問題の性質上、明らかにできない部分は
　　　「□□□」で示してある。

<計算の手順>

　　1．老齢基礎年金の年金額（円未満四捨五入）

　　　　（①）円

　　2．老齢厚生年金の年金額

　　　（1）報酬比例部分の額　　　：（②）円（円未満四捨五入）

　　　（2）経過的加算額　　　　　：（③）円（円未満四捨五入）

　　　（3）基本年金額（②＋③）：□□□円

　　　（4）加給年金額（要件を満たしている場合のみ加算すること）

　　　（5）老齢厚生年金の年金額：（④）円

<資料>

○**老齢基礎年金の計算式（4分の1免除月数、4分の3免除月数は省略）**

$$816{,}000円 \times \frac{保険料納付済月数 + 保険料半額免除月数 \times \frac{\square}{\square} + 保険料全額免除月数 \times \frac{\square}{\square}}{480}$$

○**老齢厚生年金の計算式（本来水準の額）**

ⅰ）報酬比例部分の額（円未満四捨五入）＝ⓐ＋ⓑ

　ⓐ 2003年3月以前の期間分

　　　平均標準報酬月額 $\times \dfrac{7.125}{1{,}000} \times$ 2003年3月以前の被保険者期間の月数

　ⓑ 2003年4月以後の期間分

　　　平均標準報酬額 $\times \dfrac{5.481}{1{,}000} \times$ 2003年4月以後の被保険者期間の月数

ⅱ）経過的加算額（円未満四捨五入）＝1,701円×被保険者期間の月数

　　　　　　　　　　　　　　　　　　　1961年4月以後で20歳以上60歳未満
　　　　　　　－816,000円×の厚生年金保険の被保険者期間の月数
　　　　　　　　　　　　　　　　　　　　　　　480

ⅲ）加給年金額＝408,100円（要件を満たしている場合のみ加算すること）

【第2問】 次の設例に基づいて、下記の各問（《問4》～《問6》）に答えなさい。

－－－－－－－《設　例》－－－－－－－

　会社員のAさん（50歳）は、妻Bさん（44歳）および長女Cさん（18歳）との3人家族である。Aさんは投資信託の積立と株式への投資を始めようとしている。

　Aさんは、インデックスファンドのほか、同業種のW社株式とX社株式（いずれも東京証券取引所プライム市場上場銘柄）のいずれかに投資しようとしているが、未経験の株式投資に対して不安も感じている。そこで、Aさんはファイナンシャル・プランナーのMさんに相談することにした。

＜財務データ＞　　　　　　　　　　　　（単位：百万円）

	W社	X社
資 産 の 部 合 計	60,000	20,000
負 債 の 部 合 計	27,000	8,000
純 資 産 の 部 合 計	33,000	12,000
売 上 高	50,000	24,000
営 業 利 益	3,000	1,800
経 常 利 益	3,500	1,920
当 期 純 利 益	2,500	1,200
配 当 金 総 額	750	480

※純資産の金額と自己資本の金額は同じである。

＜株価データ＞

　W社：株価2,000円、発行済株式数2,500万株
　X社：株価1,000円、発行済株式数4,800万株

※上記以外の条件は考慮せず、各問に従うこと。

《問4》 《設例》のデータに基づき算出される次の①、②を求め、解答用紙に記入しなさい（計算過程の記載は不要）。〈答〉は表示単位の小数点以下第3位を四捨五入し、小数点以下第2位までを解答すること。

①　W社のROE、X社のROE
②　W社のPER、X社のPER

《問5》 Mさんは、Aさんに対して、《設例》のデータに基づいて、株式の投資指標等について説明した。Mさんが説明した次の記述①～③について、適切なものには○印を、不適切なものには×印を解答用紙に記入しなさい。

①　「PBRは、X社株式のほうがW社株式よりも高くなっています。ただし、これだけをもってX社株式が割高であると判断してはいけません。PERなどの他の投資指標についても比較検討するなど、多角的な視点が望まれます」

②　「株主に対する利益還元の大きさに着目した指標として、配当性向があります。配当性向は、X社のほうがW社よりも高くなっています」

③　「一般に、自己資本比率が低いほど、経営の安全性が高いと考えられます。自己資本比率は、W社のほうがX社よりも高くなっています」

《問6》 Mさんは、Aさんに対して、インデックスファンド等を購入する際の留意点等について説明した。Mさんが説明した次の記述①～③について、適切なものには○印を、不適切なものには×印を解答用紙に記入しなさい。

①　「運用管理費用（信託報酬）は、投資信託を保有する投資家が負担する費用です。一般に、インデックスファンド（パッシブ型の投資信託）は、アクティブ型投資信託よりも運用管理費用（信託報酬）が高い傾向があります」

②　「ドルコスト平均法は、価格が変動する商品を定期的に一定口数ずつ購入する方法で、定期的に一定額ずつ購入するよりも平均購入単価を引き下げる効果が期待できます」

③　「新NISAのつみたて投資枠では、金融庁が指定する要件を満たすインデックスファンドに限り購入することができます。つみたて投資枠の年間投資上限額は120万円です」

【第3問】 次の設例に基づいて、下記の各問（《問7》～《問9》）に答えなさい。

───《設 例》───

　Aさん（40歳）は、大学卒業後に入社したIT関連会社を退職後、33歳のときに個人のWEB制作事務所を立ち上げ、現在に至っている。Aさんは、開業後直ちに青色申告承認申請書と青色事業専従者給与に関する届出書を所轄税務署長に対して提出している青色申告者である。なお、金額の前の「▲」は赤字であることを表している。

＜Aさんとその家族に関する資料＞

　Aさん　　　（40歳）：個人事業主（青色申告者）
　妻Bさん　　（38歳）：Aさんが営む事業に専ら従事している。青色事業専従者として、本年中に96万円の給与を受け取っている。
　長男Cさん（10歳）：小学生。本年中の収入はない。
　母Dさん　　（70歳）：本年中の収入は、公的年金の老齢給付のみであり、その収入金額は80万円である。

＜Aさんの本年分の収入等に関する資料＞

　（1）　事業所得の金額　　　　　　　　　：500万円（青色申告特別控除後）
　（2）　不動産所得の金額（国内建物）　　：▲100万円（注）
　　　　（注）土地等の取得に係る負債の利子は20万円。
　（3）　一時払養老保険の満期保険金
　　　　契約年月　　　　　　　　　　　　：2010年4月
　　　　契約者（＝保険料負担者）・被保険者：Aさん
　　　　満期保険金受取人　　　　　　　　：Aさん
　　　　死亡保険金受取人　　　　　　　　：妻Bさん
　　　　満期保険金額　　　　　　　　　　：560万円
　　　　一時払保険料　　　　　　　　　　：500万円

※妻Bさん、長男Cさんおよび母Dさんは、Aさんと同居し、生計を一にしている。
※Aさんとその家族は、いずれも障害者および特別障害者には該当しない。
※Aさんとその家族の年齢は、いずれも本年12月31日現在のものである。
※上記以外の条件は考慮せず、各問に従うこと。

《問7》 所得税における青色申告制度に関する以下の文章の空欄①～③に入る最も適切な語句または数値を、下記の〈語句群〉のなかから選び、その記号を解答用紙に記入しなさい。

Ⅰ 「事業所得の金額の計算上、青色申告特別控除として最高（ ① ）万円を控除することができます。（ ① ）万円の青色申告特別控除の適用を受けるためには、事業所得に係る取引を正規の簿記の原則に従い記帳し、その記帳に基づいて作成した貸借対照表、損益計算書その他の計算明細書を添付した確定申告書を法定申告期限内に提出することに加えて、e-Taxによる申告（電子申告）または一定の要件を満たす電子帳簿保存を行う必要があります。なお、確定申告書を法定申告期限後に提出した場合、青色申告特別控除額は最高（ ② ）万円となります」

Ⅱ 「青色申告者が受けられる税務上の特典として、青色申告特別控除のほかに、青色事業専従者給与の必要経費算入、純損失の（ ③ ）間の繰越控除、前年分の所得に対する税額から還付を受けられる純損失の繰戻還付、棚卸資産の評価について低価法を選択できることなどが挙げられます」

〈語句群〉

イ. 10　　ロ. 20　　ハ. 48　　ニ. 55　　ホ. 65　　ヘ. 3年
ト. 5年　　チ. 7年

《問8》 Aさんの本年分の所得税の課税に関する次の記述①～③について、適切なものには○印を、不適切なものには×印を解答用紙に記入しなさい。

① 「母Dさんの公的年金等に係る雑所得の金額は算出されません。Aさんの所得控除において、母Dさんは同居老親にあたります」

② 「Aさんが受け取った一時払養老保険の満期保険金に係る差益は、源泉分離課税の対象となります」

③ 「Aさんが適用を受けることができる基礎控除の額は、48万円です」

《問9》 Aさんの本年分の所得税の算出税額を計算した下記の表の空欄①〜④に入る最も適切な数値を求めなさい。なお、問題の性質上、明らかにできない部分は「□□□」で示してある。

（a）総所得金額	（①）円
社会保険料控除	□□□円
生命保険料控除	□□□円
配偶者控除	（②）円
扶養控除	（③）円
基礎控除	□□□円
（b）所得控除の額の合計額	2,200,000円
（c）課税総所得金額（（a）－（b））	□□□円
（d）算出税額（（c）に対する所得税額）	（④）円

＜資料＞所得税の速算表（一部抜粋）

課税総所得金額		税率	控除額
万円超	万円以下		
	〜　　195	5％	－
195	〜　　330	10％	9万7,500円
330	〜　　695	20％	42万7,500円

【第4問】 次の設例に基づいて、下記の各問（《問10》～《問12》）に答えなさい。

《設　例》

　会社員のＡさん（55歳）は、7年前に父親からの相続によりＴ市内（三大都市圏）にある甲土地（400㎡）を取得している。甲土地は、父親の代から月極駐車場（青空駐車場）として賃貸しているが、常に空きが多くあり、収益性は高くない。

　Ａさんは、先日、住宅メーカーのＸ社から「2年後、甲土地から徒歩5分の最寄駅近くに私立大学のキャンパスが移転してきます。需要が見込めますので、賃貸アパートを建築しませんか。弊社に一括賃貸（普通借家契約・マスターリース契約（特定賃貸借契約））していただければ、弊社が入居者の募集・建物管理等を行ったうえで、賃料を保証させていただきます」と提案を受けた。

　Ａさんは、Ｘ社の提案を積極的に検討したいと思っているが、賃貸アパートを経営した経験はなく、判断に困っている。

＜甲土地の概要＞

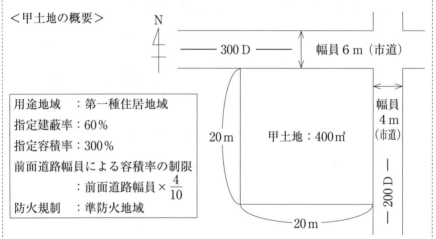

| 用途地域　　　：第一種住居地域 |
| 指定建蔽率：60％ |
| 指定容積率：300％ |
| 前面道路幅員による容積率の制限 |
| 　　　：前面道路幅員×$\frac{4}{10}$ |
| 防火規制　　　：準防火地域 |

・甲土地は、建蔽率の緩和について特定行政庁が指定する角地である。

・指定建蔽率および指定容積率とは、それぞれ都市計画において定められた数値である。

・特定行政庁が都道府県都市計画審議会の議を経て指定する区域ではない。

※上記以外の条件は考慮せず、各問に従うこと。

《問10》 甲土地上に準耐火建築物を建築する場合における次の①、②を求めなさい（計算過程の記載は不要）。

① 建蔽率の上限となる建築面積

② 容積率の上限となる延べ面積

《問11》 Ｘ社が提案する事業方式による効果に関する次の記述①～③について、適切なものには○印を、不適切なものには×印を解答用紙に記入しなさい。

① 「Ａさんが金融機関から融資を受けて賃貸アパートを建築する場合、借入金による事業リスクを考慮する必要があります。ＤＳＣＲ（借入金償還余裕率）の値が1.0未満の場合、年間の賃料収入から必要経費を差し引いた金額の範囲内では年間の元利金の返済はできないことを示しています」

② 「Ｘ社と一括賃貸借契約（普通借家契約・マスターリース契約（特定賃貸借契約））を締結することで、賃料収入が保証されることは大きなメリットです。普通借家契約の場合、借地借家法の規定により、Ｘ社から賃料の減額請求をされることはありません」

③ 「近年、サブリース業者に対する規制が強化されており、賃貸住宅の管理業務等の適正化に関する法律において、サブリース業者がマスターリース契約を締結しようとする際に誇大広告や不当な勧誘を行うことを禁止しており、Ａさんが賃貸マンションを建築し、Ｘ社がＡさんから建物を一括賃借する場合も当該規制の適用を受けます」

《問12》 Aさんが甲土地に賃貸アパートを建築した場合における賃貸開始後の甲土地の相続税評価額に関する次の記述①～③について、適切なものには○印を、不適切なものには×印を解答用紙に記入しなさい。

① 「甲土地は、地積規模の大きな宅地の評価の規定の適用を受けることができます」

② 「甲土地は、相続税額の計算上、貸家建付地として評価されます。甲土地の貸家建付地としての価額は、当該マンションの賃貸割合が高いほど、高く評価されます」

③ 「対象地の面する道路に付された『300D』『200D』の数値は、1㎡当たりの価額を千円単位で表示した相続税路線価です。数値の後に表示されている『D』の記号（アルファベット）は、借地権割合が60％であることを示しています」

【第5問】 次の設例に基づいて、下記の各問（《問13》～《問15》）に答えなさい。

- 《設 例》 -

　非上場企業であるX株式会社（以下、「X社」という）の代表取締役社長で
あったAさんは、本年12月10日に病気により81歳で死亡した。

　Aさんは、自宅に自筆証書遺言を残しており、相続人等は自筆証書遺言の内
容に従い、Aさんの財産を下記のとおり取得する予定である。また、妻Bさん
は、死亡保険金3,000万円およびX社から死亡退職金5,000万円を受け取って
いる。

＜Aさんの親族関係図＞

＜各人が取得する相続財産（みなし相続財産を含む）＞
　①妻Bさん（77歳）
　　現金および預貯金 ･･････ 1,500万円
　　自宅（敷地330㎡） ･････ 1,500万円（「小規模宅地等についての相続税の課
　　　　　　　　　　　　　　　　　税価格の計算の特例」適用後の金額）
　　自宅（建物） ･･･････････ 500万円（固定資産税評価額）
　　死亡保険金 ･･･････････ 3,000万円（契約者（＝保険料負担者）・被保険者は
　　　　　　　　　　　　　　　　　Aさん、死亡保険金受取人は妻Bさん）
　　死亡退職金 ･･･････････ 5,000万円
　②長男Cさん（53歳）
　　現金および預貯金 ･･････ 4,500万円
　　X社株式 ･･･････････････ 2億円（相続税評価額）
　③長女Dさん（48歳）
　　現金および預貯金 ･･････ 2,000万円
　④孫Eさん（24歳）
　　現金および預貯金 ･･････ 1,000万円
※上記以外の条件は考慮せず、各問に従うこと。

《問13》 Aさんの相続等に関する以下の文章の空欄①〜③に入る最も適切な語句または数値を、下記の〈語句群〉のなかから選び、その記号を解答用紙に記入しなさい。

Ⅰ 「Aさんの相続が開始し、相続人が自宅に保管されていたAさんの自筆証書遺言を発見した場合、相続人は、遅滞なく、自筆証書遺言を（ ① ）に提出して、その検認を請求しなければなりません」

Ⅱ 「Aさんが本年分の所得税および復興特別所得税について確定申告書を提出しなければならない場合に該当するとき、相続人は、原則として、相続の開始があったことを知った日の翌日から（ ② ）カ月以内に準確定申告書を提出しなければなりません」

Ⅲ 「Aさんに係る相続税の申告書の提出期限は、原則として、翌年（ ③ ）（休業日の場合は翌営業日）になります。申告書の提出先は、Aさんの（死亡時の）住所地を所轄する税務署長です」

─〈語句群〉─
イ．3　　ロ．4　　ハ．10　　ニ．公証役場　　ホ．法務局
ヘ．家庭裁判所　　ト．4月10日　　チ．9月10日　　リ．10月10日

《問14》 Aさんの相続等に関する次の記述①〜③について、適切なものには○印を、不適切なものには×印を解答用紙に記入しなさい。

① 「妻Bさんが受け取った死亡保険金は、みなし相続財産として相続税の課税対象となります。妻Bさんが受け取った死亡保険金3,000万円のうち、相続税の課税価格に算入される金額は1,500万円となります」

② 「妻Bさんが相続により取得した財産の金額が、配偶者の法定相続分相当額と1億6,000万円とのいずれか多い金額を超えない場合、配偶者に対する相続税額の軽減の適用により、妻Bさんが納付すべき相続税額は算出されません。この場合、相続税の申告も不要です」

③ 「孫Eさんは、相続税額の2割加算の対象になります」

《問15》 相続人等は《設例》の記載のとおり、Aさんの財産を取得した。Aさんの相続に係る相続税の総額を計算した下記の表の空欄①〜④に入る最も適切な数値を、解答用紙に記入しなさい。なお、問題の性質上、明らかにできない部分は「□□□」で示してある。

	妻Bさんに係る課税価格	（①）万円
	長男Cさんに係る課税価格	2億4,500万円
	長女Dさんに係る課税価格	2,000万円
	孫Eさんに係る課税価格	1,000万円
（a）	相続税の課税価格の合計額	□□□万円
	（b）遺産に係る基礎控除額	（②）万円
課税遺産総額（（a）－（b））		□□□万円
	相続税の総額の基となる税額	
	妻Bさん	□□□万円
	長男Cさん	（③）万円
	長女Dさん	□□□万円
（c）	相続税の総額	（④）万円

＜資料＞相続税の速算表

法定相続分に応ずる取得金額		税率	控除額
万円超	万円以下		
	〜 1,000	10％	－
1,000	〜 3,000	15％	50万円
3,000	〜 5,000	20％	200万円
5,000	〜 10,000	30％	700万円
10,000	〜 20,000	40％	1,700万円
20,000	〜 30,000	45％	2,700万円
30,000	〜 60,000	50％	4,200万円
60,000	〜	55％	7,200万円

FP　2級　生保

2024年度
ファイナンシャル・プランニング技能検定・実技試験

金財
2級 生保顧客
資産相談業務

試験時間 ◆ 90分

★ 注 意 ★

1. 本試験の出題形式は、記述式等5題(15問)です。

2. 筆記用具、計算機（プログラム電卓等を除く）の持込みが認められています。

3. 試験問題については、特に指示のない限り、2024年4（10）月1日現在施行の法令等に基づいて解答してください。なお、東日本大震災の被災者等に対する各種特例等については考慮しないものとします。

マイナビ
FP試験対策プロジェクト

【第1問】 次の設例に基づいて、下記の各問（《問1》～《問3》）に答えなさい。

《設　例》

　Aさん（38歳）は、大手広告代理店X社（以下、「X社」という）を本年11月末日に退職し、個人事業主として独立する予定である。Aさんは、X社を退職するにあたり、公的医療保険、公的年金制度についてしっかり理解しておきたいと思っている。また、老後の収入を増やすことのできる各種制度もできれば利用したいと考えている。

　そこで、Aさんは、知人であるファイナンシャル・プランナーのMさんに相談することにした。Aさんとその家族に関する資料は、以下のとおりである。

＜Aさんとその家族に関する資料＞

（1）Aさん（38歳）

　　・19XX年XX月XX日生まれ

　　・公的年金加入歴：下図のとおり（60歳までの見込みを含む）

　　・全国健康保険協会管掌健康保険、雇用保険に加入中

20歳	22歳		38歳	60歳
国民年金 学生納付 特例期間 （34月）	厚生年金保険 被保険者期間 （188月） 平均標準報酬額：36万円		国民年金 保険料納付予定期間 （258月）	
	20XX年4月		本年12月	

（2）妻Bさん（38歳）

　　・19XX年XX月XX日生まれ／専業主婦

　　・公的年金加入歴：18歳からAさんと結婚するまでの10年間（120月）
　　　　　　　　　　は、厚生年金保険に加入。Aさんとの結婚後、国民
　　　　　　　　　　年金に第3号被保険者として加入している。

（3）長女Cさん（6歳）

（4）二女Dさん（3歳）

※妻Bさんは、現在および将来においても、Aさんと同居し、生計維持関係にあるものとする。

※家族全員、現在および将来においても、公的年金制度における障害等級に該当する障害の状態にないものとする。

※上記以外の条件は考慮せず、各問に従うこと。

《問1》 まず、Mさんは、Aさんに対して、退職後の社会保険の各種取扱い等について説明した。Mさんが説明した以下の文章の空欄の①～③に入る適切な語句または数値を、下記の＜語句群＞のなかから選び、その記号を解答欄に記入しなさい。

I 「Aさんは、国民健康保険に加入する以外に、所定の手続により、退職日の翌日から最長で（　①　）、全国健康保険協会管掌健康保険に任意継続被保険者として加入することができます。そのためには資格喪失日から20日以内に手続きを行うことが必要です。なお、都道府県と市町村が保険者である国民健康保険は、健康保険とは異なり、（　②　）は任意給付となっています」

II 「Aさんが厚生年金保険の被保険者でなくなった場合、妻Bさんは、国民年金の第3号被保険者から第（　③　）被保険者への種別変更の届出を行い、国民年金の保険料を納付することになります」

─〈語句群〉─
イ．1年間　ロ．2年間　ハ．5年間　ニ．1号　ホ．2号　ヘ．療養の給付
ト．高額療養費　チ．傷病手当金

《問2》 次に、Mさんは、Aさんに対して、老後の収入を増やすための各種制度について説明した。Mさんが説明した以下の文章の空欄①～④に入る最も適切な数値または語句を解答用紙に記入しなさい。

ⅰ）『付加保険料』

「Aさんは、所定の手続により、国民年金の定額保険料に加えて、月額（ ① ）円の付加保険料を納付することができます」

ⅱ）『国民年金基金』

「国民年金基金は、国民年金の第1号被保険者の老齢基礎年金に上乗せする年金を支給する任意加入の年金制度です。国民年金基金への加入は口数制となっており、1口目は、保証期間のある（ ② ）年金A型、保証期間のない（ ② ）年金B型の2種類のなかから選択します。国民年金基金に拠出できる掛金の限度額は、月額（ ③ ）円となります。なお、国民年金基金に加入する場合は、国民年金の付加保険料の納付をやめる手続が必要となります」

ⅲ）『小規模企業共済制度』

「小規模企業共済制度は、個人事業主が廃業等した場合に必要となる生活資金を準備しておくための共済制度です。個人事業主の場合、常時使用する従業員数が20人（商業・サービス業では5人）以下の方が加入対象となります。共済金（死亡事由以外）の受取方法には『一括受取り』『分割受取り』『一括受取り・分割受取りの併用』があり、税法上、『一括受取り』の共済金（死亡事由以外）は（ ④ ）所得として課税されます」

《問3》 最後に、Mさんは、Aさんに対して、確定拠出年金の個人型年金（以下、「個人型年金」という）について説明した。Mさんが説明した次の記述①～③について、適切なものには○印を、不適切なものには×印を解答用紙に記入しなさい。

① 「国民年金の第1号被保険者で国民年金の定額保険料を納付している者は、原則として、個人型年金に加入することができます。個人型年金は、通算加入者等期間が10年以上あれば、老齢給付金を最も早くて65歳から受給することができます」

② 「個人型年金では、銀行・証券会社等の運営管理機関が定める手数料を負担する必要がありますが、当該手数料の額は金融機関の別なく、一律です」

③ 「個人型年金の掛金は、その全額が社会保険料控除の対象となり、総所得金額等から控除することができます」

【第2問】　次の設例に基づいて、下記の各問（《問4》～《問6》）に答えなさい。

------------------------------ 《設　例》 ------------------------------

　会社員のAさん（35歳）は、妻Bさん（35歳）、長女Cさん（5歳）、二女Dさん（3歳）および長男Eさん（0歳）との5人暮らしである。Aさんは、長男Eさんが誕生したことを機に、生命保険の加入を検討していたところ、生命保険会社の営業担当者から、下記の生命保険の提案を受けた。

　Aさんは、生命保険に加入するにあたり、その前提として、自分が死亡した場合に公的年金制度からどのような給付が受けられるのかについて知りたいと思っている。

　そこで、Aさんは、ファイナンシャル・プランナーのMさんに相談することにした。

＜Aさんが提案を受けた生命保険に関する資料＞

　保険の種類　　　：5年ごと配当付特約組立型総合保険（注1）

　月払保険料　　　：18,000円

　保険料払込期間　：65歳満了

　契約者（＝保険料負担者）・被保険者：Aさん

　死亡保険金受取人：妻Bさん

　指定代理請求人　：妻Bさん

特約の内容	保障金額	保険期間
終身保険特約	300万円	終身
定期保険特約	2,700万円	20年
逓減定期保険特約（注2）	初年度3,000万円	20年
傷害特約	1,000万円	10年
入院特約（180日型）（注3）	日額10,000円	10年
先進医療特約	先進医療の技術費用と同額	10年
指定代理請求特約	－	－
リビング・ニーズ特約	－	－

（注1）複数の特約を自由に組み合わせて加入することができる保険。

（注2）加入後の死亡保険金額は、毎年所定の割合で減少する。

（注3）病気やケガで1日以上の入院の場合に入院給付金が支払われる（死亡保険金の支払はない）。

※上記以外の条件は考慮せず、各問に従うこと。

《問4》 はじめに、Mさんは、Aさんに対して、下記の<前提>においてAさんが死亡した場合、妻Bさんが受給することができる公的年金制度からの遺族給付について説明した。Mさんが説明した以下の文章の空欄①～③に入る最も適切な語句または数値を、下記の〈語句群〉のなかから選び、その記号を解答用紙に記入しなさい。

＜前提＞
・妻Bさんは、遺族基礎年金および遺族厚生年金の受給権を取得する。
・妻Bさんおよび長女Cさん、二女Dさんおよび長男Eさんは、現在および将来においても、公的年金制度における障害等級に該当する障害の状態にないものとする。

「現時点において、Aさんが死亡した場合、妻Bさんに対して遺族基礎年金および遺族厚生年金が支給されます。遺族基礎年金を受けられる遺族の範囲は、死亡した被保険者によって生計を維持されていた『子のある配偶者』または『子』です。『子』とは、原則として、18歳到達年度の末日までの間にあり、かつ、現に婚姻していない子等を指します。妻BさんがAさん死亡直後に受け取る遺族基礎年金の額は、（ ① ）円（本年度価額）になります。

遺族厚生年金の額は、原則として、Aさんの厚生年金保険の被保険者記録を基礎として計算した老齢厚生年金の報酬比例部分の額の（ ② ）相当額になります。ただし、その計算の基礎となる被保険者期間の月数が（ ③ ）月に満たない場合、（ ③ ）月とみなして年金額が計算されます。

また、長男Eさんについて18歳到達年度の末日が終了し、妻Bさんの有する遺族基礎年金の受給権が消滅したときは、妻Bさんが65歳に達するまでの間、妻Bさんに支給される遺族厚生年金の額に中高齢寡婦加算が加算されます。中高齢寡婦加算の額は、遺族基礎年金の額（子の加算額を除く）の（ ② ）相当額になります」

─〈語句群〉─
イ．240   ロ．300   ハ．360   ニ．1,285,600   ホ．1,363,900
ヘ．1,050,800   ト．2分の1   チ．3分の2   リ．4分の3

《問5》 次に、Mさんは、Aさんに対して、必要保障額およびAさんが提案を受けた生命保険の死亡保障の額について説明した。Mさんが説明した以下の文章の空欄①～③に入る最も適切な数値を解答用紙に記入しなさい。なお、問題の性質上、明らかにできない部分は「□□□」で示してある。

「提案を受けた生命保険に加入する前に、現時点での必要保障額を算出し、準備すべき死亡保障の額を把握しましょう。下記の＜算式＞および＜条件＞を参考にすれば、Aさんが現時点で死亡した場合の遺族に必要な生活資金等の総額は□□□万円となり、必要保障額は（ ① ）万円となります。

仮に、提案を受けた生命保険に加入し、加入した年中にAさんが死亡（不慮の事故や所定の感染症以外）した場合、妻Bさんに支払われる死亡保険金額は（ ② ）万円となります。他方、加入した年中にAさんが不慮の事故で180日以内に死亡した場合の死亡保険金額は（ ③ ）万円となります」

＜算式＞

必要保障額＝遺族に必要な生活資金等の支出の総額－遺族の収入見込金額

＜条件＞

1. 長男Eさんが独立する年齢は、22歳（大学卒業時）とする。
2. Aさんの死亡後から長男Eさんが独立するまで（22年間）の生活費は、現在の日常生活費（月額35万円）の70％とし、長男Eさんが独立した後の妻Bさんの生活費は、現在の日常生活費（月額35万円）の50％とする。
3. 長男Eさん独立時の妻Bさんの平均余命は、32年とする。
4. Aさんの死亡整理資金（葬儀費用等）、緊急予備資金は、300万円とする。
5. 3人の子の教育資金の総額は、3,000万円とする。
6. 3人の子の結婚援助費の総額は、600万円とする。
7. 住宅ローン（団体信用生命保険に加入）の残高は、3,000万円とする。
8. 死亡退職金見込額とその他金融資産の合計額は、2,000万円とする。
9. Aさん死亡後に妻Bさんが受け取る公的年金等の総額は、7,600万円とする。

《問6》 さらに、Mさんは、Aさんに対して、Aさんが提案を受けた生命保険の保障内容および課税関係について説明した。Mさんが説明した次の記述①～④について、適切なものには○印を、不適切なものには×印を解答用紙に記入しなさい。

① 「先進医療の治療を受けた場合、その技術料に係る費用だけでなく診察料や投薬料等に係る費用も全てが自己負担となりますので、先進医療特約の付加をお勧めします」

② 「必要保障額は、通常、末子が生まれた時に最大となり、その後、子どもの成長とともに逓減していきます。Aさんの今後のライフステージの変化に合わせて、保障内容を定期的に見直すことをお勧めします」

③ 「当該生命保険の支払保険料のうち、終身保険特約、定期保険特約、逓減定期保険特約および傷害特約に係る保険料は一般の生命保険料控除の対象となり、入院特約および先進医療特約に係る保険料は介護医療保険料控除の対象となります」

④ 「Aさんが重い病気等で余命6カ月以内と判断された場合、リビング・ニーズ特約により所定の範囲内で死亡保険金の全部または一部を生前にAさんが受け取ることができます」

《設　例》

　　Aさん(45歳)は、X株式会社(以下、「X社」という)の創業社長である。X社は、Aさん自身の退職金準備を目的とした生命保険にのみ加入しており、Aさんは、現在、事業保障資金の確保および従業員に対する退職金準備の方法について検討している。

　　そこで、Aさんは、生命保険会社の営業担当者であるファイナンシャル・プランナーのMさんに相談したところ、事業保障資金の確保を目的として下記の<資料>の生命保険の提案を受けた。加えて、退職金準備の方法として中小企業退職金共済制度(X社は加入要件を満たしている)の説明を受けた。

<資料>Aさんが提案を受けた生命保険の内容

保険の種類	：無配当定期保険(特約付加なし)
契約者(＝保険料負担者)	：X社
被保険者	：Aさん
死亡・高度障害保険金受取人	：X社
死亡・高度障害保険金額	：1億円
保険期間・保険料払込期間	：90歳満了
年払保険料	：150万円
最高解約返戻率	：75％

※保険料の払込みを中止し、払済終身保険に変更することができる。
※所定の範囲内で、契約者貸付制度を利用することができる。

※上記以外の条件は考慮せず、各問に従うこと。

《問7》 仮に、将来X社がAさんに役員退職金7,000万円を支給した場合、Aさんが受け取る役員退職金について、次の①、②を求め、解答用紙に記入しなさい（計算過程の記載は不要）。〈答〉は万円単位とすること。なお、Aさんの役員在任期間（勤続年数）を35年3カ月とし、これ以外に退職手当等の収入はなく、障害者になったことが退職の直接の原因ではないものとする。

① 退職所得控除額
② 退職所得の金額

《問8》 Mさんは、Aさんに対して、＜資料＞の定期保険の支払保険料の経理処理について説明した。Mさんが説明した以下の文章の空欄①〜④に入る最も適切な数値を、下記の〈数値群〉のなかから選び、その記号を解答用紙に記入しなさい。

「法人を契約者（＝保険料負担者）および死亡保険金受取人とし、役員等を被保険者とする保険期間が3年以上の定期保険で、最高解約返戻率が（　①　）％を超えるものの支払保険料の経理処理については、最高解約返戻率が『（　①　）％超（　②　）％以下』『（　②　）％超85％以下』『85％超』の3つの区分に応じて取り扱います。＜資料＞の定期保険の最高解約返戻率は『（　②　）％超85％以下』であるため、保険期間開始日から保険期間の（　③　）割相当期間を経過する日までは、当期分支払保険料の（　④　）％相当額を前払保険料として資産に計上し、残額は損金の額に算入します。（　③　）割に相当する期間経過後は、当期分支払保険料の全額を損金の額に算入するとともに、資産に計上した金額は、保険期間の7.5割相当期間経過後から保険期間終了日までにおいて均等に取り崩し、損金の額に算入します」

〈数値群〉

イ．4　ロ．5　ハ．6　ニ．40　ホ．50　ヘ．60　ト．70　チ．80

《問9》 Mさんは、Aさんに対して、中小企業退職金共済制度（以下、「中退共」という）について説明した。Mさんが説明した以下の文章の空欄①～④に入る最も適切な語句を、下記の〈語句群〉のなかから選び、その記号を解答用紙に記入しなさい。

「中退共は、中小企業の事業主が独立行政法人勤労者退職金共済機構と雇用者（従業員）を被共済者とする退職金共済契約を締結して、退職金を社外に積み立てる共済制度です。

掛金は、被共済者（従業員）1人につき、月額5,000円から（ ① ）までの範囲から選択し、事業主が全額を負担します。なお、短時間労働者（パートタイマー等）は、特例として、月額2,000円から加入することができます。

中退共に新たに加入する事業主に対して、原則として、掛金月額の（ ② ）（被共済者1人ごとに5,000円が上限）を加入後（ ③ ）から1年間、国が助成する制度があります。また、掛金月額が18,000円以下の被共済者（従業員）の掛金を増額した事業主に対して、増額分の3分の1を増額月から1年間、国が助成する制度もあります。

被共済者（従業員）が定年退職した場合、独立行政法人勤労者退職金共済機構から退職金が（ ④ ）支給されます。退職金は、退職時に一括して受け取る一時払いのほか、退職金が所定の金額以上であることなどの要件を満たした場合は、退職金の全部または一部を分割払いにすることもできます」

― 〈語句群〉 ―――――――――――――――――――――――――
イ．3万円　　ロ．4万円　　ハ．5万円　　ニ．4カ月目　　ホ．3カ月目
ヘ．6カ月目　　ト．2分の1　　チ．全額　　リ．4分の1
ヌ．従業員に直接　　ル．事業主を経由して従業員に

【第4問】 次の設例に基づいて、下記の各問（《問10》～《問12》）に答えなさい。

《設 例》

　　会社員のAさんは、妻Bさんおよび長女Cさん、長男Dさんとの4人家族である。Aさんは、本年8月に取得価額6,000万円で、宅地建物取引業者から新築分譲マンションを取得（契約締結）し、同月中に入居した。住宅購入の頭金には、自己資金2,000万円と本年6月にAさんの父親から住宅取得資金として贈与を受けた1,000万円を充て、残りの3,000万円は銀行の住宅ローンを利用した。

＜Aさんとその家族に関する資料＞

　Aさん　　　（42歳）：会社員
　妻Bさん　　（41歳）：会社員。本年中に給与収入500万円を得ている。
　長女Cさん　（19歳）：大学生。本年中の収入はない。
　長男Dさん　（14歳）：中学生。本年中の収入はない。

＜Aさんの本年分の収入等に関する資料＞

　給与収入の金額　　　　　：900万円
　不動産所得の金額　　　　：▲50万円（白色申告）
　　　　　　　　　　　　　　　※当該不動産所得を生ずべき土地の取得に係
　　　　　　　　　　　　　　　　る借入金の負債の利子20万円を含む
　上場株式の譲渡損失の金額：20万円（証券会社の特定口座で取引したもの
　　　　　　　　　　　　　　　である）

＜Aさんが取得した新築マンションに関する資料＞

　取得価額　：6,000万円
　土地　　　：30㎡（敷地利用権の割合相当の面積）
　建物　　　：75㎡（専有部分の床面積）
　資金調達方法：自己資金2,000万円、父親からの資金援助の額1,000万円
　　　　　　　　銀行からの借入金3,000万円
　　　　　　　　（本年12月末の借入金残高2,970万円、返済期間30年）
　留意点　　：当該マンションは、省エネ基準適合住宅および省エネ等住宅
　　　　　　　に該当する。
　　　　　　　住宅借入金等特別控除の適用要件は、すべて満たしている。
　※妻Bさんおよび長女Cさん、長男Dさんは、Aさんと同居し、生計を一にしている。

※Ａさんとその家族は、いずれも障害者および特別障害者には該当しない。

※Ａさんとその家族の年齢は、いずれも本年12月31日現在のものである。

※上記以外の条件は考慮せず、各問に従うこと。

《問10》 住宅借入金等特別控除（以下、「本控除」という）に関する以下の文章の空欄①～③に入る最も適切な数値を、下記の〈数値群〉のなかから選び、その記号を解答用紙に記入しなさい。

「住宅ローンを利用して、宅地建物取引業者から新築分譲マンションを取得等し、本年中に居住した場合、所定の要件を満たせば、居住の用に供した年分以後、最大で（　①　）年間、本控除の適用を受けられます。控除額の計算上、住宅ローンの年末残高には限度額が設けられており、Ａさんが省エネ基準適合住宅に本年中に居住した場合の年末残高の限度額は（　②　）万円です。なお、本控除の適用を受けるための要件には、『住宅ローンの償還期間が（　③　）年以上であること』などもあります」

―〈数値群〉――――――――――――――――――――――――――

イ．1,000　　ロ．2,000　　ハ．3,000　　ニ．4,000

ホ．5　　ヘ．13　　ト．10　　チ．15　　リ．20

《問11》 Ａさんの所得税および住宅取得資金に係る贈与税に関する次の記述①～④について、適切なものには○印を、不適切なものには×印を解答用紙に記入しなさい。

①　「Ａさんは白色申告者ですが、不動産所得の損失は損益通算することができます」

②　「Ａさんの株式の譲渡所得の損失は、給与所得と損益通算することができます」

③　「父親からの資金援助について、『直系尊属から住宅取得等資金の贈与を受けた場合の贈与税の非課税』の適用を受けた場合、贈与税は課されません」

④　「転勤等のやむを得ない事由によりＡさんが単身赴任で転居した場合、妻Ｂさん、長女Ｃさん、長男Ｄさんが引き続きマンションに居住する場合、単身赴任後も引き続き住宅借入金等特別控除の適用を受けることができます」

《問12》 Aさんの本年分の所得税額を計算した下記の表の空欄①〜③に入る最も適切な数値を求めなさい。①の計算上、Aさんが所得金額調整控除の適用対象者に該当している場合、所得金額調整控除額を控除すること。なお、問題の性質上、明らかにできない部分は「□□□」で示してある。

(a) 総所得金額	（①）円
社会保険料控除	□□□円
生命保険料控除	□□□円
地震保険料控除	□□□円
配偶者控除	□□□円
扶養控除	（②）円
基礎控除	□□□円
(b) 所得控除の額の合計額	3,300,000円
(c) 課税総所得金額（(a)－(b)）	□□□円
(d) 算出税額（(c)に対する所得税額）	□□□円
(e) 税額控除（住宅借入金等特別控除）	（③）円
(f) 差引所得税額	□□□円
(g) 復興特別所得税額	□□□円
(h) 所得税および復興特別所得税の額	□□□円

＜資料＞給与所得控除額

給与収入金額		給与所得控除額
万円超	万円以下	
	〜　　180	収入金額×40％－10万円（55万円に満たない場合は、55万円）
180	〜　　360	収入金額×30％＋8万円
360	〜　　660	収入金額×20％＋44万円
660	〜　　850	収入金額×10％＋110万円
850	〜	195万円

──────────── 《設 例》 ────────────

　非上場企業のX株式会社（以下、「X社」という）の代表取締役社長であるA
さん（73歳）の推定相続人は、妻Bさん（70歳）、長女Cさん（45歳）および二
女Dさん（42歳）、三女Eさん（39歳）の4人である。Aさんは、数年のうち
に、X社の専務取締役である長女Cさんに事業を承継させたいと考えている。

<X社の概要>
（1）　業種　和菓子メーカー
（2）　資本金等の額　5,000万円（発行済株式総数1,000,000株、すべて普通株
　　　　　　　　　　　　　　　式で1株につき1個の議決権を有している）
（3）　株主構成
　　　Aさん　　　　800,000株
　　　妻Bさん　　　100,000株
　　　長女Cさん　　100,000株
（4）　株式の譲渡制限 あり
　　　※X社は、相続その他の一般承継によりX社株式を取得した者に対
　　　　し、当該株式をX社に売り渡すことを請求することができる旨を定
　　　　款で定めている。
（5）　年商30億円／経常利益7,000万円／従業員数80人
　　　※X社株式の相続税評価額の計算上の規模区分は「大会社」であり、
　　　　特定の評価会社には該当しない。

<Aさんの主な所有財産（相続税評価額）>
　現預金等　　　　　　　：　　　5,000万円
　X社株式　　　　　　　：1億5,000万円
　自宅敷地（330㎡）　　 ：　　　　1億円（注）
　自宅建物　　　　　　　：　　　1,000万円
　X社本社敷地（600㎡）：　　　9,000万円（注）
　X社本社建物　　　　　：　　　4,000万円
　────────────────────────
　合計　　　　　　　　　4億4,000万円

（注）「小規模宅地等についての相続税の課税価格の計算の特例」適用前の金額
※上記以外の条件は考慮せず、各問に従うこと。

《問13》 Aさんの相続等に関する以下の文章の空欄①～④に入る最も適切な語句または数値を、下記の〈語句群〉のなかから選び、その記号を解答用紙に記入しなさい。

I 「長女CさんにX社株式を移転する方法として、非上場株式等についての贈与税の納税猶予及び免除の特例の活用、相続時精算課税制度の活用、長女CさんがAさんから買い取る等が考えられます。相続時精算課税は、累計（ ① ）万円を超える金額（2024年以降は、課税価格－年間110万円－特別控除（ ① ）万円の残額）について20％の税率で贈与税が課されますが、その後、X社株式の評価額が上昇しても、相続財産に加算されるX社株式の価額は贈与時の価額とされるなどのメリットがあります」

II 「X社株式の相続税評価額は、原則として類似業種比準方式により評価されます。類似業種比準価額は、類似業種の株価ならびに1株当たりの配当金額、1株当たりの利益金額、1株当たりの（ ② ）価額の3つの比準要素を基に計算されます」

III 「Aさんが生前贈与を実行するにあたっては、暦年課税による贈与を活用することもできます。仮に、長女Cさんが暦年課税（各種非課税制度の適用はない）により、本年中にAさんから現金700万円の贈与を受けた場合、贈与税額は（ ③ ）万円となります」

IV 「長女CさんがX社本社敷地を相続により取得した場合、所定の要件を満たすことにより、特定同族会社事業用宅地等として『小規模宅地等についての相続税の課税価格の計算の特例』の適用を受ける場合、X社本社敷地は、相続税の課税価格に算入すべき価額を（ ④ ）万円とすることができます」

― 〈語句群〉
イ. 1,800　ロ. 4,200　ハ. 4,800　ニ. 7,200　ホ. 1,500　ヘ. 2,000
ト. 2,500　チ. 純資産　リ. 総資産　ヌ. 88　ル. 112　ヲ. 120

<資料>贈与税の速算表（一部抜粋）

基礎控除後の課税価格		特例贈与財産		一般贈与財産	
万円超	万円以下	税率	控除額	税率	控除額
～	200	10％	－	10％	－
200 ～	300	15％	10万円	15％	10万円
300 ～	400	15％	10万円	20％	25万円
400 ～	600	20％	30万円	30％	65万円
600 ～	1,000	30％	90万円	40％	125万円

《問14》 Aさんの相続税等に関する以下の文章の空欄①〜③について適切なものには○印を、不適切なものには×印を解答用紙に記入しなさい。

① 　「配偶者に対する相続税額の軽減の適用を受けた場合、妻Bさんが相続等により取得した財産の金額が、配偶者の法定相続分相当額と1億6,000万円とのいずれか多い金額までであれば、原則として、妻Bさんが納付すべき相続税額は算出されず、相続税の申告も必要ありません」

② 　「非上場株式等についての贈与税の納税猶予及び免除の特例の適用を受けるためには手続き期限までに特例承継計画を策定し、都道府県知事に提出し、確認を受けることが要件とされ、要件を満たす場合、対象となる非上場株式等の全株式に係る贈与税額の80％の納税が猶予されます」

③ 　「妻Bさんが自宅敷地（330㎡）を、長女CさんがX社本社敷地（600㎡）を相続により取得した場合、要件を満たせば、それぞれの限度面積まで、『小規模宅地等についての相続税の課税価格の計算の特例』の適用を受けることができます」

《問15》 現時点において、Aさんの相続が開始した場合における相続税の総額を試算した下記の表の空欄①〜③に入る最も適切な数値を求めなさい。なお、相続税の課税価格の合計額は3億円とし、問題の性質上、明らかにできない部分は「□□□」で示してある。

（a）相続税の課税価格の合計額	3億円
（b）遺産に係る基礎控除額	（①）万円
課税遺産総額（（a）－（b））	□□□万円
相続税の総額の基となる税額	
妻Bさん	□□□万円
長女Cさん	（②）万円
二女Dさん	□□□万円
三女Eさん	□□□万円
（c）相続税の総額	（③）万円

<資料>相続税の速算表（一部抜粋）

法定相続分に応ずる取得金額		税率	控除額
万円超	万円以下		
〜	1,000	10%	－
1,000 〜	3,000	15%	50万円
3,000 〜	5,000	20%	200万円
5,000 〜	10,000	30%	700万円
10,000 〜	20,000	40%	1,700万円
20,000 〜	30,000	45%	2,700万円

2024年度実施
ファイナンシャル・プランニング技能検定

日本FP協会

2級 実技試験

資産設計提案業務

試験時間 90分

★ 注 意 事 項 ★

---

① 問題数は40問、解答はすべて記述式です。

② 試験問題については、特に指示のない限り、2024年4(10)月1日現在施行の法令等に基づいて解答してください。なお、東日本大震災の被災者等に対する各種特例等については考慮しないものとします。

③ 計算機（電卓）は演算機能のみを有するものだけ使用できます。関数機能やプログラムの入力可能なものは使用できません。

マイナビ

FP試験対策プロジェクト

【第1問】 下記の（問1）、（問2）について解答しなさい。

問 1

　ファイナンシャル・プランナーは、執筆や講演などの依頼を受ける場合があり、著作権についての理解が必要である。著作権法に基づく著作権の保護に関する次の（ア）～（ウ）の記述について、適切なものには○、不適切なものには×を解答欄に記入しなさい。

（ア）新聞記事をコピーし、投資希望者向け講演会の資料として配布する場合は、当該新聞社の許諾が必要である。

（イ）著作内容に、政府が集計、公表した統計資料を転載する場合、原則として担当省庁の許諾は不要である。

（ウ）公表されている他人の著作物を自分の著作物に引用する場合、内容的に引用部分が「主」、自ら作成する部分が「従」であるような主従関係がなければならない。

問 2

　個人情報の保護に関する法律（以下、「個人情報保護法」という）に関する次の記述のうち、最も不適切なものはどれか。

1. 個人番号（マイナンバー）、基礎年金番号、健康保険の被保険者証の記号番号のいずれも、個人情報として取り扱う必要がある。
2. 個人事業主であるファイナンシャル・プランナーが、事業の用に供する目的で5名分の顧客名簿を作成している場合、個人情報保護法の適用対象とならない。
3. 個人情報取扱事業者が、本人との契約書を通じて、契約者本人の個人情報を取得する場合、原則として、契約締結前に本人に対し、その利用目的を明示する必要がある。
4. 個人情報取扱事業者が、税務署の職員による税務調査に応じ、個人情報を提出する場合は、第三者提供に関する本人の同意は不要である。

【第2問】 下記の（問3）～（問6）について解答しなさい。

問3

　下記＜資料＞は、佐藤和也さんおよび佐藤事務所のＧＨ銀行（日本国内に本店のある普通銀行）における金融資産残高である。この時点で、ＧＨ銀行が破綻した場合、和也さんがＧＨ銀行に保有している＜資料＞の金融資産のうち、預金保険制度によって保護される金額の上限額として、正しいものはどれか。なお、預金利息については考慮しないこと。また、和也さんおよび佐藤事務所は、ＧＨ銀行からの借入れはない。

＜資料＞

> ［名義：佐藤和也］
> 　普通預金：２００万円（決済用預金ではない）
> 　定期預金：５００万円
> 　外貨預金：１５０万円
> ［名義：佐藤事務所　佐藤和也］
> 　当座預金：１２０万円
> 　普通預金：４００万円（決済用預金ではない）

1.　１，０００万円
2.　１，１２０万円
3.　１，１５０万円
4.　１，２００万円

問 4

下記は、新NISAの成長投資枠およびつみたて投資枠（少額投資非課税制度）について概要の一部をまとめた表である。下表の空欄（ア）～（エ）に入る適切な数値を語群の中から選び、解答欄に記入しなさい。

	成長投資枠	つみたて投資枠
非課税対象の金融商品	上場株式、公募株式投資信託、ＥＴＦ、Ｊ－ＲＥＩＴ等	長期の積立て・分散投資に適した一定の投資信託
口座開設対象者	口座開設年の１月１日時点で（ ア ）歳以上の居住者等	
年間投資上限額	（ イ ）万円	（ ウ ）万円
	併用できる	
生涯非課税投資枠	（ ※ ）万円	
	（ エ ）万円	
	売却した分の非課税投資枠は翌年以降再利用できる	
非課税期間	制限なし	

※問題作成の都合上、一部を空欄にしている

```
＜語群＞
 1 5        1 8        2 0        4 0        8 0
 1 2 0      1 8 0      2 4 0      3 6 0      6 0 0
 8 0 0      1, 2 0 0   1, 8 0 0   3, 0 0 0
```

問 5

　個人向け国債に関する下表の空欄（ア）～（エ）にあてはまる語句または数値に関する次の記述のうち、最も適切なものはどれか。

	変動10年	固定5年	（　ア　）3年
購入単位	額面1万円単位		
利払い	（　イ　）ごと		
発行月	毎月		
取扱機関	銀行、証券会社など		
利率	変動金利 基準金利×0.66	固定金利 基準金利－0.05％	（　ア　）金利 基準金利－0.03％
最低利率	（　ウ　）％（年率）		
償還期間	10年	5年	3年
中途換金	発行から（　エ　）経過後		

1．空欄（ア）にあてはまる語句は、「変動」である。
2．空欄（イ）にあてはまる語句は、「1年」である。
3．空欄（ウ）にあてはまる語句は、「0.05」である。
4．空欄（エ）にあてはまる語句は、「3カ月」である。

問6

　下記<資料>の外貨定期預金を満期まで保有した場合における外貨ベースの元利合計額を円転した金額として正しいものはどれか。なお、計算結果（円転した金額）について円未満の端数が生じる場合は切り捨てること。また、解答に当たっては、解答用紙に記載されている単位に従うこと。

<資料>

預入金額	：10,000米ドル
預入期間	：6カ月
預金金利	：1.0%（年率）

預入時・満期時の為替レート（1米ドル）

ＴＴＳ	ＴＴＭ（仲値）	ＴＴＢ
160円	159円	158円

注1：利息の計算に際しては、預入期間は日割りではなく月割りで計算すること。

注2：為替差益・為替差損に関する税金は考慮しないこと。

注3：利息に対しては、米ドル建ての利息額の20%（復興特別所得税は考慮しない）相当額が所得税・住民税として源泉徴収されるものとすること。

1. 1,586,320円
2. 1,587,900円
3. 1,595,800円
4. 1,606,400円

【第3問】 下記の（問7）〜（問10）について解答しなさい。

問7

　谷村さんは、自らが居住している自宅の土地および建物の売却を検討している。売却に係る状況が下記＜資料＞のとおりである場合、所得税における課税長期譲渡所得金額として、正しいものはどれか。

＜資料＞

・取得費　　　　　：土地および建物とも不明であるため、概算取得費とする。 ・譲渡価額（合計）：6,000万円 ・譲渡費用（合計）：300万円 ※居住用財産を譲渡した場合の3,000万円特別控除の特例の適用を受けるものとする。 ※所得控除は考慮しないものとする。

1．　1,500万円
2．　2,100万円
3．　2,400万円
4．　2,700万円

問8

下記<資料>は末松太郎さんが所有する土地の登記事項証明書の一部である。この登記事項証明書に関する次の記述のうち、最も適切なものはどれか。

<資料>

権利部乙区（所有権以外の権利に関する事項）			
順位番号	登記の目的	受付年月日・受付番号	権利者その他の事項
1	抵当権設定	令和元年5月13日 第51804号	原因　令和○年○月○日金銭消費貸借同日設定 債権額　金4,800万円 利息　　年1.5%（年365日日割計算） 損害金　年14.5%（年365日日割計算） 債務者 　千葉県○○市○-○-○ 　末松太郎 抵当権者 　千葉区千葉市○-○-○ 　株式会社EF銀行

1．上記<資料>から、抵当権の設定当時、末松太郎さんがこの土地を単独で所有していたことが分かる。

2．末松太郎さんが債務の弁済を怠った場合、株式会社EF銀行は、債権を回収するためにこの土地の競売を裁判所に申し立てることができる。

3．この土地は、株式会社EF銀行の抵当権が設定されているため、別途、ほかの金融機関が抵当権を設定することはできない。

4．末松太郎さんが株式会社EF銀行への債務を完済した場合、当該抵当権の登記は自動的に抹消される。

問9

　下記<資料>は、三浦さんが購入を検討している中古タワーマンションのインターネット上の広告（抜粋）である。この広告の内容等に関する次の記述のうち、最も不適切なものはどれか。

<資料>

○○ヒルズ2403号室

【所在地】	××県××市××町X－X		
【用途地域】	準住居地域		
【交通】	××線○○駅まで徒歩8分		
【価格】	7,000万円	【間取り】	3LDK
【専有面積】	68.04㎡（壁芯）	【バルコニー面積】	10.21㎡
【建物階数】	地上30階	【所在階数】	24階
【築年月】	2017年6月	【土地の権利】	所有権
【管理費】	25,200円（月額）		
【修繕積立金】	12,600円（月額）		
【現況】	空室		
【取引態様】	媒介		

1．この広告の物件を購入した場合、購入前になされた集会の決議について、三浦さんにその効力は及ばない。
2．この広告の物件の専有面積は壁芯面積で記載されているが、これは登記簿上の内法面積より大きい。
3．この広告の物件を購入する場合、現在の区分所有者が管理費を滞納していれば、新たに区分所有者となる者にも滞納分の管理費の支払義務が生じる。
4．この物件を購入する場合、通常、宅地建物取引業者に媒介業務に係る報酬（仲介手数料）を支払う。

問 10

　下記<資料>は、大浜さんが購入を検討している投資用マンションの概要である。この物件の表面利回り（年利）と実質利回り（年利）の組み合わせとして、正しいものはどれか。なお、<資料>に記載のない事項については一切考慮しないこととし、計算結果については小数点以下第3位を四捨五入すること。

<資料>

購入費用総額：4，500万円（消費税と仲介手数料等取得費用を含めた金額）		
想定される収入：賃料	月額150,000円	
想定される支出：管理費・修繕積立金	月額	18,000円
管理業務委託費	月額	6,000円
火災保険料	年額	20,000円
固定資産税等税金	年額	70,000円

1．表面利回り（年利）：4．00％　実質利回り（年利）：3．16％
2．表面利回り（年利）：4．00％　実質利回り（年利）：3．36％
3．表面利回り（年利）：3．80％　実質利回り（年利）：3．16％
4．表面利回り（年利）：3．80％　実質利回り（年利）：3．36％

【第4問】下記の（問11）～（問14）について解答しなさい。

問11

　羽鳥秀一さん（45歳）が加入の提案を受けた生命保険の保障内容は下記＜資料＞のとおりである。この生命保険に加入した場合、次の記述の空欄（ア）～（ウ）にあてはまる数値を解答欄に記入しなさい。なお、各々の記述はそれぞれ独立した問題であり、相互に影響を与えないものとする。

＜資料／生命保険提案書＞

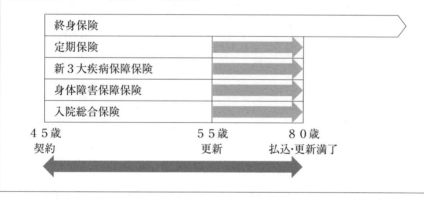

◇ご提案内容

ご契約内容	保険期間	保険金・給付金名称	主なお支払事由など		保険金額・給付金額
終身保険	終身	死亡保険金	死亡のとき		１００万円
定期保険	１０年	死亡保険金	死亡のとき		１，９００万円
新３大疾病保障保険	１０年	３大疾病保険金	所定の３大疾病に罹患したとき（がん（悪性新生物）・急性心筋梗塞・脳卒中）		３００万円
		特定疾病診断保険金	所定のがん（上皮内新生物等）・狭心症・急性心筋梗塞・脳動脈瘤・一過性脳虚血発作・脳卒中のいずれかに罹患、または３大疾病保険金が支払われるとき		３大疾病保険金額の１０％
		死亡保険金	死亡のとき		３大疾病保険金額の１０％
身体障害保障保険	１０年	身体障害保険金	身体障害者福祉法に定める１～３級の障害に該当し、その障害に対する身体障害者手帳の交付があったとき		３００万円
		死亡保険金	死亡のとき		３００万円
入院総合保険	１０年	入院給付金	所定の入院で入院日数が１日、３０日、６０日、９０日の各日数に達したとき		それぞれ２０万円
		外来手術給付金	公的医療保険制度の対象となる所定の手術等や同制度に定める先進医療	入院を伴わない所定の手術を受けたとき	入院給付金額×１０％
		先進医療給付金		所定の先進医療による治療を受けたとき	先進医療にかかる技術料と同額
		先進医療一時金		先進医療給付金が支払われるとき	２０万円（技術料と同額が上限）
リビング・ニーズ特約（※）	－	特約保険金	余命６ヵ月以内と判断されるとき		死亡保険金の範囲内、かつ、３，０００万円以内の金額

（※）新３大疾病保障保険の死亡保険金は、リビング・ニーズ特約による保険金支払いの対象となりません。

・羽鳥さんが初めてがん（悪性新生物）と診断され、治療のため３０日間継続して入院し、その入院中に公的医療保険制度の対象となる所定の手術を１回受けた場合、保険会社から支払われる保険金・給付金の合計は（　ア　）万円である。
・羽鳥さんが交通事故で即死した場合、保険会社から支払われる保険金・給付金の合計は（　イ　）万円である。
・羽鳥さんがケガで公的医療保険制度の対象となる所定の手術を入院せずに１回受けた場合、保険会社から支払われる保険金・給付金の合計は（　ウ　）万円である。

問 12

　広瀬さんは、心疾患および事故により合計3回入院をした。下記<資料>に基づき、広瀬さんが契約している医療保険の入院給付金の日数に関する次の記述の空欄（ア）に入る数値を解答欄に記入しなさい。なお、広瀬さんは、入院Aについてはこの医療保険から所定の入院給付金を受け取っているが、それ以外にこの医療保険から一度も給付金を受け取っていないものとする。

<資料>

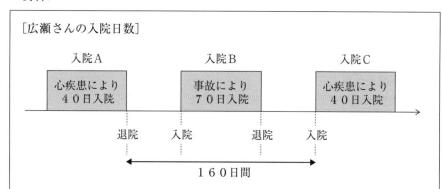

[広瀬さんの入院日数]

[広瀬さんの医療保険の入院給付金（日額）の給付概要]
　・給付金の支払い条件：入院1日目から（日帰り入院含む）支払う。
　・1入院限度日数　　　：60日
　・通算限度日数　　　　：1,000日
　・3大疾病（がん、心疾患、脳血管疾患）による入院は支払日数無制限
　・180日以内に同じ疾病で再入院した場合には、1回の入院とみなす。

　広瀬さんが上記の入院について受け取ることができる入院給付金の日数は、合計（　ア　）日分である。

問13

　真鍋国春さんが契約している保険（下記＜資料＞参照）の契約に関する次の（ア）～（エ）の記述について、適切なものには○、不適切なものには×を解答欄に記入しなさい。なお、保険契約は、有効に成立しており、記載のない事項については一切考慮しないこととする。

＜資料1：保険証券（一部抜粋）＞

［特定（三大）疾病保障保険A］
契約日　　　　　　　：20XX年X月X日
保険契約者　　　　　：真鍋　国春
被保険者　　　　　　：真鍋　国春
死亡保険金受取人：真鍋　夏美（妻）
特定疾病保険金または死亡・高度障害保険金：500万円

［介護保障定期保険B（無解約返戻金型）］
契約日　　　　　　　　：20XX年X月X日
保険契約者　　　　　　：真鍋　国春
被保険者　　　　　　　：真鍋　国春
死亡保険金受取人　　　：真鍋　夏美（妻）
介護保険金・死亡保険金　：300万円

＜資料2：介護保障保険B約款（一部抜粋）＞

名称	支払事由
介護保険金	保険期間中に次のいずれかに該当したとき ①公的介護保険制度に定める要介護2以上の状態 ②会社の定める要介護状態 　次の（1）および（2）をともに満たすことが、医師によって診断確定されたこと （1）被保険者が、責任開始時以後の傷害または疾病を原因として、要介護状態（別表1）に該当したこと （2）被保険者が、（1）の要介護状態（別表1）に該当した日からその日を含めて180日以上要介護状態が継続したこと

別表1

要介護状態	次のいずれかに該当したとき
	1）常時寝たきり状態で、下表の（a）に該当し、かつ、下表の（b）～（e）のうち2項目以上に該当して他人の介護を要する状態
	2）器質性認知症と診断確定され、意識障害のない状態において見当識障害があり、かつ、他人の介護を要する状態
（a）ベッド周辺の歩行が自分ではできない	
（b）衣服の着脱が自分ではできない	
（c）入浴が自分ではできない	
（d）食物の摂取が自分ではできない	
（e）大小便の排泄後の拭き取り始末が自分ではできない	

（ア）特定疾病保障保険Aおよび介護保障定期保険Bにリビング・ニーズ特約を中途付加する場合、特約保険料はかからない。

（イ）国春さんが、初めてがん（悪性新生物）と診断確定され、その後に死亡した場合、特定疾病保障保険Aから特定疾病保険金と死亡保険金の両方を受け取ることができる。

（ウ）国春さんが、常時寝たきり状態で、ベッド周辺の歩行、入浴および大小便の排泄後の拭き取り始末が自分ではできず、他人の介護を要する状態が180日以上継続した場合、介護保障定期保険Bから介護保険金を受け取ることができる。

（エ）国春さんが、公的介護保険制度の要介護1に認定された場合、介護保障定期保険Bから介護保険金を受け取ることができる。

問 14

持田孝夫さんが契約している個人年金保険（下記＜資料＞参照）に関する次の（ア）～（エ）の記述について、適切なものには○、不適切なものには×を解答欄に記入しなさい。

＜資料：個人年金保険の契約内容＞

保険契約者（保険料負担者）	持田　孝夫
被保険者	持田　孝夫
年金受取人	持田　孝夫
死亡給付金受取人	持田　幸恵（妻）
保険料払込期間	６５歳満了（１５年）
基本年金額	４５万円
年金支払開始	６５歳（１０年確定年金）
その他	税制適格特約付加

（ア）孝夫さんが毎年受け取る年金は、一時所得として所得税の課税対象となる。

（イ）孝夫さんが死亡し、幸恵さんが受け取る死亡給付金は、相続税の課税対象となる。

（ウ）孝夫さんが契約日から５年経過後に解約して受け取った解約返戻金は、雑所得として所得税の課税対象となる。

（エ）孝夫さんが毎年支払う保険料は、所得税における個人年金保険料控除の対象となる。

【第5問】 下記の（問15）～（問18）について解答しなさい。

問15

　野村さん（70歳）の本年分の収入等は下記のとおりである。野村さんの本年分の所得税における総所得金額として、正しいものはどれか。

＜本年分の収入等＞

内容	金額
給与収入	50万円
老齢基礎年金、老齢厚生年金および企業年金	240万円
生命保険の満期保険金	300万円

※給与収入は給与所得控除額を控除する前の金額である。

※老齢基礎年金、老齢厚生年金および企業年金は公的年金等控除額を控除する前の金額である。

※生命保険は、養老保険（保険期間30年、保険契約者および満期保険金受取人は野村さん）の満期保険金であり、既払込保険料（野村さんが全額負担している）は130万円である。なお、契約者配当については考慮しない。

＜公的年金等控除額の速算表（65歳以上）＞

公的年金等に係る雑所得以外の合計所得金額が1,000万円以下である場合

公的年金等の収入金額		公的年金等控除額
	330万円未満	110万円
330万円以上	410万円未満	収入金額×25％＋27.5万円
410万円以上	770万円未満	収入金額×15％＋68.5万円
770万円以上	1,000万円未満	収入金額×5％＋145.5万円
1,000万円以上		195.5万円

1. 160万円
2. 190万円
3. 210万円
4. 215万円

問 16

個人でデザイン事務所を営む落合さんの本年分の所得等は下記<資料>のとおりである。落合さんの本年分の所得税において、事業所得と損益通算できる損失に関する次の記述のうち、最も適切なものはどれか。なお、▲が付された所得の金額は、その所得に損失が発生していることを意味するものとする。

<資料>

所得の種類	所得金額	備考
事業所得	６６０万円	
不動産所得	▲５０万円	国内建物の貸付。不動産所得に係る必要経費の中には、土地の取得に要した借入金の利子３０万円が含まれている。
譲渡所得	▲８０万円	すべて上場株式の売却損である。
一時所得	▲６０万円	終身保険を解約したことによる損失である。

1．不動産所得の損失（▲５０万円）、譲渡所得の損失（▲８０万円）と損益通算できる。

2．不動産所得の損失（▲２０万円）、一時所得の損失（▲６０万円）と損益通算できる。

3．不動産所得の損失（▲５０万円）とのみ損益通算できる。

4．不動産所得の損失（▲２０万円）とのみ損益通算できる。

問17

　会社員の半沢さんは、妻と子ども2人の4人家族である。本年中における半沢さんの合計所得金額が1,100万円、妻の合計所得金額が30万円である場合、半沢さんの本年分の所得税における配偶者控除（ア）と扶養控除（イ）の金額の組み合わせとして、正しいものはどれか。なお、本年中において、半沢家は全員同居し、生計を一にしている。また、障害者・特別障害者に該当する者はいない。

＜本年における半沢家の合計所得金額＞

半沢さん	1,100万円
妻　（52歳）	30万円
長男（20歳）	なし
長女（15歳）	なし

＜配偶者控除額（所得税）の早見表＞

納税者の 合計所得金額	900万円以下	900万円超 950万円以下	950万円超 1,000万円以下
控除対象配偶者	38万円	26万円	13万円
老人控除対象配偶者	48万円	32万円	16万円

1.　（ア）0円　　　　（イ）　63万円
2.　（ア）0円　　　　（イ）101万円
3.　（ア）38万円　　（イ）　63万円
4.　（ア）38万円　　（イ）101万円

問18

　会社員の高橋昌彦さん（給与収入：年額６００万円）は、会社員の妻の珠恵さん（給与収入：年額５００万円）と小学生の長女と３人暮らしである。高橋さん夫婦が本年中に昌彦さんと珠恵さんの共有名義で新築住宅を購入し、同年中に居住を開始した場合の住宅借入金等特別控除（以下、「住宅ローン控除」という）に関する次の（ア）〜（ウ）の記述について、適切なものには○、不適切なものには×を解答欄に記入しなさい。なお、高橋さん夫婦は、住宅ローン控除の適用を受けるための要件をすべて満たしているものとし、給与収入以外の収入はないものとする。

（ア）所得税の住宅ローン控除の適用を受ける場合は、毎年確定申告をする必要がある。

（イ）高橋昌彦さんが転勤により単身赴任をする場合、珠恵さんと長女が住み続ける等、所定の要件を満たせば、単身赴任中も住宅ローン控除の適用を受け続けることができる。

（ウ）本年分の住宅ローン控除可能額が所得税から控除しきれない場合は、翌年度の住民税から控除することができるが、その場合、市区町村への住民税の申告が必要となる。

【第6問】 下記の（問19）〜（問22）について解答しなさい。

問 19

　下記＜資料＞の相続開始後の手続きに関する次の記述の空欄（ア）〜（エ）に入る適切な語句を語群の中から選び、その番号を解答欄に記入しなさい。なお、同じ語句を何度選んでも良いこととする。なお、問題の設定上、明らかにできない部分を（　※　）としている。

＜資料＞

相続の限定承認・放棄	相続開始があったことを知ったときから（　ア　）以内に（　イ　）にて手続きをしなければならない
所得税の準確定申告	相続開始があったことを知った日の翌日から（　ウ　）以内に被相続人の納税地（一般に住所地）を管轄する所轄税務署長に申告書を提出する
相続税の期限内申告	相続開始があったことを知った日の翌日から（　エ　）以内に被相続人の住所地を管轄する所轄税務署長に申告書を提出する

＜語群＞
1．1カ月　　　2．2カ月　　　3．3カ月　　　4．4カ月
5．10カ月　　6．公証役場　　7．家庭裁判所　　8．法務局

問20

「直系尊属から住宅取得等資金の贈与を受けた場合の贈与税の非課税」についてまとめた下表の空欄（ア）〜（エ）に入る適切な語句を語群の中から選び、その番号のみを解答欄に記入しなさい。

贈与をする者	父母または祖父母
贈与を受ける者	贈与を受ける年の１月１日において１８歳以上 贈与を受ける年の合計所得金額が（　ア　） （床面積４０㎡以上５０㎡未満の場合は１，０００万円）以下
取得する住宅の床面積要件	床面積５０㎡（贈与を受ける年の合計所得金額が１，０００万円以下の場合は４０㎡）以上２４０㎡以下
贈与税の申告	贈与税がかからない場合でも、贈与を受けた年の翌年２月１日から（　イ　）までに贈与税の申告書を提出しなければならない
贈与者が贈与直後に死亡した場合	非課税となった部分の金額は、相続税の課税価格に算入（　ウ　）
その他	暦年課税の基礎控除、相続時精算課税の特別控除等と（　エ　）

<語群>
1．２，０００万円　　　2．３，０００万円
3．３月１５日　　　　4．３月３１日
5．される　　6．されない　　7．併用できる　　8．併用できない

- 318 -

問 21

贈与税の配偶者控除（以下「本特例」という）に関する次の記述の空欄（ア）〜（エ）に入る語句の組み合わせとして、正しいものはどれか。

・本特例は、贈与日時点の婚姻期間が（　ア　）以上ある配偶者からの居住用不動産または居住用不動産を取得するための金銭の贈与が適用対象である。

・本特例の適用を受けると、贈与を受けた財産の価格から、贈与税の基礎控除110万円（　イ　）、最高2,000万円まで控除することができる。

・本特例の適用を受けるためには、贈与を受けた年の（　ウ　）までに、贈与により取得した居住用不動産または贈与を受けた金銭で取得した居住用不動産に、贈与を受けた者が現実に住んでおり、その後も引き続き住む見込みでなければならない。

・本特例の適用を受けた財産の贈与を受けた後、同一年内に贈与者の相続が開始した場合、特例の適用を受けた部分は相続財産に（　エ　）。

1．（ア）20年　（イ）とは別に　（ウ）翌年3月15日　（エ）加算されない
2．（ア）25年　（イ）とは別に　（ウ）翌年3月15日　（エ）加算される
3．（ア）20年　（イ）を含めて　（ウ）12月31日　（エ）加算される
4．（ア）25年　（イ）を含めて　（ウ）12月31日　（エ）加算されない

問22

「小規模宅地等についての相続税の課税価格の計算の特例」に関する下表の空欄（ア）〜（ウ）に当てはまる数値の組み合わせとして、正しいものはどれか。

宅地等の区分	適用限度面積	減額割合
特定事業用宅地等	400㎡	（ ア ）%
特定同族会社事業用宅地等		
特定居住用宅地等	330㎡	
貸付事業用宅地等	200㎡	（ イ ）%

※特定事業用宅地等と貸付事業用宅地等については、一定の場合に該当しない限り、相続開始前（ ウ ）年以内に新たに（貸付）事業の用に供された宅地等を除く。

1．（ア）80　（イ）50　（ウ）1
2．（ア）80　（イ）50　（ウ）3
3．（ア）50　（イ）80　（ウ）3
4．（ア）50　（イ）80　（ウ）1

【第7問】下記の各問（問23）～（問25）について解答しなさい。

＜長尾家の家族データ＞

氏名	続柄	生年月日	備考
長尾　寛人	本人	１９××年　８月　８日	会社員
美保	妻	１９××年　９月　９日	会社員
義男	長男	２０××年１０月１０日	小学生
嘉穂	長女	２０××年　１月１１日	小学生

＜長尾家のキャッシュフロー表＞

（単位：万円）

経過年数			基準年	1年	2年	3年	4年
西暦（年）			２０××	２０××	２０××	２０××	２０××
家族構成／年齢	長尾　寛人	本人	３９歳	４０歳	４１歳	４２歳	４３歳
	美保	妻	３５歳	３６歳	３７歳	３８歳	３９歳
	義男	長男	９歳	１０歳	１１歳	１２歳	１３歳
	嘉穂	長女	６歳	７歳	８歳	９歳	１０歳
		変動率					
収入	給与収入（寛人）	1％	６００				（ア）
	給与収入（美保）	1％	４００				
	収入合計		１,０００	１,０１０			
支出	基本生活費	1％	３６０	３６４	３６７		
	住居費	－	１５０	１５０	１５０	１５０	１５０
	教育費	3％	６３	６５	６７		
	保険料		６０	６０	６０	６０	６０
	その他支出	1％	１２０	１２１	１２２	１２４	１２５
	一時的支出	1％	１００				
	支出合計		８５３	９００			
年間収支			１４７				
金融資産残高		1％	７００	（イ）			

※年齢および金融資産残高は各年１２月３１日現在のものとする。

※給与収入は可処分所得で記載している。

※記載されている数値は正しいものとする。

※問題作成の都合上、一部空欄にしてある。

問 23

長尾家のキャッシュフロー表の空欄（ア）に入る数値を計算しなさい。なお、計算過程においては端数処理をせず計算し、計算結果については万円未満を四捨五入すること。

問 24

長尾家のキャッシュフロー表の空欄（イ）に入る数値を計算しなさい。なお、計算過程においては端数処理をせず計算し、計算結果については万円未満を四捨五入すること。

問 25

長尾さんは、教育費の負担が心配になり、奨学金について調べることにした。日本学生支援機構の奨学金に関する次の記述のうち、最も適切なものはどれか。

1. 日本学生支援機構の貸与型奨学金には、利子が付く「第一種」と利子が付かない「第二種」がある。
2. 日本学生支援機構の奨学金（貸与型）は、進学前に申し込む「予約採用」、進学後に申し込む「在学採用」、家計の急変等に対応する「緊急・応急採用」等がある。
3. 日本学生支援機構の奨学金は、学生本人または保護者の名義の口座に振り込まれる。
4. 日本学生支援機構の奨学金は、希望すれば進学前から受け取ることができる。

【第8問】 下記の（問26）～（問28）について解答しなさい。

下記の係数早見表を乗算で使用し、各問について計算しなさい。なお、税金は一切考慮しないこととし、解答に当たっては、解答用紙に記載されている単位に従うこと。

＜係数早見表（年利1.0％）＞

	終価係数	現価係数	減債基金係数	資本回収係数	年金終価係数	年金現価係数
1年	1.010	0.990	1.000	1.010	1.000	0.990
2年	1.020	0.980	0.498	0.508	2.010	1.970
3年	1.030	0.971	0.330	0.340	3.030	2.941
4年	1.041	0.961	0.246	0.256	4.060	3.902
5年	1.051	0.951	0.196	0.206	5.101	4.853
6年	1.062	0.942	0.163	0.173	6.152	5.795
7年	1.072	0.933	0.139	0.149	7.214	6.728
8年	1.083	0.923	0.121	0.131	8.286	7.652
9年	1.094	0.914	0.107	0.117	9.369	8.566
10年	1.105	0.905	0.096	0.106	10.462	9.471
15年	1.161	0.861	0.062	0.072	16.097	13.865
20年	1.220	0.820	0.045	0.055	22.019	18.046
25年	1.282	0.780	0.035	0.045	28.243	22.023
30年	1.348	0.742	0.029	0.039	34.785	25.808

※記載されている数値は正しいものとする。

問 26

市岡さんは、独立開業の資金として、8年後に1,000万円を準備したいと考えている。8年間、年利1.0％で複利運用する場合、現在いくらの資金があればよいか。

問 27

伊勢さんは、自宅のリフォーム費用400万円を、リフォームローンを利用して返済しようと考えている。今後5年間、年利1.0％で毎年借入応当日に元利均等返済をする場合、毎年の返済額はいくらになるか。

問 28

村田さんは、老後の生活資金の一部として、毎年年末に150万円を受け取りたいと考えている。受取期間を25年間とし、年利1.0％で複利運用をする場合、受取り開始時にいくらの資金があればよいか。

【第9問】 下記の（問29）〜（問34）について解答しなさい。

<設例>

井上貴弘さんは、民間企業に勤務する会社員である。貴弘さんと妻の恵里菜さんは、今後の資産形成などについて、ＦＰで税理士でもある小椋さんに相談をした。なお、下記のデータはいずれも本年9月1日現在のものである。

［家族構成］

氏名	続柄	生年月日	年齢	職業等
井上　貴弘	本人	19××年5月10日	40歳	会社員（正社員）
恵里菜	妻	19××年3月19日	34歳	会社員（正社員）
晶	長男	20××年5月29日	4歳	

［収入金額］

貴弘さん　　：給与収入500万円（手取額）。給与収入以外の収入はない。

恵里菜さん：給与収入450万円（手取額）。給与収入以外の収入はない。

［自宅］

賃貸マンションに居住しており、家賃は月額12万円（管理費込）である。マイホームとして販売価格4,800万円（うち、消費税250万円）の新築マンションを購入する予定である。

［金融資産］

貴弘さん名義

銀行預金（普通預金）　：250万円

銀行預金（定期預金）　：400万円

財形住宅貯蓄（貯蓄型）：350万円

恵里菜さん名義

銀行預金（普通預金）　：200万円

財形住宅貯蓄（貯蓄型）：300万円

［負債］

　　貴弘さんと恵里菜さんに負債はない。

［保険］

　　収入保障保険Ａ：年金月額２０万円。保険期間２０年。最低保証期間２年。
　　　　　　　　　　　６年前の１０月１日に契約。
　　　　　　　　　　保険契約者（保険料負担者）および被保険者は貴弘さん。
　　　　　　　　　　保険金受取人は恵里菜さん。
　　医療保険Ｂ：入院給付金日額　１０，０００円
　　　　　　　　　保険契約者（保険料負担者）および被保険者は貴弘さん。

問29

　井上さん夫婦は、本年１０月にマンションを購入する予定である。井上さん夫婦が＜設例＞のマンションを購入する場合の販売価格のうち、土地（敷地の共有持分）の価格を計算しなさい。なお、消費税の税率は１０％とし、計算結果について万円未満の端数が生じる場合は四捨五入すること。また、解答に当たっては、解答用紙に記載されている単位に従うこと。

問30

貴弘さんはマンションの購入に当たり、夫婦での住宅ローンの借入れを検討しており、FPの小椋さんに質問をした。小椋さんが行った次の説明のうち、最も不適切なものはどれか。

1. 「連帯保証方式である収入合算を利用すると、夫婦の収入を合算して1つの住宅ローンを契約するため、貴弘さんが単独で住宅ローンを契約する場合に比べて、借入金額を増やすことができます」
2. 「ペアローンは、夫婦それぞれが住宅ローンを契約するため、一定の要件を満たせば、貴弘さんと恵里菜さんは2人とも住宅借入金等特別控除の適用を受けることができます」
3. 「現時点で、貴弘さんや恵里菜さんには負債（借入れ）はありませんが、自動車ローンや奨学金の負債（借入れ）がある場合、負債（借入れ）がない場合に比べて、借入可能額が少なくなる可能性があります」
4. 「連帯保証方式である収入合算で住宅ローンを契約した場合、貴弘さんと恵里菜さんは2人とも団体信用生命保険を付保することができます」

問31

　貴弘さんは、契約中の収入保障保険Aの保障額について、FPの小椋さんに質問をした。小椋さんが説明の際に使用した下記＜イメージ図＞を基に、本年10月1日に貴弘さんが死亡した場合に支払われる年金総額として正しいものはどれか。なお、年金は毎月受け取るものとする。

＜イメージ図＞

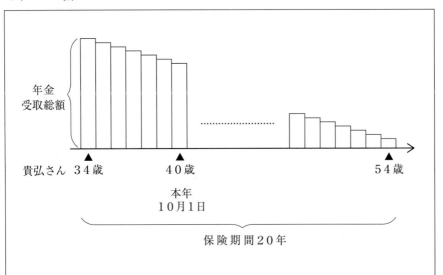

※貴弘さんは、収入保障保険Aを6年前の10月1日に契約している。
※保険期間は20年、最低保証期間は2年である。

1. 4,800万円
2. 3,840万円
3. 3,360万円
4. 480万円

問32

　FPの小椋さんは、個人に対する所得税の仕組みについて貴弘さんから質問を受けた。小椋さんが下記＜イメージ図＞を使用して行った所得税に関する次の（ア）〜（エ）の説明のうち、適切なものには○、不適切なものには×を解答欄に記入しなさい。

＜イメージ図＞

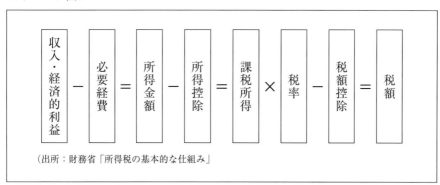

収入・経済的利益 － 必要経費 ＝ 所得金額 － 所得控除 ＝ 課税所得 × 税率 － 税額控除 ＝ 税額

（出所：財務省「所得税の基本的な仕組み」）

（ア）貴弘さんが住宅ローンを組んでマンションを購入したことにより受けられる住宅ローン控除は税額控除です。

（イ）貴弘さんの給与から天引きされている厚生年金保険料について受けられる社会保険料控除は所得控除です。

（ウ）貴弘さんがふるさと納税をしたことにより受けられる寄附金控除は、税額控除です。

（エ）貴弘さんが購入した自宅マンションに付保する地震保険の保険料について受けられる地震保険料控除は所得控除です。

問33

　恵里菜さんは、2人目の子どもを出産するために仕事を休んだ場合に支給される出産手当金や、産前産後休業中の社会保険料の取扱いについて、FPの小椋さんに質問をした。出産手当金および産前産後休業中の社会保険料に関する次の（ア）～（エ）に入る適切な語句または数値の組み合わせとして、最も適切なものはどれか。なお、恵里菜さんは、会社に就職してから継続して全国健康保険協会管掌健康保険（協会けんぽ）の被保険者であり、かつ厚生年金保険の被保険者であるものとする。

　協会けんぽの被保険者が出産のために仕事を休み、給与の支払いを受けられなかった場合、出産手当金が支給されます。支給されるのは、出産の日以前（＊＊＊）日から出産の日後（　ア　）日までの間において、仕事を休んだ日数分となります。出産手当金の額は、休業1日について、支給開始日の属する月以前の直近の継続した12カ月間の各月の標準報酬月額を平均した額を30で除した額の（　イ　）相当額となります。

　産前産後休業期間中の健康保険および厚生年金保険の保険料は、事業主の申出により（　ウ　）が免除されます。また、この免除期間は、将来、被保険者の年金額を計算する際は、（　エ　）として扱われます。

※問題作成の都合上、一部を＊＊＊としている。

1．（ア）42　　（イ）4分の3　　（ウ）被保険者負担分及び事業主負担分
　　（エ）保険料を未納した期間

2．（ア）56　　（イ）3分の2　　（ウ）被保険者負担分及び事業主負担分
　　（エ）保険料を納付した期間

3．（ア）42　　（イ）3分の2　　（ウ）被保険者負担分のみ
　　（エ）保険料を納付した期間

4．（ア）56　　（イ）4分の3　　（ウ）被保険者負担分のみ
　　（エ）保険料を免除した期間

問34

　恵里菜さんは、仮に貴弘さんが本年9月に40歳で死亡した場合の公的年金の遺族給付について、FPの小椋さんに質問をした。恵里菜さんが65歳になるまで受給できる公的年金の遺族給付についての説明の空欄（ア）〜（エ）に入る適切な語句を語群の中から選び、その番号のみを解答欄に記入しなさい。なお、貴弘さんは、20歳から大学卒業まで国民年金に加入し、大学卒業後の22歳から死亡時まで継続して厚生年金保険に221月加入しているものとする。また、家族に障害者に該当する者はなく、記載以外の遺族給付の受給要件はすべて満たしているものとし、記載のない条件については一切考慮しないこと。

　貴弘さんの死亡時、貴弘さんは厚生年金被保険者であり、（　ア　）到達年度末までの未婚の子がいるため、妻の恵里菜さんは、死亡直後は遺族基礎年金と遺族厚生年金を受け取ることができます。

　遺族基礎年金を死亡した者の配偶者が受け取る場合、子が1人の場合は、基本額に子1人分が加算されます。

　遺族厚生年金は死亡時点で計算した報酬比例部分の年金額の（　イ　）となります。

　ただし、貴弘さんは死亡時点で厚生年金保険の被保険者であり、厚生年金保険の被保険者期間は221月ですので、厚生年金被保険者期間が（　ウ　）月あるものとして計算されます。

　なお、夫死亡後、恵里菜さんが40歳に達した当時、（　ア　）到達年度末までの未婚の子がいる場合、遺族基礎年金の支給終了時点から65歳に達するまで（　エ　）が加算されます。

```
＜語群＞
1．18歳　　　　　　　2．20歳
3．3分の2相当額　　　4．4分の3相当額
5．240　　　　　　　6．300　　　　　　7．360
8．中高齢寡婦加算　　　9．経過的寡婦加算額　　10．寡婦年金
```

【第10問】下記の（問35）～（問40）について解答しなさい。

<設例>

国内の上場企業に勤務する羽鳥孝治さんは、今後の生活のことなどに関して、FPで税理士でもある玉田さんに相談した。なお、下記のデータは本年9月1日現在のものである。

Ⅰ. 家族構成

氏名	続柄	生年月日	年齢	備考
羽鳥　孝治	本人	19××年　3月15日	57歳	会社員
千種	妻	19××年　8月12日	56歳	会社員
明日香	長女	19××年　7月21日	27歳	会社員

Ⅱ. 羽鳥家の親族関係図

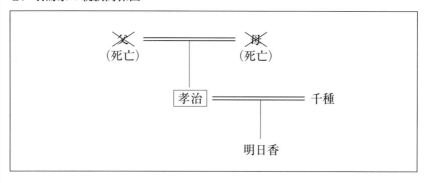

Ⅲ. 羽鳥家（孝治さんと千種さん）の財産の状況

［資料1：保有資産（時価）］ （単位：万円）

所有者	孝治	千種
金融資産 　預貯金等 　投資信託	1,200 600	500 －
生命保険（解約返戻金相当額）	［資料3］を参照	［資料3］を参照
不動産 　土地（自宅の敷地） 　建物（自宅の家屋）	3,800 600	－ －
その他（動産等）	400	150

［資料2：負債残高］

　　住宅ローン　：1,550万円（債務者は孝治さん。団体信用生命保険付）

　　自動車ローン：80万円（債務者は孝治さん）

［資料3：生命保険］ （単位：万円）

保険種類	保険契約者	被保険者	死亡保険金受取人	保険金額	解約返戻金相当額	保険期間
定期保険A	孝治	孝治	千種	500	0	2026年まで
定期保険特約付 終身保険B （終身保険部分） （定期保険部分）	孝治	孝治	千種	300 2,700	130 0	終身 2026年まで
終身保険C	孝治	千種	孝治	500	200	終身
変額個人年金 保険D	孝治	孝治	千種	－	500	2031年まで
終身保険E	孝治	千種	孝治	250	90	終身

注1：解約返戻金相当額は、現時点で解約した場合の金額である。

注2：定期保険Aには、主契約とは別に保険金額500万円の災害割増特約
　　　が付加されている。

注3：変額個人年金保険Dは、据置期間中に被保険者が死亡した場合には、一時払保険料相当額（４００万円）と被保険者死亡時における解約返戻金相当額のいずれか大きい金額が死亡保険金として支払われるものである。

注4：すべての契約において、保険契約者が保険料を全額負担している。

注5：契約者配当および契約者貸付については考慮しないこと。

Ⅳ．その他

上記以外の情報については、各設問において特に指示のない限り一切考慮しないこと。

問 35

FPの玉田さんは、まず現時点における羽鳥家（孝治さんと千種さん）のバランスシート分析を行うこととした。下表の空欄（ア）に入る数値を計算しなさい。

＜羽鳥家（孝治さんと千種さん）のバランスシート＞　　　　　　　（単位：万円）

［資産］		［負債］	
金融資産		住宅ローン	×××
預貯金等	×××	自動車ローン	×××
投資信託	×××		
生命保険	×××	負債合計	×××
不動産			
土地（自宅の敷地）	×××		
建物（自宅の家屋）	×××	［純資産］	（　ア　）
その他（動産等）	×××		
資産合計	×××	負債・純資産合計	×××

問 36

　孝治さんは、現在加入している保険で十分な保障が得られるのか心配している。そこで、自分が交通事故等の不慮の事故で死亡した場合に支払われる死亡保険金で負債を全額返済した場合、金融資産（預貯金等および投資信託）がいくら残るのか、ＦＰの玉田さんに試算してもらうことにした。

この試算に関する玉田さんの次の説明の空欄（ア）に入る金額として、正しいものはどれか。

「現時点で、孝治さんが交通事故等の不慮の事故で死亡した場合、孝治さんの死亡により支払われる死亡保険金と羽鳥家（孝治さんと千種さん）が保有する預貯金等および投資信託の合計額から、返済すべき負債の全額を差し引いた金額は（　ア　）になります」

1.　5,720万円
2.　6,220万円
3.　6,720万円
4.　6,800万円

問37

会社員として勤務している孝治さんは、現在加入している雇用保険について、FPの玉田さんに質問をした。玉田さんが行った雇用保険の加入や給付に関する次の説明の空欄（ア）～（エ）にあてはまる語句の組み合わせとして、最も適切なものはどれか。

正社員として勤務している者は、雇用保険において（　ア　）未満の者は一般被保険者、（　ア　）以上の者は高年齢被保険者とされます。

一般被保険者と高年齢被保険者は求職者給付の内容が異なり、一般被保険者は基本手当が支給されます。

その支給日数は、退職理由や雇用保険の加入期間に応じ、原則として90日から330日です。

ただし、7日間の待期期間に加え、自己都合の場合は、原則（　イ　）の給付制限期間があります。

一方、高年齢被保険者の場合は、基本手当の30日分または50日分に相当する高年齢（　ウ　）給付金が一時金で支給されます。高年齢（　ウ　）給付金は、（　エ　）受給することができます。

1.（ア）65歳　（イ）4カ月　（ウ）再就職　（エ）生涯1回に限り
2.（ア）60歳　（イ）4カ月　（ウ）求職者　（エ）生涯1回に限り
3.（ア）65歳　（イ）2カ月　（ウ）求職者　（エ）支給要件を満たすごとに
4.（ア）60歳　（イ）2カ月　（ウ）再就職　（エ）支給要件を満たすごとに

問38

孝治さんは、今後自分に介護が必要になった場合を考え、公的介護保険の介護サービスについて、ＦＰの玉田さんに質問をした。介護保険の給付に関する下表の空欄（ア）～（エ）に入る語句として適切なものはどれか。なお、問題の設定上、明らかにできない部分を（　＊　）としている。

	第１号被保険者	第２号被保険者
保険者（手続先）	（　ア　）	
被保険者	（　イ　）以上の者	４０歳以上（　イ　）未満の医療保険加入者
保険料の徴収	（　ア　）が徴収	医療保険者が医療保険料に含めて徴収
保険給付の対象者	（　＊　）、要支援１～２、要介護１～５の状態になった者	（　ウ　）、要支援１～２、要介護１～５の状態になった者
自己負担割合	要介護度に応じた支給限度額の範囲内では原則（　エ　）一定以上の所得者は別に定める割合 要介護度に応じた支給限度額を超える部分は全額自己負担	要介護度に応じた支給限度額の範囲内では（　エ　） 要介護度に応じた支給限度額を超える部分は全額自己負担

1．（ア）には「都道府県」が入る。
2．（イ）には「６５歳」が入る。
3．（ウ）には「原因を問わず」が入る。
4．（エ）には「２割」が入る。

問39

孝治さん（全国健康保険協会管掌健康保険に加入中）が、将来、会社を退職し、すぐに再就職しない場合に選択できる健康保険の任意継続被保険者について、ＦＰの玉田さんが説明を行った。任意継続被保険者に関する下表の空欄（ア）〜（ウ）に入る適切な語句の組み合わせとして最も適切なものはどれか。

＜資料：全国健康保険協会管掌健康保険の任意継続被保険者＞

加入条件	資格喪失日の前日まで継続して（　ア　）以上被保険者であったこと　※加入期間は最長（　イ　）間
保険料	全被保険者の標準報酬月額の平均額または資格喪失時の標準報酬月額に応じて計算され、その全額が本人負担となる
手続き	本人が資格喪失日から（　ウ　）以内に協会けんぽに対して加入手続きを行う

1．（ア）2年　　（イ）2年　（ウ）14日
2．（ア）2年　　（イ）5年　（ウ）20日
3．（ア）2カ月　（イ）2年　（ウ）20日
4．（ア）2カ月　（イ）5年　（ウ）14日

問40

孝治さんは、将来を見据え後期高齢者医療制度について理解を深めたいと思い、FPの玉田さんに質問をした。後期高齢者医療制度に関する下表の空欄（ア）～（ウ）に入る適切な語句を語群の中から選び、その番号のみを解答欄に記入しなさい。

保険者（運営主体）	都道府県単位で設立された（　ア　）
被保険者	（　イ　）以上の高齢者 一定の障害認定を受けた前期高齢者
一部負担金の割合	原則として、医療費の1割 一定の高所得者は2割または3割
保険料	（　ウ　）単位で、均等割と所得割額の合計額を徴収

```
＜語群＞
1．健康保険協会      2．後期高齢者医療広域連合
3．70歳           4．75歳
5．被保険者         6．夫婦        7．世帯
```

●重要度のＡＢＣは、以下の分析結果からランキングしています

2021年１月〜2024年１月：10回の試験

Ａ：６回以上

Ｂ：３〜５回

Ｃ：２回以下

FP2級 予想模試 解答解説編

※各試験解答解説の後ろに「解答・論点一覧」があります。苦手克服に役立てましょう！

問題 1　正解：**3**　　　　　　　　　　　　　　　　　重要度 **A**

1．適切　客観的な事実の説明は問題ありません。なお、投資助言・代理業の登録
を受けていない者は、顧客と投資顧問契約を締結できません。

2．適切

> **おまけ！**　労働社会保険諸法令に基づき行政機関等に提出する申請書
> 等の作成や手続きの代行（有償）は社会保険労務士の独占
> 業務です。

3．不適切　原則、顧客の同意なく、顧客の個人情報を第三者に提供することは守秘
義務に違反します。

4．適切　税理士でなくても、一般的な税制の説明や仮定の事例に基づく説明は問
題ありません。

> **おまけ！**　税理士でない者は、有償・無償を問わず、**税務代理、税務書**
> **類の作成、個別具体的な税務相談はできません。**

問題 2　正解：**2**　　　　　　　　　　　　　　　　　重要度 **C**

1．不適切　給与、退職金、年金、満期保険金等の**収入を伴う事項も記入**します。

2．適切　資産は時価、負債は残高を計上します。

3．不適切　可処分所得は「**年間の収入金額－（所得税＋住民税＋社会保険料）**」に
より計算します。

4．不適切　住宅ローンの返済額は、**返済予定表に記載されている金額をそのまま計**
上します。

問題 3 正解：2

重要度 A

1．不適切 育児休業給付金および介護休業給付金の支給単位期間において、支払われた賃金額が、休業開始時賃金日額に支給日数を乗じて得た額の80%相当額以上である場合、当該支給単位期間について育児休業給付金および介護休業給付金は支給されません。

2．適切

3．不適切 介護休業給付金の対象となるのは、**配偶者、子、父母、配偶者の父母、祖父母、兄弟姉妹、孫**です。つまり、配偶者の父母も含まれます。

4．不適切 育児休業給付金の対象となるのは原則**1**歳に満たない子（保育所に入れない等の要件を満たす場合は最長**2**歳に満たない子）です。

問題 4 正解：4

重要度 A

1．不適切 産前産後休業、育児休業（子が**3**歳に達するまで）を取得している厚生年金保険の被保険者の厚生年金保険料は、所定の手続きにより、**被保険者負担分および事業主負担分が免除**されます。**健康保険も同様**です。

2．不適切 70歳以上の者は、厚生年金保険の適用事業所に勤務していても、原則として**厚生年金保険の被保険者となりません**。

3．不適切 免除・猶予を受けた保険料は、**10年前の分まで**追納できます。

4．適切

 おまけ！ 国内に住所を有する者も、満額の老齢基礎年金を受給できない場合は、**60歳以降65歳**に達するまで任意加入できます。

1．**適切** 老齢基礎年金および老齢厚生年金の繰下げは66歳０カ月以降に繰下げ支給の申出をすることができます。

2．**不適切** 付加年金は老齢基礎年金と同時に繰上げ・繰下げ支給となり、同じ割合で減額・増額されます。

3．**不適切** 2022年4月1日以降に70歳に到達する者の老齢基礎年金の繰下げ支給による年金の増額率は、繰り下げた月数に0.7％を乗じて得た率で、最大84％（0.7％×120月）です。

4．**不適切** 老齢基礎年金と老齢厚生年金は、同時に繰り下げる必要はなく、一方のみの繰下げ支給も選択でき、それぞれ異なる時期からの繰下げ支給も選択できます。

1．**適切** 65歳以降、障害基礎年金と他の厚生年金（老齢厚生年金、遺族厚生年金）は併給できます。

> **おまけ！** 障害厚生年金と他の基礎年金（老齢基礎年金、遺族基礎年金）は併給できません。

2．**不適切** 老齢基礎年金と老齢厚生年金を優先的に受給し、老齢厚生年金よりも「遺族厚生年金」または「老齢厚生年金×１／２＋遺族厚生年金×２／３」のほうが多い場合は、多い方と老齢厚生年金の差額が遺族厚生年金として支給されます。

3．**適切** １．の解説参照。

4．**適切** 同一の事由により、障害厚生年金と労災保険の障害補償年金が支給される場合、障害厚生年金は全額支給され、障害補償年金は所定の調整率により減額されます。障害基礎年金、遺族基礎年金、遺族厚生年金も同様です。

問題 7　正解：**1**　　　　　　　　　　　　　　　　　　　　　　　重要度 **B**

1．適切
> 　**おまけ！**　厚生年金被保険者が死亡した場合の遺族厚生年金も同様に300月の最低保障があります。

2．不適切　要件を満たす場合、障害基礎年金には子の加算があります。

> **おまけ！**　配偶者の加算があるのは障害厚生年金（障害等級1級または2級）です。

3．不適切　受給者の前年の所得が一定以上となると、障害基礎年金の全額または一部が支給停止されます。

4．不適切　障害厚生年金と障害補償給付を受給する場合、障害補償給付は減額されるものの、両方を受給できますが、労災保険の障害補償給付を受給できる場合、障害手当金は支給されません。

問題 8　正解：**4**　　　　　　　　　　　　　　　　　　　　　　　重要度 **B**

1．適切
> **おまけ！**　障害年金、遺族年金は非課税です。

2．適切　「相続税の課税対象」というひっかけに注意です。

3．適切

4．不適切　確定拠出年金の老齢給付金、小規模企業共済の加入者が事業を廃止した際に受け取る共済金のうち、年金で受け取る場合は雑所得となります。

> **おまけ！**　一時金として受給する場合は退職所得として所得税の課税対象となります。

1．適切

おまけ!　日本学生支援機構の貸与型奨学金について、無利子で貸与を受けられる第一種奨学金と利子付（在学中は無利子）の第二種奨学金があります。

2．適切

3．適切

4．不適切　日本政策金融公庫の国の教育ローン（教育一般貸付）は、下宿費用や国民年金保険料等に充てることもできます。

1．適切

2．適切

おまけ!　カーローンや銀行が発行するカードによるローンも総量規制の対象となりません。

3．不適切　定額リボルビング払いは、毎月の支払額を定額とする支払方法であり、支払回数は残高に応じて決まります。選択肢は分割払いの説明です。

4．適切

問題 11 **正解：2**　　　　　　　　　　　　　　　　　　　　　重要度 **B**

1．不適切　少額短期保険業者と締結した保険契約は**保険法の適用対象**となり、少額短期保険業者は**保険業法の適用対象**となります。

おまけ！　少額短期保険業者に支払う保険料は、**生命保険料控除、地震保険料控除の対象となりません**。

おまけ！　保険契約者（＝保険料負担者）および被保険者を被相続人、保険金受取人を相続人とする少額短期保険において、相続人が受け取った死亡保険金は、相続税法における**非課税金額の規定の適用対象**となります。

2．適切

3．不適切　少額短期保険は、低発生率保険を適用している少額短期保険業者が引き受ける保険契約を除き、今後、新規または更新後に、被保険者1人につき加入できる保険金額の合計額は**1,000万円が上限**です。

4．不適切　少額短期保険業者や共済は、**保険契約者保護機構の対象外**です。

おまけ！　**生命保険契約者保護機構**の保護の対象となる契約は、原則として、**責任準備金等の90％**まで補償されます。

正解：**4**　　　　　　　　　　　　　　　　　　　　　　　　重要度 **A**

1．**不適切**　低解約返戻金型終身保険は、他の契約条件が同じで低解約返戻金型ではない終身保険と比較して、**保険料払込期間中の解約返戻金が低く抑えられ**ており、**割安な保険料**が設定されています。保険料払込期間終了後の解約返戻金は通常の終身保険と同程度となります。

2．**不適切**　養老保険は、死亡・高度障害保険金が支払われると契約は終了します。

3．**不適切**　収入保障保険の死亡保険金は、一時金で受け取る方が年金形式で受け取る場合に比べて、**少なくなります**。

4．**適切**

> **おまけ！**　更新後の更新部分の保険料は、更新時点の年齢・保険料率で再計算されます。

正解：**2**　　　　　　　　　　　　　　　　　　　　　　　　重要度 **A**

1．**不適切**　要件を満たせば、自動振替貸付を受けて、立て替えられた金額も生命保険料控除の対象となります。

2．**適切**　更新後はその月から契約全体が新制度の対象となります。更新前は一般の生命保険料控除、更新後は介護医療保険料控除の対象となります。

3．**不適切**　傷害特約、災害割増特約は、旧契約では一般の生命保険料控除でしたが、新制度（2012年1月1日以後）では、生命保険料控除の対象外となります。災害入院特約も同様です。

4．**不適切**　要件を満たす場合、変額個人年金保険の保険料は、一般の生命保険料控除の対象となります。一方、外貨建ての定額個人年金保険の保険料は所定の要件を満たせば、個人年金保険料控除の対象となります。

問題 14 正解：**3** 重要度 **A**

1．不適切 給付金受取人が法人である医療保険の保険料は、全額を損金に算入するため、法人が受け取る入院給付金は全額を益金に算入します。

2．不適切 死亡保険金受取人が法人である終身保険の支払保険料は、その全額を資産に計上します。

3．適切

4．不適切 2019年7月8日以降に契約した定期保険等について、死亡保険金受取人が法人、最高解約返戻率が50％超70％以下である定期保険の保険料（被保険者1人当たり年換算保険料30万円超）は、前半4割期間は、支払保険料の40％を前払保険料として資産計上し、60％を損金に算入します。

 おまけ！ 最高解約返戻率70％超85％以下である場合、前半4割期間は、支払保険料の60％を前払保険料として資産計上し、40％を損金に算入します。

問題 15 正解：**3** 重要度 **C**

1．不適切 軽過失（重過失ではない）の失火により、他人（隣家）に損害を与えた場合には、損害賠償責任を負いません。なお、重過失がある場合、ガス爆発の場合は損害賠償責任を負い、借家の所有者に対しては債務不履行責任に基づき損害賠償責任を負います。

2．不適切 政府の自動車損害賠償保障事業および自動車損害賠償責任保険は、人身事故による損害のみが対象となり、物損事故による損害は対象となりません。

3．適切

4．不適切 対人賠償保険は、本人、配偶者、父母、子は補償の対象となりませんが、兄弟姉妹は補償の対象となります。

1．不適切　割引制度は併用できず、**いずれか1つのみ**を適用できます。

2．不適切　地震保険は、**火災保険に付帯**して申し込みます。中途付帯もできます。

3．適切　火災保険では、1個または1組の価額が30万円（一部では100万円）を超える貴金属等は明記物件とすることで**補償の対象**となりますが、**地震保険では補償の対象外**です。

4．不適切　地震保険では**大半損**に該当する損害を受けた場合、保険金額の60％（時価額の60％を限度）の保険金が支払われます。

> **おまけ！**　**全損は100％、小半損は30％、一部損は5％**（いずれも保険金額に対する割合で、時価額を限度）です。

1．不適切　対人賠償保険、対物賠償保険では、被保険者の**配偶者、父母、子**の身体、財産に損害を与えた場合は**補償対象外**です。

2．不適切　通常は自己の過失割合により保険金が減額されますが、人身傷害補償保険は**自己の過失があっても**、保険金額の範囲内であれば、**損害額の全額が補償**されます。

3．不適切　車両保険では、**地震・噴火**またはこれらによる**津波**により損害を被った場合、特約を付帯しない限り、**補償対象外**です。

4．適切　**無免許運転**（運転免許失効中を含みます）や**酒酔い運転**をした被保険者が起こした対人賠償事故、対物賠償事故は、対人賠償保険、対物賠償保険の**補償の対象**となります。自賠責保険も同様です。

問題 18 正解：**2**　　　　　　　　　　　　　　　　　　　　　　　重要度 **B**

1．**不適切**　製造・販売したものが原因となって、他人の身体・財産に損害を与えた場合の損害賠償責任に備えるには、**生産物賠償責任保険（ＰＬ保険）**が適しています。

2．**適切**

3．**不適切**　請け負った建築工事中に誤って器具を落とし第三者にケガを負わせて法律上の損害賠償責任を負うことによる損害に備えるには、**請負業者賠償責任保険**が適しています。**建設工事保険**は、建築工事の目的物に生じる損害に対して保険金が支払われます。

4．**不適切**　機械保険は、**火災による損害は補償対象外**です。機械保険は、電気的現象、設計・製作の欠陥、折損・亀裂等の機械的現象、物理的原因による破裂・爆発等の偶発的な事故により、機械設備が被る損害に対して保険金が支払われます。

問題 19 正解：**1**　　　　　　　　　　　　　　　　　　　　　　　重要度 **A**

1．**適切**

2．**不適切**　契約者（＝保険料負担者）が受け取る年金払積立傷害保険の年金は**雑所得として所得税の課税対象**です。**一時所得となるのは契約者（＝保険料負担者）が一時金で受け取る死亡保険金、満期返戻金、解約返戻金等**です。

3．**不適切**　死亡保険金であり、契約者（保険料負担者）＝受取人ですので、**一時所得として所得税の課税対象**です。

4．**不適切**　事業に供している部分の火災保険料は必要経費に算入できますが、その**他部分は必要経費になりません。**

1．不適切　所得補償保険は、病気やケガにより就業不能である場合、入院の有無を問わず、自宅療養も含めて補償の対象となります。

2．不適切　ガン保険の入院給付金の支払日数、手術給付金の回数に限度はありません。

>
> **おまけ！**　医療保険の入院給付金は一般に1入院および通算の入院給付金の支払日数に限度があります（一部商品を除く）。

3．適切

>
> **おまけ！**　180日以内の再入院であっても、異なる原因による場合は、別入院と扱われ、前の入院の支払日数と合算されません。

4．不適切　先進医療特約は、療養時点で厚生労働大臣により定められている先進医療が給付の対象となります。

1．適切

>
> **おまけ！**　ＧＤＰは内閣府が四半期ごとに調査・公表します。

2．適切　名目値から物価変動分を除いた数値が実質値であり、物価上昇時は「名目値＞実質値」となりやすく、物価下落時は「名目値＜実質値」となりやすい傾向があります。

3．適切

4．不適切　日銀短観の調査対象企業は、全国の資本金2,000万円以上の民間企業（金融機関等を除く）の中から抽出され、調査は年4回実施され、その結果は、4月初旬、7月初旬、10月初旬、12月中旬に公表されます。

問題 22　正解：2　　重要度 A

1．**適切**

おまけ！　通常の定期預金は、中途解約すると中途解約利率が適用されますが、期日指定定期預金は中途解約しても、中途解約利率は適用されません。

2．**不適切**　普通預金は、給与や年金の自動受取口座や公共料金等の自動振替口座として利用できますが、貯蓄預金は利用できません。

3．**適切**

4．**適切**

おまけ！　仕組預金は、高い利率が設定されるメリットもありますが、原則として中途解約できず、金融機関の判断で満期日が延長されたり、繰り上がる場合があります。

問題 23　正解：3　　重要度 B

1．**不適切**　従来、国内の証券取引所に上場するＥＴＦは指数に連動するタイプのみでしたが、2023年より、アクティブ型のＥＴＦも上場されています。

2．**不適切**　ＥＴＦやＪ－ＲＥＩＴの売買には、上場株式と同様に売買委託手数料が発生しますが、非上場投資信託の購入時にかかる購入時手数料は発生しません。また、運用管理費用（信託報酬）は非上場の投資信託と同様に発生します。

おまけ！　売買委託手数料は証券会社ごとに異なります。

3．**適切**

おまけ！　非上場の株式投資信託の分配金には、普通分配金と元本払戻金（特別分配金）があり、**普通分配金は配当所得として所得税の課税対象、元本払戻金（特別分配金）は非課税**となります。

4．**不適切**　他の要件を満たせば、ＥＴＦの分配金は所得税の配当控除の対象となりますが、Ｊ－ＲＥＩＴの分配金は、税引き前利益を分配しており、二重課税の調整を必要としませんので、配当控除の対象とはなりません。

正解：**3**　　　　　　　　　　　　　　　　　　　　　　　　　　　　　　　重要度 **C**

1．**適切**　債券の価格は償還が近づくにつれて値動きが小さくなり、額面価格に収斂（しゅうれん）していきます。

2．**適切**

3．**不適切**　金融緩和策を縮小すると、一般に金利が上昇し、債券価格は下落します。

4．**適切**　市場金利と債券価格、利回りと債券価格は逆相関の関係ですので、市場金利が上昇すると、債券価格は下落します。

問題 25 正解：**2**　　　　　　　　　　　　　　　　　　　　　　　　　　　　　　　重要度 **B**

1．**不適切**　日経平均株価は、東京証券取引所**プライム**市場に上場している銘柄のうち、225銘柄を対象として算出される株価指数（修正平均株価）ですが、時価総額上位225銘柄を対象としているわけではありません。

2．**適切**

3．**不適切**　東証株価指数（ＴＯＰＩＸ）は、旧東京証券取引所第１部上場全銘柄やプライム市場上場銘柄を対象とします（経過措置あり）。

4．**不適切**　ＪＰＸ日経インデックス400は、東京証券取引所（**プライム、スタンダード、グロース**）に上場する普通株式のうち、ＲＯＥや営業利益等の指標等により選定された400銘柄を対象として算出されます。

問題 26　正解：1

重要度 A

1．**適切**

2．**不適切**　外貨定期預金の為替差益は、預入時に為替予約がある場合は源泉分離課税、預入時に為替予約がない場合（預入後に為替予約をした場合、為替予約をしない場合）は雑所得として総合課税の対象です。

3．**不適切**　国内上場株式、外国株式を売買した場合の受渡日は、売買の約定日から起算して3営業日目です。

4．**不適切**　円高（外貨安）が進行すると、保有する外貨建て資産の円換算の投資利回りは下落します。

問題 27　正解：2

重要度 B

1．**不適切**　オプション取引において、コール・オプションは「原資産を買う権利」、プット・オプションは「原資産を売る権利」であり、いずれも買い手は売り手に対してオプション料を支払います。

2．**適切**

3．**不適切**　逆です。先物価格が今後上昇すると予想される場合、先物取引で買建てし、後日、実際に上昇したときに売ることで利益を得ることができます。

4．**不適切**　異なる通貨間で一定期間、キャッシュフローを交換する取引を通貨スワップといいます。

1．不適切 新ＮＩＳＡのつみたて投資枠と成長投資枠は、同時に利用できます。

2．不適切 新ＮＩＳＡの年間の非課税投資枠はつみたて投資枠は120万円、成長投資枠は240万円です。

> **おまけ！** 生涯非課税限度額は1,800万円です。

3．不適切 新ＮＩＳＡの譲渡損失はなかったものとされ、損益通算できません。

4．適切

問題 **29** 正解：**1**   重要度 Ａ

ポートフォリオの期待収益率は、組み入れた各資産の期待収益率を組入比率で加重平均した値となります。

設問の場合、

1％×50％＋2％×30％＋6％×20％＝2.3％＞Ｂ投資信託の期待収益率2％

シャープレシオは（収益率－無リスク資産利子率）÷標準偏差により求めます。

　　Ｂ投資信託のシャープレシオ＝（2－0.1）÷1＝1.9

　　Ｃ投資信託のシャープレシオ＝（6－0.1）÷3≒1.97

シャープレシオは、**数値が大きいほど、少ないリスクで、より多くのリスクに応じた**リターンを上げられた（効率的な運用であった）と判断されますので、Ｃ投資信託の方が効率的な運用であったとされます。

問題 30　正解：**2**

重要度 **B**

1．適切　金融サービス提供法における金融商品販売業者等が顧客への重要事項の説明義務に違反した場合の損害賠償責任は**無過失責任**です。

2．不適切　金融サービス提供法と消費者契約法の両方の規定を適用できる場合は、両方の規定が適用されます。

3．適切

4．適切　金融商品取引法は、リスクが高い商品を対象としていますので、デリバティブ、スワップ取引等は対象となっていますが、円建て普通預金は対象外です。

> **おまけ！**　金融サービス提供法では、信用リスクも重要事項説明義務があるため、円建ての普通預金も対象です。

問題 31　正解：**2**

重要度 **B**

1．不適切　所得税は、個人が1月1日から12月31日までの暦年単位で得た所得に対して課税されます。

2．適切

> **おまけ！**　個人住民税は賦課課税方式を採用しています。

3．不適切　消費税は間接税ですが、固定資産税は直接税に該当します。

4．不適切　事業税は地方税ですが、登録免許税は国税です。

正解：**3**　　　　　　　　　　　　　　　　　　　　　　　　　重要度 **B**

1．**非課税所得**
2．**非課税所得**

 おまけ！　老齢給付は雑所得、障害給付と遺族給付は非課税所得です。

3．**課税所得**　　ふるさと納税の返礼品は一時所得です。
4．**非課税所得**

正解：**4**　　　　　　　　　　　　　　　　　　　　　　　　　重要度 **A**

1．**適切**

 おまけ！　返還を要する敷金は、預り金として計上し、所得金額の計算上、総収入金額に算入しません。

2．**適切**
3．**適切**

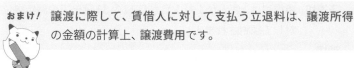 **おまけ！**　譲渡に際して、賃借人に対して支払う立退料は、譲渡所得の金額の計算上、譲渡費用です。

4．**不適切**　賃貸用土地および建物の取得者が、当該土地および建物を取得した際に支払った仲介手数料は、土地および建物の**取得価額**に算入します。

問題 34 正解：3   重要度 A

損益通算の対象となる損失は**不動産所得**、**事業所得**、**山林所得**、**譲渡所得**の損失で要件を満たすものに限ります。

1．不適切 上場株式等の譲渡所得等の損失は不動産所得と損益通算できず、反対に、**不動産所得の損失も、上場株式等の譲渡所得等と損益通算できません。**

2．不適切 雑所得の損失の金額は、他の所得と損益通算できません。

3．適切

4．不適切 一時所得の損失は、損益通算できません。

問題 35 正解：1   重要度 B

1．不適切 医療費控除（特定一般用医薬品等購入費を支払った場合の医療費控除の特例を除く）の控除額（200万円を限度）は、その年中に支払った医療費の金額（保険金等により補てんされる部分の金額を除く）から総所得金額等の５％または10万円のいずれか少ない金額を控除して計算されます。

2．適切

3．適切

4．適切

おまけ！ 人間ドックや健康診断の結果、特に異常が発見されない場合、その費用は**医療費控除の対象となりません。**

正解：**3**   重要度 **B**

1．確定申告を要しない　年間の給与収入が2,000万円を超える場合、確定申告が
　　　　　　　　　　　　必要です。

2．確定申告を要しない

 おまけ！　退職手当の支払者に「退職所得の受給に関
　　　　　　　　　　する申告書」を提出しない場合、退職金の収
　　　　　　　　　　入金額の20.42％の所得税が源泉徴収され
　　　　　　　　　　ます。

3．確定申告を要する　給与所得者（同族会社の役員を除く）で、給与所得、退職
　　　　　　　　　　　　所得以外の所得金額が20万円以下である場合は、通常、
　　　　　　　　　　　　確定申告は不要ですが、同族会社の役員が、その法人か
　　　　　　　　　　　　ら地代、家賃、利子を受けている場合は、1円でも確定申
　　　　　　　　　　　　告が必要です。

4．確定申告を要しない　公的年金等の収入金額（老齢給付）が年額400万円以下
　　　　　　　　　　　　であり、かつ公的年金等の雑所得以外の所得が20万円以
　　　　　　　　　　　　下である場合、所得税の確定申告は必要ありません。

問題 37 正解：**4**   重要度 **C**

1．適切

2．適切　所得税の申告をすれば、個人住民税の申告は不要です。

3．適切

4．不適切　個人住民税は、その年の1月1日において都道府県内または市町村（特
　　　　　　別区を含む）内に住所を有する者に対して課税されます。

問題 38 正解：4

重要度 A

1．不適切 期末資本金の額等が1億円以下の一定の中小法人に対する法人税の税率は、所得金額のうち年800万円以下の部分については軽減税率が適用されます。

2．不適切 新たに設立された法人が、その設立事業年度から青色申告の適用を受けるためには、設立の日以後3ヵ月経過した日と当該事業年度終了の日のいずれか早い日の前日までに、「青色申告承認申請書」を納税地の所轄税務署長に提出しなければなりません。

おまけ！ 個人が1月16日以降に新たに業務を開始した場合、業務を開始した日から2カ月以内に、青色申告の承認申請書を納税地の所轄税務署長に提出し、その承認を受けなければなりません。

3．不適切 法人はその本店または主たる事業所の所在地のいずれかから法人税の納税地を任意に選択することができます。

4．適切

おまけ！ 所得税の課税期間はその年の1月1日から12月31日までの1年間となります。

問題 39 正解：4

重要度 A

1．適切

2．適切

3．適切

おまけ！ 不動産取引の仲介手数料には消費税がかかります。

4．不適切 事業の用に供する家屋の譲渡や貸付は、消費税が課税されます。

1．適切　役員が所有する土地を時価よりも低い価額で会社に譲渡した場合、会社は適正な時価との**差額を受贈益として益金**に算入します。選択肢の場合は、無償であるため、適正な時価をそのまま受贈益として益金に算入します。

2．適切

3．適切　会社・役員間の取引において、役員に有利とされる部分（経済的利益相当額）は、多くの場合、**会社側では役員報酬**として扱い、**役員側は給与所得**の収入金額となります。

4．不適切　役員が会社に無利子で金銭を貸し付けた場合、通常収受すべき利息相当額は、原則として**役員に課税されません**。

1．不適切　不動産の登記記録は、不動産所在地の登記所（**法務局**）に備え付けられています。

2．不適切　不動産の登記事項証明書の交付請求は、**誰でもできます**。

3．不適切　売買による取得の場合、**権利の登記は任意**です。相続による取得の場合は、原則として所有権の取得を知ってから3年以内に相続登記を申請しなければなりません。

>
> **おまけ！**　建物を新築した場合の表題登記は、1ヵ月以内に申請することが義務付けられています。

4．適切

> **おまけ！**　区分建物を除く建物に係る登記記録において、床面積は、壁その他の区画の中心線で囲まれた部分の水平投影面積（壁心面積）により算出されます。

問題 42　正解：3　重要度 B

1．不適切　都道府県地価調査の基準地のうち一部は、地価公示の標準地と同じ地点に設定されています。

2．不適切　固定資産税評価額は3年ごとに評価替えされます。

おまけ！　公示価格、基準地の標準価格、相続税路線価は毎年、評価替えが行われます。

3．適切

おまけ！　相続税路線価、固定資産税評価額は1月1日時点の価額として評価されます。都道府県地価調査の基準地の標準価格は、毎年7月1日を価格判定の基準日としています。

4．不適切　相続税路線価は、地価公示の公示価格の80％を価格水準の目安としています。

おまけ！　評価替えの基準年度における固定資産税評価額は、公示価格の70％を価格水準の目安として決定されます。

問題 43　正解：3　重要度 A

1．適切

おまけ！　30年以上で定めた場合はその期間で有効となり、30年よりも短い期間を定めた場合は30年となります。

2．適切

おまけ！　借地権者の債務不履行により終了した場合、借地権者は土地所有者に対して建物買取請求をすることはできません。

3．不適切　事業用定期借地権等は、居住用建物の建築を目的として設定できませんので、借地上に社宅も建築できません。

4．適切

正解：**1**　　　　　　　　　　　　　　　　　　　　　　　　重要度 **A**

1．**不適切**　普通借家契約において存続期間を1年未満で定めた場合、期間の定めの
　　　　　　　ない契約とみなされます。
2．**適切**
3．**適切**
4．**適切**

おまけ！　普通借家契約は、経済事情の変動があっても賃料を減額し
ない特約は無効となります。

問題 45 正解：**2**　　　　　　　　　　　　　　　　　　　　　　　　重要度 **A**

1．**不適切**　選択肢は市街化区域についての記述です。市街化調整区域は、市街化を
　　　　　　　抑制すべき区域です。
2．**適切**
3．**不適切**　防火地域または準防火地域の指定は任意です。
4．**不適切**　市街化区域では1,000㎡未満の開発行為は原則として、都道府県知事等
　　　　　　　の許可は不要です。

問題 46 正解：**4**　　　　　　　　　　　　　　　　　　　　　　　　重要度 **A**

1．**適切**
2．**適切**
3．**適切**
4．**不適切**　道路境界線とみなされる線と道路との間の敷地部分（セットバック部
　　　　　　　分）は建蔽率および容積率を算定する際の敷地面積に算入できません。

問題 47 正解：**1** 重要度 **A**

1．**適切**
2．**不適切** 所定の要件を満たす戸建て住宅（認定長期優良住宅を除く）を新築した場合、不動産取得税の課税標準の算定に当たっては、1戸につき最高1,200万円を価格から控除することができます。
3．**不適切** 抵当権設定登記の登録免許税は債権金額（根抵当権の場合は極度額）が課税標準となります。

> **おまけ！** 所有権の保存登記、移転登記の登録免許税は固定資産税評価額が課税標準です。

4．**不適切** 所有権移転登記に係る登録免許税の税率は、贈与は20／1,000、相続は4／1,000であり、贈与による場合の方が税率が高いです。

問題 48 正解：**3** 重要度 **A**

1．**不適切** 取得費が不明である場合、譲渡収入金額の5％を取得費とすることができます（概算取得費）。
2．**不適切** 譲渡した日の属する年の1月1日における所有期間が5年以下の場合は短期譲渡所得、5年を超える場合は長期譲渡所得です。
3．**適切**
4．**不適切** 土地の譲渡所得は分離課税です。

正解：3 重要度 **B**

1．**不適切** 3,000万円特別控除と軽減税率の特例は、居住の用に供さなくなった日の属する年の**3年後**の**12月31日**までに譲渡することが要件の1つとなっています。

2．**不適切** 軽減税率の特例の適用を受けた場合、課税長期譲渡所得金額のうち、**6,000万円以下**の部分の税率が軽減されます。

3．**適切**

4．**不適切** 軽減税率の特例は譲渡する年の1月1日時点の所有期間が**10年**を超えていることが要件の1つとなっています。

正解：2 重要度 **A**

1．**不適切** 事業受託方式では、調査・企画、建物の設計・施工、建物の管理・運営をデベロッパーが行うため、土地所有者の業務の負担が軽減されますが、**資金調達は土地所有者**が自ら行います。

2．**適切**

3．**不適切** 選択肢は全部譲渡方式の説明です。部分譲渡方式は、土地所有者が譲渡する土地部分とデベロッパーから取得する建物部分を等価で交換する事業方式です。

4．**不適切** 定期借地権方式では、土地を貸し付ける事業方式ですので、**建物の所有者名義は借地人**です。

問題 51 　正解：**3**　　　　　　　　　　　　　　　　重要度 **B**

1．適切

2．適切

3．不適切　原則として**18歳以上**の者が、父母や祖父母等の直系尊属から贈与を受ける場合には**特例贈与財産**に係る贈与税率が適用され、**夫婦間の贈与**では**一般贈与財産**に係る贈与税率が適用されます。

4．適切

 おまけ！ 贈与税額＝{（課税価格－年間110万円）－特別控除2,500万円の残額}×20％

問題 52 　正解：**3**　　　　　　　　　　　　　　　　重要度 **B**

1．適切

 おまけ！ 直系尊属から住宅取得等資金の贈与を受けた場合の贈与税の非課税制度を適用する場合も贈与税の**申告が必要**です。

2．適切

 おまけ！ 所得税の申告書の提出期間は、原則として所得が発生した年の**翌年2月16日から3月15日**までです。

3．不適切　贈与税は金銭一括納付が原則ですが、一括納付が困難な場合は延納が認められます。なお、**相続税とは異なり、物納はできません。**

4．適切

1．**不適切**　親族とは6親等内の血族、配偶者、3親等内の姻族をいいます。
2．**適切**

おまけ！　普通養子縁組の場合、実方の父母との親族関係は終了しません。

3．**適切**
4．**適切**

1．**不適切**　相続の放棄は相続の開始前にはできず、**相続の開始があったことを知ったときから3カ月以内に家庭裁判所に対して申述します**。相続開始前に家庭裁判所の許可を得てできるのは**遺留分の放棄**です。
2．**不適切**　相続の放棄は単独で家庭裁判所に申述できます。
3．**適切**
4．**不適切**　相続の放棄をした場合、その者はいなかったものとして扱うため、代襲相続は発生しません。

1．**適切**
2．**不適切**　相続財産である不動産を、共同相続人間で分割するために売却して換価した場合、その所得は、所得税において**譲渡所得**とされます。
3．**不適切**　代償分割により交付した財産が現金である場合、譲渡所得として課税されませんが、**不動産や株式である場合、譲渡所得として所得税が課税されます**。
4．**不適切**　被相続人は、遺言によって、相続開始のときから**5年間**を超えない期間を定めて、遺産の分割を禁ずることができます。

問題 56　正解：1　重要度 B

1．**不適切**　遺産に係る基礎控除額の計算上、法定相続人の数に含めることができる養子（特別養子、代襲相続人である孫等を除く）の数は、実子がいる場合は1人まで、実子がいない場合は2人までに制限されます。

2．**適切**

おまけ！ 選択肢1、2について、生命保険金、死亡退職金の非課税限度額、相続税の総額の計算、遺産に係る基礎控除額、配偶者の税額軽減の計算も同様です。

3．**適切**

4．**適切**

おまけ！ 対象となる配偶者は相続発生時に婚姻関係にある者であり、内縁関係の者は対象外です。

問題 57　正解：4　重要度 A

1．**不適切**　二方面に路線がある角地を路線価方式によって評価する場合、それぞれの路線価に奥行価格補正率を乗じた価額を比較し、高い方が正面路線価となります。

2．**不適切**　宅地は、登記記録上の1筆ごとではなく、1利用単位ごと（画地ごと）に評価します。

3．**不適切**　市街地的形態を形成する地域にある宅地は路線価方式により評価し、それ以外の地域にある宅地は倍率方式により評価します。

4．**適切**

おまけ！ 路線価図の路線の数値部分は1㎡当たりの価額（千円単位）、英字部分は借地権割合
A：90％、B：80％、C：70％、D：60％、E：50％、F：40％、G：30％

正解：**2**　　　　　　　　　　　　　　　　　　　　　　重要度 **A**

1．**適切**

2．**不適切**　贈与税の配偶者控除は、**贈与日時点**において**婚姻期間20年以上の配偶者**から、自ら居住の用に供する居住用不動産（**土地、建物のいずれでも可**）または居住用不動産を取得するための**資金**の贈与を受けた場合に適用を受けられます。

3．**適切**

4．**適切**　床面積要件を満たす店舗併用住宅で、**2分の1以上を居住の用**に供することが要件とされますので、床面積の2分の1超に相当する部分が店舗の用に供される場合は、特例の適用を受けることができません。

正解：**4**　　　　　　　　　　　　　　　　　　　　　　重要度 **B**

1．**適切**

 おまけ！　**純資産価額方式**における純資産は、**相続税評価額（時価純資産）**にもとに評価します。

2．**適切**　純資産価額方式は、相続税評価額に基づく純資産から清算法人税（含み益の**37%**）を差し引いた金額を株式数で除して求めます。

3．**適切**

4．**不適切**　配当還元価額は、その株式の1株当たりの年配当金額を**10%**で還元して評価します。

問題 60　正解：1　　　　　　　　　　　　　　　　　　　　　　　　　　重要度 C

1．不適切　配偶者居住権を居住建物の所有者に譲渡することはできますが、第三者に譲渡することはできません。

> **おまけ！**　配偶者居住権を有する者が死亡した場合、配偶者居住権は相続されず、消滅します。

2．適切　配偶者居住権は、遺贈、死因贈与、遺産分割協議、家庭裁判所の審判等によって取得できます。

3．適切

> **おまけ！**　配偶者短期居住権の存続期間は少なくとも6カ月です。

4．適切　居住建物を被相続人のみ、または被相続人と配偶者が所有している場合、配偶者居住権を取得できますが、被相続人が配偶者以外の者と共有している場合、配偶者居住権は取得できません。

第 1 回目 学科試験

解答・論点一覧

check!

問題	分野	論点	正解	重要度	
1	ライフ	関連法規とコンプライアンス	3	A	
2		ライフプランニングで作成する各種の表	2	C	
3		雇用保険の給付	2	A	
4		公的年金	4	A	
5		老齢基礎年金の繰下げ支給	1	B	
6		公的年金の併給調整等	2	B	
7		公的年金の障害給付	1	B	
8		公的年金等の税金	4	B	
9		奨学金と教育ローン	4	B	
10		クレジットカード	3	B	
11	リスク	少額短期保険	2	B	
12		生命保険の一般的な商品性	4	A	
13		生命保険料控除	2	A	
14		法人契約の生命保険料等の経理処理	3	A	
15		損害賠償等	3	C	
16		地震保険	3	B	
17		自動車保険の一般的な商品性	4	A	
18		損害保険を利用した事業活動のリスク管理	2	B	
19		個人契約の損害保険の課税関係	1	A	
20		第三分野の保険や特約の一般的な商品性	3	A	
21	金融	経済指標	4	B	
22		預金の一般的な商品性	2	A	
23		ＥＴＦ、Ｊ－ＲＥＩＴ	3	B	
24		固定利付債券の一般的な特徴	3	C	
25		東京証券取引所の市場区分や株価指数	2	B	
26		外貨建て金融商品の取引	1	A	
27		金融派生商品の取引の仕組みや特徴	2	B	
28		新NISA	4	A	
29		期待収益率、シャープレシオの計算	1	A	
30		金融商品の取引に係る各種法令	2	B	
31	タックス	わが国の税制	2	B	
32		非課税所得	3	B	
33		不動産の貸付と所得	4	A	
34		損益通算	3	A	

問題	分野	論点	正解	重要度	
35		医療費控除	1	B	
36		所得税の確定申告	3	B	
37	タックス	個人住民税・個人事業税	4	C	
38		法人税の仕組み	4	A	
39		消費税の課税対象	4	A	
40		会社と役員間の取引に係る税金	4	A	
41		不動産の登記	4	A	
42		土地の価格	3	B	
43		借地	3	A	
44		借家	1	A	
45	不動産	都市計画法	2	A	
46		建築基準法	4	A	
47		不動産の取得に係る税金	1	A	
48		譲渡所得	3	A	
49		居住用財産の譲渡の特例	3	B	
50		不動産の有効活用の手法	2	A	
51		贈与税の計算と申告	3	B	
52		贈与税の申告と納付	3	B	
53		親族等	1	B	
54		相続の承認と放棄	3	C	
55	相続	遺産分割	1	B	
56		相続税の計算	1	B	
57		宅地の評価	4	A	
58		不動産に係る相続対策等	2	A	
59		取引相場のない株式の評価	4	B	
60		配偶者居住権	1	C	

※配点は各1点となります

分野別得点表

ライフ	リスク	金融	タックス	不動産	相続
／10	／10	／10	／10	／10	／10

合格基準点数

36 ／60

あなたの合計得点

／60

【第1問】

《問1》 正解： ① **ロ** ② **チ** ③ **ホ** ④ **ヌ** 　重要度 **B**

②Aさん死亡時、長女Cさんは10歳、長男Dさんは8歳ですので、遺族基礎年金が支給されます。

設例の配偶者が受給する場合の遺族基礎年金

816,000円＋234,800円／人（子2人目まで）＋78,300円／人（子3人目以降）

子は2人ですので、Aさん死亡直後は816,000円＋234,800円＋234,800円＝1,285,600円が支給されます。

③遺族基礎年金が支給され、前年の所得が一定額以下である場合、遺族年金生活者支援給付金が支給されます。月額**5,310円**ですので、年額は5,310円×12＝63,720円です。

《問2》 正解： **491,772**（円）　重要度 **B**

遺族厚生年金は、死亡時点で計算した報酬比例部分の**4分の3**相当額です。厚生年金被保険者が死亡した場合、厚生年金保険の被保険者月数が**300月未満の場合は300月分**が保障されます。

2003年3月以前の期間分

$$300{,}000円 \times \frac{7.125}{1{,}000} \times 36月 = 76{,}950円$$

2003年4月以後の期間分

$$400{,}000円 \times \frac{5.481}{1{,}000} \times 257月 = 563{,}446.8円$$

遺族厚生年金の年金額（本来水準の額。円未満四捨五入）

$$（76,950円＋563,446.8円）\times \frac{300月}{293月} \times \frac{3}{4} = 491,772.2 \cdots \rightarrow 491,772円$$

《問3》 正解：① ✕　② ✕　③ ✕ 　　　　重要度 B

① **不適切**　公的介護保険の自己負担割合は、1割（一定の所得がある第1号被保険者は2割または3割）です。
　　　　　　Aさんは第2号被保険者ですので自己負担割合は1割です。

② **不適切**　障害基礎年金（加算部分を除く）について、1級障害は2級障害の年金額の**1.25倍**となります。障害厚生年金も同様です。

③ **不適切**　要介護認定または要支援認定は**市町村**（東京23区は特別区）が行います。また、介護保険第1号被保険者は65歳以上、第2号被保険者は40歳以上65歳未満の公的医療保険加入者であり、保険給付は、**第1号被保険者は原因を問いませんが、第2号被保険者は加齢に伴う特定疾病により要介護状態または要支援状態になった場合に**受けることができます。

【第2問】

《問4》 正解：① **5.50**（%）　② **4.29**（%） 　　　　重要度 A

① ROE（自己資本利益率）＝当期純利益÷自己資本×100（%）
　設例では純資産と自己資本の金額は同じであり、50期と51期の平均を用いる指定があります。
　自己資本＝（370,000百万円＋350,000百万円）÷2＝360,000百万円
　ROE＝19,800百万円÷360,000百万円×100＝5.50%

② 配当利回り＝1株当たり年間配当金÷株価×100（%）
　　1株当たり年間配当金＝配当金総額÷株数＝12,000百万円÷2億株＝60円
　　配当利回り＝60円÷1,400円×100＝4.285%→4.29%（小数点第3位四捨五入）

① 不適切　配当を受け取るためには、権利付き最終日（権利確定日を含めて3営業日前、つまり2営業日前）までに購入します。設例の場合、2024年9月26日（木）が権利付き最終日です。

② 適切　ＰＢＲ（株価純資産倍率）＝株価÷1株当たり純資産
Ｘ社＝1,400円÷（350,000百万円÷200百万株）＝0.8倍
一般にＰＢＲが低い方が割安とされますが、ＰＥＲ、ＲＯＥ等の分析も行い、比較・検討することが望ましいです。

③ 適切　譲渡所得＝2,000円×200株－1,400円×200株＝12万円

《問6》　正解：① ✕　　② ✕　③ ✕　　　　　　　　　　　　　　重要度 Ａ

① 不適切　つみたて投資枠は長期、分散、積立投資に適していると金融庁が定めた基準を満たす**公募株式投資信託（インデックスファンド、バランスファンド、アクティブファンド等）**および**ＥＴＦ**が対象となっており、インデックスファンドに限りません。

② 不適切　新ＮＩＳＡの成長投資枠とつみたて投資枠は同時に利用できます。

③ 不適切　逆です。新ＮＩＳＡの年間投資上限額は、成長投資枠は240万円、つみたて投資枠は120万円です。

> **おまけ！**　新ＮＩＳＡの生涯非課税限度額はつみたて投資枠と成長投資枠を合わせて1,800万円です。

【第3問】

《問7》 正解：① へ ② リ ③ イ ④ ホ 重要度 B

通常の医療費控除額：最高200万円（②）

（医療費－保険金等）－10万円（①）（総所得金額等が200万円未満の場合は総所得金額等の5％）

セルフメディケーション税制：最高8.8万円（④）

（特定一般用医薬品等購入費－保険金等）－1.2万円（③）

《問8》 正解：① ✕ ② 〇 ③ 〇 重要度 A

① 不適切　不動産所得の損失は**白色申告であっても損益通算できます**。なお、損益通算しきれない純損失がある場合、青色申告者であれば、翌年以降に繰り越すことができますが、白色申告者は翌年以降に繰越控除できません。

② 適切

> **おまけ！**　医療費控除のほか、寄附金控除、雑損控除も年末調整による控除はできません。

③ 適切　納税者本人の合計所得金額が900万円以下（次問解説参照）、生計を一にする配偶者（70歳未満）の合計所得金額が48万円以下（設例では給与所得＝100万円－55万円＝45万円）ですので、38万円の配偶者控除の適用を受けられます。

《問9》 **正解：** ① **220**（万円） ② **15**（万円） ③ **465**（万円）　　　重要度 Ⓐ

①勤続5年超の従業員の退職所得は、「（収入金額－退職所得控除額）×1／2」で計算します。

勤続年数1年未満の端数は1年として計算するため、勤続期間37年9カ月の場合は38年として計算します。

勤続20年超の場合の退職所得控除額は、「800万円＋（勤続年数－20年）×70万円」で計算しますので、設例の場合の退職所得控除額は、800万円＋（38年－20年）×70万円＝2,060万円です。

以上より、退職所得は（2,500万円－2,060万円）×1／2＝220万円となります。

②雑所得のうち、公的年金等の雑所得は「**収入金額－公的年金等控除額**」、公的年金等以外の雑所得は「**収入金額－必要経費**」で計算します。

確定拠出年金の老齢給付の年金は公的年金等に該当します。Aさんは、65歳未満（かつ公的年金等の雑所得以外の所得金額が1,000万円以下）であるため、**公的年金等控除額60万円**を控除できます。以上より、公的年金等の雑所得はゼロです。

個人年金保険の年金は公的年金等以外の雑所得に該当しますので、所得金額は90万円－75万円＝15万円です。以上より、雑所得は15万円です。

③総所得金額とは**総合課税**の対象となる所得金額の合計です。

給与所得、不動産所得、雑所得は総合課税ですが、**退職所得は分離課税**ですので含みません。

給与所得は「**収入金額－給与所得控除額**」で計算します。

700万円－（700万円×10％＋110万円）＝520万円

不動産所得の損失のうち、**土地等の取得に係る借入金の利子**の部分は**損益通算できません**ので、100万円の損失のうち、70万円（100万円－30万円）が損益通算の対象です。

以上より、総所得金額は　520万円－70万円＋15万円＝465万円　となります。

（参考）

給与所得と公的年金等の雑所得がある場合、

「給与所得（10万円を限度）＋公的年金等の雑所得（10万円を限度）－10万円」により求めた金額を所得金額調整控除として、総所得金額の計算の際、給与所得の金額から控除できます。

ただし、設例では、公的年金等の雑所得がゼロであるため所得金額調整控除はありません。

【第4問】

《問10》 正解： ① **210**（㎡）　② **840**（㎡）　重要度 Ⓐ

①建蔽率の上限となる建築面積＝敷地面積×建蔽率

・準防火地域に耐火建築物等を建築する（**10%加算**）

建蔽率は60%＋10%＝70%

以上より、最大建築面積は300㎡×70%＝210㎡

②容積率の上限となる延べ面積＝敷地面積×容積率

「前面道路の幅員×法定乗数により求めた容積率」と「指定容積率」のいずれか低い方を適用します。設例の場合、7m道路を基準に計算します。

設例の場合、7×4／10＝28／10＜指定容積率300% → 280%を適用

以上より、最大延べ面積は300㎡×280%＝840㎡

正解：① ✕　　② ✕　　③ ✕　　　　　　　　　　　　　　重要度 **B**

① 不適切　事業用定期借地権等の設定契約は公正証書により行います。

> **おまけ！**　設定契約を書面（電磁的記録を含む）により行うことが要件とされる定期借地権は一般定期借地権です。

② 不適切　自らが宅地や建物の貸借を業とすることは、宅地建物取引業ではないため、宅地建物取引業の免許は不要です。

③ 不適切　借地権が設定された土地は貸宅地として評価されます。

《問12》 正解：① ✕　　② ✕　　③ 〇　　　　　　　　　　　　　　　重要度 **B**

① 不適切　被相続人の居住用家屋に係る譲渡所得の特別控除の特例は、相続税取得費加算の特例と併用できません。

> **おまけ！**　自分の居住用財産（マイホーム）の場合、3,000万円特別控除と相続税取得費加算の特例は併用できます。

② 不適切　被相続人の居住用財産（空き家）に係る譲渡所得の特例は、旧耐震基準の家屋（1981年5月31日までに建築された建物。区分所有建物を除く）について
・取り壊して更地で譲渡する
・新耐震基準に適合するリフォームをしてから譲渡する
・建物を旧耐震基準のまま譲渡した場合でも、譲渡の翌年2月15日までに、「新耐震基準に適合するリフォームをした場合」、「全部を取壊し、除却、または滅失した場合」
のいずれかの条件を満たすことが要件とされます。

③ 適切
> **おまけ！**　全員分を合計して譲渡対価が1億円以下であることが要件です。

【第5問】

《問13》 正解： ① **41**（万円）　② **2,500**（万円）
　　　　　　　③ **20**（％）　　④ **110**（万円）　　　　重要度 **C**

①長女Ｃさんが A さんから受ける贈与は**特例贈与**に該当します。
　（450万円－110万円）×15％－10万円＝41万円

②③④
2024年以降の相続時精算課税制度では、**特別控除前に、暦年課税制度とは別に基礎控除（110万円）を控除でき**、累計の特別控除額2,500万円を差し引いた後の金額に対して、**一律20％**の税率を乗じて贈与税を求めます。

贈与税額＝（贈与税の課税価格－年間110万円－特別控除2,500万円の残額）×20％

《問14》 正解： ① ✕　② ✕　③ 〇　　　　重要度 **B**

① **不適切**　直系尊属から教育資金の一括贈与を受けた場合の贈与税の非課税の特例の非課税限度額は、受贈者1人につき**1,500万円**（うち、学習塾などの学校等以外の者に対して直接支払われる金銭は**500万円**）です。

② **不適切**　直系尊属から教育資金の一括贈与を受けた場合の贈与税の非課税の特例は、贈与を受ける者（孫 E さん、孫 F さん）の贈与を受ける年の**前年**の合計所得金額が**1,000万円以下**であることが要件となっています。

③ **適切**　相続時精算課税制度において、受贈者は贈与を受ける年1月1日時点で**18歳以上**であること、直系尊属から教育資金の一括贈与を受けた場合の贈与税の非課税の特例は原則**30歳未満**であることが要件となっています。

①相続税の遺産に係る基礎控除額は「**3,000万円＋600万円×法定相続人の数**」により求めます。

法定相続人の数は妻Bさん、長女Cさんの2人ですので、3,000万円＋600万円×2人＝4,200万円です。

②相続税の対象となる生命保険金を相続人が受け取る場合は「**500万円×法定相続人の数**」の金額が非課税となります。設例の法定相続人の数は2人ですので、500万円×2人＝1,000万円が非課税となります。

③特定**居住用**宅地等に該当する自宅の敷地を配偶者が相続により取得した場合、**330㎡**までの部分について評価額が**80％減額**されます。

設例では、自宅敷地は5,000万円、400㎡ですので、

1㎡あたりの減額は5,000万円÷400㎡×80％＝10万円、減額される金額は10万円×330㎡＝3,300万円となり、課税価格に算入すべき価額は、5,000万円－3,300万円＝1,700万円です。

第 **1** 回目　金財実技試験　**個人資産相談業務**

解答・論点一覧

check!

大問	問題	分野	論点	正解	重要度	各点	
第1問	1	ライフ	遺族基礎年金および遺族年金生活者支援給付金	① ロ　② チ　③ ホ　④ ヌ	B	1	
	2		遺族厚生年金の計算	491,772（円）	B	3	
	3		障害給付・介護保険	① ×　② ×　③ ×	B	1	
第2問	4	金融	株式投資指標の計算	① 5.50（%）　② 4.29（%）	A	2	
	5		株式の投資指標・税	① ×　② ○　③ ○	A	1	
	6		新NISA	① ×　② ×　③ ×	A	1	
第3問	7	タックス	医療費控除	① ヘ　② リ　③ イ　④ホ	B	1	
	8		所得税総合	① ×　② ○　③ ○	A	1	
	9		所得金額の計算	① 220（万円） ② 15（万円） ③ 465（万円）	A	1	
第4問	10	不動産	建蔽率と容積率の計算	① 210（㎡）　② 840（㎡）	A	2	
	11		事業用定期借地権方式	① ×　② ×　③ ×	B	1	
	12		空き家に係る譲渡所得の特例	① ×　② ×　③ ○	B	1	
第5問	13	相続	贈与税の暦年課税方式、相続時精算課税制度	① 41（万円）　② 2,500（万円） ③ 20（%）　④ 110（万円）	C	1	
	14		教育資金の一括贈与を受けた場合の贈与税非課税	① ×　② ×　③ ○	B	1	
	15		相続税の計算	① リ　② ロ　③ ヘ	A	1	

分野別得点表

ライフ	金融	タックス	不動産	相続
／10	／10	／10	／10	／10

合格基準点数
30 ／50

あなたの合計得点

／50

【第1問】

《問1》　正解：①〇　②✕　③〇　　重要度 A

① 適切

おまけ！　老齢基礎年金を受給するには受給資格期間が10年以上必要であり、老齢厚生年金を受給するには老齢基礎年金の受給資格期間に加えて厚生年金保険の被保険者期間が1月以上必要です。

② 不適切　1カ月受給開始を繰り下げるごとに0.7％増額されますので、68歳0カ月で繰下げ支給の申出をした場合、0.7％×36月＝25.2％増額されます。

おまけ！　老齢基礎年金および老齢厚生年金の繰下げ支給の申出は同時に行う必要はなく、一方のみの繰下げ、異なる時期からの繰下げも選択できます。

③ 適切

《問2》　正解：①〇　②〇　③✕　　重要度 B

① 適切　「3」と「4」が重要な数値です。

② 適切　「3」と「4」が重要な数値です。

③ 不適切　傷病手当金は支給開始日から通算1年6カ月を限度に支給されます。

《問3》 正解： ① **766,700**（円） ② **1,269,024**（円）   重要度 **A**

①816,000円 × $\dfrac{451月}{480月}$ = 766,700円

老齢基礎年金は公的年金に10年以上加入している者に対して支給されます。

・国民年金未加入期間29月は**年金額に反映されません**。

・厚生年金被保険者期間のうち、20歳以上60歳未満の期間は老齢基礎年金が増えますが、**20歳未満および60歳以降の期間**（設例の場合、60歳以上65歳未満の5年）は老齢基礎年金が増えません。以上より、老齢基礎年金に反映される期間は、厚生年金保険の被保険者期間204月＋307月－60月＝451月となります。

②報酬比例部分の額

2003年3月以前の期間分

$$260,000円 \times \frac{7.125}{1,000} \times 204月 = 377,910円$$

2003年4月以後の期間分

$$500,000円 \times \frac{5.481}{1,000} \times 307月 = 841,333.5円$$

377,910円 ＋ 841,333.5円 ＝ 1,219,243.5円 → 1,219,244円

（円未満四捨五入）

経過的加算額

$$1,701円 \times 480月 - 816,000円 \times \frac{451月}{480月} = 49,780円$$

式の前半（定額部分）：厚生年金被保険者月数は**480月**が上限となります。

式の後半（老齢基礎年金）：厚生年金保険の被保険者期間で計算した老齢基礎年金です。①のとおり、451月となります。

加給年金

・厚生年金保険の被保険者期間が20年以上

・老齢厚生年金の受給開始時（65歳時）に、生計を維持されている配偶者が65歳未満である（配偶者が年下）。ただし、配偶者が厚生年金に20年以上加入している場合は、配偶者の支給開始年齢まで

　設例より、AさんよりもBさんが年上ですので、加給年金は支給されません。

老齢厚生年金＝1,219,244円＋49,780円＝1,269,024円

【第2問】

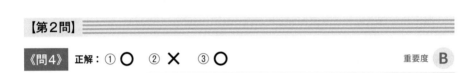

《問4》 正解：① ◯　② ✕　③ ◯　　　　　　　　　重要度 **B**

① **適切**

② **不適切**　一般に国立よりも私立、自宅通学よりも下宿通学のほうが多くの費用がかかります。

③ **適切**

《問5》 正解：① ✕　② ✕　③ ✕　④ ✕　　　　　重要度 **A**

① **不適切**　保険料は転換時点の年齢により算出されます。

② **不適切**　保険募集人に告知受領権はありません。告知書等に正しく記入することで告知義務を果たしたことになります。

③ **不適切**　先進医療特約は療養時における先進医療を保障の対象とします。

④ **不適切**　被保険者や指定代理請求人が受け取る就業不能給付金は非課税です。

《問6》 正解：① ロ　② ニ　③ リ　　重要度 A

①②

2012年以降に契約した要件を満たす生命保険等につき、一般の生命保険料控除、介護医療保険料控除、個人年金保険料控除の限度額は所得税40,000円、住民税28,000円、合計適用限度額は所得税120,000円、住民税70,000円となります。

生命保険料控除の限度額　　（　）内は住民税

	一般	介護医療	個人年金	適用限度額
旧契約のみ	50,000円 （35,000円）	－	50,000円 （35,000円）	100,000円 （70,000円）
新契約のみ	40,000円 （28,000円）	40,000円 （28,000円）	40,000円 （28,000円）	120,000円 （70,000円）
新旧両方の契約	40,000円 （28,000円）	－	40,000円 （28,000円）	－
全体の限度額				120,000円 （70,000円）

【第3問】

《問7》 正解：① リ　② ロ　③ ホ　　重要度 A

2019年7月7日までに締結した長期平準定期保険（※）の保険料は、前半6割期間は2分の1を前払保険料（①）として資産に計上し、2分の1を損金に算入します。

現時点は保険期間50年のうち、20年経過時点ですので、保険期間は前半6割期間に該当するため、

払込保険料6,000万円（300万円×20年）の2分の1である3,000（②）万円が前払保険料（①）として資産に計上されています。

解約返戻金が5,460万円ですので、前払保険料との差額2,460（③）万円を雑収入として益金に算入します。

※長期平準定期保険の定義
　保険期間満了時の被保険者の年齢＝70歳超（設例は90歳）
　契約時の被保険者の年齢＋保険期間×2＝105超（設例は40＋50×2＝140）

① 適切 　法人が受け取る解約返戻金や保険金の使い途に制限はありません。

② 不適切 　長期平準定期保険の解約返戻金の単純返戻率は保険期間半ばでピーク
を迎え、後半は徐々に逓減し、保険期間満了時には0（ゼロ）となりま
す。

③ 適切 　設例の生命保険を払済終身保険に変更する場合、設例の経理処理の現
金・預金の部分が払済終身保険の「保険料積立金」となります。

借方		貸方	
保険料積立金	5,460万円	前払保険料 雑収入	3,000万円 2,460万円

① 適切 　死亡保険金受取人が法人である終身保険の保険料は、支払った全額を保
険料積立金として資産に計上します。

　保険料払込満了時の保険料積立金4,180万円が資産計上されていますの
で、その時点で被保険者が死亡した場合、死亡保険金5,000万円との差
額820万円は雑収入として益金に算入します。

② 適切 　**おまけ！** 保険料払込満了後の解約返戻金は、通常の終身保険と同じ
水準です。

③ 適切 　**おまけ！** 法人契約の終身保険を役員退職金の一部または全部として
支給する場合、解約返戻金相当額を退職所得の収入金額と
します。

④ 不適切 　契約者貸付金を受け取った場合、（借方）現預金／（貸方）借入金 のよう
に経理処理を行います。

【第4問】

《問10》 正解：① リ ② ハ ③ へ 重要度 B

③ おまけ! 最終仕入原価法は、税務署に届出をしない場合の棚卸資産の評価方法です。

《問11》 正解：① ✕ ② ✕ ③ 〇 重要度 A

① 不適切 扶養控除は、生計を一にする16歳以上である親族等（配偶者以外）の合計所得金額が48万円以下である場合に適用を受けられます。母Cさん（83歳）が受け取る遺族厚生年金は非課税であり、老齢基礎年金70万円は公的年金等控除額（65歳以上は原則、110万円）以下ですので、所得はゼロとなり、扶養控除の対象となります。母Cさんは70歳以上の同居老親等に該当しますので、扶養控除の控除額は58万円です。

② 不適切 源泉分離課税となるのは、契約者（保険料負担者）が受け取る
　　　　・一時払等
　　　　・契約から5年以内の満期金、解約金
　　　　・養老保険・確定年金等に該当する一定の場合
　　　　（例：終身年金、終身保険でない）
の全部に該当する場合です。
設例の場合、上記に該当しないため、一時所得として総合課税の対象です。

③ 適切 公的年金等に係る雑所得は「公的年金等の収入金額－公的年金等控除額」で求めます。公的年金等の雑所得以外の合計所得金額が1,000万円以下である場合（次問の解説のとおり、460万円）の公的年金等控除額は、65歳未満では、最低60万円です。
公的年金等の収入金額は、確定拠出年金の老齢給付金60万円ですので、公的年金等に係る雑所得はありません。

①一時所得は「収入金額－収入を得るために支出した金額－特別控除（最高50万円）」で求めます。

　前問解説のとおり、設例の（4）の解約返戻金、（5）の満期保険金はいずれも総合課税の対象です。

　（1,090万円＋540万円）－（1,000万円＋500万円）－50万円＝80万円

　総所得金額に算入される金額は、**損益通算後の1／2**です。

　80万円×1／2＝40万円

②前問解説のとおり、公的年金等に係る雑所得はありません。

　生命保険契約に基づく年金収入に係る雑所得は「**収入金額－必要経費**」により求めます。

　100万円－80万円＝20万円

　総所得金額は**総合課税**の対象となる所得金額の合計額であり、設例の事業所得、一時所得、雑所得は総合課税です。

　総所得金額＝400万円＋40万円＋20万円＝460万円

③納税者本人の合計所得金額が**900万円以下**（上記解説参照）、生計を一にする配偶者（70歳未満）の合計所得金額が**48万円以下**（設例では給与収入100万円－55万円＝45万円）ですので、**38万円の配偶者控除**の適用を受けられます。

④課税総所得金額に対する所得税額は、課税総所得金額（総所得金額－所得控除）に税率を乗じて求めます。

　課税総所得金額＝4,600,000円－2,200,000円＝2,400,000円

　2,400,000円×10％－97,500円＝142,500円

【第5問】

《問13》 正解： ① **4**（カ月）　② **1,500**（万円）　③ **3,000**（万円）　④ **10**（カ月）　重要度 **A**

②相続税の対象となる死亡保険金を相続人が受け取る場合は「500万円×法定相続人の数」の金額が非課税となります。設例の法定相続人の数は3人ですので、500万円×3人＝1,500万円が非課税となり、相続税の課税価格に算入される金額は3,000万円－1,500万円＝1,500万円となります。

③要件を満たせば、相続人1人ごとに最高で3,000万円を控除することができます。なお、2024年以降、相続または遺贈により被相続人の居住用家屋および敷地を取得した相続人が3人以上である場合、特別控除は2,000万円が限度となります。

《問14》 正解： ① ✗　② ✗　③ ✗　重要度 **A**

① **不適切**　被相続人の居住用財産（空き家）に係る譲渡所得の特別控除の特例は、旧耐震基準の家屋（1981年5月31日までに建築された建物。区分所有建物を除く）について
　・取り壊して更地で譲渡する
　・新耐震基準に適合するリフォームをしてから譲渡する
　・建物を旧耐震基準のまま譲渡した場合でも、譲渡の翌年2月15日までに、「新耐震基準に適合するリフォームをした場合」、「全部を取壊し、除却、または滅失した場合」
　のいずれかの条件を満たすことが要件とされます。

② **不適切**　「特定居住用宅地等・特定事業用等宅地等」と「貸付事業用宅地等」について小規模宅地等の特例の適用を受ける場合、適用面積について一定の調整を行います。

③ **不適切**　空き家の譲渡の特例と相続財産に係る譲渡所得の課税の特例（相続税の取得費加算の特例）』は、重複して適用を受けることができません。

> **おまけ！** 居住用財産（マイホーム）の譲渡における3,000万円特別控除と相続税取得費加算の特例は併用できます。

393

①相続税の遺産に係る基礎控除額は「**3,000万円＋600万円×法定相続人の数**」によ
り求めます。

設例の場合、法定相続人の数はAさん、弟Bさん、妹Cさんの3人ですので、

3,000万円＋600万円×3人＝4,800万円となります。

②③

相続税の総額は、課税遺産総額を法定相続人が法定相続分どおりに財産を取得す
るものとした金額を求め、その金額に税率を乗じて税額を求めます。

課税遺産総額＝1億2,000万円－4,800万円＝7,200万円

法定相続分：Aさん、弟Bさん、妹Cさん　各1／3

7,200万円×1／3＝2,400万円

相続税額：2,400万円×15％－50万円＝310万円 → ②

310万円×3人＝930万円 → ③

第 1 回目　金財実技試験　生保顧客資産相談業務

解答・論点一覧

check!

大問	問題	分野	論 点	正 解	重要度	各点	
第1問	1	ライフ	老齢給付の支給開始年齢、繰上げ支給、繰下げ支給	① ○　② ×　③ ○	A	1	
	2		公的医療保険	① ○　② ○　③ ×	B	1	
	3		老齢基礎年金および老齢厚生年金の計算	① 766,700(円)　② 1,269,024(円)	A	2	
第2問	4	リスク	保障の見直し方法	① ○　② ×　③ ○	B	1	
	5		生命保険総合	① ×　② ×　③ ×　④ ×	A	1	
	6		生命保険の課税関係	① ロ　② ニ　③ リ	A	1	
第3問	7	リスク	生命保険の経理処理	① リ　② ロ　③ ホ	A	1	
	8		定期保険の活用法	① ○　② ×　③ ○	A	1	
	9		終身保険の特徴等	① ○　② ○　③ ○　④ ×	A	1	
第4問	10	タックス	青色申告制度	① リ　② ハ　③ ヘ	B	1	
	11		所得税総合	① ×　② ×　③ ○	A	1	
	12		所得税の計算	① 400,000(円)　② 200,000(円)　③ 380,000(円)　④ 142,500(円)	A	1	
第5問	13	相続	相続総合	① 4(カ月)　② 1,500(万円)　③ 3,000(万円)　④ 10(カ月)	A	1	
	14		小規模宅地等の特例等	① ×　② ×　③ ×	A	1	
	15		相続税の計算	① 4,800(万円)　② 310(万円)　③ 930(万円)	A	1	

分野別得点表

ライフ	リスク	タックス	相続
／10	／20	／10	／10

合格基準点数
30 /50

あなたの合計得点

／50

【第1問】

| 問1 | 正解：（ア）○　（イ）○　（ウ）✕　（エ）○ | 重要度 **A** |

（ア）適切　任意後見人になるために、特段の資格は必要ありません。

（イ）適切

（ウ）不適切　社会保険労務士資格を有していないＦＰが、有償で雇用関係助成金申請の書類を作成して手続きの代行を業として行うことは、社会保険労務士法に抵触します。

（エ）適切

おまけ！　税理士資格を有していないＦＰが、個別具体的な事例に基づき税額計算を行うことは無償であっても税理士法に抵触します。

| 問2 | 正解：（**イ**） | 重要度 **C** |

正しく並べ替えると以下のとおりです。

第1ステップ　（カ）顧客との関係の確立とその明確化

第2ステップ　（ア）顧客情報の収集と目標の明確化

第3ステップ　（ウ）顧客のファイナンス状態の分析と評価

第4ステップ　（イ）プランの検討・作成・提示

第5ステップ　（オ）プランの実行援助

第6ステップ　（エ）定期的見直し

【第2問】

| 問3 | 正解：**1** | 重要度 **C** |

（ア） 売出価格は額面金額の100％、申込み単位が額面金額の1,000米ドル単位、適用される為替レートは1米ドル150円ですので、この債券の最低単位の購入代金は1,000米ドル×150円／米ドル＝150,000円となります。

（イ） 新規発行の債券には、募集手数料はかかりません。

（ウ） ＢＢＢ以上の格付けは投資適格、ＢＢ以下の格付けは投資不適格です。

| 問4 | 正解：**0.735**（％） | 重要度 **A** |

利回りとは、ある一定期間で得られる**収益を1年あたりに換算**し、それを**預入当初の元本で割った**ものです。債券投資における利回りとは、利息収益、売却損益、償還損益を1年あたりに換算し、購入価格で割ったものであり、最終利回りとは、購入時から償還時まで保有した場合の利回りのことを指します。

具体的には以下の計算式により求められます。

$$\text{利付債券の最終利回り（単利）（\%）} = \frac{\text{表面利率} + \dfrac{\text{額面金額} - \text{買付価格}}{\text{残存期間}}}{\text{買付価格}} \times 100$$

$$= \frac{1.0 + \dfrac{100 - 102}{8}}{102} \times 100 \fallingdotseq 0.735\%$$

（小数点第4位切り捨て）

（ア）不適切 　ＰＥＲ（株価収益率）は「株価÷１株あたり当期純利益」により求められ、数値が低いほど株価が割安であると判断できます。

A社のＰＥＲは500円÷20円＝25倍

B社のＰＥＲは400円÷40円＝10倍

であるため、B社のほうが割安と判断できます。

（イ）適切 　　ＲＯＥ（自己資本利益率）は「当期純利益÷自己資本×100（％）」により求められ、数値が高い方が効率的に利益を上げているといえます。

A社のＲＯＥは20円÷200円×100＝10％

B社のＲＯＥは40円÷250円×100＝16％

であるため、ＲＯＥが高いのはB社です。

（ウ）不適切 　配当利回りは「１株あたり年間配当金÷株価×100（％）」により求められます。

A社の配当利回りは8円÷500円×100＝1.6％

B社の配当利回りは10円÷400円×100＝2.5％

ですので、配当利回りが高いのはB社です。

| 問6 | 正解：（ア）〇 （イ）✕ （ウ）✕ （エ）✕ | 重要度 B |

（ア）適切 　居住者等が国内の金融機関に預け入れる外貨預金の利息は利子所得として源泉分離課税が適用されます。

（イ）不適切 　外貨預金の為替差損益は雑所得となります。

（ウ）不適切 　預入時は仲値（ＴＴＭ）に為替手数料を加えたレート（ＴＴＳ）となりますので、1米ドル151円、1万米ドルでは151万円となります。

> **おまけ！** 引出しのときのレートは仲値から為替手数料を差し引いたレート（ＴＴＢ）となります。

（エ）不適切 　新ＮＩＳＡの対象となるのは、要件を満たす株式、ＥＴＦ、Ｊ－ＲＥＩＴ、公募株式投資信託等であり、債券や預金は対象外です。

【第3問】

| 問7 | 正解：（ア）✕ （イ）✕ （ウ）〇 （エ）〇 | 重要度 B |

（ア）誤り 　法務局等などにおいて手数料を納付すれば、誰でも登記事項証明書の交付を請求できます。

（イ）誤り 　所有権に関する事項が記載されている欄（Ａ）は、権利部の甲区です。

（ウ）正しい

（エ）正しい 　順位番号1の抵当権設定登記の部分は下線がありますので、抹消されていることが分かります。

（ア） 建築物の建築面積の最高限度は「敷地面積×建蔽率」により求めます。

防火地域内に耐火建築物を建築する場合は建蔽率が**10%加算**されますので、

建蔽率は60％＋10％＝70％となります。

以上より、建築面積の最高限度は300㎡×70％＝210㎡となります。

（イ） 建築物の延べ面積の最高限度は「敷地面積×容積率」により求めます。

前面道路の幅員が12ｍ未満の場合、前面道路の幅員×法定乗数（設問の場合、

4／10）により求めた容積率と指定容積率の低いほうが適用されます。

7×4／10＝280％＜300％→280％を適用

したがって、延べ面積の最高限度は、300㎡×280％＝840㎡となります。

不動産所得の金額は「総収入金額－必要経費」により算出します。

不動産賃貸に必要となる支出等のうち、銀行へのローン返済金額の**元金70万円は必要経費になりません**。設問の場合、利息20万円は必要経費に算入します。

一方、減価償却費は現金支出を伴いませんが、必要経費に算入します。

以上より、不動産所得の金額は

180万円－（20万円＋12万円＋9万円＋1万円＋15万円＋10万円＋40万円）

＝73万円

| 問10 | 正解：（ア）**2**　（イ）**4**　（ウ）**7** | 重要度 **C** |

	普通借家契約	定期借家契約
契約方法	制限はない	（ア：公正証書等の書面（電磁的記録を含む）による）
契約の更新	（イ：賃貸人に正当事由がない限り更新される）	（※ 期間満了により終了し、更新されない）
契約期間　（ウ：1年）未満の場合	期間の定めがない契約とみなされる	（ウ：1年）未満の契約も有効
契約期間　（ウ：1年）以上の場合	制限はない	制限はない

【第4問】

| 問11 | 正解：（ア）**265**（万円）　（イ）**460**（万円）　（ウ）**20**（万円） | 重要度 **A** |

（ア）疾病入院給付金　10,000円×30日＝30万円―①
　　手術給付金　10,000円×20倍＝20万円―②
　　先進医療　10万円―③
　　通院給付金　5,000円×10日＝5万円―④
　　5疾病就業不能特約　200万円―⑤
　　①＋②＋③＋④＋⑤＝265万円

（イ）5疾病就業不能特約　200万円―①
　　がん診断特約　200万円―②
　　疾病入院給付金　1万円×20日＝20万円―③
　　手術給付金　1万円×40倍＝40万円―④
　　①＋②＋③＋④＝460万円

（ウ）災害入院給付金　10,000円×10日＝10万円―①
　　手術給付金　10,000円×10倍＝10万円―②
　　①＋②＝20万円

1．適切

2．不適切　夫が死亡し、契約Ａから妻が２年目以降に受け取る死亡給付金のうち課税部分は、所得税（**雑所得**）の課税対象です。

3．不適切　被保険者が受け取るがん診断給付金は**非課税**です。

4．不適切　契約者が受け取る死亡給付金は**所得税（一時所得）**の課税対象です。

（ア）適切　②のとおり、風災は損害額が20万円以上である場合に補償されます。

（イ）不適切　１個または１組の価額が**30万円**（一部、100万円の会社もある）を超える貴金属は、明記物件として記載していなければ補償されませんが、時価20万円のダイヤモンドの指輪は、明記物件でなくても補償対象となります。
指輪は家財に該当し、③のとおり、盗難は補償対象です。

（ウ）不適切　④のとおり、洪水の被害は補償対象外です。

（エ）適切　個人賠償責任特約により補償されます。

リビング・ニーズ特約による保険金のお支払い

	保険金の支払事由	支払額	受取人
特約保険金	被保険者の余命が（**ア：6カ月**）以内と医師により診断された場合	死亡保険金額の範囲内で請求保険金額から請求保険金額に対する（**ア：6カ月**）分の（**イ：保険料相当額および利息相当額**）を差し引いた金額	原則として（**ウ：被保険者**）
	リビング・ニーズ特約による請求額は、保険金額の範囲内で一被保険者当たり（**エ：3,000万円**）を限度とします		

問15 正解：（ア）✕　（イ）〇　（ウ）〇　重要度 C

（ア）不適切　不動産所得または事業所得を生ずべき事業を営んでいる青色申告者が、正規の簿記の原則により記帳し、**貸借対照表および損益計算書を確定申告書に添付して法定申告期限内にe－Taxによる電子申告をする場合**（または所定の帳簿の電子帳簿保存をする場合）、原則として最高65万円の青色申告特別控除を控除することができます。55万円は、e－Taxによる電子申告をする場合、または所定の帳簿の電子帳簿保存をする場合以外で、その他の前記要件を満たす場合の控除額です。

（イ）適切　55万円の要件を1つでも満たさない場合の青色申告特別控除の控除額は最高10万円です。

（ウ）適切

問16 正解：**2**　重要度 B

1998年4月1日以降に取得した建物は定額法で計算し、2007年4月1日以降に取得した建物の減価償却費は「取得価額×定額法の償却率×（業務供用月数÷12）」で求めます。**購入月は関係ありません。**

設問では、4月から12月までの9カ月分を計上します。

9,000万円×0.020×9／12＝1,350,000円

- 不動産所得の計算上生じた損失

  不動産所得の損失（▲40万円）のうち、土地等の取得に要した借入金の利子30万円が**損益通算できず**、10万円の損失を**損益通算**できます。
- ゴルフ会員権の譲渡損失

  損益通算できません。
- 雑所得の損失

  損益通算できません。

以上より、総所得金額は、500万円－10万円＝490万円となります。

給与所得＝収入金額－給与所得控除額＝8,000,000円－（8,000,000円×10%＋
　　　　1,100,000円）＝6,100,000円

所得控除

基礎控除　　　　：48万円

　　　　　　　　（源泉徴収票に記載はありませんが、合計所得金額が2,400万円
　　　　　　　　以下であるため、**48万円を控除**できます）

配偶者控除　　　：38万円

扶養控除　　　　：38万円

　　　　　　　　（控除対象扶養親族の数のその他に「1」とあるため、**38万円を
　　　　　　　　控除**できます）

　　　　　　　　なお、**16歳未満の扶養親族は扶養控除の対象外**です。

社会保険料控除等：120万円

生命保険料控除　：10万円

地震保険料控除　：2万円

なお、**住宅借入金等特別控除は、税額控除**です。

以上より、

48万円＋38万円＋38万円＋120万円＋10万円＋2万円＝2,560,000円

課税所得金額＝所得金額－所得控除額

　＝6,100,000円－2,560,000円＝3,540,000円

所得税額＝課税所得金額×税率－控除額

　＝3,540,000円×20％－427,500円＝280,500円

税額控除後の所得税額＝280,500円－60,000円＝220,500円

【第6問】

問19　正解：（ア）**1/2**　　（イ）**1/4**　　（ウ）**なし**　　重要度 Ⓐ

設問の場合、配偶者と子が相続人ですので、配偶者および子の法定相続分はそれぞれ１／２です（ア）。

二女は相続放棄を選択しているため、二女の法定相続分はなく、**代襲相続も発生しない**ため、孫Cの法定相続分はありません（ウ）。

そのため、長女の法定相続分は１／２ですが、長女は死亡しているため、長女の子（孫Aおよび孫B）が代襲相続人となり、２人で案分するため、孫Aおよび孫Bの法定相続分は各１／２×１／２＝１／４となります（イ）。

本年中に発生した相続における相続税の課税価格は、本来の相続財産＋みなし相続財産－非課税財産－債務・葬式費用＋相続開始前3年以内の贈与財産＋相続時精算課税制度により贈与した財産により求めます。

土地：小規模宅地等の特例適用後の1,200万円が課税価格に算入されます。

建物：1,000万円

現預金：1,500万円

死亡保険金

相続税の対象となる死亡保険金を相続人が受け取った場合は、**500万円×法定相続人の数の金額が非課税**となります。

設問の場合、法定相続人は配偶者、孫A、孫B、二男、長女の5人であり、500万円×5人＝2,500万円が非課税です。

以上より、3,000万円－2,500万円＝500万円が課税価格に算入されます。

債務・葬式費用：500万円を差し引きます。

長女が贈与を受けた有価証券300万円は、暦年課税方式であり、**相続開始の3年より前の贈与ですので、加算されません。**

以上より、相続税の課税価格は

1,200万円＋1,000万円＋1,500万円＋500万円－500万円＝3,700万円

となります。

　なお、2027年以降の相続から3年超前の贈与（2024年以降の贈与）も加算対象となり、2031年以降に発生する相続からは相続開始前7年以内が対象となります。

なお、2027年以降、相続税の課税価格に加算される価額は以下のとおりです。

　相続開始前3年以内：**贈与時の価額**

　相続開始前3年より前：贈与時の価額の合計額－100万円

問21　正解：**3**　　重要度 Ⓐ

贈与税の配偶者控除（**2,000万円を限度**）は基礎控除110万円とは別に控除できますので、2,800万円のうち、**2,110万円までは贈与税がかかりません**。

本贈与は夫婦間ですので、（ロ）の税率表が適用されます。

基礎控除後の課税価格は2,800万円－（2,000万円＋110万円）＝690万円、

贈与税は690万円×40％－125万円＝151万円となります。

問22　正解：（ア）◯　（イ）✕　（ウ）✕　（エ）◯　　重要度 Ⓑ

（ア）適切　　特定居住用宅地等であり、適用限度面積は**330㎡**ですので、300㎡全部について80％の減額の適用を受けられます。

（イ）不適切　特定事業用宅地等に該当し、**400㎡まで80％の減額の適用**を受けられます（400㎡を超える部分は対象外です）。

（ウ）不適切　小規模宅地等についての相続税の課税価格の計算の特例は、**建物または構築物がある宅地等であることが要件**ですので、福本さんの貸駐車場（青空駐車場）は対象外です。

（エ）適切　　なお、「貸付事業用宅地等」と「特定事業用等宅地等・特定居住用宅地等」に適用する場合は、**一定の面積調整が必要**です。

【第7問】

問23　正解：**702**（万円）　　重要度 Ⓒ

給与所得者の可処分所得は

「給与収入－（所得税＋住民税＋社会保険料）」により求めます。

社会保険料は**厚生年金保険料、健康保険料、雇用保険料**です。

したがって、設問の場合の可処分所得は、以下のとおり求めます。

960万円－（63万円＋53万円＋88万円＋48万円＋6万円）＝702万円

金融資産残高は「前年の金融資産残高×（1＋運用利率）＋当該年の年間収支」により求めます。

（ア）の年の年間収支＝711万円－680万円＝31万円

金融資産残高＝466万円×（1＋0.01）＋31万円＝501.66万円→502万円

（万円未満四捨五入）

問25　正解：**190**（万円）　　　　　　　　　　　　重要度　Ⓒ

2年後、真理さんは**私立中学**、隼人さんは**公立小学校**に在学中です。

現在価値で、私立中学の学費＋公立小学校の学費

　＝1,436,353円＋352,566円＝1,788,919円です。

ある金額が毎年一定の割合で上昇した場合の将来の金額は、

現在の金額×（1＋上昇率）^{年数}で求めます。

1,788,919円×1.03^2≒1,897,864円→190万円

（万円未満四捨五入）

【第8問】

問26　正解：**9,060,000**（円）　　　　　　　　　　重要度　Ⓐ

将来、ある金額を貯めるために、一定期間にわたり複利運用する場合に現時点で準備しておくべき金額は「**将来の必要金額×現価係数**」により求めます。

設問の場合、「1,000万円×0.906＝9,060,000円」となります。

問27　正解：**455,000**（円）　　　　　　　　　　　重要度　Ⓐ

将来、ある金額を貯めるために、一定期間にわたり複利運用しながら一定額を積み立てる場合、毎年の積立額は「**将来必要な金額×減債基金係数**」により求めます。

設問の場合、「500万円×0.091＝455,000円」となります。

| 問28 | 正解：**6,917,200**（円） | 重要度 **A** |

一定期間にわたり複利運用しながら、毎年一定額を積み立てた場合の将来の金額は、「**毎年の積立額×年金終価係数**」により求めます。

設問の場合、「40万円×17.293＝6,917,200円」となります。

【第9問】

| 問29 | 正解：**2** | 重要度 **B** |

1．不適切 低解約返戻金型終身保険のイメージ図
満期がなく、**保険料払込期間中の解約返戻金が少なく、払込終了後は通常の終身保険と同様**となります。

2．適切 養老保険のイメージ図
解約返戻金が増えていき、**満期時に死亡保険金と同額**となります。

3．不適切 定期保険のイメージ図
保険期間終了時に解約返戻金は**ゼロ**となります。

4．不適切 通常の終身保険のイメージ図
満期がなく、解約返戻金は増え続けます。

| 問30 | 正解：**4** | 重要度 **B** |

1．不適切 建物の地震保険の保険金額は、火災保険の保険金額の**30％から50％**の範囲内で設定でき、設例の場合は450万円から750万円の範囲で設定できます。

2．不適切 地震保険の期間は最長**5年**です。

3．不適切 地震保険料は地震保険料控除の対象となり、所得税については**5万円**を限度として地震保険料の全額が控除対象です。

4．適切

遺族基礎年金

　　18歳に達した後最初の３月末までの未婚の子（障害等級１級、２級の状態にある場合は20歳未満の未婚の子）のある配偶者または子に対して、子が18歳到達年度末に達するまで支給されます。

　　設例の場合、家族に障害者はおらず、一樹さん（長男）は19歳、清美さん（長女）は15歳ですので、**子は１人**となります。

　　設例の配偶者に支給される金額は遺族基礎年金の基本額（816,000円）に１人分の子の加算を加えた額となります。

　　816,000円＋234,800円＝1,050,800円

遺族厚生年金

　　厚生年金被保険者等が死亡した場合、その者によって生計を維持されている遺族が受給できます。

　　したがって、生計を維持されている麻紀さんが遺族厚生年金を受給します。支給額は540,000円です。

遺族厚生年金の中高齢寡婦加算

　　遺族厚生年金を受給できる妻で、

　　①夫の死亡当時、40歳以上65歳未満

　　②夫の死亡後、40歳に達した当時、18歳到達年度末までの未婚の子（または障害等級１級または２級の状態にある20歳未満の未婚の子）がいる

　　のいずれかに該当する場合に支給されます。

　　麻紀さんは「②」に該当します。

　　なお、**中高齢寡婦加算は遺族基礎年金を受給している期間中は支給停止**です。

以上より、1,050,800円＋540,000円＝1,590,800円となります。

問32　正解：**4**　重要度 C

1. 適切　協会けんぽの健康保険料は、事業主と被保険者が折半します。

2. 適切

3. 適切

4. 不適切　40歳以上65歳未満の介護保険第2号被保険者が加入する全国健康保険協会管掌健康保険の介護保険料率は全国一律です。

問33　正解：**4**　重要度 A

＜自己都合退職の場合の基本手当＞

手続き先	公共職業安定所
受給資格要件	原則として、離職日以前の2年間に被保険者期間が通算して（**ア：12カ月**）以上あること
待期期間と給付制限期間	7日間の待期期間に加えて、原則（**イ：2カ月**）の給付制限期間がある
失業の認定	（**ウ：4週間**）ごとに失業の認定を受ける
受給期間	原則として、離職日の翌日から（**エ：1年間**） ただし、妊娠、出産等の理由により引き続き30日以上職業につくことができない場合、申出により最長で（**※ 4年間**）まで延長される

老齢基礎年金の計算式は以下の算式で求めます。

$$816{,}000円 \times \frac{保険料納付済期間＋保険料免除月数 \times 免除の種類に応じた割合}{480月}$$

設例の場合、保険料納付済期間は456月、保険料免除期間はありません。

816,000円×456月／480月＝775,200円

付加年金は、**200円**×付加保険料納付月数により求めます。

200円×120月＝24,000円

以上より、65歳時に受け取る老齢基礎年金（付加年金を含む）の額は、

775,200円＋24,000円＝799,200円

となります。

【第10問】

| 問35 | 正解：**9,660**（万円） | 重要度 A |

純資産は「資産－負債」により求めます。

生命保険は解約返戻金で計上するため、

120万円＋200万円＋80万円＋450万円＝850万円です。

星野家の純資産は、以下のとおり、9,660万円です。

＜星野家（和弘さんと康子さん）のバランスシート＞ （単位：万円）

［資産］		［負債］	
金融資産		住宅ローン	900
預貯金等	2,200	アパートローン	1,600
株式・投資信託	600		
生命保険	850	負債合計	2,500
不動産			
土地（自宅の敷地）	2,000		
建物（自宅の家屋）	800		
土地（賃貸アパートの敷地）	4,000	［純資産］	（ア：9,660）
建物（賃貸アパートの建物）	1,400		
動産等	310		
資産合計	12,160	負債・純資産合計	12,160

原則として、退職所得は「（退職一時金－退職所得控除額）×1／2」により求めます。

退職所得控除額は勤続年数により異なり、**勤続年数20年超の場合の退職所得控除額は800万円＋70万円×（勤続年数－20年）**により求めます。

勤続年数のうち、**1年未満の端数は切り上げて1年**としますので、和弘さんの勤続年数は38年となり、

退職所得控除額は、800万円＋70万円×（38年－20年）＝2,060万円です。

以上より、退職所得は、（3,000万円－2,060万円）×1／2＝470万円です。

源泉徴収される所得税は4,700,000円×20％－427,500円＝512,500円となります。

要介護2で自己負担割合1割の場合、介護保険の利用限度額は197,050円、その自己負担額は19,705円です。

利用限度額を超える部分である200,000円－197,050円＝2,950円は全額自己負担となります。

以上より、介護（在宅）サービス利用者負担額合計は、

19,705円＋2,950円＝22,655円となります。

1．適切

2．適切

3．**不適切** 老齢年金は原則として、受給権が発生した月の翌月分から、受給権が消滅した月分まで支給されます。

4．適切

| 問39 | 正解：（ア）○　（イ）○　（ウ）✕　（エ）✕ | 重要度 A |

（ア）適切

おまけ！ 老齢基礎年金と老齢厚生年金の支給の繰上げは、両方について同時に申出をしなければなりません。

（イ）適切

（ウ）不適切 老齢基礎年金と老齢厚生年金の両方の支給の繰下げを希望する場合、65歳に達し受給権を取得したときの**手続きは不要**です。

（エ）不適切 2022年4月1日以降に70歳に到達する者は75歳まで（120月）繰り下げることができ、繰下げ月数1月につき**0.7%**増額されるため、増額率は最大で84%（0.7%×120カ月）となります。

| 問40 | 正解：**3** | 重要度 B |

1．不適切 60歳未満の者が被扶養者になるには**年収130万円未満**、60歳以上の者および一定の障害者が被扶養者となるには、**年収180万円未満**であることが要件の1つとなっています（原則的な扱い）。

2．不適切 同居する者が被扶養者となるには、原則として被保険者の収入の**2分の1未満**であることが要件の1つとなっています。

3．適切

4．不適切 任意継続被保険者となっても、要件を満たせば、その扶養家族は被扶養者となることができます。

第 **1** 回目　日本 FP 協会実技試験　**資産設計提案業務**

解答・論点一覧

check!

大問	問題	分野	論点	正解	重要度	各点	
第1問	1	ライフ	FP業務と関連法規	(ア) ◯　(イ) ◯　(ウ) ✕　(エ) ◯	A	1	
	2		ファイナンシャル・プランニングのプロセス	(イ)	C	2	
第2問	3	金融	債券の購入金額、手数料、格付け	1	C	2	
	4		債券の利回り計算	0.735 (%)	A	2	
	5		株式の投資指標の計算	(ア) ✕　(イ) ◯　(ウ) ✕	B	1	
	6		外貨預金	(ア) ◯　(イ) ✕　(ウ) ✕　(エ) ✕	B	1	
第3問	7	不動産	登記	(ア) ✕　(イ) ✕　(ウ) ◯　(エ) ✕	B	1	
	8		建築面積と延べ面積の計算	3	A	2	
	9		不動産所得の計算	2	B	2	
	10		借家契約	(ア) 2　(イ) 4　(ウ) 7	C	1	
第4問	11	リスク	生命保険の証券分析	(ア) 265 (万円)　(イ) 460 (万円)　(ウ) 20 (万円)	A	1	
	12		保険金・給付金の税務	1	B	2	
	13		火災保険の証券分析	(ア) ◯　(イ) ✕　(ウ) ✕　(エ) ◯	B	1	
	14		リビング・ニーズ特約	(ア) 3　(イ) 7　(ウ) 8　(エ) 13	C	1	
第5問	15	タックス	青色申告	(ア) ✕　(イ) ◯　(ウ) ◯	C	1	
	16		減価償却費の計算	2	B	2	
	17		損益通算の計算	4	A	2	
	18		給与所得の源泉徴収票の計算	1	B	3	
第6問	19	相続	民法上の法定相続分	(ア) 1/2　(イ) 1/4　(ウ) なし	A	1	
	20		相続税の課税価格の計算	1	A	2	
	21		贈与税の計算	3	A	2	
	22		小規模宅地等の特例	(ア) ◯　(イ) ✕　(ウ) ✕　(エ) ◯	B	1	

check!

大問	問題	分野	論 点	正 解	重要度	各点	
第7問	23	ライフ	可処分所得の計算	702(万円)	C	2	
	24		キャッシュフロー表の計算	502(万円)	A	2	
	25		教育費の計算	190(万円)	C	2	
第8問	26	ライフ	係数計算	9,060,000(円)	A	2	
	27		係数計算	455,000(円)	A	2	
	28		係数計算	6,917,200(円)	A	2	
第9問	29	リスク	解約返戻金のイメージ図	2	B	2	
	30		地震保険	4	B	2	
	31	ライフ	公的年金の遺族給付の計算	2	A	2	
	32		健康保険料	4	C	2	
	33		雇用保険の基本手当	4	A	2	
	34		老齢基礎年金の計算	2	A	2	
第10問	35	ライフ	バランスシートの計算	9,660(万円)	A	2	
	36	タックス	退職所得の所得税計算	3	A	2	
	37	ライフ	介護サービス利用者負担額の計算	3	C	2	
	38		老齢年金の受給方法	3	A	2	
	39		老齢年金の繰下げ支給	(ア) ○ (イ) ○ (ウ) × (エ) ×	A	1	
	40		協会けんぽの被扶養者	3	B	2	

分野別得点表

ライフ	リスク	金融	タックス	不動産	相続
/38	/17	/11	/12	/11	/11

合格基準点数
60/100

あなたの合計得点

/100

417

問題 1 正解：1

重要度 **A**

1．適切 健康保険の被保険者の３親等内の親族（直系尊属、配偶者、子、孫および兄弟姉妹を除く）が被扶養者となるためには、被保険者と同一世帯に属していることが必要です。

2．不適切 健康保険の被保険者資格を喪失した者は、資格喪失日の前日までの被保険者期間が継続して２カ月以上あるなどの所定の要件を満たせば、最長で２年間、健康保険の任意継続被保険者となることができます。

3．不適切 後期高齢者医療制度の被保険者が保険医療機関等の窓口で支払う一部負担金（自己負担額）の割合は、原則として、当該被保険者が現役並み所得者は３割、一定以上の所得がある者は２割、それ以外の者は１割とされます。

4．不適切 健康保険や国民健康保険の被保険者が75歳に達したときは、その被保険者資格を喪失し、後期高齢者医療制度の被保険者となります。

おまけ！ 後期高齢者医療制度に被扶養者制度はなく、全員が被保険者となります。

問題 2	正解：2		重要度 B

1．不適切 労災保険の適用を受ける労働者には、アルバイトやパートタイマーも含まれます。

2．適切

 おまけ！ 要件を満たせば、障害基礎年金、障害厚生年金とも併給できますが、障害補償給付は一定の割合で減額されます。

3．不適切 労災保険の保険料率は、適用事業所の事業の種類により異なります。

4．不適切 一定の中小事業主に限り、労災保険の特別加入の対象となります。

問題 3	正解：2		重要度 B

1．不適切 特定受給資格者等を除く一般の受給資格者（自己都合退職、定年退職等）の所定給付日数は、被保険者期間に応じて決められており、被保険者期間20年以上の場合、最長で150日となります。

2．適切

 おまけ！ 特定受給資格者等（倒産、解雇等）の基本手当は、原則として過去1年間に雇用保険の一般被保険者期間が通算して6カ月以上ある場合に受給できます。

3．不適切 失業等給付および育児休業給付に係る保険料は、労働者と事業主が折半して負担します。

 おまけ！ その他の雇用保険料は全額事業主が負担するため、保険料全体からみると被保険者は一部負担です。

4．不適切 高年齢雇用継続給付は、雇用保険の一般被保険者期間が通算して5年以上ある者の賃金月額が、60歳時点の賃金月額に比べて75％未満に低下した場合に支給されます。

1．適切 65歳以降の老齢厚生年金は1月以上の厚生年金被保険者期間があることが要件となっています。

2．適切

3．不適切 老齢基礎年金と老齢厚生年金は、一方のみの繰下げ支給、異なる時期からの繰下げ支給を選択することもできます。

4．適切 付加年金は老齢基礎年金と同時に繰上げ・繰下げ支給となり、同じ割合で減額・増額されます。

おまけ！ 加給年金と振替加算は、老齢厚生年金または老齢基礎年金を繰り上げても、繰上げ支給されず、繰下げ支給を選択しても、繰下げ支給開始までは支給されず、増額もされません。

1．適切

2．不適切 受給資格期間は本人の加入履歴で判定されます。

3．不適切 合意分割および3号分割の請求期限は、原則として離婚成立の日の翌日から起算して2年以内です。

4．不適切 3号分割の対象となるのは、2008年4月1日以降の国民年金の第3号被保険者であった期間における、第3号被保険者の配偶者の厚生年金保険の保険料納付記録（標準報酬月額・標準賞与額）です。合意分割の記述は正しいです。

おまけ！ 老齢基礎年金は分割されません。

	合意分割	3号分割
対象夫婦の国民年金被保険者種別	2号と2号、2号と3号 1号と2号	2号と3号
分割対象期間	婚姻期間中	2008年4月1日以降の婚姻期間
分割	合意できない場合は裁判所の決定	第3号被保険者の請求があれば合意不要
分割対象	厚生年金保険料納付記録（標準報酬月額、標準賞与額のみ） 受給資格期間は本人の加入履歴で判定	
請求期限	原則、離婚の翌日から2年以内	

問題6 　正解：**4** 　　　　　　　　　　　　　　　　　　　　　重要度 **B**

1．適切

おまけ！　遺族基礎年金を受給できる遺族は、**子のある配偶者**または**子**に限られます。

2．適切 　子のない40歳未満の妻には、遺族厚生年金の中高齢寡婦加算は支給されません。

3．適切

4．不適切 　子のない30歳未満の妻の遺族厚生年金の支給期間は最長5年間となります。

1．適切

 おまけ！ 個人事業主のほか、共同経営者 2 人まで、最高 3 人まで加入できます。

2．不適切　中小企業退職金共済の掛金は、事業主が全額負担します。

3．適切

 おまけ！ 国民年金基金の掛金は支払った全額が社会保険料控除の対象となります。

4．適切

1．不適切　企業型年金で、加入者が掛金を拠出できることを規約で定める場合、企業型年金加入者掛金の額は、その加入者に係る事業主掛金の額と同額まで、かつ全体の掛金の限度額までとなります。

2．適切

 おまけ！ 支払った掛金は全額が小規模企業共済等掛金控除の対象となります。

3．適切

おまけ！ 老齢給付金を一時金で受け取った場合、退職所得です。

4．適切

問題 9 正解：1 重要度 C

1. 不適切 逆です。利用者が死亡し、担保物件の売却代金による借入金返済後に残る債務について、利用者の相続人がその返済義務を負うタイプを「リコース型」、返済義務を負わないタイプを「ノンリコース型」といいます。

2. 適切

3. 適切

 おまけ！ 70歳までの就業機会の確保は努力義務とされています。

4. 適切

問題 10 正解：4 重要度 B

1. 適切

 おまけ！ 流動比率は、流動資産÷流動負債×100％によって求めます。当座資産は、現預金、売上債権（売掛金、受取手形等）等の合計、流動資産は当座資産に棚卸資産等を加えたものをいいます。

2. 適切

 おまけ！ 仮に、変動費が売上原価に等しく、固定費は販売費及び一般管理費に等しいとする場合、販売費及び一般管理費（固定費）÷売上総利益率（限界利益率）で求めます。

3. 適切

4. 不適切 固定比率は、自己資本（株主資本）に対する固定資産の割合を示したものであり、この数値が低いほど、財務の健全性が高いと判断されます。

1．不適切　保険金と同時に受け取った契約者配当金は、**保険金と同様の課税**となります。

2．適切

3．適切　純保険料は、**予定利率と予定死亡率**に基づいて算出され、付加保険料は、**予定事業費率**に基づいて計算されます。

4．適切

1．適切　**女性の方が平均余命が長いため**、他の条件が同一である場合、**終身年金**の保険料は被保険者が女性である方が**高くなります**。

2．適切

 おまけ！ 変額個人年金保険の**年金額**や**解約返戻金**には**最低保証は通常、ありません**（一部商品を除く）。

3．適切

 おまけ！ 保証期間付有期年金は、年金受取期間のうち、保証期間内に被保険者が死亡した場合、年金継続受取人が保証期間満了まで年金を受け取ることができます。

4．不適切　確定年金では、**年金受取開始前に被保険者が死亡した場合**、契約時に定めた死亡給付金（例：払込保険料相当額）が支払われます。

おまけ！ 年金支給開始後は被保険者の生死に関係なく、残りの期間、年金が支払われます。

問題 13 正解：3 重要度 B

1．適切

 おまけ！ 交通事故等の不慮の事故による災害時に障害・入院給付金が支払われる特約である災害総合保障特約の給付金の受取人は企業または被保険者となります。

2．適切

3．不適切 団体定期保険（Ｂグループ保険）は**退職金規程等の規制を受けません**。なお、総合福祉団体定期保険の死亡保険金は、企業の退職金規程等で定められた死亡退職金の金額の範囲内で設定します。

4．適切

 おまけ！ 団体定期保険は、付加保険料（予定事業費）が安い分、保険料も低く設定されます。

問題 14 正解：2 重要度 B

1．不適切 契約者と年金受取人が同一である個人年金保険の場合、毎年受け取る年金は**雑所得として所得税の課税対象**となり、所得金額は収入－必要経費により計算します（公的年金等控除の対象とはなりません）。

2．適切

 おまけ！ ２年目以降は課税部分と非課税部分に区分され、課税部分は雑所得として所得税の課税対象となります。

3．不適切 契約者が受け取る死亡保険金は所得税の課税対象となります。

4．不適切 一時払終身保険や一時払終身年金保険の解約返戻金は、契約から５年以内に受け取った場合も含めて、**一時所得として総合課税の対象**となります。

 おまけ！ 源泉分離課税となるのは「一時払等」「５年以内受取りの満期保険金、解約返戻金」「終身タイプでない」の３条件を満たす場合です。

1．不適切　自動車の損害は、任意加入の自動車保険でカバーします。

 おまけ！　同一敷地内の車庫に置いてある自転車が損害を受けた場合は補償対象となります。

2．適切

3．不適切　家財を保険の対象として契約した場合、強風により窓ガラスが割れて雨が吹き込み、家財が濡れた損害は補償の対象となりますが、開放していた窓から雨が吹き込み、家財が濡れた損害は補償の対象外です。

4．不適切　経年劣化による損害は補償対象外です。

1．不適切　普通傷害保険は細菌性食中毒は補償しません。なお、国内旅行傷害保険、海外旅行保険では補償対象です。

2．不適切　家族傷害保険の被保険者は、事故発生時で判定します。

3．適切

4．不適切　地震・噴火・津波による傷害について、海外旅行保険では海外における傷害は基本契約で補償対象となりますが、普通傷害保険、国内旅行傷害保険は、原則補償対象外です。

問題 17　正解：4　重要度 A

1．**不適切**　所得補償保険および医療保険は、病気も保障対象ですので、新たに契約した場合の保険料は介護医療保険料控除の対象となります。

2．**不適切**　火災保険の保険料は地震保険料控除の対象外です。

3．**不適切**　契約者と被保険者が同一人である自動車保険の人身傷害（補償）保険の被保険者が自動車事故で死亡した場合、死亡保険金のうち、相手の過失相当部分は損害賠償金の性格を有するため非課税となり、自分の過失相当部分は相続税の対象です。

4．**適切**

問題 18　正解：3　重要度 B

1．**適切**

2．**適切**

3．**不適切**　満期返戻金のある積立型の損害保険（保険期間３年以上）の保険料は、積立保険料部分は資産に計上し、その他の部分は損金に算入します。

4．**適切**

おまけ！　圧縮記帳は、個人事業主は適用できません（保険金が非課税であるため、適用の必要がありません）。

1. 適切

おまけ！ 普通傷害保険では、細菌性食中毒は補償対象外です。

2. 適切 個人賠償責任補償特約は、本人、配偶者、生計を一にする同居親族、別居の未婚の子が被保険者となります。なお、業務中の**自転車**の運転による賠償事故は補償対象外となります。

3. 不適切 所得補償保険は、**病気やケガ**により働くことができない期間の所得を補償する保険であり、病気やケガ以外（**出産、育児、失業**等）により働くことができない期間の所得は**補償されません**。

4. 適切 地震保険は、自宅建物や家財が、地震・噴火・津波を原因として火災・損壊・埋没・流失の損害を受けた場合に補償する保険であり、**火災保険**に付帯して申し込みます。

1. 適切 団体就業不能保障保険は、1年更新の定期保険で企業（団体）が保険料を負担します。

2. 適切

3. 適切 養老保険は、貯蓄性が高いため、**死亡退職金および定年退職時の退職金**の原資の準備に活用できます。

4. 不適切 総合福祉団体定期保険は、1年更新の定期保険なので、**定年退職時の退職金の原資の準備には不適切**です。

問題 21　正解：**1**　　　　　　　　重要度 **C**

1．**不適切**　相対的に物価が上昇する国の通貨の価値は安くなるため、選択肢の場合、一般に円高米ドル安の要因となります。

2．**適切**

3．**適切**　買われる通貨の価値が上昇し、売られる通貨の価値は下落します。

4．**適切**　日本円の魅力が減少し、米ドルの魅力が増加すると、一般に、日本円は安くなり、米ドルは高くなります（円安米ドル高）。

問題 22　正解：**3**　　　　　　　　重要度 **B**

1．**適切**　国別・業種別の投資比率を決定し、その中で銘柄を選定する手法をトップダウン・アプローチ、各銘柄の投資指標の分析や企業業績などのリサーチによって銘柄を選択し、その積上げによってポートフォリオを構築する手法は、ボトムアップ・アプローチといいます。

2．**適切**　1．の解説参照。

3．**不適切**　グロース運用は、ＰＥＲ、ＰＢＲが高く、配当利回りが低い銘柄が多く、バリュー運用は、ＰＥＲ、ＰＢＲが低く、配当利回りが高い銘柄が多くなる傾向があります。

4．**適切**　パッシブ運用は分析・調査費用を抑えることができるため、アクティブ運用に比べて運用コストを低く抑えられる傾向があります。

問題 23　正解：**2**　　　　　　　　重要度 **C**

（ア）市場金利が上昇すると債券価格は下落するため、債券価格は発行価格である額面よりも低くなります。したがって、この時点で債券Ａを購入した場合の最終利回りは表面利率0.5％に償還差益が加算されるため、0.5％よりも高くなります。

（イ）市場金利が上昇すると債券価格は下落するため、新規発行時に購入した債券を、下落した時点で売却すると、表面利率とは別に損失が発生しますので、所有期間利回りは0.5％よりも低くなります。

1．適切　なお、委託保証金は、非上場株式で差し入れることはできません。

2．不適切　選択肢の記述は反対です。信用取引には、証券取引所の定めるルールで行う**制度信用取引（6カ月以内に決済）**と、証券会社との間で取り決めたルールで行う**一般信用取引**があります。

3．不適切　信用取引を行う際の委託保証金の額は**30万円以上**必要となります。また、約定代金に対する委託保証金の割合は**30％以上**でなければいけません（委託保証金の金額の10／3倍の金額を取引できます）。

4．不適切　制度信用取引では、売買が成立した後に相場が変動して証券会社が定める最低委託保証金維持率を下回った場合には、追加で保証金を差し入れなければなりません。

1．不適切　ＰＥＲ（株価収益率）＝株価÷1株当たり当期純利益
＝3,000円÷（150億円÷1.5億株）＝30倍。

2．不適切　ＰＢＲ（株価純資産倍率）＝株価÷1株当たり純資産
＝3,000円÷（600億円÷1.5億株）＝7.5倍。

3．適切　ＲＯＥ（自己資本利益率）＝当期純利益÷自己資本×100（％）
＝150億円÷600億円×100＝25％。

4．不適切　配当利回り＝1株当たり年間配当金÷株価×100（％）
＝（90億円÷1.5億株）÷3,000円×100＝2％。

おまけ！　自己資本比率（％）
　　　＝自己資本÷総資産×100
　　　＝600億円÷2,500億円×100＝24％
　　配当性向（％）
　　　＝配当金÷当期純利益×100
　　　＝90億円÷150億円×100＝60％

問題 26　正解：2　重要度 **A**

1．不適切　円換算特約がついた生命保険契約は、支払いや受取りが円建てですが、**運用は外貨**で行いますので、為替変動リスクは存在し、将来受け取る保険金等が支払った保険料よりも少なくなる可能性はあります。

2．適切　為替手数料は、**金融機関、通貨等**により異なります。

3．不適切　**リバース・デュアル・カレンシー債**は、購入代金の払込みおよび償還金の支払いが円貨で、**利払いが外貨**で行われます。選択肢は、デュアル・カレンシー債の説明です。

4．不適切　外国為替証拠金取引（ＦＸ）では、証拠金にあらかじめ決められた倍率を掛けた金額まで売買でき、個人取引の倍率の上限は**25倍**です。

問題 27　正解：3　重要度 **B**

1．不適切　オプションの買い手は、売り手に対してプレミアム（オプション料）を支払います。

> **おまけ！**　買い手は手に入れた権利を行使するか、放棄するかを選択でき、売り手は買い手が権利を行使した場合、応じる義務を負います。

2．不適切　満期までの残存期間が長い方が短い場合に比べて、権利を行使できるチャンスが多いため、プレミアム（オプション料）は高くなります。

3．適切　原資産価格が上昇していく場合、ある一定の価格で買うことができる権利（**コール・オプション**）のプレミアム（オプション料）は高くなり、ある一定の価格で売る権利（**プット・オプション**）のプレミアム（オプション料）は安くなります。

4．不適切　オプション取引において、買い手の損失はプレミアム（オプション料）に限定され、売り手の損失は限定されません。

1．適切

2．不適切　現代ポートフォリオ理論の一般的な考え方によれば、運用成果に与える影響は、個別銘柄の選択や売買のタイミング等よりも**資産クラスの配分の方が大きい**とされます。

3．適切　運用によって保有している資産の配分が崩れていくため、値上がりした資産クラスを売却し、値下がりした資産クラスを購入するなどして、当初の配分を維持します。

4．適切　特定の資産クラスのボラティリティが上昇（**リスク量が増加**）した場合、当該資産を**売却する**と、リスクを減らすことができます。

1．不適切　新NISAのつみたて投資枠を利用できるのは1月1日現在**18歳以上**である居住者等に限られます。

　　おまけ！　成長投資枠も同様です。

2．不適切　新NISAのつみたて投資枠の対象商品は、所定の要件を満たす、長期の積立・分散投資に適した一定の**公募株式投資信託、ETF**に限られます。上場株式やJ－REITには投資できません。

　　おまけ！　成長投資枠では、上場株式やJ－REITにも投資できます。

3．適切

　　おまけ！　成長投資枠も非課税期間は制限ありません。

4．不適切 新ＮＩＳＡのつみたて投資枠の年間投資上限額は120万円です。

> **おまけ！** 成長投資枠の年間投資上限額は240万円です。

問題 30	正解：2		重要度 B

1．適切

2．不適切 金融商品取引法では、金融商品取引契約を締結しようとする金融商品取引業者等は、あらかじめ顧客（特定投資家を除く）に契約締結前交付書面を交付しなければならず、**顧客から交付を要しない旨の意思表示が**あった場合でも、書面交付義務は**免除されません。**

3．適切

4．適切

問題 31	正解：4		重要度 A

1．不適切 退職所得は原則「（収入金額－退職所得控除額）×1／2」により計算されます。

2．不適切 給与所得控除額は最低55万円です。

3．不適切 総所得金額に算入される一時所得の金額は、損益通算後に残った一時所得の2分の1となりますが、**一時所得を求める段階では1／2を乗じません。**

4．適切

正解：4 重要度 **A**

1．**不適切** 生活に必要でない資産（別荘、書画・骨董、絵画、金など）の譲渡による損失は、他の各種所得の金額と損益通算できません。
2．**不適切** 不動産の譲渡損失は、居住用不動産を除き、他の各種所得の損失と損益通算できません。
3．**不適切** 事業所得の損失は、青色申告・白色申告を問わず損益通算できます。
4．**適切** 1．2．の解説のとおりです。

正解：1 重要度 **B**

1．**不適切** 特定扶養親族の扶養控除の額は63万円です。
2．**適切** 婚姻関係がなければ、配偶者控除および配偶者特別控除の対象となりません。
3．**適切** 納税者本人の合計所得金額が900万円以下、900万円超950万円以下、950万円超1,000万円以下の場合で異なり、1,000万円超の場合は配偶者控除および配偶者特別控除の適用はありません。
4．**適切** 控除対象扶養親族に該当するか否かは、原則として12月31日の現況で判定しますが、扶養親族が年の途中で死亡した場合には死亡時点で判定します。

問題 34 　正解：**4**　　　　　　　　　　　　　　　　　　　重要度 **B**

1．不適切　生命保険料控除は、支払った保険料（一般、個人年金、介護医療）について、契約時期等に応じて控除の種類と控除額の計算方法が異なり、控除限度額もあります。2011年までに契約した生命保険に係る生命保険料控除は最高5万円（年間正味払込保険料10万円以上の場合）、2012年以降に契約した生命保険に係る生命保険料控除は最高4万円（年間正味払込保険料8万円以上の場合）です。

2．不適切　通常の医療費控除は総所得金額等の5％または10万円のいずれか少ない金額を超える部分（最高200万円）、セルフメディケーション税制は年間1.2万円を超える部分（最高8.8万円）が医療費控除として控除できます。

3．不適切　納税者が本人の確定拠出年金の個人型年金の掛金を支払った場合、支払った掛金の金額の多寡にかかわらず、その年中に支払った全額が小規模企業共済等掛金控除として控除できます。

> **おまけ！**　小規模企業共済等掛金控除は納税者本人に係る掛金のみ控除でき、生計を一にする配偶者、親族に係る掛金は控除できません。

4．適切

問題 35 　正解：**3**　　　　　　　　　　　　　　　　　　　重要度 **A**

1．適切

2．適切

3．不適切　償還期間が10年以上であることが要件であるため、住宅ローンの一部繰上げ返済により、償還期間が10年未満となった場合、残りの期間について、住宅ローン控除の適用はありません。

4．適切

> **おまけ！**　再入居年に賃貸している場合、その翌年以降からの適用となります。

問題 36 　正解：2 　　　　　　　　　　　　　　　　　　　　重要度 A

1．**不適切** 不動産所得、事業所得、山林所得を生ずる業務を行っている者が、青色申告を選択できます。

2．**適切**

3．**不適切** 前年から事業を行っている者が、新たにその年から青色申告の適用を受けようとする場合には**その年の3月15日まで**に青色申告の承認申請書を納税地の所轄税務署長に提出しなければなりません。

4．**不適切** 青色申告を取りやめようとする者は、その年の**翌年3月15日まで**に「青色申告の取りやめ届出書」を納税地の所轄税務署長に提出しなければなりません。

問題 37 　正解：1 　　　　　　　　　　　　　　　　　　　　重要度 A

1．**不適切** 役員に支給する事前確定届出給与は事前届出が必要ですが、**役員退職金は事前届出が不要**です。なお、役員退職金のうち、不相当に高額な部分は損金に算入できません。

2．**適切**

3．**適切**

4．**適切**

 おまけ！ **法人税**の本税、**法人住民税**の本税は損金に算入できません。

問題 38 正解：3　　　　　　　　　　　　　　　　　　　　　　　　　　重要度 B

1．**適切**

おまけ! 所得税、相続税の更正の請求の期限も法定申告期限から原則5年以内です。

2．**適切**

おまけ! 延滞税や罰金、過料等も損金に算入できません。

3．**不適切** 期末資本金の額にかかわらず、1人当たり1万円以下の得意先等との飲食費は、必要とされる書類等を保存していれば、税法上の交際費等に該当せず、その全額を損金に算入できます。

4．**適切**

おまけ! 期末資本金の額等が1億円超100億円以下の法人が支出した交際費は、飲食費の50%を損金に算入できます。

問題 39 正解：4　　　　　　　　　　　　　　　　　　　　　　　　　　重要度 A

1．**不適切** 設立1期目で事業年度開始の日における**資本金等の額**が1,000万円以上である新設法人は、1期目から消費税の**課税事業者**となります。

2．**不適切** 簡易課税を適用できるのは、**基準期間の課税売上高**が**5,000万円**以下の事業者です。

3．**不適切** 簡易課税制度を選択した場合、事業を廃止した場合等を除き、原則2年間は課税事業者の適用を継続しなければなりません。

4．**適切**

おまけ! 消費者が譲渡する取引、事業者による国外取引や輸出取引、対価を得ない取引には消費税は課税されません。

問題 40　正解：**3**　　　　　　　　　　　　　重要度 **A**

1．**不適切**　選択肢は損益計算書についての記述です。
2．**不適切**　選択肢は貸借対照表についての記述です。
3．**適切**
4．**不適切**　キャッシュフロー計算書は、金融商品取引法上の計算書類の１つです。

問題 41　正解：**3**　　　　　　　　　　　　　重要度 **A**

1．**適切**　賃借権の登記には、借地権設定者（土地所有者）の承諾が必要であり、登記されていない場合があるため、借地権自体が登記できなくても、借地上の建物の登記をもって、借地権を対抗できます。
2．**適切**
3．**不適切**　権利部甲区は所有権に関する事項、権利部乙区は所有権以外の権利が記載されます。
4．**適切**

問題 42　正解：**3**　　　　　　　　　　　　　重要度 **B**

1．**適切**
2．**適切**　土地のうち、埋立地、造成地であれば、原価法を用いて評価できますが、既成市街地では再調達原価が求められないため、原価法を用いて評価できません。
3．**不適切**　実際に賃貸の用に供されていない自用の不動産であっても、賃貸の用に供されることを想定して、収益還元法を用いて鑑定評価できます。
4．**適切**

問題 43　正解：**1**　重要度 A

1．適切

2．不適切　手付解除は、相手方が契約の履行に着手するまでに限ります。

3．不適切　共有物の自己の有している持分を第三者に譲渡するときは、他の共有者全員の同意は不要です。

> **おまけ!**　共有物全部を第二者に譲渡するときは、他の共有者も含めて全員の同意が必要です。

4．不適切　同一の不動産について二重売買された場合、当該複数の買主間において、原則として、先に所有権を登記した者が当該不動産の所有権を取得します。

問題 44　正解：**4**　重要度 A

1．不適切　普通借地権の存続期間を定める場合は30年以上で定め、30年以上の期間を定めるとその期間とし、30年よりも短い期間を定めた場合は30年とします。

2．不適切　普通借地権の当初の存続期間が満了する場合、借地権者が借地権設定者に契約の更新を請求したときは、借地上に建物が存在する場合に限り、従前の契約と同一の条件（期間を除く）で契約を更新したものとみなされます。つまり、建物がない場合は、法定更新されません。

3．不適切　一般定期借地権の設定契約は公正証書等の書面（電磁的記録を含む）で行います。

> **おまけ!**　公正証書で設定するのは事業用定期借地権等です。

4．適切

1．**不適切**　建築物の敷地が異なる建蔽率および容積率の地域にわたる場合、建築面積および延べ面積の上限は、それぞれ「敷地面積×建蔽率および容積率」により計算した数値を合計して求めます（**加重平均**）。

2．**不適切**　住宅は、**工業専用地域**には建築できませんが、工業専用地域以外の用途地域には建築できます。

3．**不適切**　建築物の敷地が接する前面道路（複数の道路がある場合は幅員が最大のもの）の幅員が**12m未満**である場合、容積率の上限は、都市計画の定める容積率または前面道路の幅員に一定の数値を乗じて求めた容積率のいずれか**低い方**が適用されます。

4．**適切**

1．**不適切**　建替えの決議は区分所有者および議決権の**各5分の4以上**の多数による賛成が必要です。

2．**適切**

3．**適切**

おまけ！　区分所有者以外の専有部分の占有者とは、区分所有者の同居人や専有部分の賃借人などのことです。

4．**適切**

1．**不適切**　表題登記には、登録免許税は課税されません。

2．**適切**

3．**適切**

4．**適切**　不動産取得税は、**売買、交換、贈与、新築、増改築**により土地、建物の所有権を取得した場合に課税されますが、**相続**や**法人の合併**により土地、建物の所有権を取得した場合には**課税されません**。

問題 48 正解：**4** 重要度 **B**

1．不適切 所定の要件を満たす新築住宅に係る固定資産税は、1戸当たり120㎡以下の床面積に相当する部分の税額について、一定期間にわたり**2分の1**に軽減されます。

2．不適切 固定資産税における小規模住宅用地（住宅用地で住宅1戸あたり200㎡以下の部分）の課税標準は、課税標準となるべき価格の**6分の1**となります。

 おまけ！ 一般住宅用地（住宅用地で1戸あたり200㎡超の部分）の課税標準は、課税標準となるべき価格の3分の1となります。

3．不適切 固定資産税評価額は、**3年に1度**評価替えが行われます。

4．適切

 おまけ！ 固定資産税は市町村等の条例で1.4％（標準税率）よりも高い税率、低い税率とすることができます。

問題 49 正解：**4** 重要度 **A**

1．適切

2．適切

3．適切

4．不適切 相続（限定承認を除く）により取得した土地を譲渡した場合、その土地の所有期間を判定する際の取得の日は、**被相続人が取得した日**です。

 おまけ！ 贈与により取得した土地を譲渡した場合の取得日は贈与者**が取得した日**となります。

1. **適切**

おまけ！ 土地所有者が建物所有者ですので、賃貸借終了後、建物を取り壊す必要はないものの、テナントの撤退リスクがあります。

2. **不適切** 等価交換方式では、出資する土地の対価の割合に対応する建物の所有権の一部を取得します。

3. **適切**

4. **適切**

---

1. **不適切** 贈与契約は、双方の意思表示が一致して成立します。

2. **不適切** 定期贈与契約は、贈与者または受贈者の一方が死亡すると終了します。

3. **適切**

4. **不適切** 死因贈与は、相続や遺贈と同様に相続税の課税対象です。

---

1. **不適切** 複数の者から暦年課税により贈与を受けた場合、受贈者が贈与を受けた課税価格から基礎控除110万円を控除できます。

2. **不適切** 贈与税の配偶者控除（2,000万円）は基礎控除額110万円とは別に控除できます。

3. **適切**

4. **不適切** 相続時精算課税制度を選択した場合の税率は一律20%です。
   贈与税額＝｛（課税価格－年間110万円）－特別控除2,500万円の残額｝×20%

問題 53　正解：**4**　　　　　　　　　　　　　　　重要度 A

1．適切

 おまけ！ 香典返戻費用も相続税の債務控除の対象となりません。

2．適切　個人が法人から贈与を受けた財産は、一時所得（雇用関係がある場合は給与所得）として所得税の課税対象です。

3．適切

おまけ！ 相続または遺贈により財産を取得していない者が、被相続人から相続開始年に贈与を受けた財産は、贈与税の課税対象です。

4．不適切　扶養義務者から贈与を受けた通常の生活費として認められるものは、通常、贈与税非課税ですが、投資目的の株式の運用に充てた場合、贈与税の課税対象です。

問題 54　正解：**2**　　　　　　　　　　　　　　　重要度 B

1．不適切　実子と養子、嫡出子と嫡出でない子の法定相続分は同じです。

2．適切

3．不適切　相続人が被相続人の配偶者および母の合計2人である場合、配偶者の法定相続分は3分の2、母の法定相続分は3分の1です。

4．不適切　代襲相続人の法定相続分は、被代襲者の相続分と同じです。

1．適切

> **おまけ！** 法務局に保管している自筆証書遺言は、家庭裁判所の検認
> は不要です。

2．適切

3．適切

4．不適切　相続開始前でも、家庭裁判所の許可を受ければ、遺留分を放棄できます。

問題 56　正解：**3**　　　　　　　　　　　　　　　　　　重要度 **B**

1．債務控除することができない　墓碑は相続税非課税ですので、その墓碑購入に係る未払い費用も債務控除の対象外です。

2．債務控除することができない　通常必要とされる通夜費用、本葬費用は債務控除の対象ですが、初七日、四十九日の法会費用は債務控除の対象外です。

3．債務控除することができる

4．債務控除することができない　団体信用生命保険に加入していた場合、被相続人の死亡により、住宅ローンが弁済されるため、債務控除の対象となりません。

問題 57　正解：**2**　　　　　　　　　　　　　　　　　　重要度 **C**

1．適切

2．不適切　貸家の価額は、「自用家屋としての評価額×（１－借家権割合×賃貸割合）」により評価します。

3．適切

4．適切

問題 58　正解：**2**　　　重要度 A

1．**不適切**　賃借している宅地の上に家屋を建てて、これを賃貸している場合、賃借している宅地の上に存する権利は、**貸家建付借地権**として評価します。

2．**適切**

3．**不適切**　青空駐車場には借地権が発生しないため、**自用地**として評価します。

4．**不適切**　使用貸借で貸し付けている宅地は**自用地**として評価します。

問題 59　正解：**2**　　　重要度 C

1．**適切**　本特例は、直系尊属からの贈与が対象となります。

2．**不適切**　本特例は、贈与年の1月1日時点で18歳以上であり、贈与を受ける年（前年ではありません）の合計所得金額が2,000万円以下（取得する住宅の床面積が40㎡以上50㎡未満の場合は、合計所得金額が1,000万円以下）である受贈者が対象です。

3．**適切**

4．**適切**

　おまけ！　贈与税の配偶者控除の部分（2,000万円を限度）も相続税の課税価格に加算されません。

問題 60　正解：**1**　　　重要度 B

1．**不適切**　配当還元方式による株式の価額は、「その株式の1株当たりの年配当金額÷10％＝年配当金額×10％」によって評価します。

2．**適切**

3．**適切**

　おまけ！　大会社は「類似業種比準価額または純資産価額」のいずれか、中会社および小会社は「純資産価額または併用方式」のいずれかによって評価します。

4．**適切**

解答・論点一覧

check!

問題	分野	論 点	正解	重要度	
1	ラ イ フ	公的医療保険	1	A	
2		労働者災害補償保険	2	B	
3		雇用保険の失業等給付	2	B	
4		公的年金の老齢給付	3	A	
5		離婚時の年金分割制度	1	C	
6		遺族厚生年金	4	B	
7		老後資金準備で利用できる制度	2	B	
8		確定拠出年金	1	A	
9		リタイアメントプランニング	1	C	
10		決算書に基づく経営分析指標	4	B	
11	リ ス ク	生命保険の保険料等の仕組み	1	A	
12		個人年金保険の一般的な商品性	4	A	
13		総合福祉団体定期保険と団体定期保険	3	B	
14		個人年金保険の課税	2	B	
15		火災保険の一般的な商品性	2	C	
16		傷害保険の一般的な商品性	3	A	
17		個人契約の損害保険の税金	4	A	
18		法人契約の損害保険の経理処理	3	B	
19		損害保険を活用した家庭のリスク管理	3	A	
20		生命保険等を活用した法人の福利厚生	4	B	
21	金 融	為替相場の変動要因	1	C	
22		投資信託の一般的な運用手法	3	B	
23		債券の利回りと市場金利の変動との関係	2	C	
24		株式の信用取引	1	C	
25		株式の投資指標の計算	3	A	
26		外貨建て金融商品の取引	2	A	
27		オプション取引	3	B	
28		アセットアロケーション	2	B	
29		新NISA	3	A	
30		金融商品の取引に係る各種法令	2	B	
31	タ ッ ク ス	所得税における各種所得	4	A	
32		損益通算	4	A	
33		所得控除	1	B	
34		所得控除	4	B	

問題	分野	論 点	正解	重要度	
35	タックス	住宅借入金等特別控除	3	A	
36		青色申告	2	A	
37		法人税の損金	1	A	
38		法人税	3	B	
39		消費税	4	A	
40		決算書および法人税申告書	3	A	
41	不動産	不動産の登記や調査	3	A	
42		不動産の鑑定評価の手法	3	B	
43		不動産の売買契約に係る民法の規定	1	A	
44		借地	4	A	
45		建築基準法	4	A	
46		区分所有法	1	A	
47		不動産の取得の税金	1	A	
48		固定資産税および都市計画税	4	B	
49		譲渡所得	4	A	
50		土地の有効活用手法	2	A	
51	相続	贈与契約	3	A	
52		贈与税の計算	3	A	
53		贈与税の非課税財産	4	A	
54		民法上の法定相続分	2	B	
55		遺言および遺留分	4	A	
56		債務控除	3	B	
57		家屋等の評価	2	C	
58		宅地の評価	2	A	
59		住宅取得等資金の贈与税非課税	2	C	
60		取引相場のない株式の評価	1	B	

※配点は各1点となります

分野別得点表

ライフ	リスク	金融	タックス	不動産	相続
／10	／10	／10	／10	／10	／10

合格基準点数
36 ／60

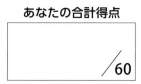

あなたの合計得点

／60

【第1問】

《問1》 正解： ① **765,000**（円）　② **303,867**（円）　重要度 A
③ **198**（円）　④ **304,065**（円）

①$816,000円 \times \dfrac{450月}{480月} = 765,000円$

老齢基礎年金は公的年金に10年以上加入している者に対して支給されます。

設例の場合、20歳以上60歳未満のうち、国民年金学生納付特例期間30月は**年金額に反映されません**が、その他の期間は年金額に反映されます。

②設例の厚生年金保険の被保険者期間は2003年4月以降のみとなっています。

$280,000円 \times \dfrac{5.481}{1,000} \times 198月 = 303,866.64円 \rightarrow 303,867円$

（円未満四捨五入）

③$1,701円 \times 198月 - 816,000円 \times \dfrac{198月}{480月} = 198円$

④加給年金の主な受給要件

・厚生年金保険の被保険者期間が20年（240月）以上

・老齢厚生年金の受給開始時（65歳時）に、生計を維持されている配偶者が65歳未満である（配偶者が年下）。ただし、配偶者が厚生年金に**20年以上加入している**場合は、配偶者の支給開始年齢まで

設例より厚生年金保険の被保険者期間が198月であるため、加給年金は支給されません。

老齢厚生年金＝303,867円＋198円＝304,065円

《問2》 正解：① **イ** ② **ニ** ③ **チ**　　　　重要度 **B**

①月額400円の付加保険料を支払うと、65歳以降、200円×付加保険料納付月数の付加年金が支給されます。

200円×180月＝36,000円

②

おまけ! 国民年金基金の掛金の限度額は確定拠出年金の個人型年金と合わせて月額68,000円です。

《問3》 正解：① **✕** ② **✕** ③ **✕**　　　　重要度 **R**

① **不適切**　1カ月繰り下げるごとに0.7％増額となりますので、84カ月（7年）繰り下げると、0.7％×84月＝58.8％増額されます。

② **不適切**　小規模企業共済は要件を満たす個人事業主や会社等の役員が利用できる制度であり、掛金の全額が所得控除の対象です。

③ **不適切**　小規模企業共済と国民年金基金、確定拠出年金は同時に加入できます。

【第2問】

《問4》 正解：① **〇** ② **✕** ③ **✕**　　　　重要度 **C**

① **適切**

② **不適切**　年率表示であるため、6カ月満期の定期預金に付与される利率は、

1.2％×6／12＝0.6％（税引前）となり、税引前利息額は

40,000米ドル×0.6％＝240米ドルです。

③ **不適切**　市場金利と債券価格は逆に動きます。市場金利が下落すると、債券価格は上昇します。

①最終利回りとは、既に発行されている債券を償還期限（最後）まで保有した場合の
利回りをいいます。償還期限まで保有すると額面で償還されます。

$$最終利回り（\%）＝\frac{表面利率＋\dfrac{額面金額－買付価格}{残存期間}}{買付価格}×100$$

$$最終利回り（\%）＝\frac{2.0＋\dfrac{100－102}{4年}}{102}×100$$

$$≒1.470\%→1.47\%$$

（小数点第3位四捨五入）

②円建ての預入額＝40,000米ドル×145円（預入時ＴＴＳ）＝5,800,000円

満期時の米ドル建ての金額

＝40,000米ドル＋240米ドル＝40,240米ドル（利息は前問解説参照）

満期時の米ドルを円転した額

＝40,240米ドル×150円（満期時のＴＴＢ）＝6,036,000円

円建ての利益＝6,036,000円－5,800,000円＝236,000円（6カ月での利益）

年換算の利回り＝1年換算した利益÷預入額

＝236,000円×（12カ月÷6カ月）÷5,800,000円×100＝8.137…

→8.14%

（小数点第3位四捨五入）

| 《問6》 | 正解：① ⭕ ② ⭕ ③ ✖ | 重要度 C |

① 適切

> **おまけ！** 源泉徴収税率は、所得税（復興特別所得税を含む）
> 15.315％、住民税5％です。

② 適切

> **おまけ！** 預入時に為替予約をしている場合の為替差益は
> 20.315％の源泉分離課税の対象です。

③ 不適切 特定公社債の譲渡益は譲渡所得として、申告分離課税の対象となり、上場株式の譲渡損失と損益通算できます。

【第3問】

| 《問7》 | 正解：① ト ② イ ③ ホ ④ ヌ | 重要度 C |

①消費税が課されない既存住宅は50㎡以上であることが要件です。

②

> **おまけ！** 省エネ基準を満たす新築住宅の控除期間は最長13年です。

③床面積が50㎡以上の場合は、控除を受けようとする年の合計所得金額が2,000万円以下であることが要件です。

《問8》 正解：① ✗　② ✗　③ ○　重要度 **C**

① **不適切**　入居した1年目は確定申告が必要です。2年目以降は所定の要件のもと、年末調整で控除できます。

② **不適切**　直系尊属から住宅取得等資金の贈与を受けた場合の贈与税の非課税の特例と住宅借入金等特別控除は同時に適用できます。

> **おまけ!** 省エネ等住宅は1,000万円、その他の住宅は500万円まで贈与税非課税です。

③ **適切**

《問9》 正解：① **8,900,000**（円）　② **630,000**（円）　③ **208,600**（円）　重要度 **A**

---

①総所得金額は総合課税の対象となる所得金額の合計額であり、給与所得は総合課税の対象です。

　給与所得＝収入金額－給与所得控除額＝1,100万円－195万円＝905万円
　設例の場合、23歳未満の扶養親族を有する場合に該当するため、所得金額調整控除の適用を受けられます。
　所得金額調整控除は給与収入850万円超1,000万円以下の部分の10%ですので、（1,000万円－850万円）×10%＝15万円となります。
　以上より、総所得金額に算入される給与所得は905万円－15万円＝890万円となります。

②扶養控除は、生計を一にする16歳以上である親族等（配偶者以外）の合計所得金額が48万円以下である場合に適用を受けられます。長男Cさん（19歳）は特定扶養親族ですので、扶養控除の額は63万円、長女Dさん（15歳）は控除対象外です。

③住宅借入金等特別控除の額は「年末借入残高×0.7%」、個人間売買の省エネ基準適合住宅の控除対象借入金残高は3,000万円ですので、2,980万円×0.7%＝208,600円となります。

おまけ！ 2024年、2025年に新築の省エネ基準適合住宅に入居した場合は3,000万円までの年末借入残高が対象となります。

【第4問】

《問10》 正解：① **1,200**（㎡）　② **4,800**（㎡）　重要度 A

①建蔽率の上限となる建築面積＝敷地面積×建蔽率

建蔽率80％である防火地域に耐火建築物等を建築するため、100％となります。

以上より、（600㎡＋600㎡）×100％＝1,200㎡

②容積率の上限となる延べ面積＝敷地面積×容積率

前面道路の幅員が12m未満の場合、「前面道路の幅員×法定乗数により求めた容積率」と「指定容積率」のいずれか低い方を適用します。

前面道路幅員による容積率 7×6／10＝42／10＞指定容積率400％→400％

以上より、（600㎡＋600㎡）×400％＝4,800㎡

《問11》 正解：① ✕　② ✕　③ ◯　重要度 C

① 不適切 自宅建物を取り壊して譲渡する場合、本来の要件に加えて

・取壊し後、貸付けその他の用に供していないこと

・取壊し後、1年以内に譲渡契約を締結すること

などの要件を満たせば、適用できます。

② 不適切 居住の用に供さなくなった日から3年を経過する日の属する年の12月31日までに譲渡することが要件となっています。

③ 適切

《問12》 正解：① ⭕　② ⭕　③ ❌　　　　　　　　　重要度 **A**

① 適切　　等価交換方式は、土地所有者は出資した土地の割合に応じた建物（または土地付き建物）を取得することとなり、資金調達を必要としません。

② 適切

おまけ！　貸家は
固定資産税評価額×（1－借家権割合×賃貸割合）
貸家建付地は
自用地評価額×（1－借地権割合×借家権割合×賃貸割合）
で評価します。

③ 不適切　住宅用地の固定資産税の課税標準は、自己の居住用であるか、貸付用であるかを問わず、住宅1戸につき200㎡までの部分（小規模住宅用地）について課税標準となるべき価格（固定資産税評価額）の6分の1の額となります。

【第5問】

《問13》 正解：① ⭕　② ⭕　③ ❌　　　　　　　　　重要度 **C**

① 適切

② 適切

③ 不適切　資本金1億円以下である中小法人に該当する場合、所得金額のうち年800万円以下の部分には軽減税率が適用されます。

《問14》 正解：① ⭕　② ❌　③ ❌　　　　　　　　　重要度 **B**

① 適切　　遺言者の推定相続人、受遺者、その配偶者や直系血族等は証人となることはできません。

② 不適切　自筆証書遺言は原則、全文、日付、氏名を自書し、押印して作成しますが、財産目録はパソコン等で作成できます。

③ 不適切　遺留分は生前に放棄できますが、相続の放棄は相続開始後にのみ申述することができます。

①相続人である配偶者、子（代襲相続人である孫を含む）、直系尊属には遺留分が認められており（兄弟姉妹は対象外）、配偶者と子が遺留分権利者である場合の遺留分は、相続財産の１／２となります。

　法定相続分は、長男Ｂさん、二男Ｃさんともに１／２、子が相続人である場合の遺留分は相続財産の１／２ですので、長男Ｂさん、二男Ｃさんの遺留分は各１／４です。したがって、二男Ｄさんの遺留分は2億2,000万円×１／４＝5,500万円となります。

②特定居住用宅地等に該当する場合、330㎡までの部分について評価額が80％減額されます。

　設例の場合、自宅敷地は300㎡ですので、敷地全体が80％減額となり、7,200万円×0.8＝5,760万円が減額され、相続税の課税価格に算入すべき価額は、7,200万円－5,760万円＝1,440万円となります。

③貸付事業用宅地等に該当する場合は、200㎡までの部分について評価額が50％減額されます。

　設例の場合、賃貸アパートの敷地は400㎡ですので、6,000万円×（200㎡／400㎡）×50％＝1,500万円の減額となり、相続税の課税価格に算入すべき価額は6,000万円－1,500万円＝4,500万円となります。

④「特定居住用宅地等・特定事業用等宅地等」と「貸付事業用宅地等」について小規模宅地等の特例の適用を受ける場合、適用面積について一定の調整を行います。

　②、③より、減額効果が大きい自宅の敷地を優先して適用すると有利です。

第 2 回目　金財実技試験　個人資産相談業務

解答・論点一覧

check!

大問	問題	分野	論点	正解	重要度	各点	
第1問	1	ライフ	老齢基礎年金および 老齢厚生年金の計算	① 765,000（円）　② 303,867（円） ③ 198（円）　④ 304,065（円）	A	1	
	2		付加年金と国民年金基金	① イ　② ニ　③ チ	B	1	
	3		公的年金制度等	① ×　② ×　③ ×	B	1	
第2問	4	金融	債券と外貨預金に係る留意点	① ○　② ×　③ ×	C	1	
	5		債券と外貨預金の利回りの計算	① 1.47（%）　② 8.14（%）	C	2	
	6		債券と外貨預金に係る課税	① ○　② ○　③ ×	C	1	
第3問	7	タックス	住宅借入金等特別控除	① ト　② イ　③ ホ　④ ヌ	C	1	
	8		住宅借入金等特別控除等	① ×　② ×　③ ○	C	1	
	9		所得税の計算	① 8,900,000（円） ② 630,000（円） ③ 208,600（円）	A	1	
第4問	10	不動産	建蔽率と容積率の計算	① 1,200（㎡）　② 4,800（㎡）	A	2	
	11		居住用財産の譲渡の特例	① ×　② ×　③ ○	C	1	
	12		有効活用事業方式、 固定資産税	① ○　② ○　③ ×	A	1	
第5問	13	相続	不動産賃貸業の法人化	① ○　② ○　③ ×	C	1	
	14		遺言等	① ○　② ×　③ ×	B	1	
	15		小規模宅地等の特例の計算等	① ト　② ロ　③ ヘ　④ リ	A	1	

分野別得点表

ライフ	金融	タックス	不動産	相続
／10	／10	／10	／10	／10

合格基準点数
30 ／50

あなたの合計得点

／50

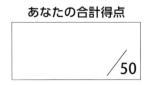

【第1問】

《問1》　正解：① ✕　② ✕　③ ◯　　　　重要度 **B**

① 不適切　介護保険第2号被保険者は40歳以上65歳未満の公的医療保険加入者です。

② 不適切　介護保険第2号被保険者の自己負担割合は、要介護度に応じて定められた区分支給限度基準額の範囲内で、一律1割です。

> **おまけ！**　第1号被保険者は原則1割、一定の高所得者は2割または3割です。

③ 適切

《問2》　正解：① イ　② ホ　③ ト　　　　重要度 **A**

①
> **おまけ！**　老齢厚生年金は、老齢基礎年金の受給資格期間を満たし、厚生年金保険の被保険者期間が1月以上あることが受給要件となっています。

② 65歳から受給することができる付加年金は、200円×付加保険料納付月数で求めますので、200円×240月＝48,000円となります。

③ 任意加入被保険者は、付加保険料を納付するほか、確定拠出年金の個人型年金、国民年金基金に加入できます（付加保険料と国民年金基金の掛金は同時に納付できません）。

《問3》 正解： ① **ト** ② **イ** ③ **ル** ④ **チ**　　　　重要度 **B**

① **おまけ！** 国民年金基金の掛金は確定拠出年金の掛金と合わせて月額68,000円が上限です。

【第2問】

《問4》 正解： ① **▲1,540**（万円） ② **2,000**（万円）　　重要度 **A**
　　　　　　③ **2,600**（万円）

---

① 必要保障額は「遺族に必要な生活資金等の総額」－「遺族の収入見込金額」で求めます。
遺族に必要な生活資金等の総額
妻Bさんの生活費＝月額30万円×50％×12月×32年＝5,760万円
その他
死亡整理資金・緊急予備資金 300万円
遺族に必要な生活資金等＝5,760万円＋300万円＝6,060万円
遺族の収入見込金額
死亡退職金見込額とその他金融資産2,000万円＋公的年金等の総額5,600万円
＝7,600万円
必要保障額＝6,060万円－7,600万円＝▲1,540万円

② 200万円＋1,500万円＋300万円＝2,000万円

③ ②＋600万円＝2,600万円
特定疾病保障定期保険は被保険者が死亡した場合、三大疾病に限らず、死亡保険金が支払われます。ただし、死亡前に特定疾病保険金が支払われると契約は消滅します。
傷害特約は不慮の事故や所定の感染症以外で死亡した場合には死亡保険金は支払われませんが、**不慮の事故で180日以内に死亡した場合**には、死亡保険金が支払われます。

① 不適切　70歳未満の健康保険の被保険者の自己負担割合は3割です。

② 適切

③ 不適切　Aさんは58歳ですので、**自己負担割合は3割**となります。

高額療養費の支給額は「自己負担額（総医療費×3割）－自己負担限度額」により求めます。

自己負担額＝80万円×3割＝24万円

自己負担限度額＝80,100円＋（800,000円－267,000円）×1％＝85,430円

高額療養費の支給額＝240,000円－85,430円＝154,570円

④ 不適切　任意継続被保険者も在職中と同様に高額療養費の支給を受けられます。

---

① 適切

> **おまけ！**　払済保険に変更すると、リビング・ニーズ特約等を除き特約は消滅します。

② 不適切　有期払込にすると毎回の保険料負担は増加します。

③ 不適切　厚生労働省の患者調査等の各種データでは、**入院日数が年々短くなって**います。

《問7》 **正解：** ① **35**（年） ② **1,850**（万円） ③ **2,075**（万円）　　重要度 **A**

①②

勤続20年超の場合の退職所得控除額は、800万円＋70万円×（勤続年数－20年）で求めます。

勤続年数1年未満の端数は1年に切り上げるため、35年として計算します。

800万円＋70万円×（35年－20年）＝1,850万円

③在任5年超の役員の退職所得は以下のとおり求めます。

（収入金額－退職所得控除額）×1／2

＝（6,000万円－1,850万円）×1／2＝2,075万円

《問8》 **正解：** ① ◯　② ◯　③ ◯　　重要度 **C**

① **適切**

② **適切**

おまけ！ 設例の養老保険の満期保険金を法人が受け取った場合は、満期保険金と資産計上額の差額は雑収入として益金に算入します。

③ **適切**

借方		貸方	
保険料積立金（資産計上）	360万円	現金・預金	720万円
福利厚生費（損金算入）	360万円		

《問9》 正解：① 〇　② 〇　③ ✕　④ ✕　　　　　　　　　　重要度 **A**

① 適切

おまけ！　保険料払込満了後の解約返戻金は、通常の終身保険と同じ水準です。

② 適切

おまけ！　解約返戻金相当額を退職所得の収入金額とします。

③ 不適切　契約者貸付は解約返戻金の一定範囲内で利用できます。

④ 不適切　法人が受け取る高度障害保険金から資産計上されている保険料積立金を差し引いた差額がプラスの場合は差額を雑収入として益金に算入します。

【第4問】

《問10》 正解：① ✕　② 〇　③ ✕　　　　　　　　　　重要度 **A**

① 不適切　源泉分離課税となるのは、契約者（保険料負担者）が受け取る

　　　　　　・一時払等

　　　　　　・契約から5年以内の満期金、解約金

　　　　　　・養老保険・確定年金等に該当する一定の場合

　　　　　　（例：終身年金、終身保険でない）

　　　　の全部に該当する場合です。

　　　　設例の場合、上記に該当しないため、一時所得として総合課税の対象です。

② 適切　納税者本人の合計所得金額が900万円以下（問12解説参照）、生計を一にする配偶者（70歳未満）の合計所得金額が48万円以下（設例では給与収入90万円－55万円＝35万円）であるため、38万円の配偶者控除の適用を受けられます。

③ 不適切　医療費控除は確定申告によってのみ控除を受けられます。

《問11》　正解：　① ロ　② ト　③ 二　　　　　　　　　　　　　重要度 C

通常の医療費控除額：最高200万円

（医療費－保険金等）－10万円（総所得金額等が200万円未満の場合は総所得金額等の５％）

Ａさんが支払った医療費控除の対象となる医療費が40万円、総所得金額等は200万円以上（次問解説参照）ですので、医療費控除の控除額は40万円－10万円＝30万円です。

《問12》　正解：　① **6,850,000**（円）　② **760,000**（円）　　　重要度 A
　　　　　　　　③ **480,000**（円）　④ **342,500**（円）

①総所得金額は総合課税の対象となる所得金額の合計額であり、設例の給与所得と一時所得は総合課税の対象です。

　　給与所得＝収入金額－給与所得控除額
　　＝800万円－（800万円×10％＋110万円）＝610万円

　　一時所得は「収入金額－収入を得るために支出した金額－特別控除（最高50万円）」で求めます。
　　問10解説のとおり、設例の（２）の満期保険金、（３）の解約返戻金はいずれも総合課税の対象となります。
　　（600万円＋500万円）－（500万円＋400万円）－50万円＝150万円
　　総所得金額に算入される金額は、損益通算後の１／２です。
　　総所得金額＝610万円＋150万円×１／２＝685万円

②扶養控除は、生計を一にする16歳以上である親族等（配偶者以外）の合計所得金額が48万円以下である場合に適用を受けられます。
　　長男Ｃさん（24歳）、二男Ｄさん（17歳）は一般の控除対象扶養親族に該当しますので、扶養控除の額は38万円×2＝76万円です。

③Aさんの合計所得金額が2,400万円以下ですので、基礎控除の額は48万円です。

④課税総所得金額に対する所得税額は、課税総所得金額（総所得金額−所得控除）に
　税率を乗じて求めます。
　課税総所得金額＝6,850,000円−3,000,000円＝3,850,000円
　3,850,000円×20％−427,500円＝342,500円

【第5問】

《問13》 正解：① ✕　② ✕　③ 〇　④ 〇　　　　　重要度 Ⓐ

① **不適切** 　相続税の申告書の提出期限は、原則として相続の開始があったことを
　　　　　　　知った日の翌日から10カ月以内です。

② **不適切** 　自筆証書遺言を法務局に保管している場合は、家庭裁判所の検認は**不要**
　　　　　　　です。なお、**自宅に保管している自筆証書遺言は、発見後、遅滞なく家
　　　　　　　庭裁判所の検認の請求をしなければなりません。**

③ **適切**

 おまけ！ 申告期限後3年以内の分割見込書を提出し、申告期限後3年
以内に遺産分割協議が成立した場合、分割成立の翌日から4
カ月以内に更正の請求をすると、配偶者の税額軽減や小規
模宅地等の特例の適用を受けることができます。

④ **適切** 　代襲相続人である孫は2割加算の対象となりませんが、代襲相続人でな
　　　　　　い孫は孫養子であっても2割加算の対象となります。

①相続人である配偶者、子（代襲相続人である孫を含む）、直系尊属には遺留分が認められており（兄弟姉妹は対象外）、配偶者と子が遺留分権利者である場合の遺留分は、相続財産の１／２となります。

　法定相続分は妻Ｂさん１／２、長男Ｃさん、長女Ｄさん各１／６、孫Ｇさん、孫Ｈさん各１／12ですので、長女Ｄさんの遺留分は１／６×１／２＝１／12となります。

②契約者（保険料負担者）と被保険者が同一である生命保険契約の死亡保険金は相続税の対象となり、相続人が受け取る死亡保険金は、**500万円×法定相続人の数**が非課税となります。

　設例の場合、法定相続人の数は妻Ｂさん、長男Ｃさん、長女Ｄさん、孫Ｇさん、孫Ｈさんの５人ですので、500万円×５人＝2,500万円が非課税となり、課税価格に算入される金額は4,000万円－2,500万円＝1,500万円となります。

③特定居住用宅地等に該当する自宅の敷地を配偶者が相続により取得した場合は、**330㎡**までの部分について評価額が**80％**減額されます。

　設例の場合、8,000万円×（330㎡／550㎡）×80％＝3,840万円減額されますので、相続税の課税価格に算入すべき価額は、8,000万円－3,840万円＝4,160万円です。

正解： ① **6,000**（万円）　　② **190**（万円）　　重要度 **A**
　　　　　　　 ③ **1,300**（万円）

---

①相続税の遺産に係る基礎控除額は「**3,000万円＋600万円×法定相続人の数**」により求めます。設例の場合、法定相続人の数は5人ですので、3,000万円＋600万円×5人＝6,000万円となります。

②③

相続税の総額は、課税遺産総額を**法定相続人が法定相続分どおりに財産を取得するものとした金額**を求め、その金額に税率を乗じて税額を求めます。

課税遺産総額＝1億5,600万円－6,000万円＝9,600万円
法定相続分：妻Bさん1／2、長男Cさん、長女Dさん各1／6、孫Gさん、孫Hさん
　　　　　　　各1／12

妻Bさんの相続税：9,600万円×1／2＝4,800万円
　　　　　　　　　4,800万円×20％－200万円＝760万円
長男Cさん、長女Dさんの相続税：9,600万円×1／6＝1,600万円
　　　　　　　　　　　　　　　　1,600万円×15％－50万円＝190万円 → ②
　　　　　　　　　　　　　　　　190万円×2人＝380万円
孫Gさん、孫Hさんの相続税：9,600万円×1／12＝800万円
　　　　　　　　　　　　　　800万円×10％＝80万円
　　　　　　　　　　　　　　80万円×2人＝160万円
相続税の総額＝760万円＋380万円＋160万円＝1,300万円 → ③

第 2 回目　金財実技試験　生保顧客資産相談業務

解答・論点一覧

check!

大問	問題	分野	論点	正解	重要度	各点	
第1問	1	ライフ	介護保険	① ×　② ×　③ ○	B	1	
	2		老齢基礎年金、付加年金、任意加入	① イ　② ホ　③ ト	A	1	
	3		老後の収入を増やすための制度	① ト　② イ　③ ル　④ チ	B	1	
第2問	4	リスク	必要保障額と生命保険の保障内容の計算	① ▲1,540 (万円)　② 2,000 (万円)　③ 2,600 (万円)	A	1	
	5		公的医療保険	① ×　② ○　③ ×　④ ×	B	1	
	6		生命保険の見直し等	① ○　② ×　③ ×	B	1	
第3問	7	リスク	退職所得の計算	① 35 (年)　② 1,850 (万円)　③ 2,075 (万円)	A	1	
	8		福利厚生プラン	① ○　② ○　③ ○	C	1	
	9		終身保険の特徴等	① ○　② ○　③ ×　④ ×	A	1	
第4問	10	タックス	所得税総合	① ×　② ○　③ ×	A	1	
	11		医療費控除の計算	① ロ　② ト　③ ニ	C	1	
	12		所得税の計算	① 6,850,000 (円)　② 760,000 (円)　③ 480,000 (円)　④ 342,500 (円)	A	1	
第5問	13	相続	相続開始後の手続き、相続税総合	① ×　② ×　③ ○　④ ○	A	1	
	14		相続税等の計算	① チ　② ホ　③ ハ	A	1	
	15		相続税の計算	① 6,000 (万円)　② 190 (万円)　③ 1,300 (万円)	A	1	

分野別得点表

ライフ	リスク	タックス	相続
／10	／20	／10	／10

合格基準点数
30 /50

あなたの合計得点

／50

【第1問】

| 問1 | 正解：（ア）✗　（イ）○　（ウ）✗　（エ）○ | 重要度 **C** |

（ア）不適切 顧客本位の業務運営に関する原則は、金融事業者が各々の置かれた状況に応じて、形式ではなく実質において顧客本位の業務運営を実現できるように「**プリンシプルベース・アプローチ**」を採用しています。

（イ）適切

（ウ）不適切 金融事業者が策定した業務運営に関する方針は、**定期的な見直し**が必要です。

（エ）適切

| 問2 | 正解：（ア）✗　（イ）✗　（ウ）○ | 重要度 **B** |

（ア）不適切 消費者契約法は、個人（事業者または事業を目的とする者を除く）を保護の対象としています。

（イ）不適切 消費者契約の申込み等に係る取消権は、原則として消費者が追認をすることができるときから**1年間**行わないとき、または契約の締結のときから**5年**を経過したときは、時効によって消滅すると定められています。

（ウ）適切 消費者が、事業者の行為により、誤認、困惑等したために結んだ契約は、**取り消す**ことができます。

問3 　**正解：2** 　　　　　　　　　　　　　　　　　　　　　　　　　重要度 **B**

（ア）株式の普通取引では、原則として**約定日**（売買が成立した日）**から起算して3営業日目**（土日祝日等を除く）に決済を行います。12月24日の買付取引に関する受渡日は、26日（木）です。

（イ）同一銘柄の上場株式を2回以上にわたって購入している場合、株式の譲渡所得金額の計算上、**取得費**は「**総平均法に準ずる方法**」により算出します。
　5月XX日　900円×100株＝9万円
　6月XX日　1,200円×200株＝24万円
　この時点の1株当たりの取得価額は、
　（9万円＋24万円）÷（100株＋200株）＝1,100円。

　7月XX日に200株を売却していますので、残っているのは、
　100株×1,100円＝11万円

　12月24日に購入した分と合わせると株数は100株＋200株＝300株、
　取得費は11万円＋1,400円×200株＝39万円ですので、
　1株当たりの取得価額は390,000円÷300株＝1,300円となります。

問4 　**正解：3** 　　　　　　　　　　　　　　　　　　　　　　　　　重要度 **B**

設問の場合、収益分配前の基準価額11,800円と収益分配前の個別元本11,000円の差額が利益ですので、
収益分配金のうち、11,800円－11,000円＝**800円**が**普通分配金**、
1,200円－800円＝**400円**が**元本払戻金（特別分配金）**となります。
普通分配金は配当所得（ア）として課税されます。
特別分配金が支払われた場合、その分だけ、個別元本が小さくなりますので、11,000円－400円＝**10,600円（イ）**が分配後の個別元本となります。

	財形年金貯蓄	財形住宅貯蓄
目的	老後資金の準備	住宅の購入・新築などの資金準備
加入時年齢	（ア：満55歳未満）	
積立期間	（イ：5年）以上	（イ：5年）以上 （適格物件の取得であれば （イ：5年）未満で払い出しても 非課税）
契約数	1人1契約のみ	
非課税限度額	貯蓄型は財形年金貯蓄と財形住宅貯蓄を合わせて元利合計（ウ：550万円）まで。 保険型は財形年金貯蓄と財形住宅貯蓄を合わせて払込保険料累計額（ウ：550万円）まで。なお、財形年金貯蓄の保険型は払込保険料累計額（※385万円）まで。	
目的外払出し	貯蓄型　過去（イ：5年）間遡及課税 保険型　差益は（※一時所得として総合課税）	貯蓄型　過去（イ：5年）間遡及課税 保険型　差益は（エ：所得税・住民税を合わせて20％源泉分離課税）

1．**適切**

おまけ！　購入時には消費税を支払います。

2．**適切**

3．**不適切**　金の譲渡損失は損益通算できません。

4．**適切**　金は、社会的、経済的な不安が高まると価格が上昇することが多い資産です。

問7　正解：**1**　　　　　　　　　　　　　　　　　重要度 **A**

幅員2m道路に接する甲土地は道路中心線から水平距離2mのセットバックを必要
としますので、

甲土地の敷地面積は20m×（20m－1m）＝380㎡となります。

（ア）建築面積の最高限度は、敷地面積×建蔽率により求めます。

　　　設問の場合、指定建蔽率は60％ですが、①特定行政庁の指定する角地であるこ
と、②準防火地域内で準耐火建築物を建築すること、から都市計画で定められ
た建蔽率に20％を加算できます。

　　　以上より、建築面積の最高限度は380㎡×（60％＋20％）＝304㎡となります。

（イ）延べ面積の最高限度は、敷地面積×容積率により求めます。

　　　設問の場合、指定容積率は300％ですが、前面道路の幅員（最も広いもの）が12m
未満（5m）ですので、「前面道路の幅員（m）×40％」と指定容積率の低い方
が適用されます。

　　　5×40％＝200％＜300％ですので、当該敷地に適用される容積率は200％と
なり、延べ面積の最高限度は380㎡×200％＝760㎡となります。

問8　正解：**1**　　　　　　　　　　　　　　　　　重要度 **C**

	公示価格	基準地標準価格	相続税路線価	固定資産税評価額
評価時点	**毎年** **1月1日**	**毎年** **7月1日**	**毎年** **（イ：1月1日）**	原則、基準年度 （3年ごと）の 前年1月1日
評価割合	－	－	公示価格の （8割）程度	公示価格の （**ウ：7割**）程度
所管	（**ア：国土交通省**）	都道府県	国税庁	市町村 東京23区は東京都

	固定資産税	都市計画税
課税主体	市町村（東京23区は東京都）（ア）	
課税対象	土地・家屋・償却資産	原則、市街化区域内の土地・家屋
納税義務者	1月1日（イ）時点の固定資産課税台帳に登録されている所有者	
税率	1.4%（標準税率）	0.3%（制限税率）
200㎡（ウ）以下の住宅用地の課税標準	固定資産税評価額の6分の1（エ）	固定資産税評価額の3分の1
新築住宅用建物の税額軽減	購入当初数年間、床面積120㎡までの部分につき2分の1	―

（ウ）

おまけ！ 売買、新築、贈与等による取得は課税対象となります。

（エ）

おまけ！ 認定長期優良住宅は課税標準から1戸当たり1,300万円を控除します。

問11 正解：（ア）**376**（万円）　　（イ）**3,205**（万円）　　重要度 **A**
　　　　　　　（ウ）**8**（万円）

（ア）

＜保険証券１＞

　三大疾病保障定期保険特約　200万円－①

　　保険期間中にガン、急性心筋梗塞、脳卒中に罹り所定の状態となった場合、特定疾病保険金が支払われます。

　疾病入院特約　　5,000円×（20日－4日）＝8万円－②

　成人病入院特約　5,000円×（20日－4日）＝8万円－③

　　がんは**成人病**に該当します。

　手術給付金（給付倍率40倍）　5,000円×40倍＝20万円－④

＜保険証券２＞

　診断給付金　100万円－⑤

　入院給付金　1万円×20日＝20万円－⑥

　手術給付金　20万円－⑦

以上より、①＋②＋③＋④＋⑤＋⑥＋⑦＝376万円が支払われます。

（イ）

＜保険証券１＞

　終身保険　200万円－①

　定期保険特約　1,800万円－②

　三大疾病保障定期保険特約　200万円－③

　　三大疾病保険金を受け取る前に、死亡した場合、**病気・事故を問わず**、死亡保険金が支払われます。

　傷害特約　500万円－④

　　不慮の**事故**により180日以内に死亡したとき、災害死亡保険金が支払われます。

　災害割増特約　500万円－⑤

　　不慮の**事故**で180日以内に死亡・高度障害になったとき、災害死亡・高度障害保険金が支払われます。

＜保険証券2＞

死亡払戻金　5万円－⑥（ガン以外による死亡）

以上より、①＋②＋③＋④＋⑤＋⑥＝3,205万円が支払われます。

（ウ）

＜保険証券1＞

災害入院特約　5,000円×（10日－4日）＝3万円

手術給付金　　5,000円×10倍＝5万円

＜保険証券2＞

なし

以上より、8万円が支払われます。

| 問12 | 正解：**2** | | 重要度 **B** |

終身保険は旧契約（一般生命保険料控除）に該当し、

控除額は54,000円×1／4＋25,000円＝38,500円です。

医療保険は新契約（介護医療保険料控除）に該当し、

控除額は66,000円×1／4＋20,000円＝36,500円です。

一般生命保険料控除と介護医療保険料控除は別枠ですので、

生命保険料控除額は、38,500円＋36,500円＝75,000円となります。

問13　正解：（ア）◯　（イ）✕　（ウ）◯　（エ）◯　重要度 B

（ア）適切

おまけ！ おすすめプランBでは、大雨による洪水で被保険自動車が水没した場合や盗難による損害を受けた場合のほか、単独事故による損害も補償されます。

（イ）不適切 運転者限定がない場合、運転者年齢条件は配偶者や同居等の一定の範囲に限られ、友人が起こした対人事故は友人の年齢にかかわらず補償の対象となります。
したがって、栗林さんの友人が運転中に対人事故を起こした場合、おすすめプランBでは補償されますが、おすすめプランAでは補償されません。

（ウ）適切 補償対象者が運転中に他車との接触事故でケガをした場合、過失割合にかかわらず治療費用等を補償対象とするには、人身傷害保険への加入が必要です。

（エ）適切 おすすめプランBにはファミリーバイク特約が付保されているため、補償の対象となります。

問14　正解：**5,760**（万円）　重要度 C

役員退職慰労金は、最終報酬月額×役員在任年数×功績倍率で求めます。
80万円×30年×2.4＝5,760万円となります。

問15　正解：**89**（万円）　　　　　　　　　　　　　　重要度 Ⓐ

遺族厚生年金：非課税です。

老齢基礎年金：公的年金等の雑所得に該当し、「公的年金等の収入金額－公的年金等
　　　　　　　控除額」により求めます。
　　　　　　　設問の場合、110万円以下ですので、雑所得の金額はゼロです。

個人年金に係る雑所得：「収入金額－必要経費」により求めます。
　　　　　　　　　　　　設問の場合、100万円－85万円＝15万円です。

不動産所得：青色申告者の不動産所得は、「収入－必要経費－青色申告特別控除額」
　　　　　　により求めます。
　　　　　　設問の場合、150万円－66万円－10万円＝74万円です。

雑所得、不動産所得はいずれも**総合課税の対象**ですので、総所得金額に含めます。
15万円＋74万円＝89万円

問16　正解：**2**　　　　　　　　　　　　　　　　　　重要度 Ⓐ

原則として、退職所得は「（退職一時金－退職所得控除額）×１／２」により求めます。
退職所得控除額は勤続年数により異なり、勤続年数20年超の場合の退職所得控除額
は800万円＋70万円×（勤続年数－20年）により求めます。
勤続年数のうち、１年未満の端数は切り上げて１年としますので、保坂さんの勤続年
数は31年となります。
退職所得控除額は、800万円＋70万円×（31年－20年）＝1,570万円です。
以上より、退職所得は、（2,400万円－1,570万円）×１／２＝415万円となります。

給与所得：300万円

変額保険（終身型）の解約返戻金は一時所得となり、収入金額－必要経費－特別控除（最高50万円）で求めます。

500万円－420万円－50万円＝30万円

外貨預金の為替差損（15万円）は損益通算できませんので、ゼロと扱います。

なお、総所得金額に算入する一時所得は損益通算後の2分の1の額ですので、30万円×1／2＝15万円です。

給与所得者で、給与所得・退職所得以外の所得金額（一時所得は2分の1後の金額）が20万円を超える場合は所得税の確定申告が必要ですが、20万円以下であり、他に申告すべきものがない場合、所得税の確定申告は不要です。

医療費控除は、納税者本人または納税者本人と生計を一にする配偶者その他親族のために支払った医療費が対象となり、「（支払医療費－保険金等で補填される金額）－10万円（総所得金額等が200万円未満の場合、総所得金額等×5％）」により求めます。設問の場合、支払年月、医療等を受けた人は要件を満たしています。

＜支払医療費＞

- 本人が受けた入院治療は医療費控除の対象となります（180,000円）
  医療費控除は支払った年に控除しますので、前年中の入院代および治療費も本年の医療費控除の対象となります。
- 妻が受けた人間ドックは異常が発見され、引き続き治療をしたため、医療費控除の対象となります（50,000円）
- 妻が受けた通院治療は医療費控除の対象となります（300,000円）
- 長女が受けた歯科治療はセラミックの義歯を含めて医療費控除の対象となります（150,000円）

以上より、医療費控除は、180,000円＋50,000円＋300,000円＋150,000円－100,000円＝580,000円となります。

【第6問】

問19 **正解：(ア) 3/4　(イ)1/2　(ウ)1/4　(エ)なし** 重要度 **A**

設問の場合、配偶者と兄が相続人である場合、配偶者の法定相続分は3／4（ア）、兄の法定相続分は1／4（ウ）です。
配偶者と兄が相続人である場合、遺留分は相続財産の1／2ですが、兄弟姉妹に遺留分はなし（エ）となるため、配偶者の遺留分は1／2（イ）となります。

| 問20 | 正解：（ア）✕　（イ）✕　（ウ）✕　（エ）○ | 重要度 C |

（ア）不適切 墓地は相続税非課税財産ですので、**未払金も債務控除できません。**

（イ）不適切 未払いの公租公課は、**支払時期が到来していなくても、債務控除できます。**

（ウ）不適切 香典返しのためにかかった費用は、**葬式費用として相続財産から控除できません。**

（エ）適切

| 問21 | 正解：**1** | 重要度 A |

＜祖母からの贈与（暦年課税制度による贈与）＞

　1年間に贈与を受けた財産の価額が基礎控除額（**110万円**）を超える部分が超過累進税率により課税されます。祖母は**直系尊属**ですので、設問の場合、（イ）の税率が適用されます。

（500万円−110万円）×15％−10万円＝48.5万円

＜父からの贈与（相続時精算課税制度）＞

　相続時精算課税制度では累計で**2,500万円**までは贈与税がかからず、2,500万円を超える部分は一律**20％**の贈与税が課税されます。

　2024年以降の相続時精算課税制度による贈与税は、**特別控除前に年間110万円を控除できる制度**となります。

　贈与税額＝｛（課税価格−年間110万円）−特別控除2,500万円の残額｝×20％

　2年前に2,200万円の贈与を受けていますので、残りの特別控除は300万円です。

　｛（500万円−110万円）−特別控除300万円（※）｝×20％＝18万円

以上より、贈与税は66.5万円です。

問22　正解：**3**　　　　　重要度 **A**

普通借地権の評価額は「**自用地評価額×借地権割合**」により求めます。

自用地評価額は「**路線価×奥行価格補正率×面積**」により求めます。

設問の路線価図の「250 D」は 1 ㎡あたり25万円、借地権割合60％を表します。

以上より、普通借地権の評価額は「250,000円×0.97×108㎡×60％」により求めます。

> **おまけ！**　選択肢 1 は自用地、選択肢 2 は貸宅地、選択肢 4 は貸家建付地の評価額を求める算式です。

【第7問】

問23　正解：**258**（万円）　　　　　重要度 **A**

〇年後の生活費は「**現在の金額×（ 1 ＋変動率）^{経過年数}**」により求めます。

250万円×（ 1 ＋0.01）^{3} ＝257.575 … 万円 ≒ 258万円

（万円未満四捨五入）

問24　正解：**1.5**（％）　　　　　重要度 **A**

金融資産残高は「**前年の金融資産残高×（ 1 ＋運用利率）＋今年の年間収支**」により求めます。

今回求める「運用利率」を X とし、設問のキャッシュフロー表から読み取れる基準年と 1 年後の数値を当てはめて計算します。

600万円×（ 1 ＋X）＋144万円＝753万円

600万円×（ 1 ＋X）＝753万円－144万円＝609万円

1 ＋X ＝609万円÷600万円＝1.015

→ X＝0.015＝1.5％

| 問25 | 正解：**2** | 重要度 **C** |

1．**適切**

2．**不適切** 為替が円高（外貨安）になると、輸入物価を押し下げる要因となります。

3．**適切**

4．**適切**

【第8問】

| 問26 | 正解：**10,462,000**（円） | 重要度 **A** |

一定期間にわたり、複利運用しながら一定額を積み立てた場合の将来の金額は、「**毎年の積立額×年金終価係数**」により求めます。

したがって、100万円×10.462＝10,462,000円となります。

| 問27 | 正解：**21,020,000**（円） | 重要度 **A** |

ある金額を一定期間にわたり複利運用した場合の将来の金額は、「**現在の金額×終価係数**」により求めます。

したがって、2,000万円×1.051＝21,020,000円となります。

| 問28 | 正解：**1,440,000**（円） | 重要度 **A** |

ある金額を複利運用しながら、一定期間にわたり毎年一定額を取り崩す場合、取り崩すことができる最大の金額は「**運用開始時点の金額×資本回収係数**」により求めます。

したがって、2,000万円×0.072＝1,440,000（円）となります。

問29　正解：**4**　　　　　　　　　　　　　　　　　　　　　　　重要度 **B**

	日本学生支援機構の 貸与型奨学金	日本政策金融公庫の 教育一般貸付
貸付（貸与） 対象者	（※ 学生・生徒本人）	主に （ア：学生・生徒の保護者）
貸付（貸与） 基準	保護者（家計支持者）の 収入（所得）が一定額以下	子の数に応じた世帯年収 （所得）が一定額以下
申込み時期	（※ 決められた募集期間内）	（イ：いつでも可能）
資金の受取り方	毎月定額	一括
貸付け可能額 （貸与額）	第一種奨学金 国公立・私立／自宅・自宅外 で異なる 第二種奨学金 月額2万円 　〜12万円（1万円単位）	学生・生徒1人あたり （ウ：350万円）以内 ※一定要件を満たす留学等は 450万円以内
返還（返済） 開始	卒業後	借入月の翌月または 翌々月の返済希望日
利子	［第一種奨学金］無利子 ［第二種奨学金］（エ：3％） を上限とする利子付き（在学 中は無利子）	在学期間内は利息のみの 返済とすることが可能

問30 正解：**3** 重要度 **C**

１．適切

おまけ！ 労働時間の長短、雇用期間の見込み期間は問いません。

２．適切

３．不適切 保険料率は事業の種類により異なります。

４．適切

問31 正解：（ア）**4** （イ）**9** （ウ）**12** （エ）**6** 重要度 **B**

＜新ＮＩＳＡのつみたて投資枠とｉＤｅＣｏの概要＞

	ｉＤｅＣｏ	新ＮＩＳＡのつみたて投資枠
運用対象	定期預金、生命保険、投資信託等	長期の積立、分散投資に適した一定の株式投資信託、ＥＴＦ等
年間投資限度額 年間拠出限度額	企業年金がない 会社員（ア：27.6）万円 自営業者81.6万円など、加入者の区分によって異なる	（イ：120）万円
税制上のメリット	・運用益が非課税 ・掛金全額が（ウ：小規模企業共済等掛金控除）の対象 ・老齢給付金は、受取方法により退職所得控除または公的年金等控除の対象	・所得控除の適用はない ・運用益が非課税
運用資金の引き出し	原則（エ：60）歳までは中途引き出しができない	いつでも引き出しできる

問32 正解：（ア）**2** （イ）**7** （ウ）**5** 重要度 C

（ウ）１日当たりの傷病手当金は、36万円÷30日×２／３＝8,000円です。

問33 正解：（ア）**○** （イ）**○** （ウ）**✕** 重要度 C

（ア）**適切** 繰上げ返済により返済された元本に対してかかるはずであった利息分
の負担が軽減されます。

（イ）**適切**

（ウ）**不適切** 住宅ローンの返済期間を短くすると、借入残高が早く減少するため、利
息負担額が減り、総返済額も少なくなります。

問34 正解：**14,850**（円） 重要度 B

地震保険の保険金額は、1,200万円×50％＝600万円です。

地震保険料は、資料のイ構造の保険料の６倍の金額から建築年割引10％が適用され
ますので、

2,750円×（600万円／100万円）×（１－10％）＝14,850円　となります。

問35 正解：**3,790**（万円） 　　　　　　　　　　　　　　重要度 Ⓐ

純資産は「資産－負債」により求めます。

生命保険は解約返戻金で計上するため、200万円＋80万円＋150万円＝430万円です。

滝上家の純資産は、以下のとおり、3,790万円です。

＜滝上家（光男さんと彰子さん）のバランスシート＞ 　　　　　　　　（単位：万円）

［資産］		［負債］	
金融資産		住宅ローン	1,900
預貯金等	2,250	自動車ローン	100
投資信託	600	事業用借入れ	3,400
生命保険	430		
事業用資産		負債合計	5,400
店舗（敷地・建物・商品等）	2,480		
不動産			
土地（自宅の敷地）	2,500	［純資産］	（ア：3,790）
建物（自宅の家屋）	600		
その他（動産等）	330		
資産合計	9,190	負債・純資産合計	9,190

<資料> （単位：円）

①譲渡の対価の額 （収入金額）	②取得費及び譲渡に 要した費用の額等	③差引金額（譲渡所得等の 金額）（①−②）
2,000,000	2,500,000	▲500,000

種類		配当等の額	源泉徴収税額 （所得税）	配当割額 （住民税）	特別分配金 の額
特定上場 株式等の 配当等	④株式、出資 または基金	300,000	（45,000）	（15,000）	－
	⑦オープン型 証券投資信託	100,000	（15,000）	（5,000）	50,000
	⑨合計	400,000	（60,000）	（ア：20,000）	50,000
⑯譲渡損失の金額		▲（500,000）	－	－	
⑰差引金額（⑨−⑯）		▲（100,000）	－	－	
⑱納付税額		－	（0）	（0）	
⑲還付税額		－	（イ：60,000）	（20,000）	

（ア） 復興特別所得税を考慮しない場合、配当等から所得税15％、住民税５％が源泉
徴収されますので、
所得税は40万円×15％＝60,000円、住民税は40万円×５％＝20,000（ア）円
が源泉徴収等されます。

（イ） 特定口座（源泉徴収口座）において、譲渡損失の金額と配当所得は年間取引確
定後に損益通算されますので、譲渡損失50万円（200万円−250万円）と配当等
の額（配当所得）40万円を損益通算すると、配当所得はゼロとなり、配当等から
源泉徴収された所得税60,000（イ）円は全額還付されます。

（ウ） 譲渡損失50万円と配当等の額40万円を損益通算した結果、損益通算しきれな
い譲渡損失100,000（ウ）円は翌年以降最長３年間にわたり繰越控除できます。

問37 正解：**1,265**（万円） 重要度 C

青色申告者の事業所得は収入－必要経費－青色申告特別控除により求めます。
必要経費には⑥売上原価、㉜経費計、㊳青色事業専従者給与が含まれ、㊹青色申告特別控除を差し引きます。

① 48,000,000 －⑥ 18,800,000 －㉜ 12,900,000 －㊳ 3,000,000 －㊹ 650,000
＝㊺ 12,650,000（単位：円）

問38 正解：**2** 重要度 C

1．**不適切** 加入できるのは、常時使用する従業員の数が**20人以下**（卸売業、小売業等は**5人以下**）の個人事業主（共同経営者を含む）や会社等の役員です。

2．**適切**

3．**不適切** 掛金の月額は、1,000円から**70,000円**までの範囲内（500円単位）で自由に設定できます。

4．**不適切** 支払った掛金は小規模企業共済等掛金控除（所得控除）の対象として、支払った全額を**所得金額**から控除できます。

問39 正解：**3** 重要度 C

1．**適切**

2．**適切**

3．**不適切** 国民年金基金に加入している者も、個人型確定拠出年金に加入できます。掛金の限度額は、個人型確定拠出年金の掛金と合わせて月額68,000円です。なお、国民年金基金の加入者は、国民年金の付加年金の保険料を納付できません。

4．**適切**

１カ月間の医療費の自己負担額が一定額を超える場合、超える部分が高額療養費として支給されます。高額療養費の対象となるのは保険診療分の医療費であり、食事代や差額ベッド代は対象外です。

設例の場合、標準報酬月額は36万円ですので、80,100円＋（総医療費－267,000円）×１％により計算した額が自己負担限度額です。53歳の者の医療費の自己負担割合は３割ですので、

総医療費は、24万円÷0.3＝80万円です。

春男さんの自己負担限度額は、80,100円＋（800,000円－267,000円）×１％＝85,430円です。

以上より、春男さんに高額療養費として支給される額は、240,000円－85,430円＝154,570円です。

第 2 回目　日本FP協会実技試験　**資産設計提案業務**

解答・論点一覧

check!

大問	問題	分野	論　点	正　解	重要度	各点	
1	1	金融	フィデューシャリー・デューティー	(ア) × (イ) ○ (ウ) × (エ) ○	C	1	
	2		消費者契約法	(ア) × (イ) × (ウ) ○	B	1	
2	3	金融	株式の取引・取得価額の計算	2	B	2	
	4		投資信託の収益分配金	3	B	2	
	5		財形貯蓄	(ア) 2 (イ) 6 (ウ) 7 (エ) 11	B	1	
	6		金地金	3	C	2	
3	7	不動産	建築面積と延べ面積の計算	1	A	2	
	8		公的な土地評価	1	C	2	
	9		固定資産税	4	B	2	
	10		不動産取得税	(ア) 2 (イ) 6 (ウ) 9 (エ) 10	C	1	
4	11	リスク	生命保険の証券分析	(ア) 376(万円) (イ) 3,205(万円) (ウ) 8(万円)	A	1	
	12		生命保険料控除の計算	2	B	2	
	13		自動車保険の証券分析	(ア) ○ (イ) × (ウ) ○ (エ) ○	B	1	
	14		役員退職金の計算	5,760(万円)	C	2	
5	15	タックス	総所得金額の計算	89(万円)	A	2	
	16		退職所得の計算	2	A	2	
	17		確定申告の要・不要の判定	1	C	2	
	18		医療費控除	3	C	2	
6	19	相続	法定相続分と遺留分	(ア) 3/4 (イ) 1/2 (ウ) 1/4 (エ) なし	A	1	
	20		債務控除	(ア) × (イ) × (ウ) × (エ) ○	C	1	
	21		贈与税の計算	1	A	2	
	22		宅地の評価	3	A	2	

check!

大問	問題	分野	論点	正解	重要度	各点	
7	23	ライフ	キャッシュフロー表の計算	258(万円)	A	2	
	24	ライフ	キャッシュフロー表の計算	1.5(%)	A	2	
	25	金融	金融・経済	2	C	2	
8	26	ライフ	係数計算	10,462,000(円)	A	2	
	27		係数計算	21,020,000(円)	A	2	
	28		係数計算	1,440,000(円)	A	2	
9	29	ライフ	奨学金と教育ローン	4	B	2	
	30		労災保険	3	C	2	
	31		iDeCoと新NISA	(ア) 4 (イ) 9 (ウ) 12 (エ) 6	B	1	
	32		傷病手当金	(ア) 2 (イ) 7 (ウ) 5	C	1	
	33		住宅ローンの見直し	(ア) ○ (イ) ○ (ウ) ×	C	1	
	34	リスク	地震保険料の計算	14,850(円)	B	2	
10	35	ライフ	バランスシートの計算	3,790(万円)	A	2	
	36	金融	特定口座年間取引報告書の計算	(ア) 2 (イ) 5 (ウ) 7	B	1	
	37	タックス	事業所得の計算	1,265(万円)	C	3	
	38	ライフ	小規模企業共済	2	C	2	
	39		国民年金基金	3	C	2	
	40		高額療養費	3	B	2	

分野別得点表

ライフ	リスク	金融	タックス	不動産	相続
/32	/13	/22	/11	/10	/12

合格基準点数

60/100

あなたの合計得点

/100

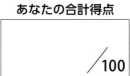

問題 1 正解：**3**　　　　　　　　　　　　　　　　　　　　重要度 **A**

1．適切　未成年者、遺言者の配偶者、直系血族等の欠格事由に該当しなければ、遺言の証人になることができ、適正な対価を受け取ることもできます。

2．適切　任意後見受任者となるために資格は必要ありません。

3．不適切　権利の登記の申請手続きは司法書士の業務です。

> **おまけ！**　表題登記の手続きは土地家屋調査士の業務です。

4．適切

> **おまけ！**　無資格者は募集・勧誘できません。

問題 2 正解：**4**　　　　　　　　　　　　　　　　　　　　重要度 **B**

1．適切　現在の保有資金の額から、一定期間運用後の金額を求める場合は、現在の保有資金の額に「終価係数」を乗じます。

2．適切　将来の貯蓄目標額から、毎年の積立額を求める場合は、貯蓄目標額に「減債基金係数」を乗じます。

3．適切　一定期間にわたり積み立てる金額（年金）から、将来の金額（将来価値）を求める場合は、毎年積み立てる金額に「年金終価係数」を乗じます。

4．不適切　一定期間にわたり受け取る金額（年金）から、必要な元本（現在価値）を求める場合は、毎年受け取る金額に「年金現価係数」を乗じます。

問題 3　正解：**2**　　　　　　　　　　　　　　　　重要度 **B**

1．不適切　協会けんぽの健康保険の一般保険料率は、都道府県ごとに定められていますが、介護保険料率（40歳以上65歳未満）は全国一律です。

2．適切

> **おまけ！**　75歳以上の人は、後期高齢者医療制度に加入します。

3．不適切　健康保険の被保険者期間が継続して2カ月以上必要です。

4．不適切　国民健康保険の保険者は、「都道府県と市（区）町村」または「国民健康保険組合」です。

問題 4　正解：**3**　　　　　　　　　　　　　　　　重要度 **A**

1．適切

> **おまけ！**　法定免除の期間について、保険料を追納しない場合は保険料免除期間として扱います。

2．適切

3．不適切　第1号被保険者で一定の大学等の学生である者は、学生本人の所得が一定金額以下の場合、保険料の納付が猶予される学生納付特例制度の適用を受けることができます。

> **おまけ！**　申請免除は本人および世帯主・配偶者の所得、50歳未満の納付猶予は本人と配偶者の所得で判定されます。

4．適切

> **おまけ！**　第1号被保険者の産前産後保険料免除の期間は、他の免除とは異なり、保険料納付済期間として扱います。

1．適切　なお、加給年金額が加算される老齢厚生年金について、在職老齢年金の仕組みにより、その報酬比例部分が1円でも支給されれば加給年金額は全額支給され、報酬比例部分の全部が支給停止されると、加給年金額も支給停止となります。

2．不適切　厚生年金保険適用事業所に勤めている場合、70歳以降は厚生年金保険の被保険者とはなりませんが、70歳以降も在職老齢年金の仕組みは適用されます。

3．不適切　老齢厚生年金の加給年金は、その受給権者に、所定の要件を満たす配偶者または子があり、原則として、厚生年金保険の被保険者期間が20年以上あることが支給要件とされます。

4．不適切　2022年4月1日以降に60歳に到達する者の老齢厚生年金の繰上げ支給による減額率は、繰り上げた月数に0.4%を乗じて得た率で最大24%となります。

おまけ！　2022年4月1日以降に70歳に到達する者の繰下げ支給による増額率は、繰り下げた月数に0.7%を乗じて得た率で最大84%となります。

1．不適切　遺族基礎年金を受給できる遺族は「子のある配偶者」または「子」です。

2．適切

おまけ！　死亡一時金と寡婦年金の両方を受給できる場合、一方を選択して受給します。

3．不適切　子のない30歳未満の妻の遺族厚生年金は最長5年間の有期給付です。

4．不適切　遺族厚生年金（加算部分を除く）は、原則として報酬比例部分の額の4分の3相当額です。

1．不適切 個人型年金の加入者が国民年金の第1号被保険者である場合、掛金の拠出限度額は年額816,000円です。

2．適切

3．不適切 確定拠出年金の通算加入者等期間が10年以上である場合、老齢給付金は最も早くて60歳から受給することができます。

 おまけ！ 老齢給付金の受給開始は60歳から75歳に達するまでから選択します。

4．不適切 一時金で受け取る老齢給付金は、退職所得として所得税の課税対象となります。

おまけ！ 年金形式で受け取る場合は雑所得です。

1．不適切 日本学生支援機構の奨学金（貸与型）の場合は、所定の海外留学資金として利用する場合を除き、人的保証と機関保証のいずれかの保証が必要となります。

2．不適切 海外留学資金は給付型と貸与型のいずれも利用できます。

3．適切

4．不適切 日本政策金融公庫の国の教育一般貸付（国の教育ローン）の融資限度額は、学生・生徒1人につき原則350万円ですが、自宅外通学、大学院、修業年限5年以上の大学（昼間部）、海外留学資金（3カ月以上、外国の教育施設に在籍）等の場合は450万円です。

1．適切

2．不適切　店舗併用住宅は、住宅部分が非住宅部分の床面積以上であれば、フラット35を利用することができます。

> **おまけ！**　フラット35は、マンションは床面積30㎡以上、戸建て住宅は床面積70㎡以上の場合に利用できます。

3．不適切　フラット35の利用者向けインターネットサービスである「住・My Note」を利用して繰上げ返済する場合、一部繰上げ返済の最低返済額は10万円、窓口で繰上げ返済の手続きをする場合、一部繰上げ返済の最低返済額は100万円です。

4．不適切　フラット35の融資額は、住宅の建設費または購入価額以内で、最高8,000万円です。

1．不適切　選択肢は証書貸付の説明です。手形貸付は、約束手形を金融機関に振り出して融資を受ける方法です。

2．不適切　信用保証協会保証付融資（マル保融資）の対象となる企業には、業種に応じた**資本金または常時使用する従業員数の要件**があります。

3．適切

4．不適切　インパクトローンは、米ドル等の外貨によって資金を調達する方法であり、その**資金使途は限定されていません**。

1．適切

2．適切　保険法は保険契約の基本的ルールを定めた法律ですので、原則として保険法よりも顧客に不利な約款は無効となります。

3．適切

おまけ！　共済は、保険法は適用されますが、保険契約者保護機構には加入しません。

4．不適切　保険法は原則として、施行日以後に締結された保険契約等に適用されますが、一部の規定（例：保険金等の支払時期に関する規定）は、施行日前に締結された保険契約等にも適用されます。

1．不適切　逓減定期保険は、保険期間の経過に伴い所定の割合で保険金額は逓減しますが、保険料は一定です。

2．不適切　女性の方が平均余命が長いため、他の条件が同一である場合、終身保険の保険料は、被保険者が女性である方が安くなります。

3．不適切　特定疾病保険金を受け取ることなく、保険期間中に被保険者が死亡した場合、死亡事由が特定疾病以外である場合も、死亡保険金が支払われます。定期保険や終身保険に特定疾病保障が付いている保険と考えます。

4．適切

おまけ！　変額個人年金保険は、年金受取開始前に被保険者が死亡した場合、払込保険料相当額の死亡給付金が最低保証されます。

正解：**4** 重要度 **A**

1．**不適切** 個人年金保険料控除の要件の１つに「保険料払込期間が10年以上であること」があるため、一時払定額個人年金保険の保険料は、個人年金保険料控除の対象とならず、他の要件を満たせば一般の生命保険料控除の対象となります。

2．**不適切** 特定疾病保障保険は死亡・高度障害保険金と特定疾病保険金が同額ですので、一般の生命保険料控除の対象となります。

3．**不適切** 要件を満たせば、円建ての生命保険と同じように、外貨建ての生命保険の保険料も生命保険料控除の対象となります。

4．**適切**

正解：**1** 重要度 **A**

1．**適切** 一時払終身保険、一時払終身年金保険等、終身タイプの生命保険の解約返戻金は、解約時期を問わず、**一時所得**として総合課税の対象です。

2．**不適切** 被保険者や指定代理請求人が受け取るリビング・ニーズ特約保険金は非課税です。特定疾病保険金等も同様です。

3．**不適切** 被保険者、配偶者、直系血族、その他生計を一にする親族が受け取る医療保険の入院給付金は非課税となります。手術給付金・通院給付金も同様です。

4．**不適切** 契約者と被保険者が同一人である生命保険から支払われる死亡保険金は、受取人が相続人であるかにかかわらず相続税の課税対象です。相続人が受け取る場合には「500万円×法定相続人の数」の金額が非課税となりますが、相続人でない者（例：相続人以外の者、相続放棄者）が受け取ると非課税の適用はありません。

問題 15　正解：3　重要度 Ⓐ

1．**不適切**　被保険者が役員・従業員全員、死亡保険金受取人が被保険者の遺族、満期保険金受取人が法人である養老保険の保険料は、2分の1相当額を保険料積立金として資産に計上し、2分の1を福利厚生費として損金に算入します。なお、選択肢のように被保険者が役員のみである場合は、「福利厚生費」の部分が「（役員）給与」となります。

2．**不適切**　最高解約返戻率70％超85％以下である定期保険（保険期間10年）の保険料は、前半4割期間は、支払保険料の60％を前払保険料として資産計上し、40％を損金に算入します。

3．**適切**

4．**不適切**　給付金受取人が法人である医療保険の保険料（解約返戻金はない）は、全額を損金に算入します。

問題 16　正解：1　重要度 Ⓐ

1．**適切**

2．**不適切**　普通傷害保険は、国内外を問わず、日常生活・業務中を問わず、傷害を補償対象とします。

3．**不適切**　普通傷害保険では細菌性食中毒は補償対象外ですが、国内旅行傷害保険、海外旅行保険では、細菌性食中毒は補償の対象です。

4．**不適切**　海外旅行保険は、自宅を出発後、帰宅までが保険期間ですので、国内移動中の傷害等の損害も補償対象です。

1．**適切** 人身傷害補償保険は、自動車運転中等の傷害について、**被保険者に過失があっても、減額されずに保険金額の範囲内で損害額の全額が補償され**ます。

2．**適切**

3．**適切**

4．**不適切** 酒酔い運転、無免許運転（運転免許失効中を含む）により、被保険者が自動車を運転中に交通事故で他人を死傷させた場合、**被害者救済の見地**から、その損害は対人賠償保険で補償されます。

> **おまけ！** 自賠責保険、対物賠償保険も同様です。

1．**不適切** 地震保険料控除の控除限度額は、所得税では支払った全額（最高5万円）、住民税では支払った保険料の2分の1（最高25,000円）です。

2．**不適切** 地震保険の保険期間が1年を超える長期契約の保険料を一括で支払った場合、支払保険料を保険期間で除した各年分の支払保険料相当額が毎年、地震保険料控除の対象となります。

3．**適切** 店舗併用住宅は、原則として**住宅に使用している面積割合の部分の地震保険料**が地震保険料控除の対象となりますが、当該家屋の90％以上が居住用である場合は、支払った地震保険料の全額を居住用として地震保険料控除を計算できます。

4．**不適切** 地震保険料控除は、契約者（＝保険料負担者）または本人と生計を一にする**配偶者、その他親族が所有する居住用家屋、家財**が対象です。

問題 19 　正解：**2**

1．**適切**

2．**不適切**　普通傷害保険の保険料は、支払った全額を損金に算入しますので、資産計上額はありません。したがって、普通傷害保険の死亡保険金が遺族に直接支払われた場合、保険料（資産）の取り崩しもなく、**死亡保険金の経理処理も不要**です。

3．**適切**

 おまけ！　圧縮記帳は個人事業主は適用できません（非課税となるため、適用の必要がありません）。また、法人が所有する販売用資産、棚卸資産に損害を被った場合にも適用できません。

4．**適切**

 おまけ！　満期返戻金のある積立型の損害保険（保険期間３年以上）の保険料は、積立保険料は資産に計上し、その他の部分は損金に算入します。

問題 20 　正解：**4**

1．**不適切**　特定疾病保障保険は、特定疾病保険金が支払われると、契約は消滅します。

2．**不適切**　所得補償保険は、**病気やケガ**により就業不能となった場合、**自宅療養も**含めて、就業不能期間の所得を補償します。

3．**不適切**　ガン保険には、契約後責任開始日まで３カ月または90日程度の免責期間があり、免責期間にガンと診断されても診断給付金は支払われません。

4．**適切**　医療保険（更新型）は、定められた条件を満たせば、更新までに入院給付金を受け取っていても**更新できます**。

問題 21　正解：**2**　　　　　　　　　　　　　　重要度 **C**

1．**不適切**　遅行系列には完全失業率、消費者物価指数、法人税収入等があります。選択肢の新規求人数は先行系列です。

2．**適切**

3．**不適切**　先行系列には新設住宅着工床面積、新規求人数、消費者態度指数等があります。完全失業率は遅行系列です。

4．**不適切**　一致系列には有効求人倍率、営業利益等があります。法人税収入は遅行系列です。

問題 22　正解：**3**　　　　　　　　　　　　　　重要度 **A**

1．**不適切**　貯蓄預金は、給与や年金の自動受取口座、公共料金等の自動振替口座として利用できません。

2．**不適切**　当座預金は、公共料金等の自動振替口座、株式の配当金の自動受取口座として利用できます。

3．**適切**

4．**不適切**　ゆうちょ銀行の預入限度額は、通常貯金と定期性貯金（財形貯金各種を除く）それぞれ1,300万円です。

問題 23　正解：**4**　　　　　　　　　　　　　　重要度 **A**

1．**適切**　公社債投資信託は、約款上、株式に投資することができません。

2．**適切**

 おまけ！　日本の非上場の株式投資信託の多くは契約型です。
会社型の投資信託で代表的なものは、不動産投資信託（J－REIT）です。

3．**適切**

4．**不適切**　選択肢の説明は逆です。単位型投資信託は、当初募集期間にのみ購入でき、追加型投資信託は、投資信託が運用されている期間中いつでも購入できます。

正解：**4**　　　　　　　　　　　　　　　　　　　　　　重要度 **B**

1．適切　　上場株式と同様、決算日（権利確定日）の２営業日前までに購入する必要があります。

2．適切　　上場株式と同様です。

3．適切　　上場株式と同様です。

4．不適切　上場株式と同様、指値注文、成行注文ができます。

問題 25　正解：**1**　　　　　　　　　　　　　　　　　　　　　　重要度 **B**

1．不適切　イールドカーブは、景気がよいときに中央銀行が金融引締めを行うと短期金利が上昇するため、フラット（平ら）化し、景気が悪いときに中央銀行が金融緩和を行うと短期金利が低下するため、スティープ（険しい）化する傾向があります。

2．適切　　１．の解説のとおり、急激な金融引締めによりイールドカーブがフラット化し、さらに進行すると、短期金利が長期金利よりも高くなり、右下がりの逆イールドとなる場合があります。

3．適切　　４．の選択肢のとおり、デュレーションは、利息のない割引債の方が、利息のある利付債よりも長いため、表面利率が低い方が長くなることが分かります。

4．適切

1．**不適切** ＰＥＲ（倍）は、「株価÷１株当たり当期純利益」の算式により計算され、業種および事業内容が同一である場合、**数値が高いほど割高と考えられます**。

2．**不適切** ＰＢＲ（倍）は、「株価÷１株当たり純資産」の算式により計算され、これが１倍を下回ると、理論上、株価は解散価値を下回っていることを示します。

3．**適切**

4．**不適切** 配当利回り（％）は「１株当たり年間配当金÷株価×100（％）」により求めます。

1．**適切** 先物取引は少ない証拠金で多額の取引ができます。

2．**不適切** 選択肢は反対の記述となっています。ヘッジ取引には、将来の**価格上昇**リスク等を回避または軽減する「**買いヘッジ**」と将来の**価格下落リスク**等を回避または軽減する「**売りヘッジ**」があります。

3．**適切**

4．**適切**

問題 28　正解：**1**　　重要度 **B**

1．不適切　上場株式等の配当金について、**総合課税**を選択して確定申告をした場合、**配当控除**の適用を受けることができます。上場株式等の配当金について、**申告分離課税**を選択して確定申告をした場合、上場株式等の譲渡損失と**損益通算**および**繰越控除**の適用を受けることができます。

2．適切

おまけ！　特定口座の源泉徴収口座を選択している場合、口座内の上場株式等の配当、分配金（配当所得）、特定公社債等の利子（利子所得）と上場株式等、特定公社債の譲渡損失は、**確定申告をしなくても、損益通算されます。**

3．適切

4．適切

おまけ！　国内の金融機関に預ける預貯金の利子は源泉分離課税となります。

問題 29　正解：**1**　　重要度 **A**

1．適切　ポートフォリオの期待収益率は、資産ごとに「組入比率×期待収益率」を求めて、合計した数値となります。

2．不適切　分散投資によって除去できるリスクを非**システマティック・リスク**、分散投資によっても除去できないリスクを**システマティック・リスク**といいます。つまり、システマティック・リスク（景気悪化のような市場全体のリスク）は銘柄数を増やしても低減できません。

3．不適切　相関係数が１である場合、リスクは組み入れた各資産のリスクを組入比率で加重平均した値と同じとなり、**相関係数が１より小さい場合、加重平均した値よりも小さくなります。**つまり、加重平均値よりも大きくなることはありません。

4．不適切　相関係数は－１から＋１で表され、＋１の場合は全く同じ値動きとなり、分散投資の効果はありません。－１の場合は全く反対の値動きとなり、**分散投資の効果（リスクの低減）は最大**となります。

1．**適切**

2．**不適切**　外貨預金は預金保険制度の保護の対象外です。また、外国銀行は預金保険に加入していませんので、保護の対象外です。

3．**適切**

4．**適切**

 おまけ!　銀行で購入した投資信託は、日本投資者保護基金の補償の対象外です。

1．**不適切**　所得の種類は10種類です。

2．**適切**

3．**不適切**　所得税は、申告納税方式を採用しています。

4．**不適切**　総合課税の対象となる課税総所得金額に対する所得税は超過累進税率です。

1．**総合課税**　契約者（＝保険料負担者）が一時払養老保険から受け取った死亡保険金に係る所得は一時所得となり、総合課税の対象です。

2．**分離課税**　会社員が定年退職により会社から受け取った退職一時金に係る所得は退職所得となり、分離課税の対象です。

3．**分離課税**　上場株式を売却したことによる所得は譲渡所得となり、分離課税の対象です。

4．**分離課税**　不動産を売却したことによる所得は譲渡所得となり、分離課税の対象です。

1．不適切 勤務先から得た経済的利益は、一部を除き、給与所得です。

2．不適切 土地および建物の貸付による所得は事業規模を問わず不動産所得です。

3．不適切 土地および建物を売却したことによる所得は譲渡所得です。

4．適切 通常、金地金の売却益は譲渡所得（総合課税）です。

総所得金額とは総合課税の対象となる所得金額の合計をいいます。設問の場合は、全て総合課税の対象となります。

給与所得：500万円

不動産所得：不動産所得（国内不動産）の損失は損益通算できますが、土地の取得に要した負債の利子20万円は損益通算の対象外となるため、40万円の赤字のうち、20万円（40万円－20万円）の損失が損益通算の対象となります。不動産所得の損失は、まず経常所得グループ（設問の場合、給与所得）と損益通算します。

譲渡所得：ゴルフ会員権の譲渡損失は損益通算できませんので、ゼロとなります。

一時所得：50万円（総所得金額に算入するときに1／2を乗じます）

以上より、総所得金額は（500万円－20万円）＋50万円×1／2＝505万円となります。

1．不適切 基礎控除は、合計所得金額2,500万円以下の場合に適用を受けることができます。

 おまけ！ 合計所得金額が2,400万円以下の場合の控除額は満額の控除（48万円）、2,400万円超2,450万円以下の場合は32万円、2,450万円超2,500万円以下の場合は16万円となります。

2．適切

 おまけ！ 満額控除となるのは、納税者本人の合計所得金額が900万円以下の場合です。

おまけ！ 配偶者控除の満額控除は、70歳未満は38万円、70歳以上は48万円です。
配偶者特別控除の満額控除は、38万円です。

3．不適切 同居老親等とは納税者またはその配偶者の直系尊属で同居している70歳以上の老人扶養親族をいい、控除額は58万円です。

 おまけ！ 同居老親等以外の老人扶養親族の控除額は48万円です。

4．不適切 特定扶養親族の控除額は63万円です。

おまけ！ 控除額は、16歳未満はゼロ、16歳以上19歳未満および23歳以上70歳未満は38万円です。

1．不適切　住宅ローン控除を受けようとする年の合計所得金額は2,000万円以下
　　　　　（床面積40㎡以上50㎡未満である一定の新築住宅等の場合は1,000万
　　　　　円以下）であることが適用要件です。

2．不適切　住宅ローン控除の控除額は、住宅ローン等の年末残高（限度額あり）に
　　　　　控除率0.7％を乗じて求めます。

3．不適切　新築住宅（省エネ基準適合住宅、ＺＥＨ水準省エネ住宅、認定住宅）を
　　　　　取得・入居した場合の住宅ローン控除の控除期間は13年です。

> **おまけ！**　個人間売買の中古住宅の控除期間は10年です。

4．適切

1．適切

おまけ！ 事業所得および事業的規模で不動産所得を生ずべき業務を行う者が、取引の内容を正規の簿記の原則に従って記帳し、かつ、それに基づき作成された貸借対照表や損益計算書等を添付した確定申告書を申告期限内に提出した場合、青色申告特別控除額は最高55万円（e-Tax等による場合は65万円）となります。事業的規模でない不動産所得を生ずる業務を行う場合、貸借対照表を添付しない場合などの青色申告特別控除額は最大10万円となります。

2．不適切 青色申告者に損益通算してもなお控除しきれない純損失の金額が生じた場合、翌年以後最長で3年間にわたり繰り越して、各年分の所得金額から控除することができます。

3．不適切 支払った青色事業専従者給与を必要経費に算入する場合、その支払った金額の多寡にかかわらず、青色事業専従者について配偶者（特別）控除、扶養控除を適用できません。

4．不適切 青色事業専従者給与を必要経費に算入する要件の1つとして、事業所得、事業的規模で不動産所得を生ずべき業務を行うことがあります。

1．不適切 法人税は、利益に法人税法による加算、減算などの申告調整を行って求めた所得に対して課税されます。

2．適切

3．適切

おまけ！ 消費税の申告期限も原則として各事業年度終了の日の翌日から2カ月以内です。

4．適切

問題 39　正解：**4**　　　　　　　　　　　　重要度 **A**

1．適切

　おまけ！　法人事業税は損金に算入できます。

2．適切

3．適切

4．不適切　減価償却費のうち、その事業年度の法人税で損金算入される金額は、法人が損金経理した金額のうち、**償却限度額以下の部分**に限られます。償却限度額を超える部分は、その事業年度の損金に算入できません。

問題 40　正解：**3**　　　　　　　　　　　　重要度 **A**

1．不適切　簡易課税事業者は、課税売上高に係る消費税額に「事業の種類」に応じて定められたみなし仕入率を乗じた金額を課税仕入高に係る消費税額とみなして、納付する消費税額を計算できます。

2．不適切　課税事業者は、以下のような経過措置があるものの、従来のように、免税事業者に対して支払った消費税の全額を仕入税額として控除することはできません。

2023年10月から2026年9月まで・・・支払った消費税の80％を控除できる

2026年10月から2029年9月まで・・・支払った消費税の50％を控除できる

2029年10月以降・・・・・・・・・控除できない

3．適切

4．不適切　消費税の課税事業者である個人事業者は、原則として消費税の確定申告書を翌年**3月31日**までに納税地の所轄税務署長に提出しなければなりません。

1．**適切**

2．**適切**

3．**不適切**　評価替えの基準年度における固定資産税評価額は、公示価格の70%を
価格水準の基準として決定されます。

4．**適切**

1．**不適切**　重要事項説明は、契約前に行います。

2．**適切**

> **おまけ！**　２割を超える部分が無効とされます。

3．**適切**

4．**適切**

> **おまけ！**　一般媒介契約には存続期間の制限はありません。

1．不適切　相手方の債務履行が**不能**である場合は、**直ちに契約を解除**できます。

 おまけ！　相手方に債務の**履行遅滞**が生じた場合、一定の期間を定めて、**履行の催告**をし、その期間内に**履行がなければ契約を解除**できます。

2．不適切　買主が売主に解約手付を交付した場合、買主が契約の履行に着手するまでは、**売主**は、受領した手付金の**倍額**を買主に現実に提供することにより、契約を解除できます。

 おまけ！　買主が売主に解約手付を交付した場合、売主が契約の履行に着手するまでであれば、**買主は手付放棄**により契約を解除できます。

3．適切　土地の測量の結果、登記面積と相違した場合に、売買代金を精算しない公簿売買と一定の単価に基づき精算する実測売買があります。

4．不適切　売主が種類または品質に関して契約内容に適合しない目的物を買主に引き渡した場合、買主はその不適合を知ったときから**1年以内**に不適合を通知しなければ、不適合を理由とする追完請求、代金減額請求、損害賠償請求、契約の解除はできません。

正解：**2**　　　　　　　　　　　　　　　　　　　　　　　　　　　　　重要度 **A**

1．適切

> **おまけ！** 通常使用を超える損耗部分は、賃借人が原状回復義務を負います。

2．不適切　期間の定めがある普通借家契約において、賃借人は、正当の事由がなくても、賃貸人に対して更新しない旨を通知できます。

> **おまけ！** 賃貸人が更新を拒絶する場合には正当事由が必要です。

3．適切

4．適切

正解：**2**　　　　　　　　　　　　　　　　　　　　　　　　　　　　　重要度 **A**

1．不適切　市街化調整区域内において、農業を営む者の居住の用に供する建築物の建築を目的として行う開発行為は、都道府県知事等の許可は不要です。

2．適切

3．不適切　開発行為とは、建築物の建築や特定工作物の建設の用に供することを目的として行う土地の区画形質の変更のことをいいます。建築物の建築または特定工作物の建設を目的としていない区画形質の変更は開発行為に該当しません。

4．不適切　土地区画整理事業、市街地再開発事業の施行として行う開発行為は、都道府県知事等の許可は不要です。

問題 46 正解：**2** 重要度 **A**

1．**適切**

2．**不適切** 隣地斜線制限は第一種・第二種低層住居専用地域および田園住居地域以外の用途地域、用途地域の指定のない区域で適用されます。全ての用途地域（および用途地域の指定のない区域）で適用されるのは道路斜線制限です。

3．**適切** 北側斜線制限は、第一種・第二種低層住居専用地域および田園住居地域、日影規制のない第一種・第二種中高層住居専用地域において適用されます。

4．**適切**

 おまけ！ 日影規制（日影による中高層の建築物の高さの制限）の対象区域外にある高さが10mを超える建築物で、冬至日において、対象区域内の土地に日影を生じさせるものは、当該対象区域内にある建築物とみなして、日影規制が適用されます。

問題 47 正解：**3** 重要度 **A**

1．**不適切** 区分所有者は全員管理組合の組合員となり、区分所有者である限り、管理組合を任意に脱退できません。

2．**不適切** 専有部分の対象となる部分を、規約により管理人室、集会室、倉庫などの共用部分とすることもできます（規約共用部分）。

3．**適切**

4．**不適切** 規約の設定、変更、廃止は、区分所有者および議決権の各４分の３以上の多数による集会の決議が必要です。

 おまけ！ ５分の４以上の多数による集会の決議が必要となるのは建替えです。

1．不適切　固定資産税は条例で標準税率（1.4％）と異なる税率を定めることができます。

2．不適切　都市計画税は、原則として**市街化区域内**に所在する土地・家屋の所有者に対して課税されます。

3．不適切　固定資産税における**小規模住宅用地**（住宅用地で住宅1戸あたり200㎡以下の部分）の課税標準は、課税標準となるべき価格の**6分の1**となります。

> **おまけ！**　一般住宅用地（住宅用地で1戸あたり200㎡超の部分）の課税標準は、課税標準となるべき価格の3分の1となります。

4．適切

1．適切

2．不適切　3,000万円特別控除には**所有期間要件がありません**が、軽減税率の特例は譲渡する年の1月1日時点で所有期間が**10年超**であることが要件です。

3．適切

4．適切　軽減税率の特例の適用を受けた場合、課税長期譲渡所得のうち、6,000万円以下の部分の税率は**所得税10.21％**、住民税4％に軽減されます（復興特別所得税を含む）。

問題 50　正解：**1**　重要度 **B**

1．**不適切**　選択肢の記述は反対です。ＩＲＲ法では、**内部収益率（予測収益率）**が**期待収益率を上回る場合**に、その投資は有利であると判定できます。
2．**適切**
3．**適切**
4．**適切**

問題 51　正解：**2**　重要度 **A**

1．**適切**
2．**不適切**　書面によらない贈与は、履行の終わった部分を除き、各当事者が解除できます。
3．**適切**　選択肢の場合、**年金受給権**が贈与税の課税対象となります。
4．**適切**

問題 52　正解：**4**　重要度 **B**

1．**適切**
2．**適切**

 おまけ！　離婚による財産分与として取得した財産のうち、婚姻中の夫婦の協力によって得た財産は通常、贈与税非課税です。

3．**適切**　所有者名義を変更すると、土地の贈与とみなされ、贈与税の課税対象となります。
4．**不適切**　個人間の土地の使用貸借は、贈与税の課税対象となりません。

正解：**1**　　　　　　　　　　　　　　　　　　　　　　　　　　重要度 **B**

1．**不適切**　嫡出子と非嫡出子の法定相続分は同じです。

2．**適切**

3．**適切**

4．**適切**　所定の届出をしなければ姻族関係は継続されます。

正解：**4**　　　　　　　　　　　　　　　　　　　　　　　　　　重要度 **A**

1．**適切**

2．**適切**　自筆証書遺言では、全文を自書することが原則ですが、財産目録はパソコンで作成したり、コピーでもよいとされます。

3．**適切**　遺言の方式を問わず、前に作成した遺言を新しく作成する遺言で撤回できます。

4．**不適切**　公正証書遺言には証人 2 人以上の立会いが必要です。なお、推定相続人・受遺者やその配偶者・直系血族等は証人になることができません。

正解：**1**　　　　　　　　　　　　　　　　　　　　　　　　　　重要度 **B**

1．**不適切**　被相続人の業務外の死亡により、相続人等が受け取る弔慰金は、死亡時の普通給与の 6 カ月分、業務上の死亡の場合の弔慰金は、死亡時の普通給与の 3 年分（36 カ月分）が相続税非課税となります。

2．**適切**

　　　おまけ！　被相続人の死亡後 3 年を経過した後に支給が確定した死亡退職金は受け取った者の一時所得となります。

3．**適切**

　　　おまけ！　法定相続人の数の計算上、普通養子（配偶者の連れ子養子等を除く）は、実子がいる場合は 1 人まで、実子がいない場合は 2 人まで含みます。

4．**適切**　相続税の対象となる死亡保険金を相続人以外（相続放棄者を含む）が受け取った場合、非課税金額の規定の適用はありません。

問題 56　正解：2　重要度 B

1．**不適切**　配偶者の税額軽減や小規模宅地等についての相続税の課税価格の計算の特例の適用を受けた結果、相続税額がゼロとなる場合でも、相続税の申告は必要です。

2．**適切**

3．**不適切**　相続税の申告書の提出期限および納付期限は、原則として相続の開始があったことを知った日の翌日から10カ月以内です。原則として相続の開始があったことを知った日の翌日から4カ月以内に申告するのは被相続人の所得税等です（準確定申告）。

4．**不適切**　相続税は一括金銭納付が原則ですが、一括納付が困難である場合は延納を選択でき、延納によっても納付が困難な部分は物納を選択できます。

問題 57　正解：1　重要度 A

1．**適切**

2．**不適切**　貸家建付地は、「自用地評価額×（1－借地権割合×借家権割合×賃貸割合）」により評価します。

3．**不適切**　普通借地契約により借り受けた宅地に、建物を建築して、第三者に適正な賃料で貸し付けている場合の宅地（貸家建付借地権）の評価額は、「自用地評価額×借地権割合×（1－借家権割合×賃貸割合）」により評価します。

4．**不適切**　倍率方式で使用する宅地の固定資産税評価額は、宅地の形状に応じた補正も織り込み済みです。

正解：**3** 重要度 **B**

1．不適切 被相続人が居住の用に供していた宅地等を配偶者が取得した場合、所有継続要件、居住継続要件はなく、330㎡を上限に80%の減額の対象となります。

 おまけ！ 配偶者以外の同居親族が取得した場合、相続税の申告期限まで居住し続け、所有し続けることが要件です。

2．不適切 被相続人が事業の用に供していた宅地等を、事業を引き継いだ親族が、申告期限まで宅地等を所有し続け、事業を継続している場合、400㎡を上限に80%の減額の対象となります。

3．適切

4．不適切 特定居住用宅地等と特定事業用等宅地等について本特例を適用する場合、それぞれの適用対象面積の限度まで適用できますが、貸付事業用宅地等と他の宅地等に本特例を適用する場合、一定の面積調整が必要です。

正解：**2** 重要度 **B**

1．適切

2．不適切 保険事故が発生していない生命保険契約に関する権利の価額は、原則として、相続開始時点の解約返戻金相当額によって評価します。

3．適切

 おまけ！ 上場株式、ＥＴＦ、Ｊ－ＲＥＩＴは、
①課税時期の最終価格
②課税時期の属する月の毎日の最終価格の平均額
③課税時期の属する月の前月の毎日の最終価格の平均額
④課税時期の属する月の前々月の毎日の最終価格の平均額
のうち、**最も低い価額**で評価します。

4．適切

1．不適切　会社規模が大会社である会社の株式を同族株主等が取得する場合、原則として、類似業種比準価額で評価しますが、純資産価額方式も選択できます。

2．不適切　会社規模が小会社である会社の株式を同族株主等が取得する場合、原則として純資産価額方式によって評価しますが、類似業種比準方式と純資産価額方式の併用方式も選択できます。

3．不適切　会社規模が中会社である会社の株式を同族株主等が取得する場合、原則として類似業種比準方式と純資産価額方式の併用方式で評価しますが、純資産価額方式も選択できます。

4．適切

 おまけ！　土地保有特定会社、株式等保有特定会社に該当する株式を**同族株主等以外が取得**する場合、原則として**配当還元方式**で評価します。

同族株主等が取得する取引相場のない株式の評価（○：原則評価方式）

	類似業種比準価額	併用方式	純資産価額
大会社	○	―	選択可
中会社	×	○	選択可
小会社	×	選択可	○
例外：土地保有特定会社、株式等保有特定会社			○

第 **3** 回目 **学科試験**

解答・論点一覧

check!

問題	分野	論点	正解	重要度	
1	ライフ	関連法規とコンプライアンス	3	A	
2		各種係数	4	B	
3		公的医療保険	2	B	
4		国民年金の保険料	3	A	
5		老齢厚生年金	1	B	
6		公的年金の遺族給付	2	B	
7		確定拠出年金	2	A	
8		奨学金および教育ローン	3	B	
9		フラット35	1	B	
10		中小企業の資金調達	3	B	
11	リスク	保険法	4	B	
12		死亡保障目的の生命保険の一般的な商品性	4	A	
13		生命保険料控除	4	A	
14		個人の生命保険の税金	1	A	
15		法人契約の生命保険の経理処理	3	A	
16		傷害保険の一般的な商品性	1	A	
17		自動車保険の一般的な商品性	4	A	
18		地震保険料控除	3	B	
19		法人契約の損害保険の経理処理	2	B	
20		第三分野の保険の一般的な商品性	4	A	
21	金融	景気動向指数	2	C	
22		預金等の一般的な商品性	3	A	
23		投資信託の分類	4	A	
24		上場投資信託(ETF)	4	B	
25		イールドカーブ、デュレーション	1	B	
26		株式指標	3	A	
27		金融派生商品	2	B	
28		上場株式等の税金	1	B	
29		ポートフォリオ理論	1	A	
30		セーフティネット	2	A	
31	タックス	所得税の原則的な仕組み	2	A	
32		分離課税	1	C	
33		各種所得	4	A	
34		損益通算と総所得金額の計算	2	A	

問題	分野	論 点	正解	重要度	
35	タックス	所得控除	2	B	
36		住宅借入金等特別控除	4	A	
37		青色申告	1	A	
38		法人税の仕組み	1	A	
39		法人税	4	A	
40		消費税	3	A	
41	不動産	土地の価格	3	A	
42		宅地建物取引業法	1	B	
43		不動産の売買契約における民法上の留意点	3	A	
44		借家	2	A	
45		都市計画法	2	A	
46		建築基準法	2	A	
47		区分所有法	3	A	
48		固定資産税および都市計画税	4	B	
49		居住用財産の譲渡の特例	2	B	
50		不動産の投資判断手法	1	B	
51	相続	贈与契約	2	A	
52		贈与税の課税財産	4	B	
53		親族等	1	B	
54		遺言	4	A	
55		相続税の非課税財産	1	B	
56		相続税の申告と納付	2	B	
57		宅地の評価	1	A	
58		小規模宅地等の特例	3	B	
59		金融資産の相続税評価	2	B	
60		取引相場のない株式の評価	4	B	

※配点は各1点となります

分野別得点表

ライフ	リスク	金融	タックス	不動産	相続
／10	／10	／10	／10	／10	／10

合格基準点数

36 ／60

あなたの合計得点

／60

【第1問】

《問1》　正解：① ニ　②イ　③ヘ　　　　　　　　　　　　重要度 **B**

① **おまけ！** 第1号厚生年金被保険者について、男性は1961年4月2日以降生まれ、女性は1966年4月2日以降生まれの人には、特別支給の老齢厚生年金は支給されません。

②2022年4月1日以降に60歳に到達する者は、繰上げ1カ月につき0.4%減額されますので、63歳0カ月から支給開始の場合は、0.4%×24月（65歳－63歳＝2年）＝9.6%の減額となります。

③ **おまけ！** 繰下げ支給は一方のみの繰下げ、または別の時期からの支給開始を選択できます。

《問2》　正解：① ✗　②〇　③〇　　　　　　　　　　　　重要度 **B**

① **不適切** 国民年金の第1号被保険者および第3号被保険者は20歳以上60歳未満の者です。Aさんが退職する65歳時点で、妻Bさんは60歳を経過しているため、国民年金の被保険者になる義務はありません。

② **適切**

③ **適切** **おまけ！** 健康保険の被保険者期間が継続して2カ月以上ある者は、退職日の翌日から20日以内に手続きをすると最長2年間、任意継続被保険者となることができます。

《問3》 **正解**： ① **816,000**（円） ② **1,244,473**（円） 重要度 **A**
　　　　 ③ **480**（円） ④ **1,653,053**（円）

① $816,000円 \times \dfrac{480月}{480月} = 816,000円$

　老齢基礎年金は公的年金に10年以上加入している者に対して支給されます。
　設例の場合、**20歳以上60歳未満の期間は全て厚生年金保険の被保険者期間ですので、満額支給されます。**

②報酬比例部分の額
　2003年3月以前の期間分

　　$320,000円 \times \dfrac{7.125}{1,000} \times 216月 = 492,480円$

　2003年4月以後の期間分

　　$400,000円 \times \dfrac{5.481}{1,000} \times 343月 = 751,993.2円$

　　$492,480円 + 751,993.2円 = 1,244,473.2円 \rightarrow 1,244,473円$

　　　　　　　　　　　　　　　　　　　　　　　（円未満四捨五入）

③経過的加算額

　　$1,701円 \times 480月 - 816,000円 \times \dfrac{480月}{480月} = 480円$

　式の前半（定額部分）：厚生年金被保険者月数は**480月が上限**となります。
　式の後半（老齢基礎年金）：厚生年金保険の被保険者期間で計算した老齢基礎年金です。①のとおり、480月となります。

　加給年金
　・厚生年金保険の被保険者期間が**20年以上**
　・老齢厚生年金の受給開始時（65歳時）に、生計を維持されている配偶者が65歳未満である（配偶者が**年下**）。ただし、配偶者が厚生年金に20年以上加入している場合は、配偶者の支給開始年齢まで
　　以上の条件を満たすため、Aさんが65歳に達したとき、加給年金が支給されます。

④老齢厚生年金 ＝ $1,244,473円 + 480円 + 408,100円 = 1,653,053円$

《問4》 正解： ① **W社 7.58** (%) **X社 10.00** (%) 重要度 **A**
      ② **W社 20.00** (倍) **X社 40.00** (倍)

①ROE（自己資本利益率）は「当期純利益÷自己資本×100（%）」で求めます。
 設例では「純資産と自己資本の金額は同じ」としているので、「純資産の部合計」
 の数値を使います。

 W社 2,500百万円÷33,000百万円×100＝7.575・・→7.58%

 X社 1,200百万円÷12,000百万円×100＝10.00（%）

②PER（株価収益率）は「株価÷1株当たり当期純利益（倍）」で求めます。

 W社 2,000円÷（2,500百万円÷25百万株）＝20（倍）

 X社 1,000円÷（1,200百万円÷48百万株）＝40（倍）

《問5》 正解： ① ◯ ② ◯ ③ ✗ 重要度 **A**

① 適切 PBRは「株価÷1株当たり純資産（倍）」で求めます。

    W社のPBR＝2,000円÷（33,000百万円÷25百万株）≒1.52倍

    X社のPBR＝1,000円÷（12,000百万円÷48百万株）＝4倍

    同業種、過去の数値と比較して、一般に、数値が小さいほど割安、数値が
    大きいほど割高とされますので、

    X社のほうが数値は大きく、割高と判断されます。ただし、他の指標も
    活用して比較検討することが大切です。

② 適切 配当性向は「配当金÷当期純利益×100（%）」で求めます。

    W社の配当性向＝750百万円÷2,500百万円×100（%）＝30%

    X社の配当性向＝480百万円÷1,200百万円×100（%）＝40%

    X社のほうがW社よりも高くなっています。

③ 不適切 自己資本比率は「自己資本÷資産×100（%）」で求めます。

    W社の自己資本比率＝33,000百万円÷60,000百万円×100＝55%

    X社の自己資本比率＝12,000百万円÷20,000百万円×100＝60%

    数値が高いほど、経営の安全性が高いと考えられ、設例ではX社のほう
    が数値は高く、経営の安全性が高いと考えられます。

《問6》 **正解：** ① ✗　② ✗　③ ✗　　　　　　　　　重要度 **C**

① 不適切 　一般に、インデックスファンド（パッシブ型の投資信託）は、アクティブ型投資信託よりも運用管理費用（信託報酬）が低く設定される傾向があります。

②不適切 　ドルコスト平均法は、価格が変動する商品を定期的に一定額ずつ購入する方法で、定期的に一定量ずつ購入するよりも平均購入単価を引き下げる効果が期待できます。

③不適切 　インデックスファンドのほか、要件を満たすアクティブファンドも購入できます。

> **おまけ！** 　成長投資枠の年間投資上限額は240万円です。

【第3問】

《問7》 **正解：** ① **ホ**　② **イ**　③ **ヘ**　　　　　　　　　重要度 **B**

②10万円の青色申告特別控除となる場合
- ・山林所得または不動産所得（事業的規模でない）
- ・貸借対照表を添付しないで申告書を提出
- ・期限後申告など

① 適切　扶養控除は、生計を一にする16歳以上である親族等（配偶者以外）の合計所得金額が48万円以下である場合に適用を受けられます。

母Dさん（70歳）の公的年金の収入は80万円であり、公的年金等控除額110万円以下ですので、扶養控除の適用を受けられます。

> **おまけ！**　母Dさんは、**同居老親**（納税者本人または配偶者の70歳以上の同居の親）に該当しますので、所得税の扶養控除の額は**58万円**です。

② 不適切　源泉分離課税となるのは、契約者（保険料負担者）が受け取る
　　　　　　・一時払等
　　　　　　・契約から5年以内の満期金、解約金
　　　　　　・養老保険・確定年金等に該当する一定の場合
　　　　　　（例：**終身年金、終身保険でない**）
の全部に該当する場合です。

設例の場合、契約から**5年超**経過しているため、一時所得として総合課税の対象です。

③ 適切　Aさんの合計所得金額が**2,400万円以下**（次問解説参照）ですので、基礎控除の額は48万円です。

| 《問9》 | 正解： | ① **4,250,000**（円） | ② **0**（円） |
| | | ③ **580,000**（円） | ④ **107,500**（円） |

①総所得金額は総合課税の対象となる所得金額の合計額であり、設例の事業所得、不動産所得、一時所得は総合課税の対象です。

不動産所得の損失は、土地等の取得に係る借入金の利子の部分（20万円）等を除き、損益通算の対象です。
設例の場合、100万円の損失のうち、80万円の損失が損益通算の対象です。
前問解説のとおり、設例の（3）の満期保険金は一時所得として総合課税の対象となり、一時所得は「**収入金額－収入を得るために支出した金額－特別控除（最高50万円）**」で求めます。
560万円－500万円－特別控除50万円＝10万円
一時所得のうち、総所得金額に算入される金額は、**損益通算後の1／2**です。
総所得金額＝500万円－80万円＋10万円×1／2＝425万円

②妻Bさんは**青色事業専従者**として給与を受け取っているため、給与の額にかかわらず、配偶者控除の**対象外**です。

③扶養控除は、生計を一にする16歳以上である親族等（配偶者以外）の合計所得金額が**48万円以下**である場合に適用を受けられます。
長男Cさん（**10歳**）は扶養控除の**対象外**、母Dさん（70歳）の所得控除の額は前問解説のとおり58万円ですので、扶養控除の額は58万円です。

④所得税額＝課税総所得金額（総所得金額－所得控除）に税率を乗じて求めます。
課税総所得金額＝4,250,000円－2,200,000円＝2,050,000円
2,050,000円×10％－97,500円＝107,500円

《問10》 正解：① **320**（㎡）　② **960**（㎡）　　　重要度 Ⓐ

①建蔽率の上限となる建築面積＝敷地面積×建蔽率

・準防火地域に準耐火建築物等を建築（10％加算）

・特定行政庁が指定する角地（10％加算）

建蔽率＝60％＋10％＋10％＝80％

以上より、400㎡×80％＝320㎡

②容積率の上限となる延べ面積＝敷地面積×容積率

前面道路の幅員（複数の道路に面する場合は幅員が最大のもの）が12m未満の場合、「前面道路の幅員×法定乗数により求めた容積率」と「指定容積率」のいずれか低い方を適用します。

設例の場合、前面道路幅員による容積率＝6×4／10＝24／10＜指定容積率300％
→240％

以上より、400㎡×240％＝960㎡

《問11》 正解：① 〇　② ✕　③ 〇　　　重要度 Ⓑ

① **適切**　　ＤＳＣＲ＝年間純収益（年間賃料－必要経費）÷年間元利返済額

② **不適切**　普通借家契約の場合、経済事情等の変動を理由として、賃借人から賃料の減額請求を受ける可能性があります。

> **おまけ！**　定期借家契約では、賃料の減額請求をできない特約をすることもできます。

③ **適切**

《問12》 正解：① ✕　② ✕　③ 〇　　　　　　　　　　　重要度 Ⓐ

① **不適切**　三大都市圏において、地積規模の大きな宅地の評価の規定の対象になるのは500㎡以上であることが要件の1つとなっています。

> **おまけ！** 地積規模の大きな宅地の評価の規定の対象である場合、通常よりも評価額が低くなります。

② **不適切**　貸家建付地は「自用地評価額×（1－借地権割合×借家権割合×賃貸割合）」で求めるため、賃貸割合が高いほど、差し引くことができる金額が多くなり、評価額は低くなります。

③ **適切**

> **おまけ！**
> ・路線価図の数値はその路線に面する宅地の1㎡あたりの価額（千円単位）を表します。
> ・路線価図の英字は借地権割合を示します。
> A（90％）、B（80％）、C（70％）、D（60％）、
> E（50％）、F（40％）、G（30％）

【第5問】

《問13》 正解：① ヘ　② ロ　③ リ　　　　　　　　　　　重要度 Ⓑ

①

> **おまけ！** 自筆証書遺言を法務局に保管している場合は、家庭裁判所の検認は不要です。

正解：① 〇　②✕　③〇　　　　　　　　　　　　　重要度 **A**

① **適切**　　契約者（保険料負担者）と被保険者が同じである生命保険契約の死亡保
険金は相続税の対象となり、相続人が受け取る死亡保険金は、500万円
×法定相続人の数の金額が非課税となります。
法定相続人の数は妻Bさん、長男Cさん、長女Dさんの3人ですので、
500万円×3人＝1,500万円が非課税となり、課税価格に算入される金
額は3,000万円－1,500万円＝1,500万円となります。

② **不適切**　配偶者の税額軽減は、**相続税の申告をしなければ適用できません**。

③ **適切**　　**配偶者、子（代襲相続人である孫を含む）、父母以外の人が相続または遺
贈により財産を取得した場合、2割加算の対象です**。

《問15》 正解：① **8,500**（万円）　　② **4,800**（万円）　　重要度 **A**
③ **1,640**（万円）　　④ **7,820**（万円）

①相続税の対象となる死亡保険金、死亡退職金を相続人が受け取る場合、それぞれ別
枠で500万円×法定相続人の数の金額が非課税となります。
設例の場合、500万円×3人＝1,500万円が非課税となります。
現金および預貯金1,500万円＋自宅（敷地）1,500万円＋自宅（建物）500万円＋死
亡保険金（3,000万円－1,500万円）＋死亡退職金（5,000万円－1,500万円）＝
8,500万円
相続税の課税価格の合計額＝8,500万円＋2億4,500万円＋2,000万円＋1,000万
円＝3億6,000万円

②相続税の遺産に係る基礎控除額は「**3,000万円＋600万円×法定相続人の数**」によ
り求めます。
設例の場合、法定相続人の数は3人ですので、3,000万円＋600万円×3人＝4,800
万円です。

③④

相続税の総額は、課税遺産総額を法定相続人が法定相続分どおりに財産を取得するものとした金額を求め、その金額に税率を乗じて税額を求めます。

課税遺産総額＝3億6,000万円－4,800万円＝3億1,200万円
法定相続分：妻Bさん1／2、長男Cさん、長女Dさん各1／4（1／2×1／2）

妻Bさんの相続税：3億1,200万円×1／2＝1億5,600万円
　　　　　　　　　1億5,600万円×40％－1,700万円＝4,540万円
長男Cさん、長女Dさんの相続税：3億1,200万円×1／4＝7,800万円
　　　　　　　　　　　　　　　　7,800万円×30％－700万円＝1,640万円→③
　　　　　　　　　　　　　　　　1,640万円×2人＝3,280万円

相続税の総額＝4,540万円＋3,280万円＝7,820万円→④

第 **3** 回目　金財実技試験　個人資産相談業務

解答・論点一覧

check!

大問	問題	分野	論　点	正　解	重要度	各点	
第1問	1	ライフ	老齢給付	① ニ　② イ　③ ヘ	B	1	
	2		社会保険の取扱い等	① ×　② ○　③ ○	B	1	
	3		老齢基礎年金および老齢厚生年金の計算	① 816,000（円）　② 1,244,473（円） ③ 480（円）　　　④ 1,653,053（円）	A	1	
第2問	4	金融	株式投資指標の計算	① W社 7.58（%）　X社 10.00（%） ② W社 20.00（倍）　X社 40.00（倍）	A	1	
	5		株式投資指標の計算	① ○　② ○　③ ×	A	1	
	6		運用管理費用、ドルコスト平均法、新NISA	① ×　② ×　③ ×	C	1	
第3問	7	タックス	青色申告	① ホ　② イ　③ ヘ	B	1	
	8		所得税総合	① ○　② ×　③ ○	A	1	
	9		所得税の計算	① 4,250,000（円）　② 0（円） ③ 580,000（円）　④ 107,500（円）	A	1	
第4問	10	不動産	建蔽率と容積率の計算	① 320（㎡）　② 960（㎡）	A	2	
	11		DSCR、賃貸借契約	① ○　② ×　③ ○	B	1	
	12		相続税評価額	① ×　② ×　③ ○	A	1	
第5問	13	相続	相続発生後の手続き	① ヘ　② ロ　③ リ	B	1	
	14		相続税総合	① ○　② ×　③ ○	A	1	
	15		相続税の計算	① 8,500（万円）　② 4,800（万円） ③ 1,640（万円）　④ 7,820（万円）	A	1	

分野別得点表

ライフ	金融	タックス	不動産	相続
／10	／10	／10	／10	／10

合格基準点数

30 ／50

あなたの合計得点

／50

【第1問】

《問1》 正解： ① ロ ② チ ③ ニ　　　　重要度 **B**

①健康保険の被保険者期間が継続して**2カ月以上**ある者は資格喪失日（離職日の翌日）から**20日以内**に手続きをすると最長**2年間**、任意継続被保険者となることができます。なお、在職中とは異なり、保険料は**全額自己負担**です。

②都道府県・市町村が保険者である国民健康保険にも、療養の給付、高額療養費制度はありますが、**傷病手当金や出産手当金は任意給付**となっています。

③Aさんが厚生年金被保険者（かつ国民年金第2号被保険者）であったとき、妻Bさんは国民年金第3号被保険者ですが、Aさんが厚生年金被保険者でなくなった場合、Aさんおよび妻Bさんともに**国民年金第1号被保険者**となります。

《問2》 正解： ① **400**（円）　　② **終身**（年金）　　重要度 **B**
　　　　　　 ③ **68,000**（円）　　④ **退職**（所得）

①

おまけ！ 月額400円の付加保険料を支払うと、65歳以降、200円×付加保険料納付月数の付加年金が支給されます。

②

おまけ！ 1口目は2種類の終身年金、2口目以降は2種類の終身年金または5種類の確定年金から選択します。

③

おまけ！ 小規模企業共済の掛金の限度額は月額70,000円です。

④
おまけ！　共済金（死亡事由以外）を分割で受け取ると雑所得（公的年金等）として課税されます。

《問3》　正解：① ✕　② ✕　③ ✕　　　　　　　　　　　　　　重要度 **C**

① 不適切　通算加入者等期間が**10年以上**ある場合、最も早くて**60歳**から老齢給付金が支給されます。

② 不適切　確定拠出年金の個人型年金では加入時や加入後に運営管理機関に支払う手数料は、**運営管理機関によって異なります。**

③ 不適切　確定拠出年金の掛金は、支払った全額が**小規模企業共済等掛金控除**として所得控除の対象となります。

【第2問】

《問4》　正解：① **ホ**　② **リ**　③ **ロ**　　　　　　　　　　重要度 **B**

①設例において、配偶者が受給する遺族基礎年金

816,000円＋234,800円／人（子2人目まで）＋78,300円／人（子3人目以降）が支給され、

Aさん死亡時、18歳到達年度末までの子は3人いますので、

816,000円＋234,800円＋234,800円＋78,300円＝1,363,900円が支給されます。

① 遺族に必要な生活資金等の総額

　長男Eさんが独立するまでの生活費

　　＝月額35万円×0.7×12月×22年＝6,468万円

　長男Eさんが独立した後の妻Bさんの生活費

　　＝月額35万円×0.5×12月×32年＝6,720万円

　日常生活費＝6,468万円＋6,720万円＝13,188万円

　死亡整理資金・緊急予備資金、教育資金、結婚援助費は遺族に必要な生活資金等に含めます。なお、住宅ローンは団体信用生命保険が付保されているため、遺族に必要な生活資金等に含めません。

　遺族に必要な生活資金等

　　＝13,188万円＋300万円＋3,000万円＋600万円＝17,088万円

　遺族の収入見込金額

　死亡退職金見込額とその他金融資産2,000万円＋公的年金等の総額7,600万円

　＝9,600万円

　必要保障額＝17,088万円－9,600万円＝7,488万円

② 終身保険特約300万円＋定期保険特約2,700万円＋逓減定期保険特約3,000万円

　＝6,000万円

③ ②＋傷害特約1,000万円＝7,000万円

　傷害特約は**不慮の事故等**で180日以内に死亡した場合に、死亡保険金が**支払われ**ますが、不慮の事故や所定の感染症以外で死亡した場合には死亡保険金は支払われません。

① **不適切** 診察料や投薬料等に係る費用は公的医療保険の対象となりますが、先進医療の技術料は全額自己負担となります。

> おまけ！ 先進医療特約は療養時における先進医療を保障対象とします。

② **適切**

③ **不適切** 2012年以降の契約において、傷害特約の保険料は生命保険料控除の対象外です。

④ **適切**

> おまけ！ リビング・ニーズ特約保険金は、被保険者または指定代理請求人が受け取ると非課税です。

【第3問】

《問7》 正解：① **1,920**（万円） 　② **2,540**（万円） 　重要度 Ⓐ

①勤続20年超の場合の退職所得控除額は、800万円＋70万円×（勤続年数－20年）で求めます。

勤続年数1年未満の端数は1年に切り上げるため、36年として計算します。

800万円＋70万円×（36年－20年）＝1,920万円

②在任5年超の役員の退職所得は以下のとおり求めます。

（収入金額－退職所得控除額）×1／2＝（7,000万円－1,920万円）×1／2
＝2,540万円

《問8》 正解： ① ホ ② ト ③ イ ④ ヘ 重要度 A

2019年7月8日以降に契約した解約返戻金が貯まる定期保険等の経理処理（原則・一部抜粋）

最高解約返戻率	当初4割（③）期間	4割（③）経過後7.5割期間まで	7.5割期間経過後
50%（①）以下 50%（①）超70%（②）以下 かつ1被保険者当たり 年換算保険料30万円以下	損金		
50%（①）超70%（②）以下 かつ1被保険者当たり 年換算保険料30万円超	40% 資産（※） 60% 損金	支払保険料 損金	支払保険料 損金 前払保険料を均等 に取り崩して損金
70%（②）超85%以下	60%（④）資産（※） 40% 損金		

※前払保険料として計上

《問9》 正解： ① イ ② ト ③ ニ ④ ヌ 重要度 B

中小企業退職金共済制度（原則）

加入対象者	原則、中小企業の従業員全員
掛金の負担	事業主が全額負担、月額5,000円から3万円（①）まで
助成制度	新規加入時 加入後4カ月目（③）から1年、掛金額の2分の1（②）（上限5,000円） 増額時 増額月から1年、増額分の3分の1
退職金の支給	機構から従業員に直接（④）支給

【第4問】

《問10》 正解： ① へ ② 二 ③ ト

重要度 **C**

① 省エネ水準を満たす新築住宅等の控除期間は最長13年、個人間売買の中古住宅の控除期間は最長10年です。

② 子育て特例対象個人（設例では19歳未満の扶養親族あり）が新築住宅に本年中に居住した場合、控除対象となる年末残高の限度額は、認定住宅は5,000万円、ＺＥＨ水準省エネ住宅は4,500万円、省エネ基準適合住宅は4,000万円です。

> **おまけ！** 消費税が課税されない個人間売買の中古住宅に本年中に居住した場合、控除対象となる年末残高の限度額は、認定住宅、ＺＥＨ水準省エネ住宅、省エネ基準適合住宅のいずれも3,000万円です。

③ 新築住宅等、中古住宅ともに償還期間10年以上が要件です。

《問11》 正解： ① ○ ② × ③ ○ ④ ○

重要度 **B**

① **適切**

> **おまけ！** 白色申告者の場合、損益通算はできますが、純損失の繰越控除、繰戻還付はできません。

② **不適切** 上場株式の譲渡損失は、上場株式等の配当所得（申告分離課税を選択したものに限ります）、特定公社債の利子所得、譲渡所得と損益通算できますが、その他の所得（事業所得や給与所得、不動産所得）とは損益通算できません。

③ **適切** 贈与税非課税限度額は、省エネ等住宅は1,000万円、その他住宅は500万円です。

④ **適切**

> **おまけ！** 転勤に伴い、家族全員で引っ越す場合、その期間は控除の対象となりませんが、転勤が終了し、再入居する場合、再入居した年（転勤中、再入居する年に賃貸している場合は再入居の翌年）から残存期間にわたり控除を受けることができます。

総所得金額とは総合課税の対象となる所得金額の合計ですので、給与所得、不動産所得は含まれますが、**上場株式等の譲渡所得は分離課税の対象です**（給与所得、不動産所得と損益通算もできません）。

給与所得＝900万円－195万円＝705万円
なお、給与収入850万円超1,000万円以下で23歳未満の扶養親族がいるため、所得金額調整控除の適用対象となり、（給与収入（1,000万円を限度）－850万円）×10％（設例の場合は5万円）を総所得金額の計算の際、給与所得から差し引くことができます。

不動産所得の損失50万円のうち、**土地の取得に係る負債の利子の部分20万円は損益通算できません**ので、損益通算の対象となる損失は30万円となります。

以上より、総所得金額の計算は以下のとおりとなります。
（給与所得705万円－所得金額調整控除5万円）－不動産所得30万円＝670万円

扶養控除は、生計を一にする16歳以上である親族等（配偶者以外）の合計所得金額が48万円以下である場合に適用を受けられます。長女Cさん（19歳）は特定扶養親族ですので、扶養控除の額は63万円、**長男Dさん（14歳）は扶養控除の対象外**となります。

本年中に居住した場合の住宅借入金等特別控除の額は「年末借入金残高（4,000万円を限度）×0.7％」で求めます。
2,970万円×0.7％＝207,900円

《問13》 正解： ① **ト** ② **チ** ③ **ヌ** ④ **ロ**　　　　重要度 **B**

③長女Cさん（45歳）が直系尊属であるAさんから受ける贈与は特例贈与財産に該当します。

基礎控除後の課税価格は700万円－110万円＝590万円ですので、贈与税は

590万円×20％－30万円－88万円となります。

④特定事業用宅地等、特定同族会社事業用宅地等は400㎡まで80％の減額となります。

設例の場合、9,000万円×（400㎡／600㎡）×80％＝4,800万円減額されますので、相続税の課税価格に算入すべき価額は、9,000万円－4,800万円＝4,200万円です。

《問14》 正解： ① **✕** ② **✕** ③ **◯**　　　　重要度 **B**

① **不適切**　配偶者の税額軽減を適用するためには、相続税の申告が必要となります。

おまけ！ 申告期限までに遺産分割が確定しない場合であっても、相続税の申告期限後3年以内に遺産分割が確定し、分割後4カ月以内に更正の請求をすることで、適用を受けることができます。

② **不適切**　非上場株式等についての贈与税の納税猶予及び免除の特例の適用を受けることができる場合、対象となる非上場株式等の全株式に係る贈与税額の100％の納税が猶予されます。

③ **適切**　要件を満たせば、特定居住用宅地等と特定事業用等宅地等（特定事業用宅地等、特定同族会社事業用宅地等）は別枠で適用を受けることができます。

① 相続税の遺産に係る基礎控除額は「**3,000万円＋600万円×法定相続人の数**」により求めます。

法定相続人の数は4人ですので、3,000万円＋600万円×4人＝5,400万円となります。

②③

相続税の総額は、課税遺産総額を法定相続人が法定相続分どおりに財産を取得するものとした金額を求め、その金額に税率を乗じて税額を求めます。

課税遺産総額＝3億円－5,400万円＝2億4,600万円

法定相続分：妻Bさん1／2、長女Cさん、二女Dさん、三女Eさん各1／6

妻Bさんの相続税：2億4,600万円×1／2＝1億2,300万円

　　　　　　　　　1億2,300万円×40％－1,700万円＝3,220万円

長女Cさん、二女Dさん、三女Eさんの相続税：

　　　　　　　　　2億4,600万円×1／6＝4,100万円

　　　　　　　　　4,100万円×20％－200万円＝620万円 → ②

　　　　　　　　　620万円×3人＝1,860万円

相続税の総額＝3,220万円＋1,860万円＝5,080万円 → ③

第 3 回目　金財実技試験　生保顧客資産相談業務

解答・論点一覧

check!

大問	問題	分野	論点	正解	重要度	各点	
第1問	1	ライフ	退職後の社会保険	① ロ　② チ　③ ニ	B	1	
	2		老後の収入を増やすための制度	① 400 (円)　② 終身 (年金) ③ 68,000 (円)　④ 退職 (所得)	B	1	
	3		個人型確定拠出年金	① ×　② ×　③ ×	C	1	
第2問	4	リスク	遺族給付	① ホ　② リ　③ ロ	B	1	
	5		必要保障額と生命保険の保障内容の計算	① 7,488 (万円)　② 6,000 (万円) ③ 7,000 (万円)	A	1	
	6		保障内容および課税関係	① ×　② 〇　③ ×　④ 〇	A	1	
第3問	7	リスク	退職所得の計算	① 1,920 (万円)　② 2,540 (万円)	A	1	
	8		生命保険の経理処理	① ホ　② ト　③ イ　④ ヘ	A	1	
	9		中小企業退職金共済	① イ　② ト　③ ニ　④ ヌ	B	1	
第4問	10	タックス	住宅借入金等特別控除	① ヘ　② ニ　③ ト	C	1	
	11		損益通算、住宅取得等資金の贈与税の非課税、住宅借入金等特別控除	① 〇　② ×　③ 〇　④ 〇	B	1	
	12		所得税の計算	① 6,700,000 (円)　② 630,000 (円) ③ 207,900 (円)	A	1	
第5問	13	相続	贈与税・財産評価	① ト　② チ　③ ヌ　④ ロ	B	1	
	14		相続税、小規模宅地等の特例、非上場株式の特例	① ×　② ×　③ 〇	B	1	
	15		相続税の計算	① 5,400 (万円)　② 620 (万円) ③ 5,080 (万円)	A	1	

分野別得点表

ライフ	リスク	タックス	相続
／10	／20	／10	／10

合格基準点数
30 ／50

あなたの合計得点

／50

【第1問】

| 問1 | 正解：（ア）〇　（イ）〇　（ウ）✕ | 重要度 C |

（ア）適切

（イ）適切

（ウ）不適切　逆です。引用部分が「従」、自ら作成する部分が「主」であるような主従関係がなければなりません。

| 問2 | 正解：**2** | 重要度 C |

1．適切

2．不適切　個人情報を管理する事業者は件数を問わず、個人情報保護法の適用対象です。

3．適切

4．適切　原則として、個人情報の第三者提供においては**本人の同意が必要**となりますが、本選択肢は例外的扱いとなります。

| 問3 | 正解：**2** | 重要度 **C** |

当座預金（決済用預金）は「①無利息、②要求払、③決済サービスの提供」の3条件すべてを満たした預金に該当し、全額保護されます。それ以外の保護対象預金（設問の場合、普通預金、定期預金）は預金者1人あたり元本1,000万円とその利息について保護されます。

設問の場合、「佐藤和也」の預金と「佐藤事務所　佐藤和也」の預金は同一名義人の預金として名寄せされます。なお、外貨預金は保護対象外です。

当座預金＝120万円

普通預金＋定期預金＝200万円＋400万円＋500万円＝1,100万円＞1,000万円ですので、1,000万円が保護の対象です。

以上より、120万円＋1,000万円－1,120万円が預金保険制度によって保護されます。

| 問4 | 正解：（ア）**18**　（イ）**240**　（ウ）**120**　（エ）**1,800** | 重要度 **B** |

	成長投資枠	つみたて投資枠
非課税対象の金融商品	上場株式、公募株式投資信託、ETF、J－REIT等	長期の積立て・分散投資に適した一定の投資信託
口座開設対象者	口座開設年の1月1日時点で（ア：18）歳以上の居住者等	
年間投資上限額	（イ：240）万円	（ウ：120）万円
	併用できる	
生涯非課税投資枠	（※：1,200）万円	
	（エ：1,800）万円　売却した分の非課税投資枠は翌年以降再利用できる	
非課税期間	制限なし	

1．不適切　「固定」です。下表参照。
2．不適切　「半年」です。下表参照。
3．適切
4．不適切　「1年」です。下表参照。

	変動10年	固定5年	（ア：固定）3年
購入単位	額面1万円単位		
利払い	（イ：半年）ごと		
発行月	毎月		
取扱機関	銀行、証券会社など		
利率	変動金利 基準金利×0.66	固定金利 基準金利−0.05％	（ア：固定）金利 基準金利−0.03％
最低利率	（ウ：0.05）％（年率）		
償還期間	10年	5年	3年
中途換金	発行から（エ：1年）経過後		

外貨定期預金に10,000米ドル預け入れ、6カ月にわたり年利1.0％で運用した場合に得られる外貨建ての利息（20％税引き後）は、10,000米ドル×1.0％×6／12×（1−0.2）＝40米ドルですので、
満期時の税引き後の米ドルベースの金額は10,040米ドルです。

10,040米ドルを円に戻すときのレートはTTBですので、
円転した金額は10,040米ドル×158円／米ドル＝1,586,320円です。

問7　正解：**3**　重要度 Ⓐ

3,000万円特別控除を適用して、自らの居住用財産を譲渡する場合の課税譲渡所得金額は、譲渡収入金額－（取得費＋譲渡費用）－特別控除（3,000万円を限度）で求めます（所得控除は考慮しない場合）。

取得費は不明である場合、譲渡収入金額の5％を計上することができます。

6,000万円×5％＝300万円

以上より、課税譲渡所得金額は、6,000万円－（300万円＋300万円）－3,000万円＝2,400万円となります。

問8　正解：**2**　重要度 Ⓑ

1．不適切　債務者は末松太郎さんであることは分かりますが、所有者が末松太郎さんであるか否かは分かりません。所有者を確認するには、権利部甲区を確認する必要があります。

2．適切

3．不適切　抵当権は、**複数の債権者が設定することができます**。ただし、登記順位が先である抵当権者が後順位の抵当権者に優先して、債権を回収できる権利を有します。

4．不適切　抵当権は自動的に抹消されず、抹消登記が必要です。

1．不適切　入居前に決定された規約や決議も区分所有者には及びます。

2．適切

おまけ！　住宅借入金等特別控除の床面積要件は登記面積で判定され、区分所有建物は内法面積、戸建住宅は壁芯面積で記載されます。

3．適切　管理組合は、旧所有者、新所有者のいずれにも滞納管理費を請求できます。

4．適切　取引態様に「媒介」とあるため、媒介により売買が成立した場合、宅地建物取引業者に仲介手数料を支払います。

表面利回りは「年間収入÷購入費用総額×100（％）」で求めます。

150,000円×12カ月÷4,500万円×100＝4.00％

実質利回りは「（年間賃料収入－年間支出）÷購入費用総額×100」で求めます。

年間賃料収入＝150,000円×12カ月＝1,800,000円

年間支出　　＝18,000円×12カ月＋6,000円×12カ月＋20,000円＋70,000円
　　　　　　＝378,000円

実質利回り＝（1,800,000円－378,000円）÷4,500万円×100＝3.16％

問11 正解： （ア）**370**（万円） （イ）**2,330**（万円）　　　　重要度 Ⓐ
（ウ）**2**（万円）

（ア）

羽鳥さんが初めてがん（悪性新生物）と診断され、治療のため30日間継続して入院し、その入院中に公的医療保険制度の対象となる所定の手術を1回受けた場合、保険会社から支払われる保険金・給付金の合計は以下のとおりです。

３大疾病保険金　300万円－①

特定疾病診断保険金　300万円×10％＝30万円－②

入院給付金　40万円－③（入院日数は1日、30日に達しているため、20万円×2）

①＋②＋③＝370万円（手術給付金は、外来ではないので支払われません）

（イ）

羽鳥さんが交通事故で即死した場合、保険会社から支払われる保険金・給付金の合計は以下のとおりです。

終身保険100万円＋定期保険1,900万円＋**新３大疾病保障保険300万円×10％**＋身体障害保障保険300万円＝2,330万円

※通常、特定疾病保障保険の死亡保険金は特定疾病保険金と同額です。

（ウ）

羽鳥さんがケガで公的医療保険制度の対象となる所定の手術を入院せずに1回受けた場合、保険会社から支払われる保険金・給付金の合計は以下のとおりです。

外来手術給付金　20万円×10％＝2万円（所定の手術を、入院せずに1回受けているため）

なお、入院をしていないため、入院給付金はありません。

入院Ａと入院Ｃ

　　同一の疾病であり、入院Ｃは、入院Ａの退院後180日以内の再入院であるため、通常であれば、入院Ａと合わせて60日分までとなりますが、心疾患であるため、入院日数は無制限となり、40日＋40日＝80日分となります。

入院Ｂ

　　事故による入院であり、入院Ａと入院Ｃとは別の原因の入院ですので、1入院の限度日数である60日分が支払われます。

以上より、80日分＋60日分＝140日分が支払われます。

（ア）適切

（イ）不適切 特定疾病保障保険から特定疾病保険金が支払われると、契約は終了します。

（ウ）適切 支払事由（2）、別表1の1）（a）（c）（e）に該当しますので、介護保険金を受け取ることができます。

（エ）不適切 要介護2以上の状態に該当すると介護保険金が支払われますが、要介護1ですので、介護保険金は支払われません。

（ア）不適切　契約者（保険料負担者）が毎年受け取る年金は、雑所得として所得税の課税対象です。

（イ）適切

（ウ）不適切　契約者（保険料負担者）が契約日から5年経過後に受け取る解約返戻金は一時所得として所得税の課税対象です。

（エ）適切

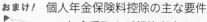

おまけ！　個人年金保険料控除の主な要件

・年金受取人が契約者本人またはその配偶者であること
・被保険者と年金受取人が同一であること
・保険料払込期間が10年以上であること
・確定年金、有期年金の場合、60歳以降10年以上の受取期間であること
・税制適格特約が付加されていること

問15　正解：2　重要度 **A**

給与収入：
> 給与所得に該当し、給与の収入金額－給与所得控除額により求めます。
> 給与所得控除額の最低額55万円以下ですので、給与所得はありません。

老齢基礎年金、老齢厚生年金および企業年金：
> 公的年金等の雑所得に該当し、
> 「公的年金等の収入金額－公的年金等控除額」により求めます。
> 240万円－110万円＝130万円

養老保険の満期保険金の一時所得：
> 契約者（保険料負担者）が受け取った養老保険の満期保険金は一時所得に該当し、保険期間5年超の場合、総合課税の対象です。
> 一時所得の金額は「総収入金額－その収入を得るために支出した金額－50万円（特別控除）」により求めます。
> 300万円－130万円－50万円＝120万円
> 一時所得の総所得金額に算入される金額は、損益通算後の金額の2分の1です。

公的年金等の雑所得、一時所得はいずれも総合課税の対象であり、総所得金額に含めます。

以上より、総所得金額は130万円＋120万円×1／2＝190万円です。

給与所得と公的年金等の雑所得がある場合、
> 「給与所得（10万円を限度）＋公的年金等の雑所得（10万円を限度）－10万円」により求めた金額を所得金額調整控除として、総所得金額の計算の際、給与所得の金額から控除できます。ただし、設問では、給与所得がゼロであるため所得金額調整控除はありません。

不動産所得の損失：

原則、不動産所得の損失は損益通算できますが、土地の取得に要した借入金の利子30万円は損益通算の対象外ですので、20万円（50万円－30万円）の損失が損益通算の対象となります。

上場株式の譲渡所得の損失：

上場株式等の配当所得（申告分離課税を選択したものに限る）等とは損益通算できますが、事業所得とは損益通算できません。

一時所得の損失：

損益通算の対象となりません。

（ア）配偶者控除

納税者本人の合計所得金額が1,000万円を超える場合、配偶者控除の適用を受けることはできません。

（イ）扶養控除

扶養控除は、16歳以上で生計を一にする親族等（配偶者を除く）のうち、合計所得金額48万円以下の者が対象です。
長男（20歳）は特定扶養親族に該当し、所得税の扶養控除の額は63万円です。
長女（15歳）は扶養控除の対象外です。

（ア）不適切　1年目は確定申告が必要ですが、2年目以降は年末調整により控除できます。

（イ）適切

（ウ）不適切　本年分の住宅ローン控除可能額が所得税から控除しきれない場合は、市区町村への**住民税の申告**をしなくても、翌年度の住民税から控除できます（限度あり）。

【第6問】

問19 正解：（ア）**3**　（イ）**7**　（ウ）**4**　（エ）**5**　　　　　　重要度 A

相続の限定承認・放棄	相続開始があったことを知ったときから（ア　3カ月）以内に（イ　家庭裁判所）にて手続きをしなければならない
所得税の準確定申告	相続開始があったことを知った日の翌日から（ウ　4カ月）以内に被相続人の納税地（一般に住所地）を管轄する所轄税務署長に申告書を提出する
相続税の期限内申告	相続開始があったことを知った日の翌日から（エ　10カ月）以内に被相続人の住所地を管轄する所轄税務署長に申告書を提出する

贈与をする者	父母または祖父母
贈与を受ける者	贈与を受ける年の1月1日において18歳以上 贈与を受ける年の合計所得金額が（ア：2,000万円） （床面積40㎡以上50㎡未満の場合は1,000万円）以下
取得する住宅の 床面積要件	床面積50㎡（贈与を受ける年の合計所得金額が 1,000万円以下の場合は40㎡）以上240㎡以下
贈与税の申告	贈与税がかからない場合でも、贈与を受けた年の翌年2月 1日から（イ：3月15日）までに贈与税の申告書を提出し なければならない
贈与者が贈与直後 に死亡した場合	非課税となった部分の金額は、相続税の課税価格に算入 （ウ：されない）
その他	暦年課税の基礎控除、相続時精算課税の特別控除等と （エ：併用できる）

問21　正解：**1**　　重要度 **C**

（**ア**）配偶者控除は贈与日時点の婚姻期間が20年以上あることが要件の1つです。

（**イ**）他の贈与がない場合、配偶者控除2,000万円と基礎控除110万円を合わせて、
2,110万円までであれば、贈与税がかかりません。

（**ウ**）

 おまけ！ 翌年3月15日は所得税と贈与税の申告期限です。

（**エ**）

おまけ！ 贈与税の暦年課税方式の基礎控除の部分は相続税の課税価格に加
算されます。

宅地等の区分	適用限度面積	減額割合
特定事業用宅地等	400㎡	（ア：80）%
特定同族会社事業用宅地等		
特定居住用宅地等	330㎡	
貸付事業用宅地等	200㎡	（イ：50）%

※特定事業用宅地等と貸付事業用宅地等については、一定の場合に該当しない限り、相続開始前（ウ：3）年以内に新たに（貸付）事業の用に供された宅地等を除く。

【第7問】

問23　正解：**624**（万円）　重要度 **A**

○年後の給与は「現在の金額×（1＋変動率）^{経過年数}」により求めます。

$6,000,000円×（1＋0.01）^4≒6,243,624円 → 624万円$

（万円未満四捨五入）

問24　正解：**817**（万円）　重要度 **A**

金融資産残高は「前年の金融資産残高×（1＋運用利率）＋当該年の年間収支」により求めます。

（イ）の年の年間収支＝1,010万円－900万円＝110万円

金融資産残高＝700万円×（1＋0.01）＋110万円＝817万円

問25	正解：**2**	重要度 **B**

1．**不適切**　日本学生支援機構の貸与型奨学金には、利子が付かない「第一種」と利子が付く「第二種」があります。

2．**適切**

3．**不適切**　日本学生支援機構の奨学金は、学生本人名義の口座に振り込まれます。

4．**不適切**　日本学生支援機構の奨学金は、進学前に受け取ることはできません。

【第8問】

問26	正解：**9,230,000**（円）	重要度 **A**

将来、ある金額を貯めるために、一定期間にわたり複利運用する場合に現時点で準備しておくべき金額は「将来の必要金額×現価係数」により求めます。

設問の場合、「1,000万円×0.923＝9,230,000円」となります。

問27	正解：**824,000**（円）	重要度 **A**

ある借入額を一定期間にわたり元利均等方式により返済する場合、毎年の返済額は「借入額×資本回収係数」により求めます。

設問の場合、「400万円×0.206＝824,000円」となります。

問28	正解：**33,034,500**（円）	重要度 **A**

一定期間にわたり複利運用しながら一定額を受け取る場合の受取り開始時点の金額は、「毎年の受取額×年金現価係数」により求めます。

設問の場合、「150万円×22.023＝33,034,500円」となります。

問29 正解：**2,050**（万円） 重要度 **B**

事業者からマンションを購入する場合、建物部分は消費税が課税され、土地部分は非課税です。

消費税250万円、消費税率10％ですので、

建物本体の価格は250万円÷0.1＝2,500万円となります。

したがって、土地（敷地の共有持分）の価格は、4,800万円－（2,500万円＋250万円）＝2,050万円となります。

問30 正解：**4** 重要度 **B**

1．適切

2．適切

3．適切

4．**不適切**　連帯保証方式である収入合算で住宅ローンを契約した場合、連帯保証人には団体信用生命保険を付保できません。

問31 正解：**3** 重要度 **B**

本年10月1日に死亡した場合、残りの保険期間は14年、年金月額20万円ですので、収入保障保険から20万円×12月×14年＝3,360万円の年金が支払われます。

問32　正解：（ア）◯　（イ）◯　（ウ）✕　（エ）◯　　重要度 B

（ア）適切

（イ）適切

（ウ）不適切　ふるさと納税をしたことにより受けられる寄附金控除は、所得控除です。

 おまけ！　ふるさと納税をしたことにより受けられる**住民税の寄附金控除は、税額控除です。**

（エ）適切

問33　正解：**2**　　重要度 C

（ア） 出産手当金は、出産の日以前42日から出産の日後56日までの間において、仕事を休んだ日数分が支給されます。

（ウ）（エ） 育児休業期間中も同様です（最長子が3歳に達するまで）。

問34　正解：（ア）**1**　（イ）**4**　（ウ）**6**　（エ）**8**　　重要度 A

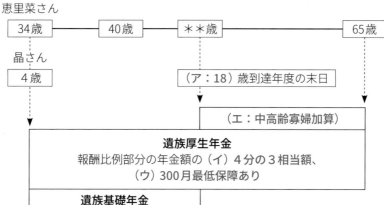

貴弘さん死亡
▼

恵里菜さん

| 34歳 | 40歳 | ＊＊歳 | 65歳 |

晶さん

| 4歳 |

（ア：18）歳到達年度の末日

（エ：中高齢寡婦加算）

遺族厚生年金
報酬比例部分の年金額の（イ）4分の3相当額、
（ウ）300月最低保障あり

遺族基礎年金

問35　正解：**6,540**（万円）　　　　　　　　　　　　重要度 Ⓐ

純資産は「資産－負債」により求めます。

生命保険は解約返戻金で計上するため、130万円＋200万円+500万円＋90万円＝920万円です。

羽鳥家の純資産は、以下のとおり、6,540万円です。

＜羽鳥家（孝治さんと千種さん）のバランスシート＞　　　　　　（単位：万円）

[資産]		[負債]	
金融資産		住宅ローン	1,550
預貯金等	1,700	自動車ローン	80
投資信託	600		
生命保険	920	負債合計	1,630
不動産			
土地（自宅の敷地）	3,800		
建物（自宅の家屋）	600	[純資産]	（ア：6,540）
その他（動産等）	550		
資産合計	8,170	負債・純資産合計	8,170

- 死亡時に羽鳥家（孝治さんと千種さん）が保有している金融資産
  1,700万円＋600万円＝2,300万円
- 死亡により支払われる死亡保険金（被保険者が孝治さんである生命保険）
  定期保険A：500万円＋500万円（災害割増特約）＝1,000万円
  定期保険特約付終身保険B：3,000万円
  変額個人年金保険D：500万円（解約返戻金500万円＞一時払保険料400万円）
  合計　1,000万円＋3,000万円＋500万円＝4,500万円

返済すべき債務：80万円

　※住宅ローンは団体信用生命保険が付保されており、孝治さんが死亡すると保険
　　金で返済されます。

以上より、（ア）の額は2,300万円＋4,500万円－80万円＝6,720万円　となります。

問37 正解：**3**

重要度 **A**

（イ）自己都合退職の給付制限期間は原則**2カ月**（過去5年間で3回目以降の場合は
　　　3カ月）です。

（ウ）

おまけ！　高年齢再就職給付金は、基本手当を受給している60歳以上65歳未
満の者が再就職したものの、60歳時の賃金と比較して再就職後の
賃金が**75％未満**である場合、基本手当の支給残日数に応じて最長
1年または2年（かつ最長65歳に達するまで）にわたり支給され
る高年齢雇用継続給付の1つです。

1．不適切　（ア）は「市町村（東京23区は特別区）」が入ります。要介護認定の手続も市町村（東京23区は特別区）に対して行います。

2．適切

3．不適切　（ウ）には「老化に伴う特定疾病が原因で」が入ります。

> **おまけ！**　第1号被保険者は原因を問いません。

4．不適切　（エ）には「1割」が入ります。

> **おまけ！**　一定以上の所得がある第1号被保険者の自己負担割合は支給限度額の範囲内で2割または3割です。

＜資料：全国健康保険協会管掌健康保険の任意継続被保険者＞

加入条件	資格喪失日の前日まで継続して（ア：2カ月）以上被保険者であったこと　※加入期間は最長（イ：2年）間
保険料	全被保険者の標準報酬月額の平均額または資格喪失時の標準報酬月額に応じて計算され、その全額が本人負担となる
手続き	本人が資格喪失日から（ウ：20日）以内に協会けんぽに対して加入手続きを行う

保険者（運営主体）	都道府県単位で設立された（ア：後期高齢者医療広域連合）
被保険者	（イ：75歳）以上の高齢者 一定の障害認定を受けた前期高齢者
一部負担金の割合	原則として、医療費の1割 　定の高所得者は2割または3割
保険料	（ウ：被保険者）単位で、均等割と所得割額の合計額を徴収

第 **3** 回目　日本FP協会実技試験　**資産設計提案業務**

解答・論点一覧

check!

大問	問題	分野	論点	正解	重要度	各点	
1	1	ライフ	著作権法	(ア) ○　(イ) ○　(ウ) ×	C	1	
	2		個人情報保護法	2	C	2	
2	3	金融	預金保険	2	C	2	
	4		新NISA	(ア) 18　　(イ) 240 (ウ) 120　(エ) 1,800	B	1	
	5		個人向け国債	3	B	2	
	6		外貨預金の計算	1	B	2	
3	7	不動産	不動産の譲渡所得の計算	3	A	2	
	8		登記事項証明書	2	B	2	
	9		不動産広告の見方	1	B	2	
	10		投資利回りの計算	1	B	3	
4	11	リスク	生命保険の証券分析	(ア) 370(万円)　(イ) 2,330(万円) (ウ) 2(万円)	A	1	
	12		医療保険の入院給付金	140(日分)	C	2	
	13		生命保険の証券分析	(ア) ○　(イ) ×　(ウ) ○　(エ) ×	C	1	
	14		個人年金保険	(ア) ×　(イ) ○　(ウ) ×　(エ) ○	B	1	
5	15	タックス	総所得金額の計算	2	A	2	
	16		損益通算の判定	4	A	2	
	17		配偶者控除と扶養控除	1	B	2	
	18		住宅借入金等特別控除	(ア) ×　(イ) ○　(ウ) ×	B	1	
6	19	相続	相続開始後の手続き	(ア) 3　(イ) 7　(ウ) 4　(エ) 5	A	1	
	20		住宅取得等資金の非課税	(ア) 1　(イ) 3　(ウ) 6　(エ) 7	C	1	
	21		贈与税の配偶者控除	1	C	2	
	22		小規模宅地等の特例	2	B	2	
7	23	ライフ	キャッシュフロー表の計算	624(万円)	A	2	
	24		キャッシュフロー表の計算	817(万円)	A	2	
	25		日本学生支援機構の奨学金	2	B	2	

大問	問題	分野	論点	正解	重要度	各点	
8	26	ライフ	係数計算	9,230,000（円）	A	2	
	27	ライフ	係数計算	824,000（円）	A	2	
	28	ライフ	係数計算	33,034,500（円）	A	2	
9	29	タックス	不動産取引の消費税の計算	2,050（万円）	B	2	
	30	ライフ	住宅ローン	4	B	2	
	31	リスク	収入保障保険の計算	3	B	2	
	32	タックス	所得税の仕組み	（ア）○ （イ）○ （ウ）× （エ）○	B	1	
	33	ライフ	産前産後休業中の社会保険	2	C	2	
	34	ライフ	遺族給付	（ア）1 （イ）4 （ウ）6 （エ）8	A	1	
10	35	ライフ	バランスシートの計算	6,540（万円）	A	2	
	36	リスク	生命保険の保障と 負債返済後の残高計算	3	C	3	
	37	ライフ	雇用保険の失業等給付	3	A	2	
	38	ライフ	介護保険	2	C	2	
	39	ライフ	任意継続被保険者	3	B	2	
	40	ライフ	後期高齢者医療制度	（ア）2 （イ）4 （ウ）5	B	1	

分野別得点表

ライフ	リスク	金融	タックス	不動産	相続
／36	／18	／10	／15	／9	／12

合格基準点数

60／100

あなたの合計得点

／100

得点UP！

超頻出論点集

出先での勉強や、試験直前の再チェックに！
https://sugoibook.jp/fp/w6F7mxbAKe

●コンプライアンス

○=資格者以外もできる　×=資格者以外はできない

税理士でない者	×　個別具体的相談（有償・無償問わず） ○　仮定・抽象的な相談
弁護士でない者	×　単独で具体的な法律判断 ○　一般的な説明、遺言の証人、任意後見人
司法書士でない者	×　不動産の権利に関する登記 ○　遺言の証人、任意後見人
投資助言・代理業無登録者	×　投資顧問・投資一任契約 ○　一般的な説明、客観的事実の説明
社会保険労務士でない者	×　社会保険の書類の作成・提出の代行 ○　年金相談

最後の
一押し！　　各資格・登録がない者がやっていけないことを正確に！

●係数

分かっている金額 × 係数 ＝ 答

係数	使用事例
現価係数	将来の貯蓄目標から運用益を差し引いた**現在**の必要資金を求める
終価係数	収入、支出、貯蓄が一定割合で増えた場合の**将来金額**を求める
年金終価係数	毎年一定額を積み立てた場合の**将来金額**を求める
減債基金係数	将来の貯蓄目標を達成するために必要な**積立金額**を求める
資本回収係数	貯蓄を一定期間にわたり取り崩す場合の毎回の**取崩額**を求める 借入額を元利均等方式により返済する場合の毎回の**返済額**を求める
年金現価係数	運用しながら貯蓄を取り崩す場合の当初の必要資金を求める

最後の
一押し！　　現在から将来（または取り崩し）の金額を求めるときは「し」がつ
く係数。将来から現在・当初（または積立）の金額を求めるときは
「げ」がつく係数

●住宅ローンの返済方法

元利均等返済	毎回の返済額が一定 一般的な返済方法	当初の返済額は元金均等返済の方が多い
元金均等返済	毎回の元金部分の返済額が一定 （利息は徐々に減少）	総返済額は元利均等返済の方が多い

 何が一定？　違いを確認しておこう！

●貸与型の日本学生支援機構の奨学金

貸与型	第一種奨学金	無利子
	第二種奨学金	有利子（在学中は無利子）

 第一種のほうが選考基準が厳しい分、無利子！

●日本政策金融公庫の教育一般貸付

対象	高校、大学等（小学校、中学校は対象外）
融資限度額	原則350万円 所定の海外留学資金、大学院、自宅外通学等は450万円
返済期間	最長18年
金利	固定金利
使途	入学金、授業料、受験費用等のほか、通学費用、下宿費用、国民年金保険料にも利用できる

 学費以外にも利用できます！

●社会保険と加入年齢（原則）

国民年金第1号・第3号被保険者	20歳以上60歳未満
厚生年金保険	70歳未満
健康保険・国民健康保険	75歳未満
後期高齢者医療制度	75歳以上
介護保険	第1号被保険者　65歳以上 第2号被保険者　40歳以上65歳未満

 加入年齢は得点源！

●健康保険の任意継続被保険者

被保険者期間要件	継続して2カ月以上
手続き期限	退職日の翌日から20日以内
加入期間	最長2年（かつ75歳に達するまで）
保険料負担	全額自己負担

 ポイントは「2」！

●介護保険の概要

	第1号被保険者	第2号被保険者
保険者・手続き先	市町村・特別区	
対象年齢	65歳以上	40歳以上65歳未満
給付事由	原因は問わない 要支援1～2 要介護1～5	左記のうち、 老化に伴う特定疾病が原因
自己負担割合 （原則）	原則1割。一定の高所得者 は2割または3割	一律1割

 第1号と第2号の違いは定番！

●雇用保険の基本手当

離職事由	加入期間要件	給付制限	基本手当の所定給付日数
自己都合	離職前2年間に通算12カ月以上	原則2カ月	被保険者期間で決まる（最長150日）
定年			
倒産・解雇等	離職前1年間に通算6カ月以上	なし	被保険者期間と離職時の年齢で決まる（最長330日）

最後の一押し！　自己都合退職がよく出題されます！

●国民年金保険料の免除・猶予

	追納可能期間	所得要件	老齢基礎年金額
申請免除	10年前まで	本人、世帯主、配偶者	少し増える
学生納付特例	10年前まで	学生本人	増えない
50歳未満の納付猶予	10年前まで	本人と配偶者	

最後の一押し！　所得要件と老齢基礎年金の扱いの違いがひっかけポイント！

●付加年金

対象者	国民年金第1号被保険者の保険料全額納付者、任意加入被保険者
保険料	月額400円
年金	「200円×保険料納付月数」が65歳から支給
繰上げ・繰下げ	老齢基礎年金に合わせて増減

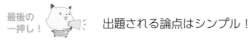

最後の一押し！　出題される論点はシンプル！

●老齢年金と繰上げ・繰下げ

（2022年4月1日以降に60歳（繰下げは70歳）に到達する者のケース）

繰上げ	60歳0カ月～ 64歳11カ月	1月あたり0.4％減額（最大24％） 老齢基礎年金と老齢厚生年金は同時に繰上げ
繰下げ	66歳0カ月～ 75歳0カ月	1月あたり0.7％増額（最大84％） 老齢基礎年金と老齢厚生年金は別々に受給開始できる

 繰上げ・繰下げの増減率、同時・別々は出題可能性大！

●遺族基礎年金

支給対象遺族	死亡した者に生計を維持されていた子のある配偶者または子
支給期間	子が18歳到達年度末（1級、2級障害の場合は20歳未満）まで
支給額 （新規裁定）	配偶者が受給する場合 　基本額　　　　：816,000円 　子2人目まで：234,800円／人 　子3人目以降：　78,300円／人

 遺族基礎年金は原則、高校までの学費！

●遺族厚生年金

支給額	死亡時点で計算した報酬比例部分の4分の3相当額 短期要件に該当し、厚生年金加入期間が300月未満の場合は300月分を保障

 4分の3と300月は絶対押さえておきたい数値！

●自営業者が加入できる老後資金準備制度

	掛金（限度）額	掛金の所得控除
国民年金基金	合わせて 月額6.8万円	社会保険料控除
個人型確定拠出年金		小規模企業共済等掛金控除
小規模企業共済	月額7万円	
付加年金	月額400円	社会保険料控除

最後の
一押し！　6.8万円と7万円、控除の種類のひっかけに注意！

●確定拠出年金

	個人型	企業型
加入上限	65歳未満	70歳未満
運用指図	加入者個人が行う	
掛金の負担	個人 一定の場合、事業主が上乗せ可能	事業主 一定の場合、加入者も事業主負担額と同額まで、かつ掛金限度額の範囲内で拠出可
掛金の税務	事業主分　…　損金または必要経費 加入者分　…　小規模企業共済等掛金控除	
老齢給付	通算加入者等期間が10年以上の場合、60歳以降支給 一時金　……　退職所得（退職所得控除の対象） 年金　………　雑所得（公的年金等控除の対象）	

最後の
一押し！　個人型を中心に覚えよう！

●保険契約者保護機構

国内で営業する保険会社	外資系も含めて加入 直接契約も代理店契約も保護対象
共済、少額短期保険業者	加入対象外

最後の
一押し！　預金保険、投資者保護基金も要チェック！

●定期保険特約の更新

保険料	更新時点の年齢・保険料率で計算（通常、アップする）
健康状態が悪い場合	同額・減額更新の場合、健康状態を問わず、更新できる

最後の
一押し！　更新型の医療保険も同じ！

●特定疾病保障保険

特定疾病	がん、急性心筋梗塞、脳卒中
特定疾病保険金	受け取ると契約は消滅
死亡保険金 高度障害保険金	特定疾病保険金を受け取ることなく、死亡・高度障害となった場合は、原因を問わず、死亡・高度障害保険金が支払われる

最後の
一押し！　死亡・高度障害と３大疾病を兼ねた保険なので、
　　　　　　保険金は一度きり！

●個人年金保険・受取開始後に被保険者が死亡した場合

個人年金保険	受取期間	受取開始後、被保険者が死亡
有期年金	一定期間	その時点で終了
保証期間付有期年金	一定期間	保証期間中は支給継続
確定年金	一定期間	定めた期間中は支給継続
終身年金	終身	その時点で終了
保証期間付終身年金	終身	保証期間中は支給継続

 最後の一押し！ 受取開始前に死亡した場合との違いに注意！

●生命保険料控除

保険の種類・特約	旧制度	新制度
終身（定期）保険、特定疾病保障保険、変額個人年金保険等	一般	
要件を満たす個人年金保険	個人年金	
災害割増特約、**傷害特約**、災害入院特約	一般	対象外
医療保険、がん保険、疾病入院特約、**先進医療特約**、所得補償保険、就業不能保障保険	一般	介護医療

 最後の一押し！ 旧制度と新制度で異なるケースがひっかけポイント！

●個人契約の死亡保険金の課税（契約者＝保険料負担者）

契約者	被保険者	受取人	課税
A	A	相続人	相続税（非課税枠あり）
A	A	相続人以外	相続税（非課税枠なし）
A	B	A	所得税
A	B	C	贈与税

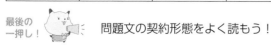 最後の一押し！ 問題文の契約形態をよく読もう！

●個人契約の満期保険金・解約返戻金の課税（契約者＝保険料負担者）

契約者＝受取人	一時所得 ・下記以外（終身タイプ、平準払、5年経過後） 　　総合課税 ・一時払等＆5年以内の満期・解約＆終身タイプでない 　　20.315％源泉分離課税
契約者≠受取人	贈与税

 終身タイプの解約返戻金は一時所得総合課税！

●個人契約の生命保険の給付金

入院・通院・手術・高度障害・介護	被保険者等が受け取る場合は非課税
特定疾病・リビングニーズ	被保険者等が受け取る場合は非課税

 死亡・満期・解約・年金以外は原則非課税！

●法人契約の生命保険料（貯蓄性が高い保険）の経理処理

保険金受取人	終身保険	養老保険	個人年金保険
法人	資産計上	資産計上	資産計上
役員・従業員の遺族	損金（給与・報酬）	損金（給与・報酬）	損金（給与・報酬）
満期・年金＝法人 死亡＝被保険者の遺族	―	1／2　損金※ 1／2　資産計上	1／10　損金※ 9／10　資産計上

※従業員全員であれば福利厚生費、特定の者のみである場合は給与

 法人が受取人である貯蓄性が高い生命保険の保険料は、資産計上！

●法人契約で法人が受け取った死亡保険金、解約返戻金、満期保険金等の経理処理

> ・資産計上されている保険料がある場合
>
> 　　保険金等－保険料積立金（前払保険料）　＞　0　差額を雑収入
>
> 　　保険金等－保険料積立金（前払保険料）　＜　0　差額を雑損失
>
> ・・
>
> ・資産計上されている保険料がない場合　　　　全額を雑収入

最後の一押し！　帳簿上の儲けは雑収入、帳簿上の損失は雑損失！

●地震保険

補償対象物件	住宅建物および家財
申込み	火災保険に付帯（中途付帯もできる）
補償	地震・噴火・津波を原因とする火災、埋没、損壊、流失
保険金額	主契約の30％〜50％ 建物5,000万円、家財1,000万円が限度
保険料の割引	4つあり、重複適用できない
保険金	全損（100％）、大半損（60％）、小半損（30％）、一部損（5％）

最後の一押し！　出題ポイントはほぼ決まっています！

●任意の自動車保険

対人賠償保険・対物賠償保険	本人、配偶者、子、父母が被害者の場合は対象外
人身傷害補償保険	自分の過失割合部分を含めて補償される
車両保険（単独事故）	一般条件では対象、車対車は対象外
車両保険（地震）	特約がなければ、対象外

最後の一押し！　出題されるポイントは毎回ほぼ同じです。

●傷害保険

普通傷害保険	細菌性食中毒、地震による傷害は対象外
家族傷害保険	本人、配偶者、生計を一にする同居親族、別居の未婚の子（傷害発生時で判定）。被保険者数にかかわらず保険料は同じ
国内旅行傷害保険	細菌性食中毒を補償。地震・噴火・津波による傷害は対象外
海外旅行保険	細菌性食中毒を補償 海外における地震・噴火・津波による傷害を補償

最後の一押し！ 普通傷害保険との違いがポイント！

●個人賠償責任保険の免責事由の例

- ・業務中の賠償事故
- ・同居親族に対する賠償事故
- ・自動車（原動機付き自転車を含む）の賠償事故

最後の一押し！ 自転車事故は補償対象ですが、
自転車での配達中は業務中のため対象外！

●企業向け賠償責任保険

生産物 賠償責任保険	製造・販売した家電が発火し、火傷をさせた、火事を起こした 販売・提供した食事、お弁当が原因で食中毒にあわせてしまった
施設所有管理者 賠償責任保険	介護施設で、ヘルパーが誤って入居者を転倒させてしまい、負傷させてしまった 来店客が、店側の清掃不行届が原因で、滑って負傷した
受託者 賠償責任保険	クリーニング店やホテルが、顧客から預かった衣服を紛失してしまった

最後の一押し！ 企業の賠償リスクに備える保険は事例で理解しておこう！

●地震保険料控除

所得税	支払った保険料の全額（最高5万円）
住民税	支払った保険料の2分の1（最高2.5万円）

 最後の一押し！ 生命保険料控除との控除額のひっかけに注意！

●個人契約の損害保険金等の税務

車両保険金、火災保険金、傷害保険金、損害賠償金	非課税
死亡保険金、年金、満期返戻金、解約返戻金	原則、生命保険と同じ

最後の一押し！ 個人契約の生命保険とほぼ同じ！
死亡、満期、解約、年金以外は原則非課税！

●第三分野の保険

医療保険	入院給付金、手術給付金が支払われる 一般的に、入院給付金は1入院および通算の限度日数がある
がん保険	がんと診断されると診断給付金、がんで入院すると入院給付金、がんで手術を受けると手術給付金が支払われる 入院給付金には限度日数がない 契約後、3カ月程度の免責期間がある
疾病入院特約	病気で入院すると入院給付金が支払われる
災害入院特約	不慮の事故で入院すると入院給付金が支払われる
成人（生活習慣）病入院特約	がん、糖尿病等で入院すると入院給付金が支払われる
先進医療特約	療養時に先進医療に該当する治療を受ける場合に支払われる

 最後の一押し！ 医療保険とがん保険の違いのひっかけ、
先進医療特約の対象は、療養時・契約時のひっかけに注意！

●買いオペ・売りオペと資金供給量、金利

買いオペ	市中の債券等を購入し、市中に資金を供給する	市中の資金量が増加し、金利は下落する
売りオペ	保有する債券等を売却し、市中の資金を引き上げる	市中の資金量が減少し、金利は上昇する

 最後の一押し！　普通の売買と一緒だよ！

●債券の利回り

利回り（％）＝投資金額に対する1年あたりの収益

＝収益÷所有期間（年）／買付価格×100

応募者利回り	発行から償還まで所有する場合の利回り
最終利回り	途中で購入し、償還まで所有する場合の利回り
所有期間利回り	途中で売却した場合の利回り

 最後の一押し！　計算問題は確実に得点しよう！

●債券のリスク

価格変動リスク	市場金利上昇（下落）→ 債券価格下落（上昇） 債券価格上昇（下落）→ 利回り下落（上昇） 残存期間が長い方が、価格変動幅は大きい 利率が低い方が、価格変動幅は大きい
信用リスク	格付けが高いほど、債券価格は高く、利回りは低い 格付けが低いほど、債券価格は低く、利回りが高い

 最後の一押し！　金利・利回りと債券価格は逆の関係。

格付けの高低と債券価格の高低は同じ関係

●株式の信用取引

委託保証金	現金、上場株式 最低30万円
新規建て	委託保証金率30%である場合、 委託保証金×10／3（約3.3倍）まで取引できる
種類	一般信用　証券会社のルール 制度信用　証券取引所等のルール（6カ月以内に決済）

 最後の
一押し！　　　まずは数字関係を要チェック

●株価指数

株価指数	市場	銘柄数	属性
日経平均株価	東京証券取引所プライム	225	株価平均
JPX日経 インデックス400	東京証券取引所プライム、 スタンダード、グロース	内国普通株式400	時価総額 加重平均
ニューヨークダウ	ニューヨーク、ナスダック	30	株価平均
ナスダック総合指数	ナスダック	全部	時価総額 加重平均
S&P500	ニューヨーク、ナスダック	500	
FTSE100	ロンドン	100	
DAX	フランクフルト	40	

 最後の
一押し！　　　どこの市場？　何銘柄？　何平均？
　　　　　　　特に日本とアメリカを要チェック

●株式の投資指標

PER（株価収益率）	株価÷1株当たり純利益	数値が小さい方が割安
PBR（株価純資産倍率）	株価÷1株当たり純資産	数値が小さい方が割安
ROE（自己資本利益率）	純利益÷自己資本×100	数値が高いほど、収益性が高い
配当利回り	1株配当金÷株価×100	―
配当性向	配当金÷純利益×100	数値が高いほど、配当による株主還元が多い

最後の一押し！ 頭文字（P、R、配当）が分子と理解すれば、計算も大丈夫！

●新NISA

	成長投資枠	つみたて投資枠
対象者	1月1日現在、18歳以上の居住者等	
非課税期間	制限なし	
口座・投資枠	毎年、同時に両方を利用できる（1人1口座）	
年間投資上限額	240万円	120万円
生涯非課税限度額	1,200万円	―
	1,800万円	
	非課税投資枠を再利用できる	
投資対象	上場株式、株式投資信託、ETF、J-REIT等	長期・分散・積立に適した公募株式投資信託、ETF
非課税となる利益	配当（分配金）、譲渡益	
譲渡損失の扱い	損益通算できない	
2023年までの（つみたて）NISA	上記と別枠で利用できる	

最後の一押し！ 絶対得点したい！共通点と違いを整理しておこう！

●上場株式等の配当所得（大口株主を除く）

課税方法	配当控除	上場株式等の 譲渡損失との損益通算
申告不要	×	×
総合課税	○	×
申告分離課税	×	○

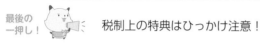 最後の一押し！　税制上の特典はひっかけ注意！

●上場株式等の譲渡損失の損益通算

できる	上場株式等の配当所得（申告分離課税を選択） 特定公社債の利子所得、譲渡所得
できない	上記以外 ・総合課税を選択した配当所得 ・給与所得、不動産所得、事業所得等

 最後の一押し！　上場株式等の損失は、一定の範囲でしか、損益通算できません！

●追加型公募株式投資信託の分配金

普通分配金	個別元本を上回る基準価額から支払われる分配金	配当所得
元本払戻金 特別分配金	分配落ち後の基準価額＜個別元本となる場合、 下回る部分からの分配金	非課税

 最後の一押し！　普通分配金はもうけからの分配、
元本払戻金はもうけではない部分の払戻し！

●投資信託のタイプ

公社債投資信託	株式で運用できない（MRF、外貨MMFなど）
株式投資信託	株式で運用することができる

パッシブ型 （インデックス型）	運用成果がベンチマークに連動することを目標とするタイプ
アクティブ型	運用成果がベンチマークを上回ることを目標とするタイプ

バリュー運用	割安株（PER、PBRが低い銘柄、配当利回りが高い銘柄）で運用
グロース運用	成長株（PER、PBRが高い銘柄、配当利回りが低い銘柄）で運用

トップダウン アプローチ	業種別組入比率、国別組入比率を先に決め、個々の銘柄はその中で選ぶ
ボトムアップ アプローチ	運用方針に沿って銘柄を選び、結果として国別組入比率、業種別組入比率が決まる

最後の
一押し！ 対になる定義でひっかけに注意！

●為替レート

TTS	銀行が外貨を売る（Sell）レート	顧客が円を外貨に換えるレート
TTB	銀行が外貨を買う（Buy）レート	顧客が外貨を円に換えるレート

最後の
一押し！ 英語表記は金融機関からみた表現。
試験は顧客からみた表現で出題！

●為替差益

預入時よりも円高（＝外貨安）	為替差損が発生
預入時よりも円安（＝外貨高）	為替差益が発生

最後の
一押し！ 円高で買って、円安で売れば利益発生！

●ポートフォリオ理論

期待収益率	分散投資した場合、加重平均値 それぞれ投資割合×期待収益率を求め、合計した数値
相関係数	複数の証券等間の値動きの関係を1から－1の数値で表したもの －1　ポートフォリオ効果は最大（逆相関） ＋1　リスクは加重平均値（純相関）、ポートフォリオ効果はない
シャープレシオ	（全体の収益率－安全資産利子率）÷標準偏差 数値が大きいほど、効率的な運用であると判断できる

 最後の一押し！　相関係数が－1に近いものに分散投資するとリスク軽減効果大！
シャープレシオが高いほど、より効率的な運用！

●預金保険制度の預金保護

預金保険の対象	国内に本店がある銀行等の国内店舗に預けた預金	
決済用預金	全額保護	当座預金、決済用普通預金、振替貯金
その他保護対象預金	1預金者当たり元本1,000万円までと利息を保護	普通預金、定期預金など
保護対象外		外貨預金など

 最後の一押し！　全額保護、対象外、1,000万円＋利息まで保護、
の区分けを正確に！

●オプション取引

オプション		買い手の利益・損失	売り手の利益・損失
コール	買う権利	損失はオプション料に限定 利益は無限大	利益はオプション料に限定 損失は無限大
プット	売る権利	損失はオプション料に限定 利益は無限定	利益はオプション料に限定 損失は無限定

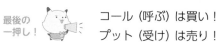 最後の一押し！　コール（呼ぶ）は買い！
プット（受け）は売り！

●申告納税方式と賦課課税方式

申告納税方式	所得税、法人税、相続税、贈与税など
賦課課税方式	住民税など

最後の
一押し！　　　申告期限が出題される税金は申告納税方式！

●分離課税

申告分離課税	退職所得、土地等・建物の譲渡所得、株式等の譲渡所得 特定公社債の利子所得など
源泉分離課税	国内預金の利子所得など

最後の
一押し！　　　総合課税でない所得は要チェック！

●非課税所得と課税所得

非課税所得	課税所得
遺族年金、障害年金、健康保険、雇用保険の給付	老齢年金（雑所得）
元本払戻金	普通分配金（配当所得）

最後の
一押し！　　　似ている所得で、課税・非課税を確認しておこう！

●主な所得の計算式

給与所得	給与収入金額－給与所得控除額
退職所得（原則）	（収入金額－退職所得控除額）×1／2
雑所得（公的年金等）	公的年金等の収入金額－公的年金等控除額
一時所得	収入金額－支出金額－特別控除（最高50万円） 総所得金額に算入されるのは損益通算後の2分の1

最後の
一押し！　　　○○控除額、特別控除、1／2は狙われます！

●退職所得控除額

勤続年数	退職所得控除額
20年以下	40万円×勤続年数（最低80万円）
20年超	800万円＋70万円×（勤続年数−20年）

※1年未満の端数は1年に切り上げ

 最後の一押し！ 　「○○年目」が「勤続年数」になる！

●不動産所得と譲渡所得の損失の損益通算

	できない	できる
不動産	土地等の取得に係る借入金の利子の部分等	左記以外の損失
譲渡	居住用財産以外の不動産の譲渡損失 生活に必要でない資産 （美術品、ゴルフ会員権など）の譲渡損失	一定要件を満たす居住用財産の譲渡損失 総合課税（事業用資産）の譲渡損失

 最後の一押し！ 　不動産所得は損益通算できない損失、譲渡所得は損益通算できる損失をチェック！

●所得税の所得控除の所得要件

所得控除	本人の合計所得金額	配偶者（扶養親族）の合計所得金額
基礎控除	2,500万円以下 満額控除は2,400万円以下	―
配偶者控除	1,000万円以下 満額控除は900万円以下	48万円以下
扶養控除	―	48万円以下

 最後の一押し！ 　所得要件は要チェック！
　適用要件と満額控除の要件は少し違う点に注意！

589

●所得税の扶養控除の額

0〜15歳	なし
16〜18歳	38万円（一般の控除対象扶養親族）
19〜22歳	63万円（特定扶養親族）
23〜69歳	38万円（一般の控除対象扶養親族）
70歳〜	同居老親　58万円（同居老親等） その他　　48万円（老人扶養親族）

最後の一押し！　年末時点の年齢と所得要件をチェック！

●所得税の保険料等の所得控除の限度額

社会保険料控除 小規模企業共済等掛金控除	全額
生命保険料控除	新契約は各4万円 旧契約は各5万円 合計12万円が限度
地震保険料控除	5万円

最後の一押し！　限度額はひっかけポイント！

●医療費控除額

通常の 医療費控除	（医療費−保険金等）−10万円または総所得金額等の5% 上限200万円	一方 のみ 適用
セルフメディ ケーション税制	（特定一般用医薬品等購入費−保険金等）−1.2万円 上限8.8万円	

最後の一押し！　10万円と200万円がカギ！

●医療費控除

対象となる医療費	対象外となる医療費
・診療費・治療費 ・人間ドック・健康診断費用 　（重大な疾病が発見され、治療をした場合） ・治療のための医薬品購入費 ・電車、バス等による通院費	・人間ドック・健康診断費用（異常なし） ・未払医療費、疾病予防費用、健康増進費用 ・差額ベッド代 ・マイカー通院の駐車場代等

最後の
一押し！

特に対象外をチェック！
人間ドック・健康診断は結果が重要！

●本年中に取得・居住する場合の住宅借入金等特別控除

控除期間	省エネ基準を満たす新築住宅等は 13 年、その他は 10 年
建物要件	原則、床面積 50 ㎡以上（一定の新築住宅等は 40 ㎡以上） 2 分の 1 以上が居住用
所得要件	原則、控除を受ける年の合計所得金額が 2,000 万円以下 （床面積 40 ㎡以上 50 ㎡未満の一定の新築住宅等は 1,000 万円以下）
借入金要件	償還期間 10 年以上
確定申告	1 年目は必ず確定申告が必要。2 年目以降、年末調整で申告・納税を完了する給与所得者は年末調整で控除可能

最後の
一押し！

高確率で出題される住宅ローン控除は確実に得点したい！

●給与所得者の確定申告

確定申告が必要	確定申告をしないと適用を受けられない
・給与収入が 2,000 万円超 ・給与所得者で給与・退職所得以外の所得金額が 20 万円超（一時所得等は 2 分の 1 後で判定） ・同族会社役員が会社に土地・建物・資金を貸し付けている場合の対価・利子がある（1 円でも必要）	・給与所得者が所得控除のうち雑損控除、医療費控除、寄附金控除（一部を除く）を受けたい場合 ・住宅借入金等特別控除 （1 年目は例外なし、2 年目以降は年末調整でも可）

最後の
一押し！

20 万円基準は注意しよう！

●青色申告

適用対象者	不動産所得、事業所得、山林所得を生ずる業務を行っている者
手続き期限	原則、適用を受けたい年の3月15日まで 1月16日以降に開業の場合、開業から2カ月以内
帳簿保存	原則7年間保存
主な特典	純損失の繰越控除（翌年以降3年間） 〜事業所得、事業的規模で不動産を貸付の場合〜 ・一定要件のもと、青色事業専従者給与を必要経費に算入できるが、配偶者（特別）控除、扶養控除は**対象外** ・最高55万円（電子申告等の場合は**65万円**）の青色申告特別控除を適用できる（所定要件を満たさない場合は最高10万円）

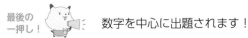 数字を中心に出題されます！

●個人・所得税と法人・法人税

	個人・所得税	法人・法人税（資本金1億円以下の場合）
税率	原則、超過累進税率	所得800万円以下の部分　15% 所得800万円超の部分　　23.2%
交際費	必要経費	**800万円の定額控除限度額**　または **社外飲食費の50%**のいずれか多い金額まで
開業時の青色申告承認申請	3月15日まで、または開業後2カ月以内	設立の日以後3カ月を経過した日、または第1期事業年度終了の日のいずれか早い日の前日まで
申告期限	所得税 2月16日〜3月15日 消費税 〜3月31日	法人税・消費税（原則） 事業年度終了の日の翌日から2カ月以内

 所得税と法人税の違いは得点源！

●会社・役員間の取引

会社に不利・役員に有利	多くの場合、役員にとって有利となる部分は給与扱い （法人側：役員給与　役員側：給与所得）
役員が会社に無利子貸付	原則、認定課税はない
役員が会社に低額譲渡	法人側：時価との差額は受贈益 役員側：時価の2分の1以上　譲渡対価での譲渡 　　　　時価の2分の1未満　時価での譲渡

 最後の一押し！　役員に有利な場合は通常、役員給与扱い。反対の場合がひっかけ

●消費税（国内企業）

免税	基準期間　　　　　　　　　　　　：課税売上高　1,000万円以下 特定期間（前事業年度前半6カ月）：課税売上高または給与等 　　　　　　　　　　　　　　　　　　　1,000万円以下 の両方の要件を満たす場合 ・課税事業者を選択した場合、原則2年間は免税事業者に変更できない ・新規設立の資本金1,000万円以上の法人は課税事業者
簡易課税	基準期間の課税売上高　5,000万円以下 原則、2年間は変更できない

●不動産取引と消費税

不動産	譲渡	貸付
土地	非課税	原則、非課税
建物	課税	住宅以外：課税 住宅　　：原則、非課税

 最後の一押し！　免税と簡易課税、消費税の非課税・不課税は定番！

●登記記録の内容

表題部	土地：地番、地目、地積など 建物：家屋番号、種類、構造、床面積など
権利部（甲区）	所有権に関する事項
権利部（乙区）	所有権以外の権利に関する事項 （賃借権、抵当権等）

  最後の
一押し！　　　　権利部甲区と権利部乙区は最重要！

●登記の公信力と対抗力

公信力	公信力はない（信用して取引しても、原則、保護されない）
対抗力	登記された権利は第三者に対抗できる （例外） 　借地権は借地上の建物を登記すると第三者に対抗できる 　借家権は建物の引渡しを受けていれば第三者に対抗できる

 最後の
一押し！　　　　公信力はない！対抗力は借地権、借家権の例外が重要！

● 4つの土地の価格

	対公示価格	基準日	評価替え
公示価格	－	1月1日	毎年
基準地標準価格	100%	7月1日	毎年
相続税路線価	80%	1月1日	毎年
固定資産税評価額	70%	1月1日	3年ごと

 最後の
一押し！　　　　「70%、80%」、「1月1日、7月1日」、
　　　　　　　　「毎年、3年ごと」は最頻出！

●手付金

特に定めがない場合	解約手付として扱われる
手付解除の要件	相手方が契約履行に着手するまで 買主　手付金の放棄 売主　手付金の倍額を現実に提供
宅建業者が売主、 宅建業者以外が買主の場合	売主は売買代金の2割を超える手付金を受領することはできない

 最後の一押し！　手付解除は相手方が履行に着手するまで！売主は倍返し！

●普通借地権

普通借地権	当初の存続期間　30年以上 存続期間満了時に、借地上に建物が存在する場合には更新あり 正当事由なく貸主は更新を拒絶できない 最初の更新　20年以上　その後の更新　10年以上

 最後の一押し！　建物がない場合は法定更新されない！

●定期借地権

	一般定期借地権	事業用定期借地権等
契約方法	書面（電磁的記録を含む）で契約	公正証書で契約
期間	50年以上	10年以上50年未満
その他	原則、更地で返還	原則、更地で返還 居住用建物には利用できない

 最後の一押し！　違う点がひっかけポイント！

●普通借家と定期借家

	普通借家	定期借家
更新	あり 貸主の拒絶には正当事由が必要	なし 再契約は可能
契約方法	口頭も有効	書面（電磁的記録を含む）で契約
期間	定める場合は1年以上 1年未満で定めると期間の定めが ないものとされる	自由に定められる
造作買取 請求権	家主の同意を得て付加した造作を、契約終了時に買取請求できる権利 買取請求権を排除する特約は有効	

最後の
一押し！ 「1年未満の契約は1年とみなされる」、「公正証書で契約」の
ひっかけに注意！

●区分所有法

共用部分	持分割合は原則、専有部分の床面積割合 原則、専有部分と分離処分できない
敷地利用権	専有部分を所有するための敷地の権利 原則、専有部分と分離処分できない

●区分所有法で定める集会の決議の定数

規約の設定・変更等	区分所有者・議決権の各4分の3以上の賛成
建替え	区分所有者・議決権の各5分の4以上の賛成

最後の
一押し！ 「分離処分できる」、「過半数の賛成」「全員の賛成」の
ひっかけに注意！

●建蔽率と容積率

	定義	最高限度の計算方法
建蔽率	建築面積の敷地面積に対する割合	敷地面積×建蔽率＝建築面積
容積率	延べ面積の敷地面積に対する割合	敷地面積×容積率＝延べ面積

●建蔽率の加算

特定行政庁が指定する角地	10％加算	
防火地域内にある耐火建築物等	原則	10％加算
	建蔽率80％	100％
準防火地域内にある耐火建築物等または準耐火建築物等	10％加算	

●制限の異なる地域にわたる場合

用途制限	敷地の過半の属する地域（広い方）の制限を敷地全体に適用
防火制限	原則、厳しい方の制限を適用
建蔽率、容積率	加重平均（別々に計算して合計）

●高さ制限と適用地域

絶対高さ制限 10ｍまたは12ｍ	低層住居専用地域、田園住居地域
隣地斜線制限	上記用途地域以外、用途地域の指定がない区域
北側斜線制限	住居専用地域、田園住居地域（中高層住居専用地域で日影規制対象区域を除く）
道路斜線制限	すべての用途地域、用途地域の指定がない区域
日影規制	原則として、商業地域、工業地域、工業専用地域以外

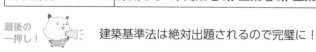

最後の
一押し！　　建築基準法は絶対出題されるので完璧に！

●固定資産税と都市計画税

	固定資産税	都市計画税
課税対象	土地・家屋・償却資産	原則、市街化区域内の土地・家屋
納税義務者	1月1日時点の固定資産課税台帳に登録されている所有者	
税率	1.4%（標準税率）	0.3%（制限税率）
200㎡以下の住宅用地の課税標準	固定資産税評価額の6分の1	固定資産税評価額の3分の1

 固定資産税と都市計画税の違う点がひっかけポイント！

●不動産の短期譲渡・長期譲渡の所有期間判定と税率

	所有期間（譲渡年1月1日時点）	税率
短期譲渡	5年以下	所得税30.63%、住民税9%
長期譲渡	5年超	所得税15.315%、住民税5%

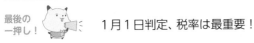 1月1日判定、税率は最重要！

●不動産の譲渡所得の取得費、譲渡費用

取得費	不明の場合、譲渡収入金額の5%
譲渡費用	仲介手数料、譲渡するための立退料、建物の取壊し費用等

 出題される論点はほぼ毎回同じ！

●居住用財産の譲渡の特例（譲渡益発生の場合）

特例	所有期間要件 譲渡年1月1日時点	併用
3,000万円特別控除	なし	できる
軽減税率の特例	10年超	
特定居住用財産の買換え特例	10年超	できない

●居住用財産の長期譲渡所得の課税の特例（軽減税率の特例）の税率

課税所得金額6,000万円以下の部分	所得税10.21%、住民税4%
課税所得金額6,000万円超の部分	所得税15.315%、住民税5%

最後の
一押し！
所有期間要件、併用のできる・できない、
軽減税率の数値は最頻出！

●土地の有効活用事業方式

	自己建設 事業受託	建設協力金	等価交換	定期借地権
事業資金調達	土地所有者	テナントから 建設協力金 （一部または全部）	不要	不要
土地所有者	土地所有者	土地所有者	本人、デベロッパー の共有	土地所有者
建物所有者	土地所有者	土地所有者	本人、デベロッパー の区分所有	借地人

最後の
一押し！
事業方式の違いをしっかり確認しよう！

●相続開始後の手続き

	手続き先	手続き期限
限定承認・放棄	家庭裁判所	相続開始を知ったときから3カ月以内
所得税の準確定申告	被相続人の納税地の税務署	相続開始を知った日の翌日から4カ月以内
相続税の申告	被相続人の住所地の税務署	相続開始を知った日の翌日から10カ月以内

 最後の一押し！ 数値の入替や、「公証役場」「相続人の○○地」などのひっかけに注意！

●相続人と法定相続分

優先順位	相続人	法定相続分
第1順位	配偶者と子	配偶者1／2、子1／2
第2順位	配偶者と直系尊属	配偶者2／3、直系尊属1／3
第3順位	配偶者と兄弟姉妹	配偶者3／4、兄弟姉妹1／4

・相続を放棄した者がいる場合は、相続人ではなかったものとする
・相続人となるべき子、兄弟姉妹が既に死亡している場合等は、その子が代襲相続人となる
・代襲相続人が複数いる場合は、死亡した者の法定相続分を均等案分する

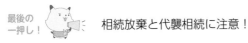 最後の一押し！ 相続放棄と代襲相続に注意！

●遺言の種類

	自筆証書遺言	公正証書遺言
作成方法	原則、全文、日付、署名は自書 目録はパソコン作成、コピー可 （全ページ署名押印が必要）	公証人が筆記 公証役場で保管
証人・立会人	不要	作成時に2人以上必要
遺言者死亡後の 家庭裁判所の検認	原則、必要 法務局保管の場合は不要	不要

 最後の一押し！ 自筆証書遺言の財産目録、法務局保管は要注意！

●民法上の相続人・法定相続分と相続税法上の法定相続人・法定相続分

	相続放棄	普通養子
民法上	除く	全員が法定相続人
相続税法上※	含む 放棄がなかったものとする	実子あり……1人まで 実子なし……2人まで

※死亡保険金、死亡退職金の非課税、基礎控除、相続税の総額、配偶者の税額軽減等

 最後の一押し！ 民法上と相続税の計算のどっちを出題しているのか、問題文をしっかり読もう！

●相続税の基礎控除や非課税限度額

遺産に係る基礎控除	3,000万円＋600万円×法定相続人の数
生命保険金、 死亡退職金の非課税	相続人が受け取る場合、500万円×法定相続人の数
弔慰金の非課税	業務上死亡　普通給与×36カ月分 業務外死亡　普通給与×6カ月分

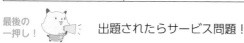 最後の一押し！ 出題されたらサービス問題！

●債務控除

控除できる	本葬・通夜費用で通常必要なもの 被相続人の借入債務 確定している未払金（税金、医療費等）
控除できない	墓地等の未払金、団信付ローン、香典返戻費用 法会費用

 債務控除できない場合をチェック！

●相続税の2割加算

対象外	配偶者、子、父母、代襲相続人である孫
対象	兄弟姉妹、祖父母、代襲相続人でない孫（孫養子含む）

 孫は、代襲相続人である孫か、代襲相続人でない孫かで判定！

●相続税・贈与税の配偶者の特例

特例	婚姻期間	特例の内容
配偶者に対する 相続税額の軽減	問わない	配偶者の取得する財産の課税価格が法定相続分または1億6,000万円のいずれか多い方までは相続税がかからない
贈与税の配偶者控除	20年以上	基礎控除110万円とは別に2,000万円まで贈与税がかからない

 相続税と贈与税の違いをしっかり確認しておこう！

●贈与契約

成立要件	贈与者、受贈者の双方の意思表示
定期贈与	年金受給権が贈与税の対象 贈与者、受贈者のいずれかが死亡すると終了
書面によらない贈与	履行前であれば解除できる
書面による贈与	原則、解除できない
負担付き贈与	売買と同じ責任を負う（限度あり） 負担を履行しない場合、贈与者は解除できる
死因贈与、遺贈	相続税の対象 受贈者が先に死亡した場合、無効

 最後の一押し！　パターンは多いですが、出題はワンパターン！

●直系尊属から住宅取得等資金の贈与を受けた場合の非課税制度

贈与者	父母、祖父母等
受贈者	贈与を受ける年の1月1日時点で18歳以上の子、孫 贈与を受ける年の合計所得金額2,000万円以下 （床面積40㎡以上50㎡未満の場合は1,000万円以下）
他の控除との併用	基礎控除（110万円）または 相続時精算課税制度（2,500万円）等と別枠で併用できる
相続税の課税価格への加算	対象外

 最後の一押し！　配偶者控除、相続時精算課税制度とのひっかけに注意！

●相続時精算課税制度の概要

贈与者	60歳以上（1月1日時点）の父母・祖父母 住宅資金の場合は年齢不問
受贈者	原則、18歳以上（1月1日時点）の子・孫
特別控除額	2,500万円
贈与税額	{（課税価格－年間110万円）－特別控除2,500万円の残額}×20%
相続税の課税価格への加算	非課税財産、2024年以降の贈与は年間110万円以下の部分を除き、相続時精算課税制度により贈与を受けた財産の全部について、原則、贈与時の価額で加算

 暦年課税制度との違いを確認しておこう！

●申告期限

贈与税	翌年2月1日から3月15日まで
所得税	翌年2月16日から3月15日まで
個人事業者の消費税	翌年3月31日まで

 2月1日、16日、3月15日、31日はひっかけの定番！

●相続税と贈与税の申告・納税

	申告先（原則）	延納	延納期間	物納
相続税	被相続人の住所地	できる	最長20年	できる
贈与税	受贈者の住所地		最長5年	できない

 相続税は延納の最長期間も長く、物納もできます！

●宅地の評価額（原則）

自用地	路線価方式＝路線価×各種補正率×面積 倍率方式　＝固定資産税評価額×国税局長が定める倍率
普通借地権	自用地評価額×借地権割合
貸宅地	自用地評価額×（1－借地権割合）
貸家建付地	自用地評価額×（1－借地権割合×借家権割合×賃貸割合）
貸家建付借地権	自用地評価額×借地権割合×（1－借家権割合×賃貸割合）

 貸家建付地を中心に定義と計算式は頻出！

●小規模宅地等の課税価格の計算の特例の減額割合、限度面積

特定事業用宅地等 特定同族会社事業用宅地等	400㎡まで80％減
特定居住用宅地等	330㎡まで80％減
貸付事業用宅地等	200㎡まで50％減

 貸付事業用宅地等は限度面積も小さく、減額割合も小さい！

●建物の評価

自用建物	固定資産税評価額
貸家	固定資産税評価額×（1－借家権割合×賃貸割合）

 貸家と貸家建付地はセットで！

主筆　益山真一

PROFILE ● FP歴27年目、1級FP技能士。FP会社勤務の後、2001年よりフリーの
FPとして活動を開始。主に個人の家計、資産形成、老後資金準備の相談
等を展開しつつ、これまでのノウハウを活用し、FP試験研修の講師の
ほか、FP試験対策のテキスト、問題集、模擬試験の作成、チェック、監
修業務を行う。セミナー、研修は2024年春現在で延べ約3,500回。

スゴい! だけじゃない!!
FP2級 徹底分析!
予想模試 2024-25年版

2024年6月30日 初版第1刷発行

著　者　**マイナビ出版FP試験対策プロジェクト**
発行者　**角竹輝紀**
発行所　**株式会社マイナビ出版**
　　　　〒101-0003　東京都千代田区一ツ橋2-6-3 一ツ橋ビル2F
　　　　電話　0480-38-6872（注文専用ダイヤル）
　　　　　　　03-3556-2731（販売部）
　　　　　　　03-3556-2735（編集部）
　　　　URL　https://book.mynavi.jp/

カバーデザイン……　**大野虹太郎（ラグタイム）**
本文デザイン………　**C.Room**
編集…………………　**株式会社OSイースト**
編集協力……………　**平田知巳、鈴木楓南、長尾由芳**
イラスト……………　**東園子**
校閲…………………　**古屋明美**
DTP …………………　**トラストビジネス株式会社**
印刷・製本…………　**中央精版印刷株式会社**
企画制作……………　**株式会社SAMURAI Office**

書籍のお問い合わせ

　書籍に関するお問い合わせは、読者特典特設サイトのお問い合わせフォームまたは、郵送にてお送りください。

　なお、書籍内容の解説や学習相談等はお受けしておりませんので、あらかじめご了承ください。

　ご質問の内容によっては確認等に1週間前後要する場合や、お答えいたしかねる場合がございますので、あわせてご了承いただけますようお願い申し上げます。

> 書籍のお問い合わせは、本書企画・制作いたしました株式会社SAMURAI Officeより回答いたします。

● 法改正情報・正誤のご確認について

法改正情報・正誤情報は特設サイトに掲載いたします。
該当箇所が無い場合は、下記お問い合わせ先までお問い合わせください。

特設サイト：https://sugoibook.jp/fp

特設サイト

● お問い合わせ先

① 「お問い合わせフォーム」から問い合わせる

お問い合わせフォーム

https://sugoibook.jp/contact

お問い合わせ

② 郵送で問い合わせる

文書に書名、発行年月日、お客様のお名前、ご住所、電話番号を明記の上、下記の宛先までご郵送ください。

郵送先　〒160-0023
　　　　東京都新宿区西新宿3-9-7-208
　　　　株式会社SAMURAI Office書籍問い合わせ係

〈別冊〉解答用紙

別冊の使い方

この用紙を残したまま、冊子をていねいに抜き取ってください。
色紙は本体から取れませんのでご注意ください。
また、冊子をコピーすれば、何度でも活用することができます。

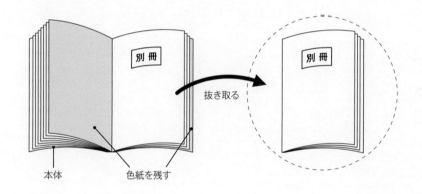

抜き取る

本体　　　色紙を残す

別冊ご利用時の注意

抜き取りの際の損傷についてのお取替えは
ご遠慮願います。

冊子内容は下記からもダウンロードすることができます。

https://sugoibook.jp/fp

※ダウンロードデータを許可なく配布したりWebサイト等に転載したりすることはできません。
　また、本データは予告なく終了することがあります。あらかじめご了承ください。

何度も活用して
合格を目指そう！

第 **1** 回目

【 力試し編 】

解
答
用
紙

点数 ／60

学科試験

問番号	解 答	問番号	解 答
問 1	① ② ③ ④	問 31	① ② ③ ④
問 2	① ② ③ ④	問 32	① ② ③ ④
問 3	① ② ③ ④	問 33	① ② ③ ④
問 4	① ② ③ ④	問 34	① ② ③ ④
問 5	① ② ③ ④	問 35	① ② ③ ④
問 6	① ② ③ ④	問 36	① ② ③ ④
問 7	① ② ③ ④	問 37	① ② ③ ④
問 8	① ② ③ ④	問 38	① ② ③ ④
問 9	① ② ③ ④	問 39	① ② ③ ④
問 10	① ② ③ ④	問 40	① ② ③ ④
問 11	① ② ③ ④	問 41	① ② ③ ④
問 12	① ② ③ ④	問 42	① ② ③ ④
問 13	① ② ③ ④	問 43	① ② ③ ④
問 14	① ② ③ ④	問 44	① ② ③ ④
問 15	① ② ③ ④	問 45	① ② ③ ④
問 16	① ② ③ ④	問 46	① ② ③ ④
問 17	① ② ③ ④	問 47	① ② ③ ④
問 18	① ② ③ ④	問 48	① ② ③ ④
問 19	① ② ③ ④	問 49	① ② ③ ④
問 20	① ② ③ ④	問 50	① ② ③ ④
問 21	① ② ③ ④	問 51	① ② ③ ④
問 22	① ② ③ ④	問 52	① ② ③ ④
問 23	① ② ③ ④	問 53	① ② ③ ④
問 24	① ② ③ ④	問 54	① ② ③ ④
問 25	① ② ③ ④	問 55	① ② ③ ④
問 26	① ② ③ ④	問 56	① ② ③ ④
問 27	① ② ③ ④	問 57	① ② ③ ④
問 28	① ② ③ ④	問 58	① ② ③ ④
問 29	① ② ③ ④	問 59	① ② ③ ④
問 30	① ② ③ ④	問 60	① ② ③ ④

学科試験 （解き直し用）

点数	/60

問番号	解 答	問番号	解 答
問 1	① ② ③ ④	問 31	① ② ③ ④
問 2	① ② ③ ④	問 32	① ② ③ ④
問 3	① ② ③ ④	問 33	① ② ③ ④
問 4	① ② ③ ④	問 34	① ② ③ ④
問 5	① ② ③ ④	問 35	① ② ③ ④
問 6	① ② ③ ④	問 36	① ② ③ ④
問 7	① ② ③ ④	問 37	① ② ③ ④
問 8	① ② ③ ④	問 38	① ② ③ ④
問 9	① ② ③ ④	問 39	① ② ③ ④
問 10	① ② ③ ④	問 40	① ② ③ ④
問 11	① ② ③ ④	問 41	① ② ③ ④
問 12	① ② ③ ④	問 42	① ② ③ ④
問 13	① ② ③ ④	問 43	① ② ③ ④
問 14	① ② ③ ④	問 44	① ② ③ ④
問 15	① ② ③ ④	問 45	① ② ③ ④
問 16	① ② ③ ④	問 46	① ② ③ ④
問 17	① ② ③ ④	問 47	① ② ③ ④
問 18	① ② ③ ④	問 48	① ② ③ ④
問 19	① ② ③ ④	問 49	① ② ③ ④
問 20	① ② ③ ④	問 50	① ② ③ ④
問 21	① ② ③ ④	問 51	① ② ③ ④
問 22	① ② ③ ④	問 52	① ② ③ ④
問 23	① ② ③ ④	問 53	① ② ③ ④
問 24	① ② ③ ④	問 54	① ② ③ ④
問 25	① ② ③ ④	問 55	① ② ③ ④
問 26	① ② ③ ④	問 56	① ② ③ ④
問 27	① ② ③ ④	問 57	① ② ③ ④
問 28	① ② ③ ④	問 58	① ② ③ ④
問 29	① ② ③ ④	問 59	① ② ③ ④
問 30	① ② ③ ④	問 60	① ② ③ ④

金財実技試験　個人資産相談業務

【第1問】

《問1》

	①	②	③	④
記号				

《問2》

_____ (円)

《問3》

	①	②	③
○×判定			

【第2問】

《問4》

① _____ (％)　② _____ (％)

《問5》

	①	②	③
○×判定			

《問6》

	①	②	③
○×判定			

【第3問】

《問7》

	①	②	③	④
記号				

《問8》

	①	②	③
○×判定			

《問9》

| ① | (万円) | ② | (万円) |

| ③ | (万円) |

【第4問】
《問10》

| ① | (㎡) | ② | (㎡) |

《問11》

	①	②	③
○×判定			

《問12》

	①	②	③
○×判定			

【第5問】
《問13》

| ① | (万円) | ② | (万円) |

| ③ | (％) | ④ | (万円) |

《問14》

	①	②	③
○×判定			

《問15》

	①	②	③
記号			

点数 ／50

金財実技試験　生保顧客資産相談業務

【第1問】

《問1》

	①	②	③
○×判定			

《問2》

	①	②	③
○×判定			

《問3》

① ＿＿＿＿＿＿＿＿＿＿＿＿＿＿＿＿＿＿（円）　② ＿＿＿＿＿＿＿＿＿＿＿＿＿＿＿＿＿＿（円）

【第2問】

《問4》

	①	②	③
○×判定			

《問5》

	①	②	③	④
○×判定				

《問6》

	①	②	③
記号			

【第3問】

《問7》

	①	②	③
記号			

《問8》

	①	②	③
○×判定			

《問9》

	①	②	③	④
○×判定				

【第4問】
《問10》

	①	②	③
記号			

《問11》

	①	②	③
○×判定			

《問12》

① _____ (円)　② _____ (円)

③ _____ (円)　④ _____ (円)

【第5問】
《問13》

① _____ (カ月)　② _____ (万円)

③ _____ (万円)　④ _____ (カ月)

《問14》

	①	②	③
○×判定			

《問15》

① _____ (万円)　② _____ (万円)

③ _____ (万円)

日本 FP 協会実技試験　**資産設計提案業務**

<table>
<tr><td>点
数</td><td></td><td>／100</td></tr>
</table>

【第1問】

| 問1 | (ア) | (イ) | (ウ) | (エ) | 問2 | |

【第2問】

| 問3 | | 問4 | (%) | 問5 | (ア) | (イ) | (ウ) |

| 問6 | (ア) | (イ) | (ウ) | (エ) |

【第3問】

| 問7 | (ア) | (イ) | (ウ) | (エ) |

| 問8 | | 問9 | | 問10 | (ア) | (イ) | (ウ) |

【第4問】

| 問11 | (ア) | (万円) | (イ) | (万円) | (ウ) | (万円) |

| 問12 | | 問13 | (ア) | (イ) | (ウ) | (エ) |

| 問14 | (ア) | (イ) | (ウ) | (エ) |

【第5問】

| 問15 | (ア) | (イ) | (ウ) |

| 問16 | | 問17 | | 問18 | |

【 第6問 】

問19	(ア)	(イ)	(ウ)

問20		問21	

問22	(ア)	(イ)	(ウ)	(エ)

【 第7問 】

問23	(万円)	問24	(万円)	問25	(万円)

【 第8問 】

問26	(円)	問27	(円)	問28	(円)

【 第9問 】

問29		問30		問31	

問32		問33		問34	

【 第10問 】

問35	(万円)

問36		問37		問38	

問39	(ア)	(イ)	(ウ)	(エ)	問40	

MEMO

第 **2** 回目

【 確認編 】

解答用紙

学科試験

問番号	解　答				問番号	解　答			
問 1	①	②	③	④	問 31	①	②	③	④
問 2	①	②	③	④	問 32	①	②	③	④
問 3	①	②	③	④	問 33	①	②	③	④
問 4	①	②	③	④	問 34	①	②	③	④
問 5	①	②	③	④	問 35	①	②	③	④
問 6	①	②	③	④	問 36	①	②	③	④
問 7	①	②	③	④	問 37	①	②	③	④
問 8	①	②	③	④	問 38	①	②	③	④
問 9	①	②	③	④	問 39	①	②	③	④
問 10	①	②	③	④	問 40	①	②	③	④
問 11	①	②	③	④	問 41	①	②	③	④
問 12	①	②	③	④	問 42	①	②	③	④
問 13	①	②	③	④	問 43	①	②	③	④
問 14	①	②	③	④	問 44	①	②	③	④
問 15	①	②	③	④	問 45	①	②	③	④
問 16	①	②	③	④	問 46	①	②	③	④
問 17	①	②	③	④	問 47	①	②	③	④
問 18	①	②	③	④	問 48	①	②	③	④
問 19	①	②	③	④	問 49	①	②	③	④
問 20	①	②	③	④	問 50	①	②	③	④
問 21	①	②	③	④	問 51	①	②	③	④
問 22	①	②	③	④	問 52	①	②	③	④
問 23	①	②	③	④	問 53	①	②	③	④
問 24	①	②	③	④	問 54	①	②	③	④
問 25	①	②	③	④	問 55	①	②	③	④
問 26	①	②	③	④	問 56	①	②	③	④
問 27	①	②	③	④	問 57	①	②	③	④
問 28	①	②	③	④	問 58	①	②	③	④
問 29	①	②	③	④	問 59	①	②	③	④
問 30	①	②	③	④	問 60	①	②	③	④

学科試験 (解き直し用)

点数 ___ / 60

問番号	解 答				問番号	解 答			
問 1	①	②	③	④	問 31	①	②	③	④
問 2	①	②	③	④	問 32	①	②	③	④
問 3	①	②	③	④	問 33	①	②	③	④
問 4	①	②	③	④	問 34	①	②	③	④
問 5	①	②	③	④	問 35	①	②	③	④
問 6	①	②	③	④	問 36	①	②	③	④
問 7	①	②	③	④	問 37	①	②	③	④
問 8	①	②	③	④	問 38	①	②	③	④
問 9	①	②	③	④	問 39	①	②	③	④
問 10	①	②	③	④	問 40	①	②	③	④
問 11	①	②	③	④	問 41	①	②	③	④
問 12	①	②	③	④	問 42	①	②	③	④
問 13	①	②	③	④	問 43	①	②	③	④
問 14	①	②	③	④	問 44	①	②	③	④
問 15	①	②	③	④	問 45	①	②	③	④
問 16	①	②	③	④	問 46	①	②	③	④
問 17	①	②	③	④	問 47	①	②	③	④
問 18	①	②	③	④	問 48	①	②	③	④
問 19	①	②	③	④	問 49	①	②	③	④
問 20	①	②	③	④	問 50	①	②	③	④
問 21	①	②	③	④	問 51	①	②	③	④
問 22	①	②	③	④	問 52	①	②	③	④
問 23	①	②	③	④	問 53	①	②	③	④
問 24	①	②	③	④	問 54	①	②	③	④
問 25	①	②	③	④	問 55	①	②	③	④
問 26	①	②	③	④	問 56	①	②	③	④
問 27	①	②	③	④	問 57	①	②	③	④
問 28	①	②	③	④	問 58	①	②	③	④
問 29	①	②	③	④	問 59	①	②	③	④
問 30	①	②	③	④	問 60	①	②	③	④

金財実技試験　個人資産相談業務

【第1問】
《問1》

① ＿＿＿＿＿＿＿＿＿（円）　② ＿＿＿＿＿＿＿＿＿（円）

③ ＿＿＿＿＿＿＿＿＿（円）　④ ＿＿＿＿＿＿＿＿＿（円）

《問2》

	①	②	③
記号			

《問3》

	①	②	③
○×判定			

【第2問】
《問4》

	①	②	③
○×判定			

《問5》

① ＿＿＿＿＿＿＿＿＿（％）　② ＿＿＿＿＿＿＿＿＿（％）

《問6》

	①	②	③
○×判定			

【第3問】
《問7》

	①	②	③	④
記号				

《問8》

	①	②	③
○×判定			

《問9》

① _____ （円）　　② _____ （円）

③ _____ （円）

【第4問】
《問10》

① _____ （㎡）　　② _____ （㎡）

《問11》

	①	②	③
○×判定			

《問12》

	①	②	③
○×判定			

【第5問】
《問13》

	①	②	③
○×判定			

《問14》

	①	②	③
○×判定			

《問15》

	①	②	③	④
記号				

点
数　　　　　　／50

金財実技試験　生保顧客資産相談業務

【第1問】

《問1》

○×判定	①	②	③

《問2》

記号	①	②	③

《問3》

記号	①	②	③	④

【第2問】

《問4》

① _____（万円）　　② _____（万円）

③ _____（万円）

《問5》

○×判定	①	②	③	④

《問6》

○×判定	①	②	③

【第3問】

《問7》

① _____（年）　　② _____（万円）

③ _____（万円）

《問8》

	①	②	③
○×判定			

《問9》

	①	②	③	④
○×判定				

【第4問】
《問10》

	①	②	③
○×判定			

《問11》

	①	②	③
記号			

《問12》

① _____ (円) ② _____ (円)

③ _____ (円) ④ _____ (円)

【第5問】
《問13》

	①	②	③	④
○×判定				

《問14》

	①	②	③
記号			

《問15》

① _____ (万円) ② _____ (万円)

③ _____ (万円)

第**2**回目　確認編

日本 FP 協会実技試験　資産設計提案業務

点数		/100

【第1問】

問1	(ア)	(イ)	(ウ)	(エ)

問2	(ア)	(イ)	(ウ)

【第2問】

問3		問4	

問5	(ア)	(イ)	(ウ)	(エ)	問6	

【第3問】

問7		問8		問9	

問10	(ア)	(イ)	(ウ)	(エ)

【第4問】

問11	(ア)	(万円)	(イ)	(万円)	(ウ)	(万円)

問12		問13	(ア)	(イ)	(ウ)	(エ)

問14		(万円)

【第5問】

問15		(万円)	問16		問17	

問18	

18

【 第6問 】

問19	(ア)	(イ)	(ウ)	(エ)

問20	(ア)	(イ)	(ウ)	(エ)

問21		問22	

【 第7問 】

問23	(万円)	問24	(%)	問25	

【 第8問 】

問26	(円)	問27	(円)	問28	(円)

【 第9問 】

問29		問30	

問31	(ア)	(イ)	(ウ)	(エ)

問32	(ア)	(イ)	(ウ)

問33	(ア)	(イ)	(ウ)	問34	(円)

【 第10問 】

問35	(万円)	問36	(ア)	(イ)	(ウ)

問37	(万円)

問38		問39		問40	

第 **3** 回目

【 仕上げ編 】

解
答
用
紙

第 **3** 回目　仕上げ編

点数 　　　／60

学科試験

問番号	解　　答
問 1	① ② ③ ④
問 2	① ② ③ ④
問 3	① ② ③ ④
問 4	① ② ③ ④
問 5	① ② ③ ④
問 6	① ② ③ ④
問 7	① ② ③ ④
問 8	① ② ③ ④
問 9	① ② ③ ④
問 10	① ② ③ ④
問 11	① ② ③ ④
問 12	① ② ③ ④
問 13	① ② ③ ④
問 14	① ② ③ ④
問 15	① ② ③ ④
問 16	① ② ③ ④
問 17	① ② ③ ④
問 18	① ② ③ ④
問 19	① ② ③ ④
問 20	① ② ③ ④
問 21	① ② ③ ④
問 22	① ② ③ ④
問 23	① ② ③ ④
問 24	① ② ③ ④
問 25	① ② ③ ④
問 26	① ② ③ ④
問 27	① ② ③ ④
問 28	① ② ③ ④
問 29	① ② ③ ④
問 30	① ② ③ ④

問番号	解　　答
問 31	① ② ③ ④
問 32	① ② ③ ④
問 33	① ② ③ ④
問 34	① ② ③ ④
問 35	① ② ③ ④
問 36	① ② ③ ④
問 37	① ② ③ ④
問 38	① ② ③ ④
問 39	① ② ③ ④
問 40	① ② ③ ④
問 41	① ② ③ ④
問 42	① ② ③ ④
問 43	① ② ③ ④
問 44	① ② ③ ④
問 45	① ② ③ ④
問 46	① ② ③ ④
問 47	① ② ③ ④
問 48	① ② ③ ④
問 49	① ② ③ ④
問 50	① ② ③ ④
問 51	① ② ③ ④
問 52	① ② ③ ④
問 53	① ② ③ ④
問 54	① ② ③ ④
問 55	① ② ③ ④
問 56	① ② ③ ④
問 57	① ② ③ ④
問 58	① ② ③ ④
問 59	① ② ③ ④
問 60	① ② ③ ④

学科試験（解き直し用）

問番号	解　答				問番号	解　答			
問 1	①	②	③	④	問 31	①	②	③	④
問 2	①	②	③	④	問 32	①	②	③	④
問 3	①	②	③	④	問 33	①	②	③	④
問 4	①	②	③	④	問 34	①	②	③	④
問 5	①	②	③	④	問 35	①	②	③	④
問 6	①	②	③	④	問 36	①	②	③	④
問 7	①	②	③	④	問 37	①	②	③	④
問 8	①	②	③	④	問 38	①	②	③	④
問 9	①	②	③	④	問 39	①	②	③	④
問 10	①	②	③	④	問 40	①	②	③	④
問 11	①	②	③	④	問 41	①	②	③	④
問 12	①	②	③	④	問 42	①	②	③	④
問 13	①	②	③	④	問 43	①	②	③	④
問 14	①	②	③	④	問 44	①	②	③	④
問 15	①	②	③	④	問 45	①	②	③	④
問 16	①	②	③	④	問 46	①	②	③	④
問 17	①	②	③	④	問 47	①	②	③	④
問 18	①	②	③	④	問 48	①	②	③	④
問 19	①	②	③	④	問 49	①	②	③	④
問 20	①	②	③	④	問 50	①	②	③	④
問 21	①	②	③	④	問 51	①	②	③	④
問 22	①	②	③	④	問 52	①	②	③	④
問 23	①	②	③	④	問 53	①	②	③	④
問 24	①	②	③	④	問 54	①	②	③	④
問 25	①	②	③	④	問 55	①	②	③	④
問 26	①	②	③	④	問 56	①	②	③	④
問 27	①	②	③	④	問 57	①	②	③	④
問 28	①	②	③	④	問 58	①	②	③	④
問 29	①	②	③	④	問 59	①	②	③	④
問 30	①	②	③	④	問 60	①	②	③	④

点数		/50

金財実技試験　個人資産相談業務

【第1問】

《問1》

	①	②	③
記号			

《問2》

	①	②	③
○×判定			

《問3》

① ＿＿＿＿＿＿＿＿＿＿＿＿＿＿＿＿（円）　② ＿＿＿＿＿＿＿＿＿＿＿＿＿＿＿＿（円）

③ ＿＿＿＿＿＿＿＿＿＿＿＿＿＿＿＿（円）　④ ＿＿＿＿＿＿＿＿＿＿＿＿＿＿＿＿（円）

【第2問】

《問4》

①W社 ＿＿＿＿＿＿＿＿＿＿＿＿（％）　X社 ＿＿＿＿＿＿＿＿＿＿＿＿（％）

②W社 ＿＿＿＿＿＿＿＿＿＿＿＿（倍）　X社 ＿＿＿＿＿＿＿＿＿＿＿＿（倍）

《問5》

	①	②	③
○×判定			

《問6》

	①	②	③
○×判定			

【第3問】

《問7》

	①	②	③
記号			

《問8》

	①	②	③
○×判定			

《問9》

① _____ (円)   ② _____ (円)

③ _____ (円)   ④ _____ (円)

【第4問】
《問10》

① _____ (㎡)   ② _____ (㎡)

《問11》

	①	②	③
○×判定			

《問12》

	①	②	③
○×判定			

【第5問】
《問13》

	①	②	③
記号			

《問14》

	①	②	③
○×判定			

《問15》

① _____ (万円)   ② _____ (万円)

③ _____ (万円)   ④ _____ (万円)

金財実技試験　生保顧客資産相談業務

点数		/50

【第1問】

《問1》

	①	②	③
記号			

《問2》

①	(円)	②	(年金)

③	(円)	④	(所得)

《問3》

	①	②	③
○×判定			

【第2問】

《問4》

	①	②	③
記号			

《問5》

①	(万円)	②	(万円)

③	(万円)

《問6》

	①	②	③	④
○×判定				

【第3問】

《問7》

①	(万円)	②	(万円)

《問8》

	①	②	③	④
記号				

《問9》

	①	②	③	④
記号				

【第4問】
《問10》

	①	②	③
記号			

《問11》

	①	②	③	④
○×判定				

《問12》

① _____ （円） ② _____ （円）

③ _____ （円）

【第5問】
《問13》

	①	②	③	④
記号				

《問14》

	①	②	③
○×判定			

《問15》

① _____ （万円） ② _____ （万円）

③ _____ （万円）

27

日本FP協会実技試験　資産設計提案業務

点	
数	/100

【 第1問 】

問1	(ア)	(イ)	(ウ)	問2	

【 第2問 】

問3		問4	(ア)	(イ)	(ウ)	(エ)

問5		問6	

【 第3問 】

問7		問8		問9		問10	

【 第4問 】

問11	(ア)	(万円)	(イ)	(万円)	(ウ)	(万円)

問12	(ア)	(日分)

問13	(ア)	(イ)	(ウ)	(エ)

問14	(ア)	(イ)	(ウ)	(エ)

【 第5問 】

問15		問16		問17	

問18	(ア)	(イ)	(ウ)

28

【 第6問 】

問19	(ア)	(イ)	(ウ)	(エ)

問20	(ア)	(イ)	(ウ)	(エ)

問21		問22	

【 第7問 】

問23	(万円)	問24	(万円)	問25	

【 第8問 】

問26	(円)	問27	(円)	問28	(円)

【 第9問 】

問29	(万円)	問30		問31	

問32	(ア)	(イ)	(ウ)	(エ)	問33	

問34	(ア)	(イ)	(ウ)	(エ)

【 第10問 】

問35	(万円)	問36		問37	

問38		問39	

問40	(ア)	(イ)	(ウ)

MEMO